［新装版］

新訳 共産党宣言

KARL MARX

Manifest der Kommunistischen Partei

カール・マルクス
的場昭弘 訳・著

初版ブルクハルト版（1848年）

［新装版によせて］

――今こそ、『共産党宣言』を読む意味――資本主義の終焉と歴史の未来を考えるために

本書は、２０１０年に出版された。リーマンショックの余韻がまだ残っている時期に出たものであった。リーマンショックは、「ただの不況」ではなかった。20世紀と比べ、21世紀の資本主義は、よりグローバル化が深化している。それゆえ、リーマンショックの破壊力は計りしれないものとなった。１９２９年「大恐慌」と並び称せられる大規模な恐慌であったといってよい。

そもそもマルクスの『資本論』は、彼が構想した壮大な経済学批判体系のひとつとして出版されたものであった。その経済学批判体系は、１８５０年代に考えられたものであったが、現代からすると恐ろしいほど先見の明があった。一国内の資本の搾取メカニズムと資本主義の経済衰退の枠組みを述べた後、最終的には世界市場における資本の搾取メカニズムと経済衰退を述べる予定であった。このプランは実際には実現できなかった。しかし、プラン自体の骨格はすでにつくられていた。

それこそが、本書、１８４８年に出版された『共産党宣言』である。

『共産党宣言』は、本来は共産主義者同盟の綱領であり、その意味においてマルクスやエンゲルスの見解のみで、できているのではない。とはいえ、共産主義者同盟が、あえて組織の新参もののマルクスとエンゲルスにその執筆を求めてきた理由は、共産主義者同盟のメンバーの多くは教育を満足に受けていない労働者であり、彼らでは、当時の資本主義経済の状況や政治の状況を明確に説明も、理解もできなかったからである。

マルクスとエンゲルスは、すでに前年の１８４７年、プルードンの『貧困の哲学』を批判することで

(『哲学の貧困』)、1844年から始めてきた政治経済学批判を自分たちなりに整理し、独自の理論の基礎を固めつつあった。『貧困の哲学』は、プルードンが『所有とは何か』の後、本格的に経済学の理論に分け入って書いたものであった。しかし、この書物には〝歴史〟の記述が不足しているとマルクスは批判し、唯物論と弁証法のもつ〝歴史〟の意義を強調した。

経済学のカテゴリー、たとえば競争、価値、分業などといったカテゴリーを、〝非〟歴史的な永遠の概念だと考え、そうした概念は永遠になくならず、資本主義は、その諸概念の構成に矛盾が起きないように調整することが必要だと、プルードンは『哲学の貧困』で述べた、とマルクスは考えた。プルードンは、資本主義制度のもつしたたかさと、矛盾から均衡にいたる資本主義制度のメカニズムを語ろうとしていたのだが、マルクスにとってそれら競争、価値、分業などといったカテゴリーは、歴史的発展、生産力の発展によって必然的に別のカテゴリーに変化せざるをえない一過性の歴史的なものに過ぎなかった。

マルクスは、資本主義社会は、生産力の発展から生まれてきた歴史的限界をもつひとつの制度にすぎないことを、歴史的法則として説明し、これまでの政治経済学が前提にしてきたカテゴリーは、前提ではなく、一定の生産力に照応したものにすぎないと考えた。その理論はまだ詳細な研究によって十分証明できていないものだとしても、マルクスが一定の見解を確立するにはこの程度で十分なものであった。

プルードンをこのように厳しく批判した理由は、プルードンそれ自体への批判よりも、プルードンに流れるドイツ人の社会主義グループを厳しく批判する必要があったからだ。すでにブルーノ・バウアーなどの真正社会主義グループは力を失っており(その意味で、彼らを批判した『ドイツ・イデオロギー』は出版する必要がなくなっていた)、残るはカール・グリュンを中心としたフランス社会主義グループであった。このグループは共産主義者同盟の前に義人同盟とも対立しており、これらのグループを批判しようとしていた共産主義者同盟にとって、マルクスとエンゲルスに白羽の矢がたったのは当然のことであった。

マルクスは、『共産党宣言』の中で〝歴史〟を階級闘争の歴史と語る。そしてその歴史の闘争は、やがて資本主義において最後の闘争を迎える。個々人が対立する市民社会では、身分ではなく、二つの階級に市民は、分かれざるをえない。ブルジョワとプロレタリアである。勃興する資本主義は、資本家を生み出すが、やがてその資本家たちは、競争によって「負け組」であるプロレタリア階級を生み出す。そして、少数の資本家をやがて最終的に、「墓穴に落とす」ことになるプロレタリア階級の数はどんどん増える。しかもそれは、一国内という領域にとどまらない。資本は世界市場を包み込み、資本は世界中でブルジョワ階級とプロレタリア階級を生み出し、最終的には少数のブルジョワ階級と圧倒的多数のプロレタリア階級を生み出す。そう、本書『共産党宣言』は、共産主義者同盟に参加した労働者たちに、資本主義の終焉と歴史の未来は、彼らプロレタリアートのものであることを暗に示唆しているのだ。

とはいえ、こうした大胆なグローバル資本主義の構想は、当時の時代状況だけを説明しているわけではない。マルクスたちは、それらは生産力と資本主義世界市場の巨大な発展によって、少しづつ展開される未来社会の姿であり、それぞれの地域の発展によって様相は異なると述べる。それは、当時共産主義者同盟を構成していた各地域の労働者たちの当面の運動が、歴史的状況を反映して行われなければならないという指導的配慮であった。先進的な地域では階級闘争を激化させる必要がある。が、そこまで達していない後進的な地域では、運動はブルジョワ階級と共同の闘争がありうることを示す。

そしてそうした後進的な地域には、フランスの社会主義者や共産主義者のような内容のない思想に翻弄されるものが多く出ることを懸念し、これらの思想は、資本主義の発展を十分に分析できていない点において、空想的な域を出ていないと批判する。

さて、マルクスの『共産党宣言』から、21世紀の資本主義社会をどう見るか？

まずグローバル化が深化する資本主義社会は、今、さらに後進地域を世界市場に組み込んでいるという事実である。ある意味、地理的な点においては、世界市場の拡大は終焉を迎えつつあるのかもしれない。その市場は、単一の市場ではなく、当然、利害が異なる複数の国家間の対立する様々な市場をかかえている。先進国の労働者は一度は発展した中産階級であったが、その地位を再び失いつつあり、一方で後進国では中産階級も、ちらほら出現しつつある。しかし、膨大に膨れ上がった資本の収益率、利潤率はここに来て先進国で下がりつつあり、その結果、徐々に先進国の労働者の賃金は、下がりつづけ、低水準に、下方で平準化しつつある。こうして再び『共産党宣言』が書かれた19世紀のようにプロレタリア化、プレカリアート的プロレタリアが今、世界に出現しつつある。

つぎに、資本主義自体が最終的には、巨大に発展した生産力をそのまま管理できず、崩壊せざるをえない時代がやがてやってくるという確信である。地球環境の破壊に対する懸念も含め、あくなき利潤を追求する資本主義社会が、現在、そのままどんどん発展するようなことはありえないであろう。このままいけば、なんらかの意味での上部構造、つまり、新しい社会構造が必要になってくるであろう。そこは利己心にとりかわって利他心が出てくる社会、「そこにおいては各人の自由な発展がすべてのものの自由な発展の条件となる」（本書六五頁）、アソシアシオンな社会の到来だろう。

『共産党宣言』は、当時の労働者に明確に分かる形で書かれているがゆえに、論理的説明が十分ではない。しかし全体としての理論の展開は間違ってはいない。だからこそ、マルクスとエンゲルスは、20年以上がすぎて『共産党宣言』の再版を出そうとしたのである。その後、資本主義が変遷する中で、またかつて「マルクス主義」を標榜した国家が消滅した中でも、つねに読まれ続けたのは、まさに大筋で『共産党宣言』が予想したとおり歴史が進んでいったからである。そしてこれからも読まれ続けるであろう。

本書は、もはや歴史を予言した古典なのである。

２０１８年７月７日

的場昭弘

はじめに

本書は『共産党宣言』の翻訳である。もっとも本書の厚さを見ていただければおわかりのように、翻訳というよりあの薄い『宣言』の翻訳を解説する書物といった方がいいかもしれない。一八四八年に出版された『宣言』はかなり難解な書物と言える。それは一九世紀の歴史的脈絡を見なければ読めない書物だからである。もちろん何となく読み通すことはたいして難しくはない。しかしそこに示されている当時のさまざまな状況を理解しなければ、その読みは表面的な読解となる恐れがある。

読者が現代に生きるものであるとすれば、現代にあわせて好きに読めばいい話である。とはいえ、初版刊行から一六〇年以上も時が過ぎた『宣言』を好き勝手に読むといっても簡単なことではない。これまで『宣言』を解説する本がなかったわけではない。アントニオ・ラブリオーラ、リャザノフ、シャルル・アンドラー、ハロルド・ラスキ、マクシミリアン・リュベルをはじめとして、最近のステッドマン・ジョーンズに至るまで結構出てはいる。もっとも、これらの書物を日本語で読むことは可能ではない。翻訳の方は、日本では『宣言』は岩波文庫の大内兵衛訳や大月書店の国民文庫、そして最近では水田洋訳（講談社学術文庫）の復刊、浜林正夫監修版（大月書店）や筑摩書房マルクスコレクション（第Ⅱ巻所収）なども出ていて、比較的簡単に入手可能なものである。

しかし『宣言』を読むというのはやはり難しい。その原因は翻訳の問題にあるのではなく、あまりにも当時と現代が時代的に違うこと、しかも『宣言』は当時の一八四八年二月革命、三月革命の切迫した状況の中で書かれたきわめて時論的書物であったことにある。おそらく冒頭に出てくる、当時の政治家たちでさえどういう人物であるかを理解できる現代の読者は少ないと思われる。ましてや、第三章の社会主義者や共産主義者、そして第四章の各地域別の共産主義者の課題などを正確に理解できるものはほとんどいないとも思われる。漠然と何を言いたいかがわかるだけでも問題はないのだか、この薄い『宣言』は意外と奥が深い書物だということを知っておいた方がいい。時代的脈絡や用語を無視して読むと、共産主義というあらかじめインプットされたイメージをただ反復的にこの『宣言』の中で読み込むだけとなる可能性がある。

マルクスが目指すアソシエされた個人だとか、アソシアシオンだとか、私的所有を積極的に認めるといった一見何の変哲もない用語も、簡単に理解できることではない。むしろかなり大きな問題がそこに込められていると言ってもよい。人間は時代の中で勝手に読み込む。だからかつてアソシアシオンを協同組合と訳した訳者もいた。それは既存の言葉を辞書にしたがって原語に当てはめたものにすぎない。とりわけフランスの社会主義者が使っていたアソシアシオンという言葉は、現実に存在しているものを意味していたわけではない。むしろ現実に存在しないものを説明する、いわく言い難き苦闘を表現する言葉として使われたことである。

『宣言』を読むことが、かつて知った共産主義のお決まりのイメージをただなぞるだけにならないためにはどうしたらいいか。これはかつて私と数人の仲間で編集した『新マルクス学事典』(弘文堂、二〇〇〇)の企画の意図と同じことなのだが、まずはなるべく当時の文脈に即して理解してみること、そしてその上で現代的な展望を描いてみることであろう。ことさらに緻密でアカデミックな作業に意味があるわけではない。むしろそこから見えてくる展望に意味があると考えていただきたい。

そのため本書は、まず最初にマルクスとエンゲルスの名前の入っていない、またエンゲルスの注釈の入っていない最初の『宣言』、つまり初版であるブルクハルト版を翻訳する。その後で、『宣言』のすべての文章に、注釈を入れることにした。注釈は当然エンゲルスの注も含むが、肝心な点は、『宣言』の前後に出た『宣言』と類したものとの比較検討と、マルクスとエンゲルス自身のコンテキストの検討である。具体的には『宣言』に使われている文章と関係する文章を探し、それを比較することにした。そのため、どうしても後ろに資料編を置く必要があった。資料編は直接『宣言』のもとになる共産主義者同盟の規約や草稿のみならず、当時『宣言』に影響を与えたと思われるコンシデラン、トリスタン、カベー、デザミ、ルイ・ブランの作品なども含む。これらの関係についての解説もそこである程度行っているが、詳しいことは、これに関連するもうひとつの付録である研究編の論文をお読みいただきたい。これらの論文は、『宣言』について書いた私のこれまでの原稿から集めたものである。

どのような書物も、出版するからにはそれぞれの思いがある。私が『宣言』を読んだのは一九六八年の暮の、高校一年のときであった。正直ほとんど理解できなかったと言ってもいい。テキストは高校の国語の先生に読めと言われて借りた英訳と邦訳の二冊であった。あれから四〇年以上が経過したが、一度翻訳をしてみたいという気持ちはずっともっていた。ただ先輩諸氏の優れた訳を眼にしながら、恐れ多いという気持ちがあったのは事実である。一〇年ほど前、大学のゼミで翻訳を読んだとき、学生がほとんど理解できないことに驚愕した。その原因は翻訳の文体の旧さだと思っていたのだが、読むうちにむしろ内容にあるということに気づいた。そこで翻訳するとすれば、かなり膨大な注釈を付けること、そしてこれまでほとんど顧みられていなかった当時の社会主義者や共産主義者の文献の抄訳か解説を付けることが必要だと考えた。とはいえ、こんな膨大なものを今の厳しい出版状況で出版できるかという不安があった。しかし作品社の福田さんが結構ですと了承してくれたことには驚いた。「違いを出すには厚い方がいいではないですか」と、逆に積極的に薄くする必要はないということであった。今回作品社から出版されるに至ったのは、こういう事情からである。

二〇一〇年五月　的場昭弘

凡例

一．翻訳のテキストは、『共産党宣言』（『宣言』）の初版とされるブルクハルト版全二三頁のものを使用した。第五編研究編の歴史で述べるようにこの初版にも数種類のバリアントがある。これまで邦訳されたものの多くは一九三三年のアドラツキー版旧メガ（*Marx Engels Gesamtausgabe*）所収のものからの翻訳である（最近の浜林正夫監修版〔大月書店、二〇〇九年〕ではかつて初版といわれ、今では第二版といわれる三〇頁版が使用されている。しかし、そこにそのままエンゲルスの注も入っているのは不思議だが）。最近ではトマス・クチンスキーによる新メガのための試作版が出ている。これには初版テキストと編集者クチンスキーの編集版が並載されている。これも本書では参照した。さらに英語版として、ステッドマン・ジョーンズの長い解説と注を含むペンギン・ブックス版（翻訳はサムエル・ムーア一八八八年版）と、仏語版として各版についての長い解説と独仏初版を掲載している Editions Science Marxiste の *Manifeste du Parti Communiste*, 1998 も参照した（仏訳は一八九五年のラウラ・ラファルグ版である）。

二．『宣言』を歴史的なものと見るには、まず初版テキストを取り上げるべきであろう。もちろん初版は急いで印刷されたため、ミスプリントがある。しかしこれは修正可能なほどの些細なものである。一八七二年の第二版ではタイトルが『共産党宣言』から『共産主義者宣言』に変更され、さらに初版では匿名だった執筆者名としてマルクスとエンゲルスが付け加えられている（ただし序文の中、タイトル頁にはない）。さらにエンゲルスが校閲するようになると、エンゲルス自身による注が加わる。ここではそれらをすべて本文から削除し、それを解説の中に入れた。もちろんタイトルも『共産党宣言』とした。

三．翻訳の後に第二編として解説を入れたが、これは『宣言』の各文章についての解説である。これまで定評のある『宣言』の解説本は、リャザノフ（Ryazanof, *The Communist Manifesto of Karl Marx and Friedrich Engels with an introduction and explanatory notes*, 1930）、ラブリオーラ（Antonio Labriola, *In memoria del Manifesto del communisti*, 1895.）、アンドラー（Charles Andler, *Le Manifeste communiste de Karl Marx et Friedrich Engels, Introduction et commentaire*, Paris）、リュベル（Maximillien Rubel, *Karl Marx Oeuvres Economie I*, 1965）。そして最近ではステッドマン・ジョーンズ（前掲書）のものがある。いずれも参照したが、それぞれ特色がある。各文章対照の解説書は基本的にはない。もっとも解説がテキストに内在して詳しいのは、リャザノフ版であり、これにはすでに一九三〇年邦訳がある。ラブリオーラ版も、アンドラー版も解説ではあるが、マルクスの思想の淵源を探るという解説である。とりわけアンドラー版は、マルクスが使う概念がどこから取られているかという起源の問題に詳しい。リュベル版は注解であるが、かなり膨大な量の注がある。ステッドマン・ジョーンズ版も長い注があるが、マルクスと共産主義者との関係について長い解説も付いている。日本では水田洋訳（講談社学術文庫、二〇〇九年）の注が詳しい。本書の解説はマルクスの思想のコンテキスト（文脈）から見た解説である。『宣言』で使われた文章とよく似た文章をマルクスとエンゲルスの過去、あるいは未来のテキストから探し出し、『宣言』のコンテキストを探っている。したがって、ここでは共産主義思想の淵源を旧くはユダヤ教の旧約聖書やキリスト教の新約聖書、プラトンの『共和国』やモアにまで遡ることはしていないし、一九世紀初期のフランス、ドイツ、イギリスの社会主義者、共産主義者の文献にすら遡っていない。

四．ただし、マルクスやエンゲルスの同時代の思想家、コンシデラン、トリスタン、デザミ、カベー、ルイ・ブランのもの、さらには『宣言』に直接関係すると思われる草案、さらには仏語の最初の翻訳者とも思われるベルギー人テデスコ、スウェーデン語の最初の翻訳者イェートレック（ユートレックとも発音する）のものなどは、資料編として一部完訳、一部抄訳とがあるが入れることにした。最初に解説があるので、それを読んでなぜこれらの資料が訳出されているのか確認して欲しい。

五．付録として、私がこれまで『宣言』の成立史について書いてきたものをいくつか再録することにした。これは一九九八年の『宣言』刊行一五〇年の際に書かれたものである。初出を挙げると、第一章『別冊情況』一九九八年、第二章『経済と社会』一二号、一九九八年、第三章『共産党宣言——解釈の革新』御茶の水書房、一九九八年である。もっとも最後の「『宣言』の出版史」は新たな書下ろしである。

六．翻訳については長い文章の場合、ところによって短く切り、複数の文章にしてある。文章の意を汲むためには、その方がいいと考えたからである。『宣言』の中の強調されている文字には、、、という印を脇に付けている。それ以外ではゴシック体を使っている。なお初版の特徴としてProduktions=Instrumenteというように=で結ぶ表記があるが、これはハイフン（-）で結ぶことにした。

Manifest

der

Kommunistischen Partei.

Veröffentlicht im Februar 1848.

Proletarier aller Länder vereinigt Euch!

London.
Gedruckt in der Office der „Bildungs-Gesellschaft für Arbeiter"
von J. E. Burghard.
46, Liverpool Street, Bishopsgate.

Manifest

der

Kommunistischen Partei.

Veröffentlicht im Februar 1848.

London.
Gedruckt in der Office der „Bildungs-Gesellschaft für Arbeiter“
von J. E. Burghard.
46, Liverpool Street, Bishopsgate.

Manifest

der

Kommunistischen Partei.

Ein Gespenst geht um in Europa—das Gespenst des Kommunismus. Alle Mächte des alten Europa haben sich zu einer heiligen Hetzjagd gegen dies Gespenst verbündet, der Papst und der Czar, Metternich nnd Guizot, französische Radikale und deutsche Polizisten.

Wo ist die Oppositionspartei, die nicht von ihren regierenden Gegnern als kommunistisch verschrieen worden wäre, wo die Oppositionspartei, die den fortgeschritteneren Oppositionsleuten sowohl, wie ihren reaktionären Gegnern den brandmarkenden Vorwurf des Kommunismus nicht zurückgeschleudert hätte?

Zweierlei geht aus dieser Thatsache hervor.

Der Kommunismus wird bereits von allen europäischen Mächten als eine Macht anerkannt.

Es ist hohe Zeit daß die Kommunisten ihre Anschauungsweise, ihre Zwecke, ihre Tendenzen vor der ganzen Welt offen darlegen, und den Mährchen vom Gespenst des Kommunismus ein Manifest der Partei selbst entgegenstellen.

Zu diesem Zweck haben sich Kommunisten der verschiedensten Nationalität in London versammelt und das folgende Manifest entworfen, das in englischer, französischer, deutscher, italienischer, flämmischer und dänischer Sprache veröffentlicht wird.

I.

Bourgeois und Proletarier.

Die Geschichte aller bisherigen Gesellschaft ist die Geschichte von Klassenkämpfen.

Freier und Sklave, Patrizier und Plebejer, Baron und Leibeigner, Zunftbürger und Gesell, kurz, Unterdrücker und Unterdrückte standen in stetem Gegensatz zu einander, führten einen ununterbrochenen, bald versteckten bald offenen Kampf, einen Kampf, der jedesmal mit einer revolutionären Umgestaltung der ganzen Gesellschaft endete, oder mit dem gemeinsamen Untergang der kämpfenden Klassen.

In den früheren Epochen der Geschichte finden wir fast überall eine vollständige Gliederung der Gesellschaft in verschiedene Stände, eine mannichfaltige Abstufung der gesellschaftlichen Stellungen. Im alten Rom haben wir Patrizier, Ritter, Plebejer, Sklaven; im Mittelalter Feudalherren, Vasallen, Zunftbürger, Gesellen, Leibeigene, und noch dazu in fast jeder dieser Klassen wieder besondere Abstufungen.

Die aus dem Untergange der feudalen Gesellschaft hervorgegangene moderne bürgerliche Gesellschaft hat die Klassengegensätze nicht aufgehoben. Sie hat nur neue Klassen, neue Bedingungen der Unterdrückung, neue Gestaltungen des Kampfes an die Stelle der alten gesetzt.

Unsere Epoche, die Epoche der Bourgeoisie, zeichnet sich jedoch dadurch aus, daß sie die Klassengegensätze vereinfacht hat. Die ganze Gesellschaft spaltet sich mehr und mehr in zwei große feindliche Lager, in zwei große einander direkt gegenüberstehende Klassen—Bourgeoisie and Proletariat.

Aus den Leibeigenen des Mittelalters gingen die Pfahlbürger der ersten Städte hervor; aus dieser Pfahlbürgerschaft entwickelten sich die ersten Elemente der Bourgeoisie.

Die Entdeckung Amerika's, die Umschiffung Afrika's schufen der aufkommenden Bourgeoisie ein neues Terrain. Der ostindische und chinesische Markt, die Kolonisirung von Amerika, der Austausch mit den Kolonien, die Vermehrung der Tauschmittel und der Waaren überhaupt gaben dem Handel, der Schiffahrt, der Industrie einen niegekannten Aufschwung, und damit dem revolutionären Element in der zerfallenden feudalen Gesellschaft eine rasche Entwicklung.

Die bisherige feudale oder zünftige Betriebsweise der Industrie reichte nicht mehr aus für den mit den neuen Märkten anwachsenden Bedarf. Die Manufaktur trat an ihre Stelle. Die Zunftmeister wurden verdrängt durch den industriellen Mittelstand; die Theilung der Arbeit zwischen den verschiedenen Corporationen verschwand vor der Theilung der Arbeit in der einzelnen Werkstatt selbst.

Aber immer wuchsen die Märkte, immer stieg der Bedarf. Auch die Manufaktur reichte nicht mehr aus. Da revolutionirten der Dampf und die Maschinerie die industrielle Produktion. An die Stelle der Manufaktur trat die moderne große Industrie, an die Stelle des industriellen Mittelstandes traten die industriellen Millionäre, die Chefs ganzer industriellen Armeen, die modernen Bourgeois.

Die große Industrie hat den Weltmarkt hergestellt, den die Entdeckung Amerika's vorbereitete. Der Weltmarkt hat dem Handel, der Schifffahrt, den Landkommunikationen eine unermeßliche Entwicklung gegeben. Diese hat wieder auf die Ausdehnung der Industrie zurückgewirkt, und in demselben Maße, worin Industrie, Handel, Schifffahrt, Eisenbahnen sich ausdehnten, in demselben Maße entwickelte sich die Bourgeoisie, vermehrte sie ihre Kapitalien, drängte sie alle vom Mittelalter her überlieferten Klassen in den Hintergrund.

Wir sehen also wie die moderne Bourgeoisie selbst das Produkt eines langen Entwicklungsganges, einer Reihe von Umwälzungen in der Produktions- und Verkehrsweise ist.

Jede dieser Entwicklungsstufen der Bourgeoisie war begleitet von einem entsprechenden politischen Fortschritt. Unterdrückter Stand unter der Herrschaft der Feudalherren, bewaffnete und sich selbst verwaltende Associationen in der Commune, hier unabhängige städtische Republik, dort dritter steuerpflichtiger Stand der Monarchie, dann zur Zeit der Manufaktur Gegengewicht gegen den Adel in der ständischen oder in der absoluten Monarchie und Hauptgrundlage der großen Monarchieen überhaupt, erkämpfte sie sich endlich seit der Herstellung der großen Industrie und des Weltmarktes im modernen Repräsentativstaat die ausschließliche politische Herrschaft. Die moderne Staatsgewalt ist nur ein Ausschuß, der die gemeinschaftlichen Geschäfte der ganzen Bourgeoisklasse verwaltet.

Die Bourgeoisie hat in der Geschichte eine höchst revolutionäre Rolle gespielt.

Die Bourgeoisie, wo sie zur Herrschaft gekommen, hat alle feudalen, patriarchalischen, idyllischen Verhältnisse zerstört. Sie hat die buntscheckigen Feudalbande, die den Menschen an seinen natürlichen Vorgesetzten knüpften, unbarmherzig zerrissen, und kein anderes Band zwischen Mensch und Mensch übrig gelassen, als das nackte Interesse, als die gefühllose „baare Zahlung." Sie hat die heiligen Schauer der frommen Schwärmerei, der ritterlichen Begeisterung, der spießbürgerlichen Wehmuth in dem eiskalten Wasser egoistischer Berechnung ertränkt. Sie hat die persönliche Würde in den Tauschwerth aufgelöst, und an die Stelle der zahllosen verbrieften nnd wohlerworbenen Freiheiten die Eine gewissenlose Handelsfreiheit gesetzt. Sie hat, mit einem Wort, an die Stelle der mit religiösen und politischen Illusionen verhüllten Ausbeutung die offene, unverschämte, direkte, dürre Ausbeutung gesetzt.

Die Bourgeoisie hat alle bisher ehrwürdigen und mit frommer Scheu betrachteten Thätigkeiten ihres Heiligenscheins entkleidet. Sie hat den Arzt, den Juristen, den Pfaffen, den Poeten, den Mann der Wissenschaft in ihre bezahlten Lohnarbeiter verwandelt.

Die Bourgeoisie hat dem Familienverhälniß seinen rührend-sentimentalen Schleier abgerissen und es auf ein reines Geldverhältniß zurückgeführt.

Die Bourgeoisie hat enthüllt wie die brutale Kraftäußerung, die die Reaktion so sehr am Mittelalter bewundert, in der trägsten Bärenhäuterei ihre passende Ergänzung fand. Erst sie hat bewiesen was die Thätigkeit der Menschen zu Stande bringen kann. Sie hat ganz andere Wunderwerke vollbracht als egyptische Pyramiden, römische Wasserleitungen und gothische Kathedralen, sie hat ganz andere Züge ausgeführt, als Völkerwanderungen nnd Kreuzzüge.

Die Bourgeoisie kann nicht existiren ohne die Produktionsinstrumente, also die Produktionsverhältnisse, also sämmtliche gesellschaftlichen Verhältnisse fortwährend zu revolutioniren. Unveränderte Beibehaltung der alten Produktionsweise war dagegen die erste Existenzbedingung aller früheren industriellen Klassen. Die fortwährende Umwälzung der Produktion, die ununterbrochene Erschütterung aller gesellschaftlichen Zustände, die ewige Unsicherheit und Bewegung zeichnet die Bourgeois-Epoche vor allen früheren aus. Alle festen, eingerosteten Verhältnisse mit ihrem Gefolge von altehrwürdigen Vorstellungen und Anschauungen werden aufgelöst, alle neugebildeten veralten, ehe sie verknöchern können. Alles Ständische und Stehende verdampft, alles Heilige wird entweiht, und die Menschen sind endlich gezwungen, ihre Lebensstellung, ihre gegenseitigen Beziehungen mit nüchternen Augen anzusehen.

Das Bedürfniß nach einem stets ausgedehnteren Absatz für ihre Produkte jagt die Bourgeoisie über die ganze Erdkugel. Ueberall muß sie sich einnisten, überall anbauen, überall Verbindungen herstellen.

Die Bourgeoisie hat durch die Exploitation des Weltmarkts die Produktion und Konsumtion aller Länder kosmopolitisch gestaltet. Sie hat zum großen Bedauern der Reaktionäre den nationalen Boden der Industrie unter den Füßen weggezogen. Die uralten nationalen Industrieen sind vernichtet worden und werden noch täglich vernichtet. Sie werden verdrängt durch neue Industrieen, deren Einführung eine Lebensfrage für alle civilisirte Nationen wird, durch Industrieen, die nicht mehr einheimische Rohstoffe, sondern den entlegensten Zonen angehörige Rohstoffe verarbeiten, und deren Fabrikate nicht nur im Lande selbst, sondern in allen Welttheilen zugleich verbraucht werden. An die Stelle der alten, durch Landeserzeugnisse befriedigten Bedürfnisse treten neue, welche die Produkte der entferntesten Länder und Klimate zu ihrer Befriedigung erheischen. An die Stelle der alten lokalen und nationalen Selbstgenügsamkeit und Abgeschlossenheit tritt ein allseitiger Verkehr, eine allseitige Abhängigkeit der Nationen von einander. Und wie in der materiellen, so auch in der geistigen Produktion. Die geistigen Erzeugnisse der einzelnen Nationen werden Gemeingut. Die nationale Einseitigkeit und Beschränktheit wird mehr und mehr unmöglich, und aus den vielen nationalen und lokalen Literaturen bildet sich eine Weltliteratur.

Die Bourgeoisie reißt durch die rasche Verbesserung aller Produktions-Instrumente, durch die unendlich erleichterten Kommunikationen alle, auch die barbarischsten Nationen in die Civilisation. Die wohlfeilen Preise ihrer Waaren sind die schwere Artillerie, mit der sie alle chinesischen Mauern in den Grund schießt, mit der sie den hartnäckigsten Fremdenhaß der Barbaren zur Kapitulation zwingt. Sie zwingt alle Nationen die Produktionsweise der Bourgeoisie sich anzueignen, wenn sie nicht zu Grunde gehen wollen; sie zwingt sie die sogenannte Civilisation bei sich selst einzuführen, d. h. Bourgeois zu werden. Mit einem Wort, sie schafft sich eine Welt nach ihrem eigenen Bilde.

Die Bourgeoisie hat das Land der Herrschaft der Stadt unterworfen. Sie hat enorme Städte geschaffen, sie hat die Zahl der städtischen Bevölkerung gegenüber der ländlichen in hohem Grade vermehrt, und so einen bedeutenden Theil der Bevölkerung dem Idiotismus des Landlebens entrissen. Wie sie das Land von der Stadt, hat sie die barbarischen und halbbarbarischen Länder von den civilisirten, die Bauernvölker von den Bourgeoisvölkern, den Orient vom Occident abhängig gemacht.

Die Bourgeoisie hebt mehr und mehr die Zersplitterung der Produktionsmittel, des Besitzes und der Bevölkerung auf. Sie hat die Bevölkerung agglomerirt, die Produktionsmittel centralisirt und das Eigenthum in wenigen Händen koncentrirt. Die nothwendige Folge hiervon war die politische Centralisation. Unabhängige, fast nur verbündete Provinzen mit verschiedenen Interessen, Gesetzen, Regierungen und Zöllen wurden zusammengedrängt in Eine Nation, Eine Regierung, Ein Gesetz, Ein nationales Klasseninteresse, Eine Douanenlinie.

Die Bourgeoisie hat in ihrer kaum hundertjährigen Klassenherrschaft massenhaftere und kolossalere Produktionskräfte geschaffen als alle vergangenen Generationen zusammen. Unterjochung der Naturkräfte, Maschinerie, Anwendung der Chemie auf Industrie und Ackerbau, Dampfschiffahrt, Eisenbahnen, elektrische Telegraphen, Urbarmachung ganzer Welttheile, Schiffbarmachung der Flüsse, ganze aus dem Boden hervorgestampfte Bevölkerungen—welch früheres Jahrhundert ahnte, daß solche Produktionskräfte im Schooß der gesellschaftlichen Arbeit schlummerten.

Wir haben aber gesehen: Die Produktions- und Verkehrsmittel, auf deren Grundlage sich die Bourgeoisie heranbildete, wurden in der feudalen Gesellschaft erzeugt. Auf einer gewissen Stufe der Entwicklung dieser Produktions- und Verkehrsmittel entsprachen die Verhältnisse, worin die feudale Gesellschaft producirte und austauschte, die feudale Organisation der Agrikultur und Manufaktur, mit einem Wort die feudalen Eigenthums-Verhältnisse den schon entwickelten Produktivkräften nicht mehr. Sie hemmten die Produktion statt sie zu fördern. Sie verwandelten sich in eben so viele Fesseln. Sie mußten gesprengt werden, sie wurden gesprengt.

An ihre Stelle trat die freie Konkurrenz mit der ihr angemessenen gesellschaftlichen und politischen Konstitution, mit der ökonomischen und politischen Herrschaft der Bourgeois-Klasse.

Unter unsren Augen geht eine ähnliche Bewegung vor. Die bürgerlichen Produktions- und Verkehrs-Verhältnisse, die bürgerlichen Eigenthums-Verhältnisse, die moderne bürgerliche Gesellschaft, die so gewaltige Produktions- und Verkehrsmittel hervorgezaubert hat, gleicht dem Hexenmeister, der die unterirdischen Gewalten nicht mehr zu beherrschen vermag, die er herauf beschwor.

Seit Dezennien ist die Geschichte der Industrie und des Handels nur noch die Geschichte der Empörung der modernen Produktivkräfte gegen die modernen Produktions-Verhältnisse, gegen die Eigenthums-Verhätnisse, welche die Lebens-Bedingungen der Bourgeoisie und ihrer Herrschaft sind. Es genügt die Handelskrisen zu nennen, welche in ihrer periodischen Wiederkehr immer drohenden die Existenz der ganzen bürgerlichen Gesellschaft in Frage stellen. In den Handelskrisen wird ein großer Theil nicht nur der erzeugten Produkte, sondern sogar der bereits geschaffenen Produktivkräfte regelmäßig vernichtet. In der Krisen bricht eine gesellschaftliche Epidemie aus, welche allen früheren Epochen als ein Widersinn erschienen wäre—die Epidemie der Ueberproduktion. Die Gesellschaft findet sich plötzlich in einen Zustand momentaner Barbarei zurückversetzt; eine Hungersnoth, ein allgemeiner Verwüstungskrieg scheinen ihr alle Lebensmittel abgeschnitten zu haben; die Industrie, der Handel scheinen vernichtet, und warum? Weil sie zu viel Civilisation, zu viel Lebensmittel, zu viel Industrie, zu viel Handel besitzt. Die Produktivkräfte, die ihr zur Verfügung stehen, dienen nicht mehr zur Beförderung der bürgerlichen Civilisation und der bürgerlichen Eigenthums-Verhältnisse; im Gegentheil, sie sind zu gewaltig für diese Verhältnisse geworden, sie werden von ihnen gehemmt, und so bald sie dies Hemmniß überwinden, bringen sie die ganze bürgerliche Gesellschaft in Unordnung, gefährden sie die Existenz des bürgerlichen Eigenthums. Die bürgerlichen Verhältnisse sind zu eng geworden um den von ihnen erzeugten Reichthum zu fassen.—Wodurch überwindet die Bourgeoisie die Krisen? Einerseits durch die erzwungene Vernichtung einer Masse von Produktivkräften; andererseits durch die Eroberung neuer Märkte, und die gründlichere Ausbeutung der alten Märkte. Wodurch also? Dadurch, daß sie allseitigere und gewaltigere Krisen vorbereitet und die Mittel, den Krisen vorzubeugen, vermindert.

Die Waffen, womit die Bourgeoisie den Feudalismus zu Boden geschlagen hat, richten sich jetzt gegen die Bourgeoisie selbst.

Aber die Bourgeoisie hat nicht nur die Waffen geschmiedet, die ihr den Tod bringen; sie hat auch die Männer gezeugt, die diese Waffen führen werden—die modernen Arbeiter, die Proletarier.

In demselben Maße, worin sich die Bourgeoisie, d. h. das Kapital entwickelt, in demselben Maße entwickelt sich das Proletariat, die Klasse der modernen Arbeiter, die nur so lange leben als sie Arbeit finden, und die nur so lange Arbeit finden, als ihre Arbeit das Kapital vermehrt. Diese Arbeiter, die sich stückweis verkaufen müssen, sind eine Waare wie jeder andre Handelsartikel, und daher gleichmäßig allen Wechselfällen der Konkurrenz, allen Schwankungen des Marktes ausgesetzt.

Die Arbeit der Proletarier hat durch die Ausdehnung der Maschinerie und die Theilung der Arbeit allen selbstständigen Charakter und damit allen Reiz für den Arbeiter verloren. Er wird ein bloßes Zubehör der Maschine, von dem nur der einfachste, eintönigste, am leichtesten erlernbare Handgriff verlangt wird. Die Kosten die der Arbeiter verursacht, beschränken sich daher fast nur auf die Lebensmittel, die er zu seinem Unterhalt und zur Fortpflanzung seiner Race bedarf. Der Preis einer Waare, also auch der Arbeit ist aber gleich ihren Produktionskosten. In demselben Maße, in dem die Widerwärtigkeit der Arbeit wächst, nimmt daher der Lohn ab. Noch mehr, in demselben Maße wie Maschinerie und Theilung der Arbeit zunehmen, in demselben Maße nimmt auch die Masse der Arbeit zu, sei es durch Vermehrung der Arbeitsstunden, sei es durch Vermehrung der in einer gegebenen Zeit geforderten Arbeit, beschleunigten Lauf der Maschinen u. s. w.

Die moderne Industrie hat die kleine Werkstube des patriarchalischen Meisters in die große Fabrik des industriellen Kapitalisten verwandelt. Arbeiter-

Massen in der Fabrik zusammengedrängt, werden soldatisch organisirt. Sie werden als gemeine Industriesoldaten unter die Aufsicht einer vollständigen Hierarchie von Unteroffizieren und Offizieren gestellt. Sie sind nicht nur Knechte der Bourgeoisklasse, des Bourgeoisstaates, sie sind täglich und stündlich geknechtet von der Maschine, von dem Aufseher, und vor Allem von dem einzelnen fabrizirenden Bourgeois selst. Diese Despotie ist um so kleinlicher, gehässiger, erbitternder, je offener sie den Erwerb als ihren letzten Zweck proklamirt.

Je weniger die Handarbeit Geschicklichkeit und Kraftäußerung erheischt, d. h. je mehr die moderne Industrie sich entwickelt, desto mehr wird die Arbeit der Männer durch die der Weiber und Kinder verdrängt. Geschlechts- und Alters-Unterschiede haben keine gesellschaftliche Geltung mehr für die Arbeiterklasse. Es gibt nur noch Arbeitsinstrumente, die je nach Alter und Geschlecht verschiedene Kosten machen.

Ist die Ausbeutung des Arbeiters durch den Fabrikanten so weit beendigt, daß er seinen Arbeitslohn baar ausgezahlt erhält, so fallen die andern Theile der Bourgeoisie über ihn her, der Hausbesitzer, der Krämer, der Pfandverleiher u. s. w.

Die bisherigen kleinen Mittelstände, die kleinen Industriellen, Kaufleute und Rentiers, die Handwerker und Bauern, alle diese Klassen fallen ins Proletariat hinab, theils dadurch, das ihr kleines Kapital für den Betrieb der großen Industrie nicht ausreicht, und der Konkurrenz mit den größeren Kapitalisten erliegt, theils dadurch, daß ihre Geschicklichkeit von neuen Produktionsweisen entwerthet wird. So rekrutirt sich das Proletariat aus allen Klassen der Bevölkerung.

Das Proletariat macht verschiedene Entwicklungsstufen durch. Sein Kampf gegen die Bourgeoisie beginnt mit seiner Existenz.

Im Anfang kämpfen die einzelnen Arbeiter, dann die Arbeiter einer Fabrik, dann die Arbeiter eines Arbeitszweiges an einen Ort gegen den einzelnen Bourgeois, der sie direkt ausbeutet. Sie richten ihre Angriffe nicht nur gegen die bürgerlichen Produktions-Verhältnisse, sie richten sie gegen die Produktions-Instrumente selbst; sie vernichten die fremden konkurrirenden Waaren, sie zerschlagen die Maschinen, sie stecken die Fabriken in Brand, sie suchen sich die untergegangene Stellung des mittelalterlichen Arbeiters wieder zu erringen.

Auf dieser Stufe bilden die Arbeiter eine über das ganze Land zerstreute und durch die Konkurrenz zersplitterte Masse. Massenhafteres Zusammenhalten der Arbeiter ist noch nicht die Folge ihrer eigenen Vereinigung, sondern die Folge der Vereinigung der Bourgeoisie, die zur Erreichung ihrer eigenen politischen Zwecke das ganze Proletariat in Bewegung setzen muß und es einstweilen noch kann. Auf dieser Stufe bekämpfen die Proletarier also nicht ihre Feinde, sondern die Feinde ihrer Feinde, die Reste der absoluten Monarchie, die Grundeigenthümer, die nicht industriellen Bourgeois, die Kleinbürger. Die ganze geschichtliche Bewegung ist so in den Händen der Bourgeoisie konzentrirt; jeder Sieg, der so errungen wird, ist ein Sieg der Bourgeoisie.

Aber mit der Entwicklung der Industrie vermehrt sich nicht nur das Proletariat; es wird in größeren Massen zusammengedrängt, seine Kraft wächst und es fühlt sie mehr. Die Interessen, die Lebenslagen innerhalb des Proletariats gleichen sich immer mehr aus, indem die Maschinerie mehr und mehr die Unterschiede der Arbeit verwischt und den Lohn fast überall auf ein gleich niedriges Niveau herabdrückt. Die wachsende Konkurrenz der Bourgeois unter sich und die daraus herhorgehenden Handelskrisen machen den Lohn der Arbeiter immer schwankender; die immer rascher sich entwickelnde, unaufhörliche Verbesserung der Maschinerie macht ihre ganze Lebensstellung immer unsicherer; immer mehr nehmen die Kollisionen zwischen dem einzelnen Arbeiter und dem einzelnen Bourgeois den Charakter von Kollisionen zweier Klassen an. Die Arbeiter beginnen damit, Coalitionen gegen die Bourgeois zu bilden; sie treten zusammen zur Behauptung ihres Arbeitslohns. Sie stiften selbst dauernde Associationen, um sich für diese gelegentlichen Empörungen zu verproviantiren. Stellenweis bricht der Kampf in Emeuten aus.

Von Zeit zu Zeit siegen die Arbeiter, aber nur vorübergehend. Das eigentliche Resultat ihrer Kämpfe ist nicht der unmittelbare Erfolg, sondern die immer weiter um sich greifende Vereinigung der Arbeiter. Sie wird befördert durch die wachsenden Kommunikationsmittel, die von der großen Industrie erzeugt werden und die Arbeiter der verschiedenen Lokalitäten mit einander in Verbindung setzen. Es bedarf aber blos der Verbindung, um die vielen Lokalkämpfe von überall gleichem Charakter, zu einem nationalen, zu einem Klassenkampf zu centralisiren. Jeder Klassenkampf aber ist ein politischer Kampf. Und die Vereinigung, zu der die Bürger des Mittelalters mit ihren Vicinalwegen Jahrhunderte bedurften, bringen die modernen Proletarier mit den Eisenbahnen in wenigen Jahren zu Stande.

Diese Organisation der Proletarier zur Klasse, und damit zur politischen Partei, wird jeden Augenblick wieder gesprengt durch die Conkurrenz unter den Arbeitern selbst. Aber sie ersteht immer wieder, stärker, fester, mächtiger. Sie erzwingt die Anerkennung einzelner Interessen der Arbeiter in Gesetzesform, indem sie die Spaltungen der Bourgeoisie unter sich benutzt. So die Zehnstundenbill in England.

Die Kollisionen der alten Gesellschaft überhaupt fördern mannichfach den Entwicklungsgang des Proletariats. Die Bourgeoisie befindet sich in fortwährendem Kampf; anfangs gegen die Aristokratie; später gegen die Theile der Bourgeoisie selbst, deren Interessen mit dem Fortschritt der Industrie in Widerspruch gerathen; stets gegen die Bourgeoisie aller auswärtigen Länder. In allen diesen Kämpfen sieht sie sich genöthigt an das Proletariat zu appelliren, seine Hülfe in Anspruch zu nehmen und es so in die politische Bewegung hineinzureißen. Sie selbst führt also dem Proletariat ihre eigenen Bildungselemente, d. h. Waffen gegen sich selbst zu.

Es werden ferner, wie wir sahen, durch den Fortschritt der Industrie ganze Bestandtheile der herrschenden Klasse in's Proletariat hinabgeworfen oder wenigstens in ihren Lebensbedingungen bedroht. Auch sie führen dem Proletariat eine Masse Bildungselemente zu.

In Zeiten endlich wo der Klassenkampf sich der Entscheidung nähert, nimmt der Auflösungsprozeß innerhalb der herrschenden Klasse, innerhalb der ganzen alten Gesellschaft, einen so heftigen, so grellen Charakter an, daß ein kleiner Theil der herrschenden Klasse sich von ihr lossagt und sich der revolutionären Klasse anschließt, der Klasse, welche die Zukunft in ihren Händen trägt. Wie daher früher ein Theil des Adels zur Bourgeoisie überging, so geht jetzt ein Theil der Bourgeoisie zum Proletariat über, und namentlich ein Theil der Bourgeois-Ideologen, welche zum theoretischen Verständniß der ganzen geschichtlichen Bewegung sich hinaufgearbeitet haben.

Von allen Klassen welche heutzutage der Bourgeoisie gegenüber stehen, ist nur das Proletariat eine wirklich revolutionäre Klasse. Die übrigen Klassen verkommen und gehen unter mit der großen Industrie, das Proletariat ist ihr eigenstes Produkt.

Die Mittelstände, der kleine Industrielle, der kleine Kaufmann, der Handwerker, der Bauer, sie Alle bekämpfen die Bourgeoisie, um ihre Existenz als Mittelstände, vor dem Untergang zu sichern. Sie sind also nicht revolutionär, sondern konservativ. Noch mehr, sie sind reaktionär, denn sie suchen das Rad der Geschichte zurückzudrehen. Sind sie revolutionör, so sind sie es im Hinblick auf den ihnen bevorstehenden Uebergang ins Proletariat, so vertheidigen sie nicht ihre gegenwärtigen, sondern ihre zukünftigen Interessen, so verlassen sie ihren eigenen Standpunkt um sich auf den des Proletariats zu stellen.

Das Lumpenproletariat, diese passive Verfaulung der untersten Schichten der alten Gesellschaft, wird durch eine proletarische Revolution stellenweise in die Bewegung hineingeschleudert, seiner ganzen Lebenslage nach wird es bereitwilliger sein sich zu reaktionären Umtrieben erkaufen zu lassen.

Die Lebensbedingungen der alten Gesellschaft sind schon vernichtet in den Lebensbedingungen des Proletariats. Der Proletarier ist eigenthumslos; sein Verhältniß zu Weib und Kindern hat nichts mehr gemein mit dem bürgerlichen Familienverhältniß; die moderne industrielle Arbeit, die moderne Unterjochung unter das Kapital, dieselbe in England wie in Frankreich, in Amerika wie in Deutschland, hat ihm allen nationalen Charakter abgestreift. Die Gesetze, die Moral, die Religion sind für ihn eben so viele bürgerliche Vorurtheile, hinter denen sich eben so viele bürgerliche Interessen verstecken.

Alle früheren Klassen, die sich die Herrschaft eroberten, suchten ihre schon erworbene Lebensstellung zu sichern, indem sie die ganze Gesellschaft den Bedingungen ihres Erwerbs unterwarfen. Die Proletarier können sich die gesellschaftlichen Produktivkräfte nur erobern, indem sie ihre eigene bisherige Aneignungsweise und damit die ganze bisherige Aneignungsweise abschaffen. Die Proletarier haben Nichts von dem Ihrigen zu sichern, sie haben alle bisherige Privatsicherheit und Privatversicherungen zu zerstören.

Alle bisherigen Bewegungen waren Bewegungen von Minoritäten oder im Interesse von Minoritäten. Die proletarische Bewegung ist die selbstständige Bewegung der ungeheuren Mehrzahl im Interesse der ungeheuren Mehrzahl. Das Proletariat, die unterste Schichte der jetzigen Gesellschaft, kann sich nicht erheben, nicht aufrichten, ohne daß der ganze Ueberbau der Schichten, die die offizielle Gesellschaft bilden, in die Luft gesprengt wird.

Obgleich nicht dem Inhalt, ist der Form nach der Kampf des Proletariats gegen die Bourgeoisie zunächst ein nationaler. Das Proletariat eines jeden Landes muß natürlich zuerst mit seiner eigenen Bourgeoisie fertig werden.

Indem wir die allgemeinsten Phasen der Entwicklung des Proletariats zeichneten, verfolgten wir den mehr oder minder versteckten Bürgerkrieg innerhalb der bestehenden Gesellschaft bis zu dem Punkt, wo er in eine offene Revolution ausbricht und durch den gewaltsamen Sturz der Bourgeoisie das Proletariat seine Herrschaft begründet.

Alle bisherige Gesellschaft beruhte, wie wir gesehen haben, auf dem Gegensatz unterdrückender und unterdrückter Klassen. Um aber eine Klasse unterdrücken zu können, müssen ihr Bedingungen gesichert sein innerhalb deren sie wenigstens ihre knechtische Existenz fristen kann. Der Leibeigne hat sich zum Mitglied der Kommune in der Leibeigenschaft herangearbeitet, wie der Kleinbürger zum Bourgeois unter dem Joch des feudalistischen Absolotismus. Der moderne Arbeiter dagegen, statt sich mit dem Fortschritt der Industrie zu heben, sinkt immer tiefer unter die Bedingungen seiner eignen Klasse herab. Der Arbeiter wird zum Pauper, und der Pauperismus entwickelt sich noch rascher als Bevölkerung und Reichthum. Es tritt hiermit offen hervor, daß die Bourgeoisie unfähig ist noch länger die herrschende Klasse der Gesellschaft zu bleiben und die Lebensbedingungen ihrer Klasse der Gesellschaft als regelndes Gesetz aufzuzwingen. Sie ist unfähig zu herrschen, weil sie unfähig ist ihrem Sklaven die Existenz selbst innerhalb seiner Sklaverei zu sichern, weil sie gezwungen ist ihn in eine Lage herabsinken zu lassen, wo sie ihn ernähren muß, statt von ihm ernährt zu werden. Die Gesellschaft kann nicht mehr unter ihr leben, d. h. ihr Leben ist nicht mehr verträglich mit der Gesellschft.

Die wesentlichste Bedingung für die Existenz und für die Herrschaft der Bourgeoisklasse ist die Anhäufung des Reichthums in den Händen von Privaten, die Bildung und Vermehrung des Kapitals. Die Bedingung des Kapitals ist die Lohnarbeit. Die Lohnarbeit beruht ausschließlich auf der Konkurenz der Arbeiter unter sich. Der Fortschritt der Industrie, dessen willenloser und widerstandsloser Träger die Bourgeoisie ist, setzt an die Stelle der Isolirung der Arbeiter durch die Konkurenz ihre revolutionäre Vereinigung durch die Association. Mit der Entwicklung der großen Industrie wird also unter den Füßen der Bourgeoisie die Grundlage selbst weggezogen worauf sie produzirt und die Produkte sich aneignet. Sie produzirt vor Allem ihre eignen Todtengräber. Ihr Untergang und der Sieg des Proletariats sind gleich unvermeidlich.

II.

Proletarier und Kommunisten.

In welchem Verhältniß stehen die Kommunisten zu den Proletariern überhaupt?

Die Kommunisten sind keine besondere Partei gegenüber den andern Arbeiterparteien.

Sie haben keine von den Interessen des ganzen Proletariats getrennten Interessen.

Sie stellen keine besondern Prinzipien auf, wonach sie die proletarische Bewegung modeln wollen.

Die Kommunisten unterscheiden sich von den übrigen proletarischen Parteien nur dadurch, daß einerseits sie in den verschiedenen nationalen Kämpfen der Proletarier die gemeinsamen, von der Nationalität unabhängigen Interessen des gesammten Proletariats hervorheben und zur Geltung bringen, andrerseits dadurch, daß sie in den verschiedenen Entwicklungs-Stufen, welche der Kampf zwischen Proletariat und Bourgeoisie durchläuft, stets das Interesse der Gesammt-Bewegung vertreten.

Die Kommunisten sind also praktisch der entschiedenste immer weiter treibende Theil der Arbeiterparteien aller Länder, sie haben theoretisch vor der übrigen Masse des Proletariats die Einsicht in die Bedingungen, den Gang und die allgemeinen Resultate der Proletarischen Bewegung voraus.

Der nächste Zweck der Kommunisten ist derselbe wie der aller übrigen proletarischen Parteien: Bildung des Proletariats zur Klasse, Sturz der Bourgeoisieherrschaft, Eroberung der politischen Macht durch das Proletariat.

Die theoretischen Sätze der Kommunisten beruhen keineswegs auf Ideen, auf Prinzipien, die von diesem oder jenem Weltverbesserer erfunden oder entdeckt sind.

Sie sind nur allgemeine Ausdrücke thatsächlicher Verhältnisse eines existirenden Klassenkampfes, einer unter unsern Augen vor sich gehenden geschichtlichen Bewegung. Die Abschaffung bisheriger Eigenthumsverhältnisse ist nichts den Kommunismus eigenthümlich Bezeichnendes.

Alle Eigenthumsverhältnisse waren einem beständigen geschichtlichen Wechsel, einer beständigen geschichtlichen Veränderung unterworfen.

Die französische Revolution z. B. schaffte das Feudal-Eigenthum zu Gunsten des bürgerlichen ab.

Was den Kommunismus auszeichnet, ist nicht die Abschaffung des Eigenthums überhaupt, sondern die Abschaffung des bürgerlichen Eigenthums.

Aber das moderne bürgerliche Privateigenthum ist der letzte und vollendeteste Ausdruck der Erzeugung und Aneignung der Producte, die auf Klassengegensätzen, die auf der Ausbeutung der Einen durch die Andern beruht.

In diesem Sinn können die Kommunisten ihre Theorie in dem einen Ausdruck: Aufhebung des Privat-Eigenthums zusammenfassen.

Man hat uns Kommunisten vorgeworfen, wir wollten das persönlich erworbene, selbsterarbeitete Eigenthum abschaffen; das Eigenthum, welches die Grundlage aller persönlichen Freiheit, Thätigkeit und Selbstständigkeit bilde.

Erarbeitetes, erworbenes, selbstverdientes Eigenthum! Sprecht Ihr von dem kleinbürgerlichen, kleinbäuerlichen Eigenthum, welches dem bürgerlichen Eigenthum vorherging? Wir brauchen es nicht abzuschaffen, die Entwicklung der Industrie hat es abgeschafft und schafft es täglich ab.

Oder sprecht Ihr vom modernen bürgerlichen Privateigenthum?

Schafft aber die Lohnarbeit, die Arbeit des Proletariers ihm Eigenthum? Keineswegs. Sie schafft das Kapital, d. h. das Eigenthum, welches die Lohnarbeit ausbeutet, welches sich nur unter der Bedingung vermehren kann, daß es neue Lohnarbeit erzeugt, um sie von Neuem auszubeuten. Das Eigenthum in seiner heutigen Gestalt bewegt sich in dem Gegensatz von Kapital und Lohnarbeit. Betrachten wir die beiden Seiten dieses Gegensatzes. Kapitalist sein heißt nicht nur eine reinpersönliche, sondern eine gesellschaftliche Stellung in der Produktion einnehmen.

Das Kapital ist ein gemeinschaftliches Produkt und kann nur durch eine gemeinsame Thätigkeit vieler Mitglieder, ja in letzter Instanz nur durch die gemeinsame Thätigkeit aller Mitglieder der Gesellschaft in Bewegung gesetzt werden.

Das Kapital ist also keine persönliche, es ist eine gesellschaftliche Macht.

Wenn also das Kapital in gemeinschaftliches, allen Mitgliedern der Gesellschaft angehöriges Eigenthum verwandelt wird, so verwandelt sich nicht persönliches Eigenthum in gesellschaftliches. Nur der gesellschaftliche Charakter des Eigenthums verwandelt sich. Es verliert seinen Klassen-Charakter.

Kommen wir zur Lohnarbeit.

Der Durchschnittspreis der Lohnarbeit ist das Minimum des Arbeitslohnes, d. h. die Summe der Lebensmittel, die nothwendig sind, um den Arbeiter als Arbeiter am Leben zu erhalten. Was also der Lohnarbeiter durch seine Thätigkeit sich aneignet, reicht blos dazu hin, um sein nacktes Leben wieder zu erzeugen. Wir wollen diese persönliche Aneignung der Arbeitsprodukte zur Wiedererzeugung des unmittelbaren Lebens keineswegs abschaffen, eine Aneignung, die keinen Reinertrag übrig läßt, der Macht über fremde Arbeit geben könnte. Wir wollen nur den elenden Charakter dieser Aneignung aufheben, worin der Arbeiter nur lebt, um das Kapital zu vermehren, nur so weit lebt, wie es das Interesse der herrschenden Klasse erheischt.

In der bürgerlichen Gesellschaft ist die lebendige Arbeit nur ein Mittel, die aufgehäufte Arbeit zu vermehren. In der kommunistischen Gesellschaft ist die aufgehäufte Arbeit nur ein Mittel, um den Lebensprozeß der Arbeiter zu erweitern, zu bereichern, zu befördern.

In der bürgerlichen Gesellschaft herrscht also die Vergangenheit über die Gegenwart, in der kommunistischen die Gegenwart über die Vergangenheit. In der bürgerlichen Gesellschaft ist das Kapital selbstständig und persönlich, während das thätige Individuum unselbstständig und unpersönlich ist.

Und die Aufhebung dieses Verhältnisses nennt die Bourgeoisie Aufhebung der Persönlichkeit und Freiheit! Und mit Recht. Es handelt sich allerdings um die Aufhebung der Bourgeois-Persönlichkeit, Selbstständigkeit und Freiheit.

Unter Freiheit versteht man innerhalb der jetzigen bürgerlichen Produktions-Verhältnisse den freien Handel, den freien Kauf und Verkauf.

Fällt aber der Schacher, so fällt auch der freie Schacher. Die Redensarten vom freien Schacher, wie alle übrigen Freiheitsbravaden unserer Bourgeois haben überhaupt nur einen Sinn gegenüber dem gebundenen Schacher, gegenüber dem geknechteten Bürger des Mittelalters, nicht aber gegenüber der kommunistischen Aufhebung des Schachers, der bürgerlichen Produktions-Verhältnisse und der Bourgeoisie selbst.

Ihr entsetzt Euch darüber, daß wir das Privateigenthum aufheben wollen. Aber in Eurer bestehenden Gesellschaft ist das Privateigenthum für 9 Zehntel ihrer Mitglieder aufgehoben; es existirt gerade dadurch, daß es für 9 Zehntel nicht existirt. Ihr werft uns also vor, daß wir ein Eigenthum aufheben wollen, welches die Eigenthumslosigkeit der ungeheuren Mehrzahl der Gesellschaft als nothwendige Bedingung voraussetzt.

Ihr werft uns mit Einem Wort vor, daß wir Euer Eigenthum aufheben wollen. Allerdings das wollen wir.

Von dem Augenblick an, wo die Arbeit nicht mehr in Kapital, Geld, Grundrente, kurz, in eine monopolisirbare gesellschaftliche Macht verwandelt werden kann, d. h. von dem Augenblick, wo das persönliche Eigenthum nicht mehr in bürgerliches umschlagen kann, von dem Augenblick an erklärt Ihr die Person sei aufgehoben.

Ihr gesteht also, daß Ihr unter der Person Niemanden anders versteht, als den Bourgeois, den bürgerlichen Eigenthümer. Und diese Person soll allerdings aufgehoben werden.

Der Kommunismus nimmt keinem die Macht sich gesellschaftliche Produkte anzueignen, er nimmt nur die Macht sich durch diese Aneignung fremde Arbeit zu unterjochen.

Man hat eingewendet, mit der Aufhebung des Privateigenthums werde alle Thätigkeit aufhören und eine allgemeine Faulheit einreißen.

Hiernach müßte die bürgerliche Gesellschaft längst an der Trägheit zu Grunde gegangen sein; denn die in ihr arbeiten, erwerben nicht, und die in ihr erwerben, arbeiten nicht. Das ganze Bedenken läuft auf die Tautologie hinaus, daß es keine Lohnarbeit mehr gibt, sobald es kein Kapital mehr gibt.

Alle Einwürfe die gegen die kommunistische Aneignungs- und Produktionsweise der materiellen Produkte gerichtet werden, sind eben so auf die Aneignung und Produktion der geistigen Produkte ausgedehnt worden. Wie für den Bourgeois das Aufhören des Klasseneigenthums das Aufhören der Produktion selbst ist, so ist für ihn das Aufhören der Klassenbildung identisch mit dem Aufhören der Bildung überhaupt.

Die Bildung, deren Verlust er bedauert, ist für die enorme Mehrzahl die Heranbildung zur Maschine.

Aber streitet nicht mit uns, indem Ihr an Euren bürgerlichen Vorstellungen von Freiheit, Bildung, Recht u. s. w. die Abschaffung des bürgerlichen Eigenthums meßt. Eure Ideen selbst sind Erzeugnisse der bürgerlichen Produktions- und Eigenthums-Verhältnisse, wie Euer Recht nur der zum Gesetz erhobene Wille Eurer Klasse ist, ein Wille, dessen Inhalt gegeben ist in den materiellen Lebensbedingungen Eurer Klasse.

Die interessirte Vorstellung, worin Ihr Eure Produktions- und Eigenthumsverhältnisse aus geschichtlichen, in dem Lauf der Produktion vorübergehenden Verhältnissen in ewige Natur und Vernunftgesetze verwandelt, theilt Ihr mit allen untergegangenen herrschenden Klassen. Was Ihr für das antike Eigenthum begreift, was Ihr für das feudale Eigenthum begreift, dürft Ihr nicht mehr begreifen für das bürgerliche Eigenthum.

Aufhebung der Familie! Selbst die Radikalsten ereifern sich über diese schändliche Absicht der Kommunisten.

Worauf beruht die gegenwärtige, die bürgerliche Familie? Auf dem Kapital, auf dem Privaterwerb. Vollständig entwickelt existirt sie nur für die Bourgeoisie; aber sie findet ihre Ergänzung in der erzwungenen Familienlosigkeit der Proletarier und der öffentlichen Prostitution.

Die Familie des Bourgeois fällt natürlich weg, mit dem Wegfallen dieser ihrer Ergänzung und beide verschwinden mit dem Verschwinden des Kapitals.

Werft Ihr uns vor, daß wir die Ausbeutung der Kinder durch ihre Eltern aufheben wollen? Wir gestehen dies Verbrechen ein. Aber sagt Ihr, wir heben die trautesten Verhältnisse auf, indem wir an die Stelle der häuslichen Erziehung die gesellschaftliche setzen.

Und ist nicht auch Eure Erziehung durch die Gesellschaft bestimmt? Durch die gesellschaftlichen Verhältnisse, innerhalb deren Ihr erzieht, durch die direktere oder indirektere Einmischung der Gesellschaft vermittelst der Schule u. s. w.? Die Kommunisten erfinden nicht die Einwirkung der Gesellschaft auf die Erziehung; sie verändern nur ihren Charakter, sie entreißen die Erziehung dem Einfluß einer herrschenden Klasse.

Die bürgerlichen Redensarten über Familie und Erziehung über das traute Verhältniß von Eltern und Kindern werden um so ekelhafter, je mehr in Folge der großen Industrie alle Familienbande für die Proletarier zerrissen und die Kinder in einfache Handelsartikel und Arbeitsinstrumente verwandelt werden.

Aber Ihr Kommunisten wollt die Weibergemeinschaft einführen, schreit uns die ganze Bourgeoisie im Chor entgegen.

Der Bourgeois sieht in seiner Frau ein bloßes Produktions-Instrument. Er hört, daß die Produktions-Instrumente gemeinschaftlich ausgebeutet werden sollen und kann sich natürlich nicht anders denken, als daß das Loos der Gemeinschaftlichkeit die Weiber gleichfalls treffen wird.

Er ahnt nicht, daß es sich eben darum handelt, die Stellung der Weiber als bloßer Produktions-Instrumente aufzuheben.

Uebrigens ist nichts lächerlicher als das hochmoralische Entsetzen unsrer Bourgeois über die angebliche officielle Weibergemeinschaft der Kommunisten. Die Kommunisten brauchen die Weibergemeinschaft nicht einzuführen, sie hat fast immer existirt.

Unsre Bourgeois nicht zufrieden damit, daß ihnen die Weiber und Töchter ihrer Proletarier zur Verfügung stehen, von der officiellen Prostitution gar nicht zu sprechen, finden ein Hauptvergnügen darin ihre Ehefrauen wechselseitig zu verführen.

Die bürgerliche Ehe ist in Wirklichkeit die Gemeinschaft der Ehefrauen. Man könnte höchstens den Kommunisten vorwerfen, daß sie an der Stelle einer heuchlerisch versteckten, eine officielle, offenherzige Weibergemeinschaft einführeu wollen. Es versteht sich übrigens von selbst, daß mit Aufhebung der jetzigen Produktions-Verhältnisse auch die aus ihnen hervorgehende Weibergemeinschaft, d. h. die officielle und nicht officielle Prostitution verschwindet.

Den Kommunisten ist ferner vorgeworfen worden, sie wollten das Vaterland, die Nationalität abschaffen.

Die Arbeiter haben kein Vaterland. Man kann ihnen nicht nehmen, was sie nicht haben. Indem das Proletariat zunächst sich die politische Herrschaft erobern, sich zur nationalen Klasse erheben, sich selbst als Nation konstituiren muß, ist es selbst noch national, wenn auch keineswegs im Sinne der Bourgeoisie.

Die nationalen Absonderungen und Gegensätze der Völker verschwinden mehr und mehr schon mit der Entwicklung der Bourgeoisie, mit der Handelsfreiheit, dem Weltmarkt, der Gleichförmigkeit der industriellen Produktion und der ihr entsprechenden Lebensverhältnisse.

Die Herrschaft des Proletariats wird sie noch mehr verschwinden machen. Vereinigte Aktion wenigstens der civilisirten Länder ist eine der ersten Bedingungen seiner Befreiung.

In dem Maße wie die Exploitation des einen Individuums durch das andere aufgehoben wird, wird die Exploitation einer Nation durch die andre aufgehoben.

Mit dem Gegensatz der Klassen im Innern der Nationen fällt die feindliche Stellung der Nationen gegen einander.

Die Anklagen gegen den Kommunismus, die von religiösen, philosophischen und ideologischen Gesichtspunkten überhaupt erhoben werden, verdienen keine ausführlichere Erörterung.

Bedarf es tiefer Einsicht um zu begreifen, daß mit den Lebensverhältnissen der Menschen, mit ihren gesellschaftlichen Beziehungen, mit ihrem gesellschaftlichen Dasein auch ihre Vorstellungen, Anschauungen und Begriffe, mit einem Worte auch ihr Bewußtsein sich ändert?

Was beweist die Geschichte der Ideen anders, als daß die geistige Produktion sich mit der materiellen umgestaltet. Die herrschenden Ideen einer Zeit waren stets nur die Ideen der herrschenden Klasse.

Man spricht von Ideen, welche eine ganze Gesellschaft revolutioniren; man spricht damit nur die Thatsache aus, daß sich innerhalb der alten Gesellschaft die Elemente einer neuen gebildet haben, daß mit der Auflösung der alten Lebensverhältnisse die Auflösung der alten Ideen gleichen Schritt hält.

Als die alte Welt im Untergehen begriffen war, wurden die alten Religionen von der christlichen Religion besiegt. Als die christlichen Ideen im 18. Jahrhundert den Aufklärungs-Ideen unterlagen, rang die feudale Gesellschaft ihren Todeskampf mit der damals revolutionären Bourgeoisie. Die Ideen der Gewissens- und Religionsfreiheit sprachen nur die Herrschaft der freien Konkurrenz auf dem Gebiet des Gewissens aus.

Aber wird man sagen, religiöse, moralische, philosophische, politische, rechtliche Ideen u. s. w. modificirten sich allerdings im Lauf der geschichtlichen Entwicklung. Die Religion, die Moral, die Philosophie, die Politik, das Recht, erhielten sich stets in diesem Wechsel.

Es gibt zudem ewige Wahrheiten wie Freiheit, Gerechtigkeit u. s. w., die allen gesellschaftlichen Zuständen gemeinsam sind. Der Kommunismus aber schafft die ewigen Wahrheiten ab, er schafft die Religion ab, die Moral, statt sie neu zu gestalten, er widerspricht also allen bisherigen geschichtlichen Entwickelungen.

Worauf reducirt sich diese Anklage? Die Geschichte der ganzen bisherigen Gesellschaft bewegte sich in Klassengegensätzen, die in den verschiedenen Epochen verschieden gestaltet waren.

Welche Form sie aber auch immer angenommen, die Ausbeutung des einen Theils der Gesellschaft durch den andern ist eine allen vergangenen Jahrhunderten gemeinsame Thatsache. Kein Wunder daher, daß das gesellschaftliche Bewußtsein aller Jahrhunderte aller Mannigfaltigkeit und Verschiedenheit zum Trotz, in gewissen gemeinsamen Formen sich bewegt, Formen, Bewußtseinsformen, die nur mit dem gänzlichen Verschwinden des Klassengegensatzes sich vollständig auflösen.

Die kommunistische Revolution ist das radikalste Brechen mit den überlieferten Eigenthums-Verhältnissen, kein Wunder, daß in ihrem Entwicklungsgange am radikalsten mit den überlieferten Ideen gebrochen wird.

Doch lassen wir die Einwürfe der Bourgeoisie gegen den Kommunismus.

Wir sahen schon oben, daß der erste Schritt in der Arbeiter-Revolution die Erhebung des Proletariats zur herrschenden Klasse, die Erkämpfung der Demokratie ist.

Das Proletariat wird seine politische Herrschaft dazu benutzen der Bourgeoisie nach und nach alles Kapital zu entreißen, alle Produktions Instrumente in den Händen des Staats, d. h. des als herrschende Klasse organisirten Proletariats zu centralisiren und die Masse der Produktionskräfte möglichst rasch zu vermehren.

Es kann dies natürlich zunächst nur geschehen vermittelst despotischer Eingriffe in das Eigenthumsrecht und in die bürgerlichen Produktions-Verhältnisse, durch Maaßregeln also, die ökonomisch unzureichend und unhaltbar erscheinen, die aber im Lauf der Bewegung über sich selbst hinaus treiben und als Mittel zur Umwälzung der ganzen Produktionsweise unvermeidlich sind.

Diese Maaßregeln werden natürlich je nach den verschiedenen Ländern verschieden sein.

Für die fortgeschrittensten Länder werden jedoch die folgenden ziemlich allgemein in Anwendung kommen können:

1) Expropriation des Grundeigenthums und Verwendung der Grundrente zu Staatsausgaben.
2) Starke Progressiv-Steuer.
3) Abschaffung des Erbrechts.
4) Konfiskation des Eigenthums aller Emigranten und Rebellen.
5) Centralisation des Kredits in den Händen des Staats durch eine Nationalbank mit Staatskapital und ausschließlichem Monopol.
6) Centralisation alles Transportwesens in den Händen des Staats.
7) Vermehrung der Nationalfabriken, Produktions-Instrumente, Urbarmachung und Verbesserung der Ländereien nach einem gemeinschaftlichen Plan.
8) Gleicher Arbeitszwang für Alle, Errichtung industrieller Armeen besonders für den Ackerbau.
9) Vereinigung des Betriebs von Ackerbau und Industrie, Hinwirken auf die allmählige Beseitigung des Gegensatzes von Stadt und Land.
10) Oeffentliche und unentgeldliche Erziehung aller Kinder. Beseitigung der Fabrikarbeit der Kinder in ihrer heutigen Form. Vereinigung der Erziehung mit der materiellen Produktion u. s. w., u. s. w.

Sind im Laufe der Entwicklung die Klassenunterschiede verschwunden, und ist alle Produktion in den Händen der associirten Individuen koncentrirt, so verliert die öffentliche Gewalt den politischen Charakter. Die politische Gewalt im eigentlichen Sinn ist die organisirte Gewalt einer Klasse zur Unterdrückung einer andern. Wenn das Proletariat im Kampfe gegen die Bourgeoisie sich nothwendig zur Klasse vereint, durch eine Revolution sich zur herrschenden Klasse macht, und als herrschende Klasse gewaltsam die alten Produktions-Verhältnisse aufhebt, so hebt es mit diesen Produktions-Verhältnissen die Existenz-Bedingungen des Klassengegensatzes der Klassen überhaupt, und damit seine eigene Herrschaft als Klasse auf.

An die Stelle der alten bürgerlichen Gesellschaft mit ihren Klassen und Klassen-Gegensätzen tritt eine Association, worin die freie Entwicklung eines Jeden, die Bedingung für die freie Entwicklung Aller ist.

III.

Socialistische und kommunistische Literatur.

1) Der reaktionaire Socialismus.

a) Der feudale Socialismus.

Die französische und englische Aristokratie war ihrer geschichtlichen Stellung nach dazu berufen, Pamphlete gegen die moderne bürgerliche Gesellschaft zu schreiben. In der französischen Julirevoluion von 1830, in der englischen Reformbewegung war sie noch einmal dem verhaßten Emporkömmling erlegen. Von einem ernsten politischen Kampfe konnte nicht mehr die Rede sein. Nur der literarische Kampf blieb ihr übrig. Aber auch auf dem Gebiete der Literatur waren die alten Redensarten der Restaurationszeit unmöglich geworden. Um Sympathie zu erregen, mußte die Aristokratie scheinbar ihre Interessen aus den Augen verlieren und nur noch im Interesse der exploitirten Arbeiterklasse ihren Anklageakt gegen die Bourgeoisie formuliren. Sie bereitete sich so die Genugthuung vor, Schmählieder auf ihren neuen Herrscher singen und mehr oder minder unheilschwangere Prophezeihungen ihm in's Ohr raunen zu dürfen.

Auf diese Art entstand der feudalistische Socialismus, halb Klagelied, halb Pasquill, halb Rückhall der Vergangenheit, halb Dräuen der Zukunft, mitunter die Bourgeoisie in's Herz treffend durch bittres, geistreich zerreißendes Urtheil, stets komisch wirkend durch gänzliche Unfähigkeit den Gang der modernen Geschichte zu begreifen.

Den proletarischen Bettlersack schwenkten sie als Fahne in der Hand, um das Volk hinter sich her zu versammeln. So oft es ihnen aber folgte, erblickte es auf ihrem Hintern die alten feudalen Wappen und verlief sich mit lautem und unehrerbietigem Gelächter.

Ein Theil der französischen Legitimisten und das junge England gaben dies Schauspiel zum Besten.

Wenn die Feudalen beweisen, daß ihre Weise der Ausbeutung anders gestaltet war als die bürgerliche Ausbeutung, so vergessen sie nur, daß sie unter gänzlich verschiedenen und jetzt überlebten Umständen und Bedingungen ausbeuteten. Wenn sie nachweisen, daß unter ihrer Herrschaft nicht das moderne Proleteriat existirt hat, so vergessen sie nur, daß eben die moderne Bourgeoisie ein nothwendiger Sprößling ihrer Gesellschaftsordnung war.

Uebrigens verheimlichen sie den reaktionären Charakter ihrer Kritik so wenig, daß ihre Hauptanklage gegen die Bourgeoisie eben darin besteht, unter ihrem Regime entwickele sich eine Klasse, welche die ganze alte Gesellschaftsordnung in die Luft sprengen werde.

Sie werfen der Bourgeoisie mehr noch vor, daß sie ein revolutionares Proletariat, als daß sie überhaupt ein Proletariat erzeugt.

In der politischen Praxis nehmen sie daher an allen Gewaltmaßregeln gegen die Arbeiterklasse Theil, und im gewöhnlichen Leben bequemen sie sich, allen ihren aufgeblähten Redensarten zum Trotz, die goldenen Aepfel aufzulesen, und Treue, Liebe, Ehre mit dem Schacher in Schaafswolle, Runkelrüben und Schnapps zu vertauschen.

Wie der Pfaffe immer Hand in Hand ging mit dem Feudalen, so der pfäffische Socialismus mit dem feudalistischen.

Nichts leichter als dem christlichen Ascetismus einen socialistischen Anstrich zu geben. Hat das Christenthum nicht auch gegen das Privateigenthum, gegen die Ehe, gegen den Staat geeifert? Hat es nicht die Wohlthätigkeit und den Bettel, das Cölibat und die Fleischesertödtung, das Zellenleben und die Kirche an ihre Stelle gepredigt? Der heitige Socialismus ist nur das Weihwasser, womit der Pfaffe den Aerger des Aristokraten einsegnet.

b) Kleinbürgerlicher Socialismus.

Die feudale Aristokratie ist nicht die einzige Klasse, welche durch die Bourgeoisie gestürzt wurde, deren Lebensbedingungen in der modernen bürgerlichen Gesellschaft verkümmerten und abstarben. Das mittelalterliche Pfahlbürgerthum und der kleine Bauernstand waren die Vorläufer der modernen Bourgeoisie. In den weniger industriell und kommerciell entwickelten Ländern vegetirt diese Klasse noch fort neben der aufkommenden Bourgeoisie.

In den Ländern, wo sich die moderne Civilisation entwickelt hat, hat sich eine neue Kleinbürgerschaft gebildet, die zwischen dem Proletariat und der Bourgeoisie schwebt und als ergänzender Theil der bürgerlichen Gesellschaft stets von Neuem sich bildet, deren Mitglieder aber beständig durch die Konkurrenz in's Proletariat hinabgeschleudert werden, ja selbst mit der Entwicklung der großen Industrie einen Zeitpunkt herannahen sehen, wo sie als selbstständiger Theil der modernen Gesellschaft gänzlich verschwinden, und im Handel, in der Manufaktur, in der Agrikultur durch Arbeitsaufseher und Domestiken ersetzt werden.

In Ländern wie in Frankreich, wo die Bauernklasse weit mehr als die Hälfte der Bevölkerung ausmacht, war es natürlich, daß Schriftsteller, die für das Proletariat gegen die Bourgeoisie auftraten, an ihre Kritik des Bourgeoisregime's den kleinbürgerlichen und kleinbäuerlichen Maaßstab anlegten und die Partei der Arbeiter vom Standpunkt des Kleinbürgerthums ergriffen. Es bildete sich so der kleinbürgerliche Socialismus. Sismondi ist das Haupt dieser Literatur nicht nur für Frankreich sondern auch für England.

Dieser Socialismus zergliederte höchst scharfsinnig die Widersprüche in den modernen Produktionsverhältnissen. Er enthüllte die gleißnerischen Beschönigungen der Oekonomen. Er wies unwiderleglich die zerstörenden Wirkungen der Maschinerie und der Theilung der Arbeit nach, die Koncentration der Kapitalien und des Grundbesitzes, die Ueberproduktion, die Krisen, den nothwendigen Untergang der kleinen Bürger und Bauern, das Elend des Proletariats, die Anarchie in der Produktion, die schreienden Mißverhältnisse in der Vertheilung des Reichthums, den industriellen Vernichtungskrieg der Nationen unter einander, die Auflösung der alten Sitten, der alten Familien-Verhältnisse, der alten Nationalitäten.

Seinem positiven Gehalte nach will jedoch dieser Socialismus entweder die alten Produktions- und Verkehrsmittel wiederherstellen und mit ihnen die alten Eigenthumsverhältnisse und die alte Gesellschaft, oder er will die modernen Produktions- und Verkehrsmittel in den Rahmen der alten Eigenthumsverhältnisse, die von ihnen gesprengt werden, gesprengt werden mußten, gewaltsam wieder einsperren. In beiden Fällen ist er reaktionär und utopistisch zugleich.

Zunftwesen in der Manufaktur und patriarchalische Wirthschaft auf dem Lande, das sind seine letzten Worte.

In ihrer weitern Entwicklung hat sich diese Richtung in einen feigen Katzenjammer verlaufen.

c) Der deutsche oder der wahre Socialismus.

Die socialistische und kommunistische Literatur Frankreichs, die unter dem Druck einer herrschenden Bourgeoisie entstand und der literarische Ausdruck des Kampfs gegen diese Herrschaft ist, wurde nach Deutschland eingeführt zu einer Zeit, wo die Bourgeoisie so eben ihren Kampf gegen den feudalen Absolutismus begann.

Deutsche Philosophen, Halbphilosophen und Schöngeister bemächtigten sich gierig dieser Literatur und vergaßen nur, daß bei der Einwanderung jener Schriften aus Frankreich die französischen Lebensverhältnisse nicht gleichzeitig nach Deutschland eingewandert waren. Den deutschen Verhältnissen gegenüber verlor die französische Literatur alle unmittelbar praktische Bedeutung und nahm ein rein literarisches Aussehen an. Als müßige Spekulation über die wahre Gesellschaft, über die Verwirklichung des menschlichen Wesens mußte sie erscheinen. So hatten für die deutschen Philosophen des 18. Jahrhunderts die Forderungen der ersten französischen Revolution nur den Sinn, Forderungen der „praktischen Vernunft" im Allgemeinen zu sein und die Willensäußerung der revolutionären französischen Bourgeoisie bedeuteten in ihren Augen die Gesetze des reinen Willens, des Willens wie er sein muß, des wahrhaft menschlichen Willens.

Die ausschließliche Arbeit der deutschen Literaten bestand darin, die neuen französischen Ideen mit ihrem alten philosophischen Gewissen in Einklang zu setzen, oder vielmehr von ihrem philosophischen Standpunkt aus die französischen Ideen sich anzueignen.

Diese Aneignung geschah in derselben Weise, wodurch man sich überhaupt eine fremde Sprache aneignet, durch die Uebersetzung.

Es ist bekannt wie die Mönche Manuscripte, worauf die klassischen Werke der alten Heidenzeit verzeichnet waren, mit abgeschmackten katholischen Heiligengeschichten überschrieben. Die deutschen Literaten gingen umgekehrt mit der profanen französischen Literatur um. Sie schrieben ihren philosophischen Unsinn hinter das französische Original. Z. B. hinter die französische Kritik der Geldverhältnisse schrieben sie „Entäußerung des menschlichen Wesens", hinter die französische Kritik des Bourgeoisstaats schrieben sie „Aufhebung der Herrschaft des abstrakt Allgemeinen" u. s. w.

Diese Unterschiebung ihrer philosophischen Redensarten unter die französischen Entwicklungen taufte sie „Philosophie der That," „wahrer Socialismus," „Deutsche Wissenschaft des Socialismus," „Philosophische Begründung des Socialismus u. s. w.

Die französisch-socialistisch kommunistische Literatur wurde so förmlich entmannt. Und da sie in der Hand des Deutschen aufhörte, den Kampf einer Klasse gegen die andere auszudrücken, so war der Deutsche sich bewußt, die französische Einseitigkeit überwunden, statt wahrer Bedürfnisse, das Bedürfniß der Wahrheit, und statt die Interessen des Proletariers die Interessen des menschlichen Wesens, des Menschen überhaupt vertreten zu haben, des Menschen, der keiner Klasse, der überhaupt nicht der Wirklichkeit, der nur dem Dunsthimmel der philosophischen Phantasie angehört.

Dieser deutsche Socialismus, der seine unbeholfene Schulübungen so ernst und feierlich nahm und so marktschreierisch ausposaunte, verlor indeß nach und nach seine pedantische Unschuld.

Der Kampf der deutschen namentlich der preußischen Bourgeoisie gegen die Feudalen und das absolute Königthum, mit einem Wort, die liberale Bewegung wurde ernsthafter.

Dem wahren Socialismus war so erwünschte Gelegenheit geboten, der politischen Bewegung die socialistischen Forderungen gegenüber zu stellen.

Die überlieferten Anatheme gegen den Liberalismus, gegen den Repräsentativ-Staat, gegen die bürgerliche Konkurrenz, bürgerliche Preßfreiheit, bürgerliches Recht, bürgerliche Freiheit und Gleichheit zu schleudern und der Volksmasse vorzupredigen, wie sie bei dieser bürgerlichen Bewegung nichts zu gewinnen, vielmehr Alles zu verlieren habe. Der deutsche Socialismus vergaß rechtzeitig, daß die französische Kritik, deren geistloses Echo er war, die moderne bürgerliche Gesellschaft mit den entsprechenden materiellen Lebensbedingungen und der angemessenen politischen Konstitution voraussetzt, lauter Voraussetzungen, um deren Erkämpfung es sich erst in Deutschland handelte.

Er diente den deutschen absoluten Regierungen mit ihrem Gefolge von Pfaffen, Schulmeistern, Krautjunkern und Büreaukraten als erwünschte Vogelscheuche gegen die drohend aufstrebende Bourgeoisie.

Er bildete die süßliche Ergänzung zu den bittern Peitschenhieben und Flintenkugeln, womit dieselben Regierungen die deutschen Arbeiter-Aufstände bearbeiteten.

Ward der wahre Socialismus dergestalt eine Waffe in der Hand der Regierungen gegen die deutsche Bourgeoisie, so vertrat er auch unmittelbar ein reactionäres Interesse, das Interesse der deutschen Pfahlbürgerschaft. In Deutschland bildet das vom sechzehnten Jahrhundert her überlieferte und seit der Zeit in verschiedener Form hier immer neu wieder auftauchende Kleinbürgerthum die eigentliche gesellschaftliche Grundlage der bestehenden Zustände.

Seine Erhaltung ist die Erhaltung der bestehenden deutschen Zustände. Von der industriellen und politischen Herrschaft der Bourgeoisie fürchtet es den sichern Untergang, einer Seits in Folge der Koncentration des Kapitals, anderer Seits durch das Aufkommen eines revolutionären Proletariats. Der wahre Socialismus schien ihm beide Fliegen mit einer Klappe zu schlagen. Er verbreitete sich wie eine Epidemie.

Das Gewand, gewirkt aus spekulativem Spinnweb, überstickt mit schöngeistigen Redeblumen, durchtränkt von liebesschwülem Gemüthsthau, dies überschwängliche Gewand, worin die deutschen Socialisten ihre paar knöchernen ewigen Wahrheiten einhüllten, vermehrte nur den Absatz ihrer Waare bei diesem Publikum.

Seiner Seits erkannte der deutsche Socialismus immer mehr seinen Beruf, der hochtrabende Vertreter dieser Pfahlbürgerschaft zu sein.

Er proklamirte die deutsche Nation als die normale Nation und den deutschen Spießbürger als den Normal-Menschen. Er gab jeder Niedertracht desselben einen verborgenen höheren socialistischen Sinn, worin sie ihr Gegentheil bedeutete. Er zog die letzte Konsequenz, indem er direkt gegen die rohdestruktive Richtung des Kommunismus auftrat, und seine unparteiische Erhabenheit über alle Klassenkämpfe verkündete. Mit sehr wenigen Ausnahmen gehören alles, was in Deutschland von angeblich socialistischen und kommunistischen Schriften cirkulirt, in den Bereich dieser schmutzigen entnervenden Literatur.

2) Der konservative oder Bourgeois-Socialismus.

Ein Theil der Bourgeoisie wünscht den socialen Mißständen abzuhelfen, um den Bestand der bürgerlichen Gesellschaft zu sichern.

Es gehören hierher, Oekonomisten, Philantropen, Humanitäre, Verbesserer der Lage der arbeitenden Klassen, Wohlthätigkeits-Organisirer, Abschaffer der Thierquälerei, Mäßigkeits-Vereinsstifter, Winkelreformer der buntscheckigsten Art. Und auch zu ganzen Systemen ist dieser Bourgeois-Socialismus ausgearbeitet worden.

Als Beispiel führen wir Proudhon's Philosophie de la misere an.

Die socialistischen Bourgeois wollen die Lebensbedingungen der modernen Gesellschaft ohne die nothwendig daraus hervorgehenden Kämpfe und Gefahren. Sie wollen die bestehende Gesellschaft mit Abzug der sie revolutionirenden und sie auflösenden Elemente. Sie wollen die Bourgeoisie ohne das Proletariat. Die Bourgeoisie stellt sich die Welt, worin sie herrscht, natürlich als die beste Welt vor. Der Bourgeois-Socialismus arbeitet diese tröstliche Vorstellung zu einem halben oder ganzen System aus. Wenn er das Proletariat auffordert seine Systeme zu verwirklichen, um in das neue Jerusalem einzugehen, so verlangt er im Grunde nur, daß es in der jetzigen Gesellschaft stehen bleibe, aber seine gehässigen Vorstellungen von derselben abstreife.

Eine zweite, weniger systematische und mehr praktische Form des Socialismus suchte der Arbeiterklasse jede revolutionäre Bewegung zu verleiden, durch den Nachweis, wie nicht diese oder jene politische Veränderung, sondern nur eine Veränderung der materiellen Lebensverhältnisse, der ökonomischen Verhältnisse ihr von Nutzen sein könne. Unter Veränderung der materiellen Lebensverhältnisse versteht dieser Socialismus aber keineswegs Abschaffung der bürgerlichen Produktions-Verhältnisse, die nur auf revolutionärem Wege möglich ist, sondern administrative Verbesserungen, die auf dem Boden dieser Produktionsverhältnisse vor sich gehen; also an dem Verhältniß von Kapital und Lohnarbeit nichts ändern, sondern im besten Fall der Bourgeoisie die Kosten ihrer Herrschaft vermindern und ihren Staatshaushalt vereinfachen.

Seinen entsprechenden Ausdruck erreicht der Bourgeois-Socialismus erst da, wo er zur bloßen rednerischen Figur wird.

Freier Handel! im Interesse der arbeitenden Klasse; Schutzzölle! im Interesse der arbeitenden Klasse; Zellengefängnisse! im Interesse der arbeitenden Klasse, das ist das letzte, das einzig ernst gemeinte Wort des Bourgeois-Socialismus.

Ihr Socialismus besteht eben in der Behauptung, daß die Bourgeois Bourgeois sind—im Interesse der arbeitenden Klasse.

3) Der kritisch-utopistische Socialismus und Kommunismus.

Wir reden hier nicht von der Literatur, die in allen großen modernen Revolutionen die Forderungen des Proletariats aussprach (Schriften Babeufs u. s. w.).

Die ersten Versuche des Proletariats in einer Zeit allgemeiner Aufregung, in der Periode des Umsturzes der feudalen Gesellschaft direkt sein eignes Klasseninteresse durchzusetzen, scheiterten nothwendig an der unentwickelten Gestalt des Proletariats selbst, wie an dem Mangel der materiellen Bedingungen seiner Befreiung, die eben erst das Produkt der bürgerlichen Epoche sind. Die revolutionäre Literatur, welche diese ersten Bewegungen des Proletariats begleitete, ist dem Inhalt nach nothwendig reaktionär. Sie lehrt einen allgemeinen Ascetismus und eine rohe Gleichmacherei.

Die eigentlich socialistischen und kommunistischen Systeme, die Systeme St. Simons, Fourriers, Owens u. s. w. tauchen auf in der ersten unentwickelten Periode des Kampfs zwischen Proletariat und Bourgeoisie, die wir oben dargestellt haben. (S. Bourgeoisie und Proletariat.)

Die Erfinder dieser Systeme sehen zwar den Gegensatz der Klassen, wie die Wirksamkeit der auflösenden Elemente in der herrschenden Gesellschaft selbst. Aber sie erblicken auf der Seite der Proletariats keine geschichtliche Selbstthätigkeit, keine ihm eigenthümliche politische Bewegung.

Da die Entwicklung des Klassengegensatzes gleichen Schritt hält mit der Entwicklung der Industrie, finden sie eben so wenig die materiellen Bedingungen zur Befreiung des Proletariats vor, und suchen nach einer socialen Wissenschaft, nach socialen Gesetzen, um diese Bedingungen zu schaffen.

An die Stelle der gesellschaftlichen Thätigkeit muß ihre persönlich erfinderische Thätigkeit treten, an die Stelle der geschichtlichen Bedingungen der Befreiung phantastische, an die Stelle der allmählig vor sich gehenden Organisation des Proletariats zur Klasse eine eigens ausgeheckte Organisation der Gesellschaft. Die kommende Weltgeschichte löst sich für sie auf in die Propaganda und die praktische Ausführung ihrer Gesellschaftspläne.

Sie sind sich zwar bewußt in ihren Plänen hauptsachlich das Interesse der arbeitenden Klasse als der leidendsten Klasse zu vertreten. Nur unter diesem Gesichtspunkt der leidendsten Klasse existirt das Proletariat für sie.

Die unentwickelte Form des Klassenkampfes, wie ihre eigene Lebenslage bringen es aber mit sich', daß sie weit über jenen Klassengegensatz erhaben zu sein glauben. Sie wollen die Lebenslage aller Gesellschaftsglieder, auch der bestgestellten verbessern. Sie appelliren daher fortwährend an die ganze Gesellschaft ohne Unterschied, ja vorzugsweise an die herrschende Klasse. Man braucht ihr System ja nur zu verstehen, um es als den bestmöglichen Plan der bestmöglichen Gesellschaft anzuerkennen.

Sie verwerfen daher alle politische, namentlich alle revolutionäre Aktion, sie wollen ihr Ziel auf friedlichem Wege erreichen und versuchen durch kleine natürlich ,fehlschlagende Experimente, durch die Macht des Beispiels dem neuen gesellschaftlichen Evangelium Bahn zu brechen.

Diese phantastische Schilderung der zukünftigen Gesellschaft entspricht in einer Zeit, wo das Proletariat noch höchst unentwickelt ist, also selbst noch phantastisch seine eigene Stellung auffaßt, seinem ersten ahnungsvollen Drängen nach einer allgemeinen Umgestaltung der Gesellschaft.

Die socialistischen und kommunistischen Schriften bestehen aber auch aus kritischen Elementen. Sie greifen alle Grundlagen der bestehenden Gesellschaft an. Sie haben daher höchst werthvolles Material zur Aufklärung der Arbeiter geliefert. Ihre positiven Sätze über die zukünftige Gesellschaft, z. B., Aufhebung des Gegensatzes von Stadt und Land, der Familie, des Privaterwerbs, der Lohnarbeit, die Verkündung der gesellschaftlichen Harmonie, die Verwandlung des Staats in eine bloße Verwaltung der Produktion—alle diese ihre Sätze drücken blos das Wegfallen des Klassengegensatzes aus, der eben erst sich zu entwickeln beginnt, den sie nur noch in seiner ersten gestaltlosen Unbestimmtheit kennen. Diese Satze selbst haben daher noch einen rein utopistischen Sinn.

Die Bedeutung des kritischen utopistischen Socialismus und Kommunismus steht im umgekehrten Verhältniß zur geschichtlichen Entwicklung. In demselben Maaße, worin der Klassenkampf sich entwickelt und gestaltet, verliert diese phantastische Erhebung über denselben, diese phantastische Bekämpfung desselben, allen praktischen Werth, alle theoretische Berechtigung. Waren daher die Urheber dieser Systeme auch in vieler Beziehung revolutionär, so bilden ihre Schüler jedes Mal reaktionäre Sekten. Sie halten die alten Anschauungen der Meister fest gegenüber der geschichtlichen Fortentwicklung des Proletariats. Sie suchen daher konsequent den Klassenkampf wieder abzustumpfen nnd die Gegensätze zu vermitteln. Sie träumen noch immer die versuchsweise Verwirklichung ihrer gesellschaftlichen Utopien, Stiftung einzelner Phalanstere, Gründung von home=Colonien, Errichtung eines kleinen Icariens,—Duodez-Ausgabe des neuen Jerusalems—und zum Aufbau aller dieser spanischen Schlösser müssen sie an die Philantropie der bürgerlichen Herzen und Geldsäcke appelliren. Allmählig fallen sie in die Categorie der oben geschilderten reaktionären oder konservativen Socialisten, und unterscheiden sich nur mehr von ihnen durch mehr systematische Pedanterie, durch den fanatischen Aberglauben an die Wunderwirkungen ihrer socialen Wissenschaft.

Sie treten daher mit Erbitterung aller politischen Bewegung der Arbeiter entgegen, die nur aus blindem Unglauben an das neue Evangelium hervorgehen konnte.

Die Owenisten in England, die Fourrieristen in Frankreich, reagiren dort gegen die Chartisten, hier gegen die Reformisten.

IV.

Stellung der Kommunisten zu den verschiedenen oppositionellen Parteien.

Nach Abschnitt 2 versteht sich das Verhältniß der Kommunisten zu den bereits konstituirten Arbeiterparteien von selbst, also ihr Verhältniß zu den Chartisten in England und den agrarischen Reformern in Nordamerika.

Sie kämpfen für die Erreichung der unmittelbar vorliegenden Zwecke und Interessen der Arbeiterklasse, aber sie vertreten in der gegenwärtigen Bewegung zugleich die Zukunft der Bewegung. In Frankreich schließen sich die Kommunisten an die socialistisch-demokratische Partei an gegen die konservative und radikale Bourgeoisie, ohne darum das Recht aufzugeben sich kritisch zu den aus der revolutionären Ueberlieferung herrührenden Phrasen und Illusionen zu verhalten.

In der Schweiz unterstützen sie die Radikalen, ohne zu verkennen, daß diese Partei aus widersprechenden Elementen besteht, theils aus demokratischen Socialisten im französischen Sinn, theils aus radikalen Bourgeois.

Unter den Polen unterstützen die Kommunisten die Partei, welche eine agrarische Revolution zur Bedingung der nationalen Befreiung macht. Dieselbe Partei, welche die Krakauer Insurrektion von 1846 in's Leben rief.

In Deutschland kämpft die kommunistische Partei, sobald die Bourgeoisie revolutionär auftritt, gemeinsam mit der Bourgeoisie gegen die absolute Monarchie, das feudale Grundeigenthum und die Kleinbürgerei.

Sie unterläßt aber keinen Augenblick bei den Arbeitern ein möglichst klares Bewußtsein über den feindlichen Gegensatz von Bourgeoisie und Proletariat herauszuarbeiten, damit die deutschen Arbeiter sogleich die gesellschaftlichen und politischen Bedingungen, welche die Bourgeoisie mit ihrer Herrschaft herbeiführen muß, als eben so viele Waffen gegen die Bourgeoisie kehren können, damit, nach dem Sturz der reaktionären Klassen in Deutschland, sofort der Kampf gegen die Bourgeoisie selbst beginnt.

Auf Deutschland richten die Kommunisten ihre Hauptaufmerksamkeit, weil Deutschland am Vorabend einer bürgerlichen Revolution steht, und weil es diese Umwälzung unter fortgeschritteneren Bedingungen der europäischen Civilisation überhaupt, und mit einem viel weiter entwickelten Proletariat vollbringt als England im siebenzehnten und Frankreich im achtzehnten Jahrhundert, die deutsche bürgerliche Revolution also nur das unmittelbare Vorspiel einer proletarischen Revolution sein kann.

Mit einem Wort, die Kommunisten unterstützen überall jede revolutionäre Bewegung gegen die bestehenden gesellschaftlichen und politischen Zustände.

In allen diesen Bewegungen heben sie die Eigenthumsfrage, welche mehr oder minder entwickelte Form sie auch angenommen haben möge, als die Grundfrage der Bewegung hervor.

Die Kommunisten arbeiten endlich überall an der Verbindung und Verständigung der demokratischen Parteien aller Länder.

Die Kommunisten verschmähen es, ihre Ansichten und Absichten zu verheimlichen. Sie erklären es offen, daß ihre Zwecke nur erreicht werden können durch den gewaltsamen Umsturz aller bisherigen Gesellschaftsordnung. Mögen die herrschenden Klassen vor einer Kommunistischen Revolution zittern. Die Proletarier haben nichts in ihr zu verlieren als ihre Ketten. Sie haben eine Welt zu gewinnen.

Proletarier aller Lander vereinigt Euch!

第一編

『共産党宣言』

初版（一八四八年―二三頁版）訳

パリ・コミューン 1871 年

共産党宣言

一八四八年二月公刊される

あらゆる地域のプロレタリアよ、団結せよ

ロンドン、ビショップスゲイト、リヴァプール・ストリート四六番　J・E・ブルクハルトによって、「労働者協会」の事務所で印刷されるヨーロッパではひとつの亡霊がうろついている。それは共産主義の亡霊である。旧いヨーロッパのすべての権力はこの亡霊に対して神聖な取り締まりを行うべく団結している。その団結とは、法王とツァー、メッテルニヒとギゾー、フランスの急進派とドイツの警察である。

その権力にある敵から共産主義者だと非難されなかった対立する党派はどこにあるというのだ。その進歩的な対立派およびその反動的な敵から共産主義者という非難の烙印《らくいん》を押されなかった対立する党派などどこにいるというのだ。

こうした事実から二つのことが出てくる。

すなわち共産主義はすべてのヨーロッパ権力からすでに力として見られているということが。

だから共産主義者がその見解、その目的、その傾向を全世界に語り、共産主義という亡霊のメルヘンを党宣言として対峙する絶好のときであるとも言える。

この目的のために、さまざまな民族籍をもった共産主義者がロンドンに集まり、次の宣言を起草した。それはやがて英語、フランス語、ドイツ語、イタリア語、フランドル語、デンマーク語で出版されるだろう。

第一章　ブルジョワとプロレタリア

これまでのすべての社会の歴史は階級闘争の歴史である。

つねに相互に対立しあっていたのは、自由人と奴隷、貴族と平民、領主と農奴、ギルドの親方と遍歴職人(Gesell)、抑圧者と被抑圧者であり、たえることのない闘争を行い、あるときは表立った、あるときは隠れた闘争をしていたが、しかしながら最後には全社会を革命的につくり変えたり、相闘う二つの階級の没落によって闘争は終わりを告げた。

初期の歴史を見ると、ほぼどこでも、社会は、社会的立場の相異による身分、さまざまな亜種の階級に分かれていることに気づく。古代ローマでは、貴族、騎士、平民、奴隷、中世では、封建領主、家臣、ギルドの親方、遍歴職人、農奴《のうど》、そしてそのすべての階級においてそれぞれに特殊な身分がいた。

封建制の崩壊から生まれた近代ブルジョワ社会も、階級対立を乗り越えたわけではなかった。それは旧い階級の代わりに、新しい階級、新しい抑圧条件、新しい闘争形態をつくり出しただけだ。

しかしながら、ブルジョワ階級の時代である、わが時代は、階級対立を単純にしたということで特徴づけられる。全社会が二つの相敵対しあう立場、大きな、直接相対立する階級、すなわちブルジョワ階級とプロレタリア階級へとますます分解しているのである。

中世の農奴から最初の都市を支える市民（Pfahlbürger）が生まれる。この市民社会（Pfahlbürgerschaft）から最初のブルジョワ階級が発展していったのである。

アメリカの発見、アフリカ航路の発見によって来たるべきブルジョワ階級に新しい領土がつくり出された。東インド会社と中国市場、アメリカの植民地化、植民地との貿易、とりわけ交換手段や商品の増大によって、商業、船舶交通、産業は、かつて知りえなかったほどの飛躍を生み出し、没落する封建社会にあった革命的要素に急激な加速をつけた。

これまでの封建的、あるいはギルド組織の産業経営様式は、新しい市場とともにもはや増大する需要に見合わないものとなってきた。それに代わってマニュファクチュアが出現した。ギルドの親方は産業的中産層によって駆逐され、さまざまのギルド組織の間での分業は、個々の工場における分業の前に消滅していった。

しかし市場はたえず拡大し、需要もたえず拡大した。マニュファクチュアも充分ではなくなった。蒸気機関と機械制大工業が産業生産に革命を与えた。マニュファクチュアに代わって、近代的大工業が出現し、産業的中産層に代わって、産業的億万長者、すなわちすべての産業軍の領主たち、近代的ブルジョワ階級が出現した。

大工業によって、アメリカ大陸発見によって用意される世界市場がつくり出された。世界市場によって、商業、船舶交通、陸上のコミュニケーションは計り知れないほど発展した。これは再度、産業発展に反響し、産業、貿易、船舶交通、鉄道が拡大するにつれて、ブルジョワ階級も同じだけ発展し、自らの資本を増大させ、中世から存続してきたすべての階級を後景へと押しやった。

したがってわれわれには、近代のブルジョワ階級それ自体が、どれほど長い発展過程の産物であり、生産様式と交通様式における一連の変化の産物であったかがわかる。

ブルジョワ階級のこうした発展段階のすべては、その発展に照応した政治的進歩を伴っていた。ブルジョワ階級は、封建領主の支配下では抑圧されていた状態であり、コミューンにおいては武装し、自ら統治するコミューンのアソシアシオンであり、後者では独立した都市国家、前者では君主制の納税義務をもつ第三階級であり、それからマニュファクチュア時代では、絶対君主制、制限君主制における貴族に対する抵抗する力であり、とりわけ大君主制の主要な力であったが、大工業と世界市場を形成して以来、排他的政治権力を、近代的代議制という形で最終的に闘い取ったのだ。近代の国家権力は、全ブルジョワ階級の共同の事業を運営する議会にすぎない。

ブルジョワ階級は歴史上もっとも大きな革命的力を行使したのであった。

支配についた場所でブルジョワ階級は、あらゆる封建的、家父長的、牧歌的な人間関係を破壊した。ブルジョワ階級は、人間を生まれながらの優越者に結びつけていたさまざまな色の封建的絆を無残にも引きちぎり、人間関係を、感情のないたんなる「現金勘定」、むき出しの利害以上のなにものでもないものにしてしまった。ブルジョワ階級は、氷のように冷たい利己心の水の中で、敬虔《けいけん》な信仰、騎士道的な熱狂、小市民的な人情といった聖なる畏怖を溺れさせてしまったのだ。ブルジョワ階級は個人的な品位を交換価値に解消し、特許状によってやっと獲得した無数の自由を、ひとつの残酷な交換の自由に変えてしまった。一言で言えば、ブルジョワ階級のやったことは、宗教的、政治的幻想におおわれた搾取を、開かれた、恥知らずの、直接の、暴力的な搾取につくり変えたことである。

ブルジョワ階級は、これまですべての尊敬され、敬虔な恐れをもって見られた職業から聖なる意味を剥ぎ取ってしまった。ブルジョワ階級は医者、法律家、僧侶、詩人、学者を、給料を受け取る賃労働者に変えてしまったのである。

ブルジョワ階級は、家族関係の温かい—感情的なベールを剝ぎ取り、それを純粋の貨幣関係に変えた。

ブルジョワ階級は、中世において反動によって高く評価されていた暴力的力の表現も、ひどい怠惰を適当に補完するものにすぎないということを暴いた。人間の活動がいかなるものを成し遂げられるかを初めて示したとも言えるのだ。ブルジョワ階級が成し遂げた驚異的なことは、エジプトのピラミッド、ローマの水道橋、ゴシックの大寺院とはまったく違ったものであり、彼らが行ったことは、民族大移動とも十字軍ともまったく違った性格のものであった。

ブルジョワ階級は、生産用具、したがって生産関係、全社会関係をたえず革命することなくして存在することはできない。それとは逆に、以前のすべての産業者階級の第一の存在条件は、旧い生産様式を維持することにあったのだ。以前のすべての階級との違いは、ブルジョワ階級は、たえず生産を変化させ、たえず社会状態を動揺させ、不安と運動を永遠のものにするということである。過去の敬われていた表現や考えによって固定され、さび付いていたすべての関係は今では解体され、それに取って代わった新しい関係も、根付く前に旧びてしまう。きっちりと定まったものはすべて蒸気のような軽いものとなり、聖なるものはすべて俗化され、結局人はその生活条件、そしてお互いの人間関係をうつろな目で眺めざるをえなくなるのである。

ブルジョワ階級は、たえず生産を拡大しようという欲求から、全地球を駆け回る。至るところに入り、至るところに根付き、至るところに関係をつくる必要が出てくる。

ブルジョワ階級は、世界市場の制覇を通じて、あらゆる地域の生産と消費をコスモポリタンなものにしていった。反動的階級にとっては不幸なことだが、ブルジョワ階級は産業の民族的性格を根こそぎにした。昔からある民族的産業は否定され、今なお毎日否定され続けている。旧い産業は、文明化された民族にとって死活問題でもある新しい産業、もはやその地の原料を必要とせず、遠い地域にある原料を加工し、その生産物がその地域のみならず、同様に世界のすべての地域で消費されるような産業に取って代わられる。その土地の生産物で満たされていた旧い需要の代わりに、新しい需要が生まれる。それを充足するにはもっとも遠い地域と気候の生産物が必要となるのだ。ローカルな、民族的で自己充足的な、閉鎖体系に代わって、民族のあらゆる相互依存をつくり出す多面的な交通が生まれる。そして、そのことは物的生産のみならず、知的な生産においても妥当する。個々の民族の知的な成果は共通の財産となるからだ。民族的なせまさや、偏狭性はますます不可能なものとなり、多くの民族的、ローカルな文学から世界文学が生まれる。

　ブルジョワ階級は、あらゆる生産ー用具を手早く改良することで、たえず伝達手段を発展させることで、野蛮な民族を文明的民族へと引き入れるのである。商品価格の低落は、すべての万里の長城を徹底的に破壊し、野蛮な人々の強固な外国人憎悪を降伏させる大砲となるのだ。ブルジョワ階級は、すべての民族に没落を望まないなら、ブルジョワ的生産様式を採用することを強制するのである。彼らはいわゆる文明と呼んでいるものを導入するよう、すなわち市民になるよう強制する。一言で言えば、ブルジョワ階級は、自ら自身のイメージにあわせて世界をつくっていくのである。

　ブルジョワ階級は農村を都市に屈服させた。巨大な都市をつくり上げ、農村人口を犠牲にして都市人口をかなりの規模に増やし、人口の大部分から農村生活の無知を奪った。ブルジョワ階級は、都市に農村を従属させたように、野蛮な地域、半野蛮な地域を文明的な地域に、東洋を西洋に従属させたのである。

　ブルジョワ階級は、生産手段、所有、人口をどんどん集中化していく。人口を集め、生産手段を集中し、所有を少数者の手に集中させた。その必然的結果が政治の集権化であった。相異なる利害でかろうじてつながっているだけだった独立した地方は、ひとつの民族、ひとつの政府、ひとつの法律、ひとつの民族の利益、ひとつの関税に統合されていったのである。

ブルジョワ階級は、その一〇〇年たらずの階級支配の中で、過去のすべての世代がなした以上の、巨大で、大量の生産力を生み出した。自然の力の征服、機械、化学の産業や農業への応用、蒸気船、鉄道、電信、全大陸の耕作、河川の運河、大地から突然出現したかのような人口。それ以前の世紀のものは、こうした生産力が社会的労働の内部で眠っていたなどとは思ってもみなかったことだ。

しかしこれまで次のものを見てきた。ブルジョワ階級がその基礎を形成した生産―交通手段は、封建社会の中で生み出されたことを。封建社会が生産したり、交換したりする関係は、また農業とマニュファクチュアの封建的組織は、この生産手段や交通手段のある発展段階に照応していたわけである。言い換えれば、封建的所有関係は、すでに発展した生産力にもはや照応しなくなっていた。封建的所有関係は、生産を発展させるのではなく、その足かせになっていたのだ。封建的所有関係がまさに多くの鎖に変わっていたのである。封建的所有関係は解き放たれねばならなくなっており、解き放たれたのだ。

それに代わって、自由競争が、それに照応した政治的、社会的制度、ブルジョワ－階級の政治的、経済的支配とともに出現する。

われわれの眼の前には同じような運動が展開している。非常に力強い生産－交通手段を魔法で呼び出した、ブルジョワ的生産－交通－関係、ブルジョワ的－所有関係、近代ブルジョワ社会は、自らが魔法で導き出した地底の力をもはや支配することができなくなった魔法使いに似ている。数十年来、産業や商業の歴史は、ブルジョワ階級の生活条件とその支配の条件である近代的－生産関係、所有－関係に対する近代的な生産力の抵抗の歴史にすぎない。そのことは、商業恐慌を例にするだけで充分であろう。恐慌は全ブルジョワ社会の存在を危機に陥れながら、周期的に繰り返し起こっている。商業恐慌においては、生産された生産物だけでなく、すでにつくられた生産力の大部分も規則的に破壊されている。恐慌において、それまでの時代ではそんなことはありえないと思われていた伝染病が勃発している――すなわち過剰生産という伝染病だ。社会は時として突然野蛮な時代に戻る。すなわち飢餓、全般的殺戮《さつりく》戦争によってあらゆる生活手段が断たれたかのように見える。産業、商業も破壊されたように見える。それはなぜか。その理由は、あまりにも多くの文明があり、あまりにも多くの生活手段があり、あまりにも多くの産業があり、あまりにも多くの商業があるおかげなのだ。余剰の生産力が、ブルジョワ的文明とブルジョワ的所有関係に役に立っていないからだ。逆に生産力がこうした関係にとって暴力的なものとなり、その生産関係に阻害されているのである。そしてその生産力がこの阻害を乗り越えるやいなや、生産力はブルジョワ的社会全体を混乱に陥れ、ブルジョワ的所有の存在を危機的なものにする。ブルジョワ的関係は、自らが生み出した富を吸収するには小さくなりすぎたのだ。——ブルジョワ階級はこの恐慌をいかに乗り越えるか。まずは生産力の多くを廃棄処分せざるをえないことによって、次に新しい市場の拡大と旧い市場をさらに搾取することによってである。つまりどうやって。ブルジョワ階級は、一般的で、暴力的な恐慌を準備し、恐慌を阻止する手段を減らすことによって。

　ブルジョワ階級が封建的制度を倒した武器が、今度はブルジョワ階級自らに向けられるのである。

　しかしブルジョワ階級は自らを死に至らしめる武器を研《と》ぎ澄《す》ましただけではなく、この武器を使う人々——すなわち近代的労働者、プロレタリアをつくり出したのである。

　ブルジョワ階級、すなわち資本が発展すればするほど、それと同じくらい、近代的労働者階級、プロレタリア階級は拡大する。それは彼らが労働を見つけなければ生きられず、ブルジョワ階級の資本を増大させなければ生きられない階級だからだ。自らを少しずつ売らねばならないこうした労働者は、その他すべての商品と同じ商品であり、したがって同時にあらゆる競争の変化、あらゆる市場の変動に左右されている。

　プロレタリアの労働は、機械の拡大と分業によってその独立的性格を失い、そしてまたそれによって労働者はあらゆる活力を奪い取られた。プロレタリアは機械のたんなる付属品となり、もっとも単純で、単調な、もっとも簡単に学べる操作のみが要求される。だから労働者をつくり出す費用は、生きることが可能な、種の保存に必要な生活手段のレベルにまで切り詰められるのだ。商品の価格、つまり労働の価格は、その生産費に等しい。さらに言えば、労働の不快度が増せば増すほど、その賃金は下がる。そしてさらに機械や分業が増えれば増えるほど、労働の量も増大する。それは、たとえば労働時間の増大によって、一定時間に必要とされる労働の増大、機械等の稼動の促進によって行われる。

近代的産業は、小さな家父長的な親方の仕事場を、産業資本家の大工場に変えてしまった。工場に集められる労働者たちは兵隊のように組織される。彼らはたんなる産業兵士として下士官、士官といった完全な位階制の監視下に組み入れられる。彼らはたんにブルジョワ階級、ブルジョワ国家の奴隷であるのみならず、毎日そして毎時間、個々のものをつくるブルジョワ自身の、その機械の、その監視者の奴隷となる。この専制が最終目的は利潤なのだとよりあからさまに主張すればするほど、度量がせまく、悪意に満ちた、怒りっぽいものとなる。

手工労働がますます力と洗練さを必要としなくなるにつれて、すなわち近代的産業が発展するにつれて、ますます男性労働は女性労働と児童労働によって駆逐されるようになる。労働者階級にとっては、もはや性別－年齢の違いは社会的に何の価値ももたなくなる。年齢と性別によってその費用が異なるのは、労働用具だけということになる。

一度でも労働者が工場主の搾取の手に落ち、労賃の現金支払いを受けるようになると、彼は工場主以外のブルジョワ階級、家主、雑貨商、質屋などの餌食《えじき》となる。

これまでの小中産階級、小産業主、商人、年金生活者、職人そして農民などのこれらすべての階級は、プロレタリア階級へと落ちてゆく。その理由は、ある場合、小資本が大きな産業経営に対抗できず、大資本家との競争で敗れるため、またある場合は、彼らの生産の技術が、新しい生産手段によって無価値となるためである。こうしてプロレタリア階級はあらゆる人民階級から構成されるようになる。

プロレタリア階級はさまざまな発展段階を経ている。プロレタリア階級のブルジョワ階級との闘争はその出現とともに始まる。

初めは個々の労働者の闘争であり、やがてひとつの工場労働者の闘争となり、そしてある場所のひとつの労働部門の労働者と、彼らを直接搾取する個々のブルジョワ階級との闘争となる。労働者たちはブルジョワ的生産－関係に攻撃を向けるだけでなく、生産－用具それ自身へ攻撃を向ける。労働者は競争する外国商品を破壊し、機械を打ち壊し、工場に火をつけ、失われた中世の労働者の地位を再び獲得しようと努力する。

この段階では、労働者はあらゆるところに分散しただけでなく、競争によって分断された集団である。労働者による集団の結合は、独自の結合の結果ではなく、ブルジョワ階級の結合の結果である。ブルジョワ階級は自らの政治的目的を達成するためにプロレタリア階級をすべて利用しなければならず、当面そうすることが可能だからである。したがってこの段階では、プロレタリアはまだ自分の敵と闘うわけではなく、その敵の敵、すなわち絶対王政の残滓、土地所有者、非産業ブルジョワ、小ブルジョワと闘うのである。すべての歴史的な運動は、ブルジョワ階級の手の中にこのように集中しており、達成される勝利はすべてブルジョワ階級の勝利である。

しかし産業の発展とともにプロレタリア階級は増大していくだけではない。大きな集団へと流れ込み、その力は増大し、自ら力を感じる。プロレタリア階級内部での利益と生活条件は、機械が労働の相異を消し、至るところで賃金を同じように低いレベルの水準へ陥れるにつれて、それだけますます均衡化していく。ブルジョワ相互の競争の激化とそこから生まれる商業恐慌によって、労働者の労賃は変動的なものになる。機械の改良が止むことなくたえず急速に発展することで、すべてのプロレタリアの生活状態はたえず不確かなものになる。個々の労働者と個々のブルジョワとの衝突がますます二つの階級の衝突という性格を取るようになる。したがって労働者はブルジョワに対する連合を形成し始める。労働者は労賃を守るために結合する。労働者は時々の抵抗のために食料を蓄積する長期的なアソシアシオンをつくる。あちらこちらで闘争は暴動に変わる。

労働者が勝利することもしばしばあるが、それは短い間だけである。その闘争の真の成果は直接的なものではなく、むしろ労働者の統一が拡大するということである。この統一は、大きな産業によってつくり出され、さまざまな地域の労働者を相互に結びつける通信手段の発展によって促進される。しかし、至るところで等しい性格をもつ多くの地方の闘争を民族的、ひとつの階級闘争に集中するには、たんに結びつきだけで充分である。ところであらゆる階級闘争は政治的な闘争である。そして中世の市民が何世紀もかかって都市を結びつける道路によってつくり上げた統一を、近代のプロレタリアの場合、鉄道によって数年のうちに実現する。

プロレタリアの階級へのこの組織化、そしてそれによる政党への組織化は、またいつも労働者間での競争を通じて阻止される。しかし、この組織はさらに、強く、たくましく、力強く復活する。労働者組織は、ブルジョワ階級の分裂を利用しながら、労働者の利益に対する承認を法的形態として強制する。その例は、イギリスにおける一〇時間労働法である。

一般的に旧い社会における衝突によって、プロレタリア階級の発展過程はとりわけ多面的な形で促進される。ブルジョワ階級はたえざる闘争の過程にある。初めは貴族に対して、後にその利益が産業の進歩と矛盾するようなブルジョワ階級自身の一部に対して、そして最後に外の地域のあらゆるブルジョワ階級に対して。こうしたあらゆる闘争においてブルジョワ階級はプロレタリアを呼び出し、助けを求め、政治闘争に引き入れる必要があった。したがってブルジョワ階級自らプロレタリア階級に独自の教育形態、すなわちブルジョワ階級に対する武器を与えるのである。

すでに見たように、産業の進歩によって支配階級の多くはさらにプロレタリア階級に零落するか、少なくともその生存条件が脅威にさらされる。彼らによってプロレタリア階級に多くの教育形態が与えられることになるのだ。

階級闘争が決定的なものとなる最終的な時期において、支配階級内部、すべての旧い社会の内部での解体過程はしばしば、極端な性格を帯び、支配階級のほんの一部はそこから飛び出し、その手に未来をもつ階級、革命的な階級になる。したがって貴族の一部がブルジョワ階級に移行したように、今日ではブルジョワ階級の一部、とりわけブルジョワ－イデオローグの一部がプロレタリア階級に移行する。彼らはこうして全歴史的運動の理論的理解に尽くしたのである。

今日ブルジョワ階級と対立しているすべての階級のうちで、真に革命的な階級はプロレタリア階級だけである。それ以外の階級は大工業とともに衰退し、消えていく。逆にプロレタリア階級は大工業のもっとも特殊な産物なのである。

中産階級、小産業家階級、小商人、職人、農民、彼らはすべて没落を前にした中産階級としての自らの存在をかけてブルジョワ階級と闘う。だから彼らは革命的ではなく、むしろ保守的である。もっと言えば、歴史の歯車を押し戻そうとするがゆえに彼らは反動的である。彼らが革命的であるとすれば、それは彼らの前にいるプロレタリア階級へと移行する点である。彼らは現在の利益ではなく、未来の利益を守り、独自の立場を捨て、プロレタリア階級へと変化するのである。

ルンペンプロレタリア階級、旧い社会の最下層の無気力なこの腐敗者は、プロレタリア革命を通じてあちこちで運動に引き入れられるが、その全生活状態から言って、反動的な策謀に身を売る用意がある。

旧い社会の生活条件はすでにプロレタリア階級の生活条件の中で破壊されている。プロレタリアは所有をもたない。その女性や子供との関係はブルジョワ的家族関係と共通するものを何ももたない。近代的産業労働、資本への近代的包摂は、イギリスでもフランスでも、アメリカでもドイツでもすべての民族的な性格を失う。法律、道徳、宗教は、プロレタリアにとって、その背後にブルジョワ的利益が隠されているきわめてブルジョワ的な偏見にすぎない。

支配権を握った以前のすべての階級は、自ら獲得した条件に全社会を従わせることで、すでに獲得している生活状態を維持しようとした。プロレタリアは自ら、これまでの取得様式、したがって従来のすべての取得様式を廃止する点においてのみ、社会的生産力を獲得することが可能である。プロレタリアは確保する自らのものを何ももたない。彼らは従来のすべての私的安全や私的な保障を破壊しなければならない。

これまでのすべての運動は少数者の運動であるか、少数者の利益の運動であった。プロレタリアの運動はとてつもなく多くの利益のための、計りしれないほどの多数派による独立した運動である。今日の社会の最下層にいるプロレタリア階級は公の社会を構成する社会の全上層部を打ち壊すことなく、自らを立ち上がらせることも、上昇させることもできない。

ブルジョワ階級とプロレタリア階級との闘争は、内容は別としてまず民族的である。当然のことだが、それぞれの国のプロレタリアはその地域のブルジョワ階級と決着をつけねばならない。

われわれは、プロレタリア階級のもっとも一般的な発展段階を特徴づけることで、現存の社会内部に起こる、多少とも隠れた内乱を追及してきた。やがてそれは、公然たる革命へと進み、ブルジョワ階級の暴力的な破壊によってプロレタリア階級の支配が確立される点にまで至るのだ。

すでに見たように、これまでのすべての社会は抑圧される階級と抑圧する階級との対立の上にできていた。しかしひとつの階級を抑圧することができるには、その内部において少なくとも奴隷的な生存条件で生きることが可能な条件が確保されておかねばならない。農奴は農奴制の中でコミューンの成員となった。同様に小市民は封建的絶対主義の束縛の中でブルジョワとなったのである。それに対して近代的労働者は産業の進歩によって自らを高める代わりに、自らの階級の生活水準以下に落ちていった。労働者は貧しくなり、人口と富が増える以上に急速に貧困が増える。こうしてブルジョワ階級がもはや支配階級としてとどまれず、その階級の生活条件を規制的法律として社会に押し付けることができなくなることが明らかになる。ブルジョワ階級は自らの奴隷の生存条件をその奴隷制内部で保証しえなくなり、奴隷に食わせてもらう代わりに、奴隷を食わせねばならない状態にまで落ちざるをえないことで、支配能力を失う。その社会はもはやブルジョワ階級のもとでは生きていくことはできない、すなわちブルジョワの生活はもはやその社会に適応できなくなったのである。

ブルジョワ階級の存在と支配のためのもっとも本質的条件は、富の私的なものの手への蓄積、資本の形成と増殖である。資本の条件は賃労働である。賃労働はとりわけ労働者の競争の上に成り立つ。ブルジョワ階級が無意識的、受動的に担い手となっている産業の進歩は、競争を通じた労働者の孤立化の代わりに、革命的なアソシアシオンへの統一を進める。こうして、大きな産業の発展とともにブルジョワ階級の足下で、彼らがつくり出した生産の領有様式の土台が崩れる。とりわけ彼らは彼ら自身の墓掘人をつくり出す。ブルジョワ階級の崩壊とプロレタリア階級の勝利は同時に避けられないものである。

第二章　プロレタリアと共産主義者

共産主義者は、プロレタリアー般とどんな関係をもつのか。

共産主義者は、他の労働者党と比べてけっして特別な党ではない。

共産主義者は、全プロレタリア階級と異なる利益をもつわけではない。

共産主義者は、プロレタリア運動に利用したいと望む特別の原理をもつわけではない。

共産主義者が、これまでのプロレタリア党と違うのは、まずプロレタリアのさまざまな民族的闘争において、民族籍から独立した全プロレタリア階級の共通の利益をかかげ、その意義を重視している点、次にプロレタリア階級とブルジョワ階級との間の闘争がもたらすさまざまな発展-段階において、つねに全運動の利益を代表しているという点のみである。

したがって共産主義者は、あらゆる地域にある労働者党の中で、実践的にはより広範で、決定的で、活動的な部分を成していて、理論的には、プロレタリア階級の前で、プロレタリア運動全体としての結果、広がり、条件を前もって認識している。

共産主義者の当面の目標は、他のすべてのプロレタリア党の目的と同じである。すなわちプロレタリアートを階級として構成すること、ブルジョワ階級の支配を崩壊させること、プロレタリア階級によって政治的権力を獲得することである。

共産主義者の理論的な提案は、あれやこれやと世界を改革しようとするものが見つけたり、発見したりするような思想や原理に基づいているのではない。

共産主義者の提案は、存在する階級闘争、目の前で展開される歴史的運動の実際の状況を一般的に表現したものにすぎない。従来の所有関係を廃棄することは、共産主義本来の特徴ではない。

どんな所有関係も、たえざる歴史的変遷、たえざる歴史的変化をこうむってきている。

たとえばフランス革命はブルジョワ的所有のために封建的−所有を廃棄した。

共産主義を特徴づけるものは所有一般の廃棄ではない、ブルジョワ的所有の廃棄である。

しかし近代のブルジョワ的私的所有は、階級対立、すなわち他の人間によるある人間への搾取に基づく生産物の生産と掌握を、最終的に、そしてもっとも完全に表現したものである。

この意味で、共産主義者たちは私的所有の廃止という表現でその理論をまとめることができるのである。

われわれ共産主義者はこれまで、個人として獲得し、自らの労働によって得た所有の廃棄を望むのだと非難されてきた。つまりここでの所有は、人格的自由、活動、独立の基礎をなす所有である。

労働、努力、自己実現の成果としての所有！――さて諸君はブルジョワ的所有以前からあったこの小市民的、小農民的所有について語っているのだろうか。われわれとしてはそんなものを廃棄する気はない。産業の発展によってそうした所有は廃棄されてしまったし、日々廃棄されているのだから。

そうでなければ、諸君が語るのは近代のブルジョワ的私的所有か。

ここでの賃労働、プロレタリアの労働はプロレタリアのために所有をつくり出すのだろうか。そうではない。賃労働は搾取され、新たに搾取されるべく新しい賃労働をつくり出す限りにおいてだけ、価値を増殖させる資本、すなわち所有をつくり出すのだ。今日の姿において、所有は資本と賃労働との対立の中で運動する。この対立を二つの側面から考察してみよう。資本家であることは、たんに純粋にそうした個人であるという意味だけでなく、生産における社会的地位であることにある。資本は共同の生産物であり、社会の多くの成員の共通の活動によってのみ、最終的には、社会のすべての成員の共通の活動を通じてのみ運動しえる。

だから資本はけっして個人的なものではなく、社会的な力である。

したがって資本が、共同の、社会のすべての成員に属する所有に転化するとしても、それは、個人的所有が社会的所有に転化したということではない。転化したのは所有の社会的性格のみである。所有の階級的－性格が失われたということである。

賃労働について見てみよう。

賃労働の平均的価格は労賃の最低額、すなわち、労働者が労働者としてその生命を維持できるに必要な生活手段の総額である。したがって賃労働者が自らの活動によって獲得できるものは、その最低限の命を再生産しうるだけのものである。われわれは、生活の再生産に直接必要な労働生産物の個人的所有を廃棄したいなどとはけっして思わない。なぜならこうした所有は、純粋の収入以上の何ものも残さず、他人の労働に対する力を与えうるものではないからだ。われわれが廃棄したいのは、労働者は資本を増大させるためにのみ生き、支配階級の利益が生み出される限り生きているというこうした獲得の悲惨な性格だけである。

ブルジョワ社会においては、生きた労働は蓄積された労働を増大させる手段にすぎない。共産主義社会では、蓄積された労働は労働者の生命を拡大し、豊かにし、進歩させる手段にすぎなくなる。

だからブルジョワ社会では、過去が現在を支配し、共産主義社会では現在が過去を支配する。ブルジョワ社会では、資本は社会から独立した、個人的なものであるのに、活動する個人の方ときたら、従属的で、個人的なものではなくなっているのだ。

そして、こうした関係を廃棄しようとすれば、ブルジョワ階級は自由と個人の廃棄だと騒ぐのだ！　そしてそれは正しい。なぜなら、もちろんここで問題になっているのは、ブルジョワ的－個人、ブルジョワ的独立、ブルジョワ的自由だからだ。

自由とは、今日のブルジョワ的－生産関係のもとでは、自由貿易、自由な売買を意味する。

しかし、取引が減れば、自由な取引も減る。わがブルジョワ階級の自由な取引という常套句、同じくそれ以外のあらゆる駄法螺《だぼら》がとりわけ意味をもつのは、中世の奴隷化した市民、規制された取引に対してだけであり、取引、ブルジョワ的－生産関係、ブルジョワ階級そのものの共産主義的な廃棄に対してではない。

われわれが私的所有を廃棄したいと言うと、諸君は恐れをなす。しかし諸君の現在の社会において、実はその成員の十分の九は所有を奪われているのだ。私的所有は、十分の九のものにとっては、それが存在しないということでのみ存在しているのだ。それなのに諸君はわれわれが所有を廃棄しようとしていると言って非難する。この所有の必然的条件とは、社会の圧倒的多数が所有しないということなのにである。

諸君の非難は、われわれが所有を廃棄しようとしているという一語に尽きる。もちろん、われわれはその廃棄を望んでいるのだ。

労働がもはや資本、貨幣、地代、要するに独占された社会権力に転化しえなくなる瞬間から、すなわち個人的所有がもはやブルジョワ的所有に変化しえなくなる瞬間から個人が失われる、と諸君は表明するのだ。

つまり諸君が、個人という言葉で理解しているのは、ブルジョワ的、ブルジョワ的所有者以外の何ものでもないということを諸君は認めていることになる。そしてもちろん、こうした個人は廃棄されねばならないのだ。

共産主義はだれからも社会的生産物を自分のものとする権利を奪うわけではない。奪うのはただこうした獲得を通じて他人の労働を支配しようとする力だけだ。

私的所有を廃棄すれば、すべての活動は停止し、一般的な怠惰が世界をおおうだろうと主張されてきた。もしそうだとすれば、ブルジョワ社会はもう長いこと怠惰の世界であったはずだ。なぜなら、その社会で労働するものは、何も得ていないし、その社会で何かを得るものは労働しないわけだから。こうした批判はすべて、賃労働が存在するのは資本があるからだ、という同義反復の言葉に還元される。

物的生産物の共産主義的領有―生産様式に対して向けられるすべての批判は、知的生産物の生産や領有にも拡大できる。ブルジョワにとって階級的所有を廃棄することは生産の廃棄そのものであるように、ブルジョワにとって階級教育を廃棄することは教育の廃棄一般と同じである。

その喪失が嘆《なげ》かれている教育は、圧倒的多くのものにとって機械になるための養成教育である。

しかし、われわれに文句を言わないでくれ。なぜなら、諸君は、ブルジョワ的所有の廃棄を、自由、教育、法などといったブルジョワ的な考えで測っているのだから。諸君の考えそれ自身がブルジョワ的生産―所有関係の産物である。それと同様諸君の法律は諸君の階級の意志を法にまで高めたものであり、その内容が諸君の階級の物的存在によって規定されているような意志なのだから。

生産―所有関係を生産の中で変化していく歴史的関係ではなく、永遠の自然的、理性的法則に変化させようという利害関心をもつという点において、諸君はこれまで消えていった支配階級とまったく共通している。古代的所有に関して理解しているとしても、また封建的所有に関して理解しているとしても、ブルジョワ的所有に関してはまったく理解していない。

家族の廃棄！　もっとも急進的な人々でさえ、この共産主義者の破廉恥な考えに対して怒るであろう。

現代家族、ブルジョワ的家族は何を基礎としてできているのか。資本、私的利益である。ブルジョワ的家族というものはブルジョワ階級にとってのみ完全な形で存在する。しかしそれを補っているものこそ、プロレタリアにおける強制的な家族喪失と公的売春である。

当然のことながら、ブルジョワ的家族はこうした補完物が消滅すれば消えていき、資本が消滅すれば消えるのである。

諸君は、われわれが両親による子供たちの搾取をやめさせたいと望むことを非難するのだろうか。われわれはこれが罪であることを認識しているのだ。しかし諸君は非難する。われわれが家族による教育の代わりに社会的教育を主張するという点で、神聖な人間関係を廃棄してしまうと。

諸君の教育も社会によって規定されていないと言えるのか。諸君の教育も、教育が行われる社会関係によって、学校などを媒介にした社会との直接的あるいは間接的な融合によって、規定されているではないか。教育への社会の影響を発見したのは共産主義者ではない。彼らはその性格を変え、支配階級の影響を教育から取り除こうとしているにすぎない。

大工業の結果によってプロレタリアの家族的絆がどんどん崩れその子供たちが単純な商品、労働手段へと転化していけばいくほど、教育と家族に関する、両親と子供の神聖な関係に関するブルジョワ的常套《じょうとう》句《く》が嫌悪をもたらすようになる。

しかしブルジョワ階級はすべて、声をそろえて諸君たち共産主義者は女性の共同所有社会を望んでいるのだと非難する。

ブルジョワの男はその妻の中にたんなる生産―用具しか見ていない。ブルジョワは、生産―用具は共同で搾取されるべきであると聞き、だから当然ながら、共同体の運命は女性にも当てはめられねばならないとしか考えない。

彼には、ここでまさに問題になっていることは、単なる生産－用具としての女性の地位の廃棄だということが理解できない。

ところで共産主義者が公けにしたいわゆる女性共有について、モラルの高いわがブルジョワの驚愕《きょうがく》ほど笑えるものはない。共産主義者たちは女性の共有など導入する必要もないからだ。なぜならそれはほぼいつも存在し続けてきたからだ。

わがブルジョワは、プロレタリアの妻や女性を、公娼は当然のことだが、自分の自由にするということだけに満足せず、人妻を代わる代わる誘惑することに最上の喜びを感じている。

ブルジョワ的結婚は、実際のところ人妻の共有である。共産主義者を彼らが批判できるとしたらせいぜい、共産主義者が偽善に隠された女性の共有ではなく、公的で、率直な女性の共有を導入したいと考えている点である。さて今日の生産関係の廃棄とともにその生産－関係から生まれた女性の共有、すなわち公的売春、非公的売春も消滅することは、何よりも自明のことである。

さらに共産主義者が非難されていることは、祖国、民族性を廃棄することを望んでいるということだ。労働者は祖国をもたない。人はもたないものを奪うことはできない。しかし、けっしてブルジョワ的な意味ではないが、プロレタリアがまず政治的支配を獲得し、民族的階級にまで上昇し、自らを民族として構成しなければならないという点で、やはりプロレタリアは依然として民族的である。

人民の民族的孤立化や対立は、ブルジョワ階級の発展とともに、貿易の自由、世界市場、産業生産の均等化、それに照応する生活条件の均等とともに、どんどん消滅していく。

プロレタリアの支配によって、そうした対立はさらに消滅していく。少なくとも文明化された地域での運動の統一こそ、その解放の最初の条件のひとつである。

ある人間による他の人間への搾取がなくなるにつれて、一民族による他の民族への搾取も廃棄される。民族内部における階級対立の廃棄とともに、民族内部の敵対的立場は消える。

宗教的、哲学的、一般にイデオロギー的立場から出てくる共産主義に対する非難は、とりたてて検証するに値しない。

人間の表象、思考、概念も、一言で言えばその意識も、人間の生活関係、社会関係、社会的存在によって変化を受けるのだということを理解するのに、それほど深い洞察など必要であろうか。

思想の歴史は、知的生産が物質的生産によって変化するということを示すだけなのだ。ある時代の支配的思想はいつも支配階級の思想にすぎなかった。

ひとつの社会を革命的に変えるという思想が語られる。そこで語られることは、旧い社会内部で新しい社会の要素が形成されたという事実、旧い生活関係が崩れたことで、旧い思想の解体が同じように始まったということにすぎない。

古代世界が衰退した時、旧い宗教に取って代わったのはキリスト教であった。一八世紀においてキリスト教思想が啓蒙―思想に敗北したとき、封建社会は当時は革命的であったブルジョワ階級と死の闘争を行った。意識の自由と宗教の自由は、意識の領野における自由競争の支配について語るだけである。

しかしながら、当然だが宗教的思想、道徳的思想、哲学的思想、政治的思想、法的思想などは歴史的発展の中で自ら変容していったと言われている。しかし宗教、道徳、哲学、政治、法はこうした変化の中でいつも自らを維持していった。

さらに言えば、すべての社会状態に共通する、自由、正義といった永遠の真理もある。しかし共産主義は、宗教や永遠の真理を廃棄し、宗教、道徳を新たにつくり直すのではなく、廃棄するのだ。だから、共産主義はこれまでのすべての社会発展と対立するのである。

このような批判はどこに落ち着くのか。これまですべての社会の歴史は、それぞれの時代にそれぞれ異なる形態を取る階級対立の中で生まれた。

しかしこうした階級対立がどんな形態をとろうと、社会のある一部による他の一部の搾取は、これまですべての時代に共通したものであった。したがって、すべての時代に、その多面性や相違にもかかわらず、ある共通の形態、すなわち階級対立が完全に消滅しない限り完全には消滅しない社会的意識形態が生まれたことは、驚くべきことではない。

共産主義革命はこれまでの所有－関係と完全に手を切る。その発展過程の中で、共産主義革命がこれまでの思想とも完全に手を切るというのは不思議なことではない。

しかしながら、ブルジョワ階級が共産主義に対して繰り出す非難に関わることはここまでにしよう。

すでに見てきたところでは、労働者－革命における第一歩は、プロレタリアが支配階級になることであり、それは民主闘争に勝利することである。

プロレタリア階級はその政治的支配を利用して、ブルジョワ階級からすべての資本を少しずつ奪い取り、すべての生産手段を国家の手、すなわち支配階級として組織されたプロレタリア階級に集中し、生産力をできるだけすみやかに増大させる。

当然ながらこれが起こるのは、所有権やブルジョワ的生産－関係に対する専制的介入を通じてのみである。つまり経済的に見ればまだ不充分で、支持しがたいように思われるかもしれないが、全生産様式を転覆するための手段としては不可避的な運動によって自らを乗り越えるという方法を通じて以外に起こりえない。

こうした方法は当然、地域が異なるにしたがって違ったものでなければならない。

しかし発展した地域では、一般的にとりわけ次のようなことが適用されるであろう。

1　土地所有の収奪と地代の国家支出への変換
2　累進−課税の強化
3　相続権の廃止
4　すべての移民や反逆者の所有の没収
5　国家資本をもつ、とりわけ独占的な国立銀行によって国家の手に信用を集中させること
6　全輸送手段を国家の手に集中させること
7　国立工場や生産−用具の増大、共通の計画にしたがった耕作地の改善と開墾
8　すべてのものに対しての等しい労働義務、とりわけ農業のための産業軍の組織化
9　農業と工業との経営の結合、都市と農村との対立をゆっくりと解消すること
10　すべての児童に対する公教育と無償教育。今日的形態での児童の工場労働の禁止。物的生産と教育とをつなぎ合わせることなどなど。

こうした発展の中で、階級的相違が消え、生産のすべてがアソシエされた個人の手に集中すれば、公的な力も政治的意味を失う。本来の意味での政治的力は、他の階級に対するある階級の抑圧のために組織された力である。ブルジョワ階級に対する闘争においてプロレタリア階級は必然的に結合し、革命を通じて自ら支配階級となり、支配階級として旧い生産−関係を暴力的に廃棄するとすれば、階級対立の存在−条件、階級一般、したがって階級としての自らの支配も、こうした生産−関係とともに廃棄される。

階級と階級−対立をもった旧いブルジョワ的生産に取って代わって、アソシアシオンが生まれる。そこにおいては各人の自由な発展がすべてのものの自由な発展の条件となる。

第三章　社会主義と共産主義の文献

1．反動的社会主義

a　封建的社会主義

フランスとイギリスの貴族階級は、その歴史的立場にしたがって、近代ブルジョワ社会に反対するパンフレットを書くことを要請された。一八三〇年フランス七月革命において、イギリスの選挙改革運動において、これらの貴族階級は憎むべき成り上がりものに再度敗北することになった。もはやこの時は政治的闘争など重要な問題とはなりえなかった。残されたことは文献による闘争だけであった。しかしながら、文献による闘争においても、王政復古期のような旧い常套句では不可能であった。貴族階級は人々の共感を得るため明らかに自らの利益を捨てたふりをして、搾取される労働者階級の利益の名においてのみブルジョワ階級に対する告発行動を起こしえたにすぎなかった。貴族階級は新しい支配者に対して誹謗の歌を歌い、多少の不幸を帯びた予言を彼らの耳に囁くことで、かろうじて満足を得ることができたのだった。

このように封建的社会主義が生まれたのは、一部は哀歌として、一部は風刺《ふうし》として、一部は過去からの反響として、一部は未来への脅威としてであった。その辛辣《しんらつ》で才気あふれる、心を裂くような批判は、ブルジョワ階級の心を打つことにはなったのだが、近代社会全体の歴史を把握する能力をまったく欠いていたために、現実への影響はいつもコミカルなものにすぎなかった。

貴族階級は自らの側に人民を結集させるべく、プロレタリア的なずた袋を旗として振り回した。しかし人民が彼らの後を追って行くと、その背中の旧い封建的な紋章に気づき、無作法で、移り気な笑い声とともにちりぢりばらばらとなるのであった。

フランスの王党派の一部、イギリスの青年派がこの光景に彩りを与えた。

封建的人々は、封建的搾取様式はブルジョワ的搾取とはまったく別ものだと証明するのだが、彼らがただ忘れていることとは、ブルジョワ的搾取とはまったく違う、旧態然たる条件や状況のもとで搾取していたという事実である。近代的プロレタリア階級は彼らの支配のもとでは存在などしていなかったと彼らは証明するのだが、近代的ブルジョワ階級はまさに彼らの社会的秩序の中から必然的に生まれたのだということとは忘れているのだ。

さらに彼らはその批判の反動的性格についてまったく隠すことすらしていない。ブルジョワ階級への彼らの主たる告発の論点が示すところは、まさに旧い社会秩序すべてを破壊するブルジョワ階級は、彼らの体制内部で発展したのだということである。

彼らがブルジョワ階級を非難していることは、ブルジョワ階級はプロレタリア階級一般をつくり出したのだが、それ以上に革命的なプロレタリア階級をつくり出してしまったという点である。

したがって政治的実践の場では、彼らは労働者階級に対するすべての暴力的政策に協力したのであり、日常生活の場では、彼らは仰々しい常套句を並べるくせに、黄金のりんごを拾い集め、あらゆる騎士道的な徳、愛、名誉と羊毛、ビート、蒸留酒とを交換するのである。

坊主がいつも封建領主と手と手を取りあって進んだように、坊主的社会主義も封建的社会主義と手と手を取りあって進んでいる。

キリスト教的禁欲主義に社会主義的な飾りを付けることほど簡単なことはない。キリスト教も、私的所有、結婚、国家に対して徹底的に反対したではないか。慈善と乞食、独身生活と菜食主義、修道院生活と教会についての説教を行ったではないか。神聖なる社会主義とは、坊主が貴族の怒りを祝福する聖水にすぎない。

b　プチブル的社会主義

封建的貴族だけが、ブルジョワ階級によって崩壊し、その近代ブルジョワ社会における生活条件が失われ、消滅した階級というわけではない。中世の市民（Phalbürger）と小農は近代的ブルジョワ階級の先駆者であった。産業や商業があまり発展していない地域では、こうした階級が来るべきブルジョワ階級と並存して生き続けている。

近代文明が発展した地域では、新しい小市民社会が形成されたが、彼らはプロレタリア階級とブルジョワ階級との間で揺れ動き、ブルジョワ社会の補完的部分としてたえず新たに形成されるが、その仲間は競争を通じてプロレタリア階級へと落ちていく。まさに大工業の発展とともに、近代社会の独立した一部としての彼らの存在は消滅し、商業、マニュファクチュア、農業における労働監督官や家僕へと置き換わっていく時代が訪れる。

農民階級が人口の半分以上を占めているフランスのような地域では、当然ながら、ブルジョワ階級に対してプロレタリア階級を擁護する作家たちは、ブルジョワ体制批判のために小市民的、小農民的尺度を使い、労働者の党を小市民的視点から擁護した。こうしてプチブル的社会主義が生まれた。シスモンディこそフランスだけでなく、イギリスにとってもこうした文献の中心人物である。

この社会主義は近代的生産関係の矛盾を非常に鋭く分析した。この社会主義は、経済学者の使う詭弁的な用語の化けの皮を暴いた。この社会主義は、機械と分業の破壊的作用、資本と土地所有の集中、過剰生産、恐慌、小市民や小農民の必然的な零落、プロレタリア階級の貧困、生産における無政府性、富の分配における圧倒的な不均衡、民族相互の産業的絶滅戦争、旧い道徳、旧い家族関係、旧い民族性の解体を、反論もできないほど証明した。

しかしその積極的内容から判断すれば、この社会主義は、旧い生産ー交通手段を復活させ、それとともに旧い所有関係と旧い社会を再生産するか、それによって、乗り越えられ、乗り越えねばならない近代的生産ー交通手段を、旧い所有関係の枠の中にもう一度暴力的に閉じ込めようとしているのである。どちらの場合も、この社会主義は反動的かつユートピア的であると言える。

マニュファクチュアにおけるツンフト制度や農村における家父長的経済、それらがこの社会主義の最終的な言葉なのである。

この社会主義のこうした方向は、さらなる展開の中で、小心な二日酔い状態の中で消えていった。

c　ドイツあるいは真正社会主義

支配的ブルジョワ階級の圧力のもとで生まれ、ブルジョワ階級の支配に対する闘争の文献による表現である、フランスの社会主義と共産主義の文献は、ブルジョワ階級が、まさに封建的絶対主義に対する闘争を始めたその時、ドイツに輸入された。

ドイツの哲学者、半哲学者、文学者気取りの人々は、こうした文献をむさぼり読んだが、彼らが忘れたのは次のことだけであった。すなわちフランスからはどんな作品の輸入も可能だが、フランスの生活状態まで同時にドイツに輸入することはできないということを。ドイツの状態を見れば、フランスの文献は直接の実践的意義をまったく失っていて、純粋に文献としての価値しかなかったということがわかる。こうした文献は、真の社会についての、人間的本質の実現についての、どうでもいい思弁としてしか貢献しなかったというわけだ。だから、一八世紀ドイツの哲学者にとって、最初のフランス革命の要求は、「実践理性」を一般化するだけの意味しかもたなかった。一方フランスの革命的ブルジョワ階級の意志の表現は、彼らの眼にとって、純粋意志、すなわち意志とはいかにあらねばならないかという意志、真の人間的意志の法則を意味した。

ドイツの文献学者の決定的な仕事はと言えば、その旧びた哲学的良心を新しいフランス思想に一致させるか、あるいはその哲学的視点を使ってフランス思想を自らの思想に一致させることだったのである。

こうした同化は一般的に外国の事情を知るときに行うのと同じやり方、すなわち翻訳という作業を通じて行われたのである。

よく知られていることだが、修道僧は、旧い異教徒の時代の古典的作品が書きとめられた草稿を、味気のないカトリックの聖なる物語へと移し返したものだ。ドイツの文献学者はこれに対し、フランスの世俗の文献をまったく逆に移し返したのだ。彼らはフランスのオリジナルな内容に、こっそりと哲学的な無内容を挿入させた。たとえば、彼らは貨幣関係に対するフランス的批判の背後に「人間的本質の外化」といった文章を、ブルジョワ国家へのフランス的批判の背後に、「抽象的一般による支配を廃棄すること」という文書を書き入れるといったことなどのように。

ドイツの文献学者は、その哲学的常套句《じょうとうく》をフランス的発展にすり替えることを、「行為の哲学」、「真正社会主義」、「社会主義というドイツ的科学」、「社会主義の哲学的基礎付け」などという名で聖別した。

文字通り、フランスの社会主義ー共産主義の文献はあまりにも去勢されてしまった。そしてこうした文献がドイツ人の手の中に入ると、ある階級の他の階級に対する闘争という表現すら失われ、そのためドイツ人はフランスのもつ一面性を乗り越えてしまったと意識するに至り、真の欲求をもつ代わりに、真理に対する欲求を求め、プロレタリアの利益の代わりに、人間一般を代弁しているはずの人間的本質の利益を求めるのである。ここで言う人間とは、哲学的ファンタジーの、もやっとした天国にのみ暮らす、現実には存在しない、どんな階級でもない人間のことである。

このドイツ社会主義は、小学校風のぎこちない練習問題を大真面目に、かつ厳粛に受け取り、あまりにも誇大宣伝でそれを吹聴したために、その衒学的な純潔さを次第に失っていった。

ドイツの、すなわち封建領主と絶対王政に対するプロイセンのブルジョワ階級の闘争は、一言で言えば、リベラルな運動のことなのだが、それは大真面目なものとなっていったのである。

真正社会主義にとっては、政治運動と社会主義的要求とを対峙させる絶好の機会となった。自由主義、代議制国家、ブルジョワ的競争、ブルジョワ的出版の自由、ブルジョワ法、ブルジョワ的自由と平等に対して伝統的な呪詛を浴びせかけ、人民大衆に対して、彼らがいかにブルジョワ的運動において何もえるものがないか、むしろすべてを失うのだということを説教するもっともいい機会となったわけである。このドイツ社会主義が忘れていたことは、まさに次のことであった。ドイツ社会主義にとっては精神なきこだまであったフランス的批判は、近代ブルジョワ社会とそれに照応する物的な生活条件、それに見合った政治的制度を前提にするものであり、そうした純粋の前提条件こそ、ドイツにおいて初めて問題になるものであったのだということを。

ドイツの社会主義は、僧侶、学校教師、田舎のユンカー、官僚とともに、絶対王政の脅威となっているブルジョワ階級に対する好都合の案山子《かかし》として、ドイツの絶対王政に貢献したのであった。

彼らの担った役割は、この同じドイツ政府がドイツの労働者ー蜂起に対して繰り広げた厳しい鞭と銃を甘い言葉で補うことであった。

このように真正社会主義がドイツのブルジョワ階級に対する政府の武器となったのだとすれば、それはまた直接、反動的階級の利益、ドイツの小市民的社会（Phahlbürgerschaft）の利益も代表していたと言えるのである。ドイツにおいては、一六世紀以来の伝統的、そしてその時以来さまざまな形で現在なお新たに復活している小市民階級が、現存状態を維持するための重要な社会的基礎となっているからである。

小市民の階級を維持することとは、ドイツの現存の状態を維持することである。ブルジョワ階級の産業支配と政治支配によって、この階級には確かな崩壊の恐れがある。その理由のひとつは、資本の集中、もうひとつは革命的プロレタリアートの出現である。真正社会主義はこの階級にとって、一度に二兎を狙っているように思えた。だから伝染病のように広がっていったのである。

思弁的蜘蛛の糸で織られた見せかけの衣服は、美しい知的レトリックの花で刺繍され、愛らしき、官能的な、感情の露が染みており、ドイツの社会主義者の骨となったいくつかの永遠の真理とやらを包み隠すこの大げさな衣服によって増大したのは、一般大衆に対する書物の販売数だけであった。

一方ドイツの社会主義は、自らの天職とはこうした小市民の高慢な代表になるということだと、ますます了解するようになっていった。

ドイツ社会主義は、ドイツ民族を正常の民族であると主張し、ドイツの自主性のない人々を正常な人々であると主張した。ドイツの社会主義はこうした卑劣な思想に対して、隠された、気高い、社会主義的な意味合いを与えたのである。実際にはまったく逆の意味だったのだが。ドイツの社会主義は共産主義の粗野で破壊的な方向に対し直接反対し、あらゆる階級闘争に対してどの党派にも属さないという中立を明言したのだ。いくつかの例外はあるものの、ドイツで表向きに社会主義や共産主義の作品だとして流通しているものはどれもこれも、こうした薄汚い、気の滅入る文献である。

2．保守的あるいはブルジョワ－社会主義

ブルジョワ階級の一部は、ブルジョワ社会の存続を確証せんものと、社会悪を除去しようとしている。

このブルジョワに属しているのは、経済学者、博愛主義者、人道主義者、労働者階級の状態の改善者、慈善－組織者、動物虐待反対論者、禁酒クラブの人々、さまざまな種類の三流の改革者である。そしてこのブルジョワ－社会主義は、完全な体系となるところまで練り上げられていった。

そうした例として、われわれはプルードンの『貧困の哲学』を紹介する。

社会主義的ブルジョワは、近代社会の生活条件は望むのだが、そこから必然的に起こる闘争や危機については望まない。彼らは既存の社会を望んでいるのであり、その社会を革命的に変えることや、その社会を解体することは望まない。彼らはブルジョワ階級は望むのだが、プロレタリア階級は望まない。ブルジョワ階級は自らが支配する社会を、当然ながら最高の世界だと考えている。ブルジョワ－社会主義者は、癒しとなるようなこうした考えを中途半端な、あるいは完全な体系につくり上げる。この社会主義者がプロレタリア階級に新しいエルサレムに進軍すべくその体系の実践を要求するとすれば、彼らが基本的に望んでいることは、今のままの社会にとどまり続けること、しかしこの社会から生まれる憎むべき表象は厄介払いすることだけなのである。

第二の社会主義の、体系を欠いた、ただ実践的な形態は、労働者階級に対して、重要なのはあれやこれやの政治的変革ではなく、物的生活関係、経済的関係の変革だけであることを示すことで、あらゆる革命運動を拒否させることである。しかしながら、この社会主義が、物的生活条件の変革という言葉で理解し

ていることとは、革命的な道しかありえないはずのブルジョワ的生産―関係の廃棄などではなく、今の生産関係をもとに生まれる行政的な変革のことである。つまり、資本と賃労働との関係においては変革はまったくなく、せいぜいブルジョワ階級の支配にかかる費用を引き下げ、その国家会計をスリムにすることだけである。

ブルジョワ―社会主義が自らにふさわしい表現を見つけるときは、たんに修辞的な形式を取るときだけである。

すなわち労働者階級のために自由貿易を！　と言ったり、労働者階級のために関税同盟を！　と言ったり、労働者階級のために独房監獄を！　と言ったりすることであり、これこそブルジョワ―社会主義の最後の言葉であり、唯一の言葉なのだ。

ブルジョワ―社会主義の主張はまさに次の点にある。すなわち、ブルジョワがブルジョワであることは労働者階級の利益のためであるということ。

3. 批判的―ユートピア的社会主義と共産主義

ここで問題にするのは、近代的大革命においてプロレタリア階級の要求を表現した文献ではない（バブーフの作品など）。

一般的に混乱している時代、すなわち封建社会が崩壊していく時代に、プロレタリアの利益を直接追求しようという最初の試みは必然的に失敗した。その理由はプロレタリア階級の形成が未発達であったこと、まさにそれと同時にその解放の物的条件が不足していたからである。この物的条件はまず第一にブルジョワ時代の生産物に他ならないからである。プロレタリア階級のこの最初の運動から生まれた最初の文献は、その内容から言って必然的に反動的なものである。これらの書物が語ることは、禁欲主義と粗野な平等主義である。

サン＝シモン、フーリエ、オーウェンの体系のような、本来的な社会主義、共産主義体系は、われわれがこれまで語ってきたようなプロレタリア階級とブルジョワ階級との闘争が未発達の、初期の時代に出現した（「ブルジョワ階級とプロレタリア階級」の章参照）。

この体系の発見者たちはなるほど階級対立も見ていたし、当面の社会自身の中で解体していく要素がどのように影響しあっているかも見てはいた。しかし、彼らはプロレタリア階級の側にある、その歴史的独自性、プロレタリア固有の政治運動を認識はしていない。

階級対立の発展は、産業の発展と同じ歩調をとるため、プロレタリア階級を解放する物的条件を彼らは見つけることができずに、こうした条件を生み出す社会科学、社会法則を見つけようとする。

だから社会的活動ではなく個人的な独創的活動が出てこなければならず、解放への歴史的な条件ではなく、空想的な条件が出てこなければならず、徐々に進展するプロレタリア階級の階級への組織化ではなく自らが考え出した社会組織が出てこなければならない。やがて来ることになる世界史は、彼らの場合プロパガンダと彼らの社会計画の実現のための説明に解消されていく。

なるほど彼らは、計画の中でもっとも苦しみを受ける階級としての労働者階級の利益を擁護しようと意識していた。彼らにとってのプロレタリア階級の存在とは、もっとも苦しみを受ける階級であることにしか意味はない。

階級対立が充分発展した形態を取っていないため、そして彼ら自身の生活における立場によって、そうした階級対立に対して彼らは超然とした態度でいられるのである。彼らが望んでいるのは、すべての社会成員の生活状態が改善されることであり、それはまた特権的階級の生活状態の改善でもある。だから、彼らは全社会に対して区別なく、とりわけ支配階級に対してたえず訴えかけるのである。彼らの体系から理解できることは、その計画は、可能な限り最高の社会の、可能な限り最高の計画だということでしかない。

したがって、彼らは、どんな政治的行動も、すなわちどんな革命的行動も非難し、その目的を平和的方法で実現しようと望み、小さな経験、当然ながらそれは失敗するのだが、そうした経験や、いくつかの事例という手段によって、新しい社会の福音への道を開こうと努力するのである。

プロレタリア階級が未発達の時代であり、自らの立場についてまだ空想的にしか考えられない時代において、未来社会を空想的に描くということが意味しているのは、プロレタリア階級はまだ社会の一般的な変革に対して予感的な衝動しか感じていないということである。

しかし、この社会主義的、共産主義的作品は批判的要素もまた含んでいる。その作品は現存の社会を根本から攻撃する。だからこれらの作品は労働者を啓蒙するための最良の資料を提供してくれたとも言えるのだ。未来社会に対するその積極的な言葉、たとえば都市と農村との対立の廃棄、家族の廃棄、私的営利の廃棄、賃労働の廃棄、社会的調和への予知、国家をたんなる生産管理者へ転化するということ――など、こうした言葉はすべて、まさに発展し始めてはいるのだが、まだその最初のもやもやとしたはっきりしない状態にしかない、階級対立の廃止について表現しているのだ。だからこうした言葉自身はまだ、まったくのユートピア的な意味しかもっていないとも言える。

批判的ユートピア的社会主義ー共産主義の意義は、歴史的発展とまったく反比例していることにある。階級対立が発展し、形成されてくるにしたがって、階級対立に対するこの空想的な高揚、空想的なこの闘争自身、実践的な価値、理論的弁護などはすべて失われていく。このような意味で、この体系の創始者は革命的であったと言えるのだが、しかしながらその弟子たちの方はいつも反動的なセクトにすぎない。弟子たちは師の旧い観点を、プロレタリア階級の歴史的発展を無視して堅持する。だから彼らは結果として再び階級闘争を鈍化させ、対立を調停しようとする。さらに彼らは社会的ユートピアの実験的実現を、個々のファランステール、ホーム－コロニー、小さなイカリーの建設（新しいエルサレムの小型版）の夢を見る、そして彼らはこうしたあらゆるスペインの城の幻想を建設するために、ブルジョワの心と、その財布にある博愛主義に訴えねばならないのである。次第に彼らは先に述べた反動的あるいは保守的な社会主義者のカテゴリーに入るようになる。反動的あるいは保守的な社会主義者と違う点と言えば、彼らがより体系的な衒学趣味をもっていること、その社会科学の驚くべき作用について狂信的な迷信しかもっていないことである。

だからこそ彼らは執拗にもどんな労働者の政治運動にも反対するのだ。なぜなら、こうした政治運動は新しい福音に対する盲目的信仰が足りないから起こってくるのだから。

イギリスにおけるオーウェン主義者、フランスにおけるフーリエ主義者は、イギリスではチャーティスト、フランスでは改革派に対して敵対している。

第四章　共産主義者のさまざまな対立する党派に対する立場

第二章を読めば、共産主義者と、すでに組織された労働者の党派との関係は自然に理解されるだろう。だからイギリスのチャーティストや北アメリカの農業改革派と共産主義者との関係も、それと同じである。

共産主義者は労働者階級の直接当面の目的と利益に到達するために闘うのだが、彼らは現在の運動において同時に未来の運動を代表しているのだ。フランスでは共産主義者は、保守的、急進的ブルジョワに対して、社会主義的-民主主義的党派と結びつく。それゆえ共産主義者は、革命的な伝統に基づく成句や幻想に対して批判する権利を捨てるわけではない。

スイスにおいては、共産主義者は急進派を支持するが、この党派が、まずフランス的な意味での社会主義者であるということ、次に急進的ブルジョワであることから、矛盾する要素をもっていることを見誤ってはいない。

ポーランドにおいては、共産主義者は農民革命を民族解放の条件とする党派を支持する。これはクラクフでの一八四六年の蜂起を呼びかけた党派と同じものである。

ドイツにおいては、共産主義者の党派は、革命的ブルジョワ階級が立ち上がるやいなや、そのブルジョワ階級と一緒に、絶対的君主制、封建的土地所有、プチ・ブルジョワ階級の事業と闘う。

しかし彼らがいっときも忘れてはならないことは、ブルジョワ階級とプロレタリア階級との敵対的対立に対するできるだけ明確な意識を喚起することである。こうしてドイツ人労働者は、ブルジョワ階級が支配権を獲得すれば導入しなければならない社会的政治的条件を、まさにそのままにブルジョワ階級に対する武器として振り向けることができるだろう。ドイツにおける反動的階級が崩壊した後、今度はただちにブルジョワ階級自身に対する闘争が始まるのだ。

共産主義者は主要な関心をドイツに向ける。なぜならドイツはブルジョワ革命の前夜にあり、ヨーロッパ文明のもっとも進歩的条件のもとで、一七世紀のイギリス、一八世紀のフランスよりも発展したプロレタリア階級によって、こうした変革がなされるからである。したがってドイツのブルジョワ革命は、プロレタリア革命の直接的前哨戦となりえるからである。

一言で言えば、共産主義者はどこでも既存の社会的政治状態に対する、あらゆる革命的運動を支持するということだ。

こうしたすべての運動において、運動の根本的原理として共産主義者が強調するのは所有問題である。たとえその問題が、発展した形態をとっていようが、いまいが。

最終的に言えば、共産主義者はどこでも、あらゆる地域の民主的党派に対する理解と連合のために努力するということだ。

共産主義者は自らの見解、自らの目的を隠すことはしない。共産主義者は、自らの目的に到達しえるのは、従来のすべての社会秩序を暴力的に崩壊させた時のみであることを公けにする。支配階級は共産主義者の革命に怯えるかもしれない。プロレタリアが革命において失うものがあるとすれば、それは自らをつなぐ鎖だけである。共産主義者は世界を獲得しなければならないのだ。

あらゆる地域のプロレタリアよ、団結せよ！

第二編

解説編

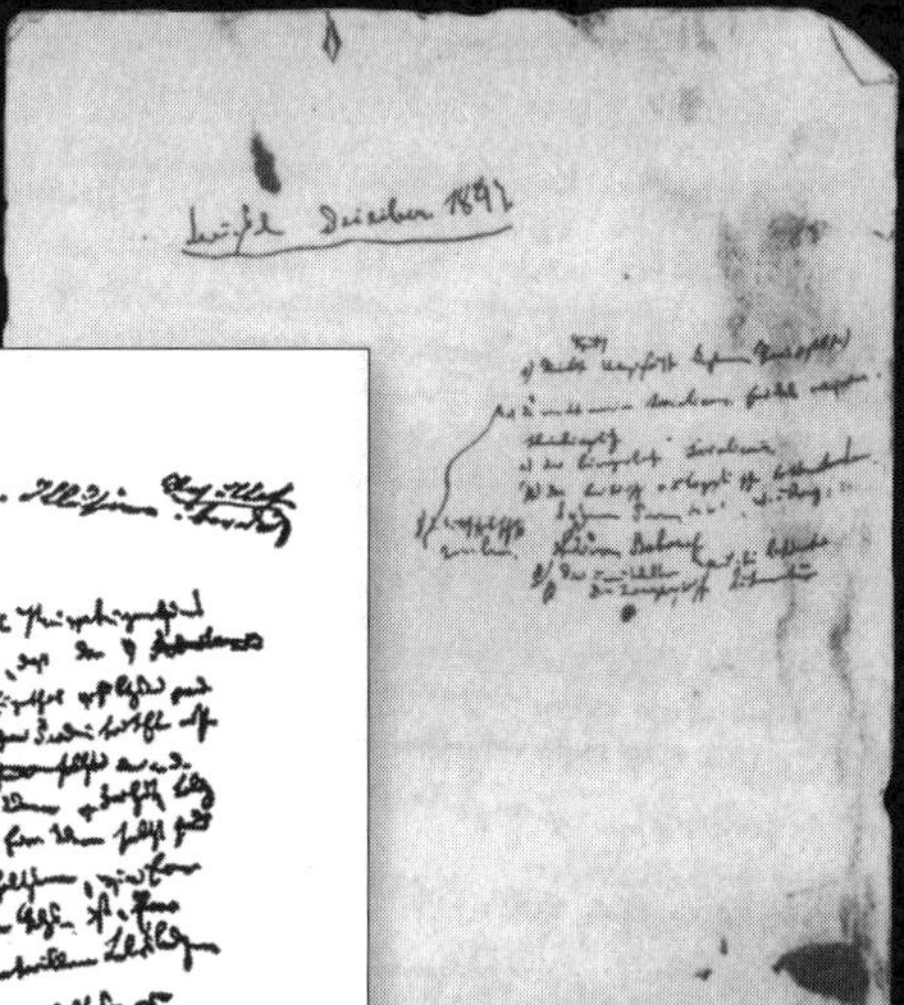

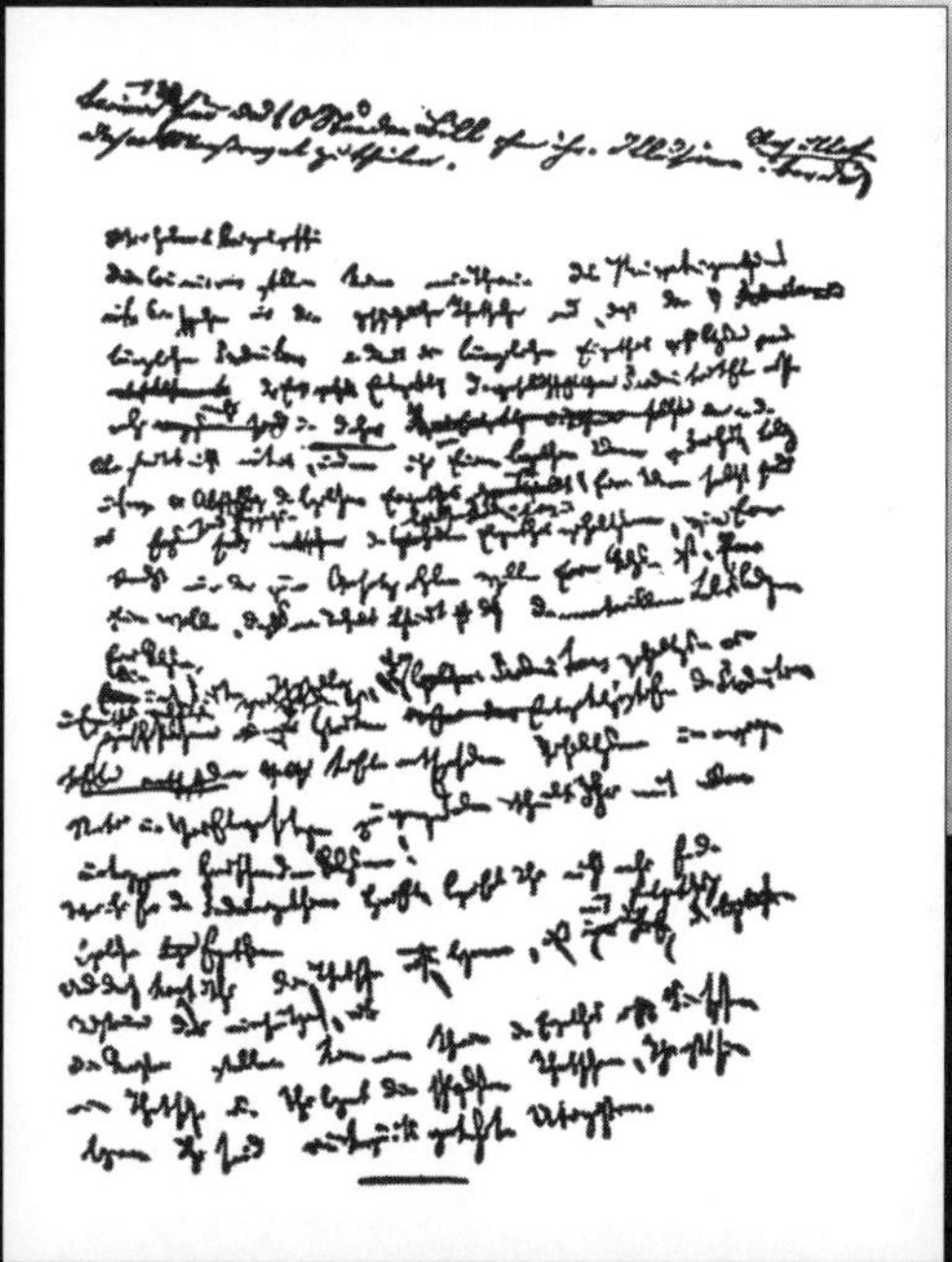

『共産党宣言』の草稿

ヨーロッパではひとつの亡霊がうろついている。それは共産主義の亡霊である。

亡霊という言い方について、たとえば『ルイ・ボナパルトのブリュメール一八日』の中でも亡霊という表現が用いられている。「人間は、自分で自分の歴史をつくる。しかし人間は自由自在に自分でかってに選んだ事情のもとで歴史をつくるのではなくて、あるがままの与えられた、過去から受け継いだ事情のもとでつくるのである。あらゆる死んだ世代の伝統が、生きている人間の頭の上に夢魔のようにのしかかっている。人間は自分自身と周囲の事物を変革する仕事、これまでなかった仕事をつくり出す仕事に熱中しているように見えるちょうどそのとき、まさにそういう革命的危機の時期に、きづかわしげに過去の亡霊を呼び出して、助けを求め、その名前や、戦いの合言葉や、衣装を借り受けて、そういう由緒ある衣装をつけ、そういう借り物のせりふを使って世界史の新しい場面を演じるのである」（ＭＥＷ〔『マルクス＝エンゲルス全集』〔大月書店〕、以下ＭＥＷと略す〕八巻一〇七頁）。ここで問題になっているのはルイ・ナポレオンがナポレオン・ボナパルトの亡霊として出現したことである。

ナポレオンの亡霊とはある意味で無力なもの、滑稽なものである。しかしある意味で不気味なもの。それは幻想の中に潜む。怖いと思えば亡霊は現れるし、そう思わなければ現れない。心の隙間に入る。この言葉は全体を象徴する枕詞にあたる。自らを亡霊と述べることで、存在しないものに慄く人々を揶揄し、他方でそもそも存在すら歯牙にかけられていなかったものが、最初から亡霊となることで、突然この世に登場するものとなる。さて亡霊という原語Gespenstの日本語訳には、幽霊、妖怪などがあるが、ここでは亡霊とした。Fantomeというドイツ語もあるが、この言葉はヴァイトリンクに出てくる（*Der Hülferufe der deutsche Jugend*, 1841の三号Kommune und Kommunisimus）。

水田洋訳『共産党宣言・共産主義の諸原理』（講談社学術文庫、二〇〇八）では、この言葉はローレンツ・フォン・シュタイン［1815-1890］の『今日のフランスの共産主義と社会主義』（邦訳タイトル『平等原理と社会主義──今日のフランスにおける社会主義と共産主義』石川三義、石塚正英、柴田隆行訳、法政大学出版局、一九九〇年）からの言葉だという注があるが、リュベル［1905-1996］もそれと同じことを述べている。そしてそこでは、真実を見たくないものが危険について述べる場合の表現だとしている。ヴィンクラー（Winkler, *Eine Untersuchung, Kritik und Klärung*, Wien, 1936）がシュタインに言及した最初の文献だと言われる。しかし、著名なマルクス研究家リュベルはシュタインの影響をあまり高く評価すべきでないと述べる。フランスのシャルル・アンドラー［1866-1933］はむしろその影響を肯定的に見ていて、『マルクス伝』の著者ドイツのメーリンク［1840-1919］は否定的に見ている。マルクスは、論敵カール・グリュン［1817-1887］を批判する際にシュタインを引用するが、それは、彼の社会主義・共産主義に関する知識が、シュタイン以上でないということを述べるためである。マルクスはすでに『ライン新聞』時代から社会主義・共産主義の文献を読んでいたので、シュタインの影響をあまり高く見るべきではないだろう。

亡霊という表現は、エンゲルスがほぼ同じ頃（一八四八年二月二二日）、ブリュッセルで開催されたポーランドのクラクフ蜂起の二周年の記念日で使っている。「ポーランドの血にまみれた亡霊は、ふたたび墓穴に納まった」（MEW四巻五三七頁）。実はこのクラクフ蜂起は、『宣言』（以後『宣言』という場合、『共産党宣言』を指す）の第四章ポーランドにおける共産主義者の闘争のあり方と深く関係しているのみならず、次に続く文章ロシアとオーストリア、ローマ法王という神聖同盟の問題と関係している。

この亡霊という言葉は、シェークスピアの『ハムレット』の亡霊と意味をかけているとも言える。マルクスは幼少の頃からシェークスピアに親しんできた。演劇趣味はマルクス家全員の趣味でもあるというほど徹底したものであったが、ティーク（Tieck）版ドイツ語訳全集をつねにもっていたマルクスは、『ライン新聞』以来、ことあるごとに批判に際して、シェークスピアの作品を隠喩的に使っている。ヴィルヘルム・シュルツが『国家学事典』に「共産主義」という項目を書いているが、そこにもすでに亡霊という表現が出ている（一八四六年補遺第二巻）。

『ハムレット』の構成をまず見てみよう。この作品はシェークスピアの戯曲の中でもっとも長いもののひとつであるが、構成自体の流れは意外とストレートである。デンマークが舞台で、国王亡き後、ノルウェー軍の侵攻に人々は怯えている。そんなとき城に亡霊が現れる。亡霊はつねに主役ではない。かつてノルウェーの国王との一対一の勝負に勝った亡き国王は、ノルウェーの領地を奪った。そのためノルウェーの復讐に戦々恐々としている。

ここで問題となっている現実の状況は、戦争の可能性という問題である。しかし、亡霊はその戦争を問題にするのではない。亡霊は、戦争の状況を語りに来たのではなく、このデンマーク自体の中にある不正を暴きに来た。亡霊は亡き国王である。ハムレットとホレーショーは現実社会の背後にある真実をその亡霊から知る。亡霊の役割は、この世界が脱線していること、この世界が転倒していることを知らせることである。亡霊は地の底のモグラにたとえられる。モグラは地下を這うことで虚妄の下にある真実を意味する。

その真実とは、亡き国王は蛇に嚙まれて死んだのではなく、弟に毒殺されたということ。しかもハムレットの母は、亡き国王を捨て、国王の弟の妻になろうとしている。近親相姦と逆賊の世界というわけである。ハムレットは気が狂ったふりをして、復讐の時を待つ。有名な「生きるべきか死ぬべきか」という言葉は、まさにこの転倒した世界の問題として出現する。死ねば現実の虚妄を無視することになり、生きれば現実の背後に隠れた真実と向き合うことになる。まさにどちらにしても命がけのこと。亡霊はハムレットに乗り移った形になり、ハムレットは復讐の時を待つ。

他方、気がふれたというのは嘘ではないかと疑念をもった現在の国王は、ハムレットの愛する娘オフェーリアの父親に探らせる。ハムレットは誤ってその父を殺してしまう。ハムレットは外国に渡る。オフェーリアは父の死とハムレットの逃亡の悲しみの中死ぬ。

やがてオフェーリアの葬式が行われる。墓掘人がせっせと墓を掘る。墓掘人はモグラと同じく地に這って生きる庶民、そして真実を象徴する。墓掘人はこういう偉いものも死ねば骨となると皮肉を述べる。転変する王侯貴族の世界を下から眺めながらせっせと墓を掘る。

そこへオフェーリアの兄が戻り、ハムレットに決闘を申し込む。城内で行われる決闘は悲惨な世界と化す。毒を塗った剣はハムレットとその兄までも殺し、そして現国王までも殺す。母も自殺する。ちょうどたずねてきたノルウエーの王子が城に来たときは殺戮の修羅場であった。亡霊が呪ったように、不義は正された。そしてやがて墓掘人はこの王侯貴族の死体をせっせと墓に放り込む。

『共産党宣言』の冒頭は、亡霊がヨーロッパにうろついているという言葉から始まる。まさに構成は似ている。そしてロシア、オーストリアといった相互に相対立する王政の国々について言及され、当時の現状が語られる。ヨーロッパの一八四八年における勢力配置図が示される。彼らは、なぜか現実には存在しない共産主義の亡霊に慄いている。亡霊は自ら語らない。亡霊は学者にしか語らない。共産主義者もあえて自らが何であるかを語るわけではない。しかし、この世界が脱線していることが共産主義の亡霊の出現を意味するなら、そろそろその内容について語る必要がある。『宣言』はまさにハムレットたる共産主義者に語る亡霊の言葉となるわけである。

こうして不義と近親相姦、すなわちこの世を脱線させている物語が語られる。その物語は、けっして現実に見えるものではない。見えない物語である。人類の歴史は階級闘争の歴史であるということは、眼に見える歴史からすると嘘である。階級闘争など現実の歴史ではない。だから亡霊は、どうして歴史、それも資本主義社会がブルジョワとプロレタリアの両階級に分かれねばならないかを語る。この世は現金勘定の世界になった。ブルジョワの世界ではすべてが金でまわるようになったという表現が『宣言』の第一章に出てくるが、これは『ヘンリー四世』の中のフォールスタッフの言葉とも似ている。

そして資本家のつくり出したこの世界の巨大な生産力は、魔法を使って出したくせにその魔法を使ってその力をもとにもどせない魔法使いの弟子に似ているとも述べられる。

こうして世界には現実に見える世界とそうでない世界があり、現実的でない世界によりこの世界は宿命的な時を待つ。支配階級であるブルジョワは『ハムレット』で登場する王侯貴族たちである。それに対してプロレタリアートはモグラであり、墓掘人。モグラというこの表現は、『ルイ・ボナパルトのブリュメールの一八日』にも登場する。

亡霊が共産主義であれば、ハムレットは共産主義者。ここで墓掘人とハムレットとの関係が語られるわけだが、それが『宣言』の第二章を構成しているとも言える。もしそうだとすると、ハムレットと同じく共産主義者も死滅しなければならない。結局墓掘人はブルジョワのみならず、その最後の闘争の鐘を鳴らす共産主義者も葬り去らねばならない。

旧いヨーロッパのすべての権力はこの亡霊に対して神聖な取り締まりを行うべく団結している。

亡霊に対して、ゴーストバスター（悪魔払い）を行う権力のこと。亡霊に対する悪魔払いをせんものと、旧い権力はやっきとなっている。旧いという言い方は、昔ながらの悪魔払いをする権力という意味と、新しい亡霊という新権力に対する対比となっている。取り締まりとは「狩猟」のことだが、それは悪魔を昔ながらの方法で取り締まろうという意図として現れている。J・デリダ［1930-2004］は『マルクス主義の亡霊たち』（増田一夫訳、藤原書店、二〇〇七年）において、この亡霊の問題を詳しく取り上げる。デリダの問題意識は、一九八九年ベルリンの壁崩壊後に出たフランシス・フクヤマ［1952-］の『歴史の終わり』（三笠書房、一九九二年）への批判と、マルクスの可能性の問題にある。フクヤマもある種の亡霊を追っているという。すなわち資本主義が理念として終末論的な歴史の終焉に到達したという考え、それも一つの亡霊である。フクヤマはその意味で現実を離れ、亡霊の中に歴史を読み込む。マルクスの『宣言』における亡霊は、まさにこうした資本主義社会の亡霊を、神聖同盟に読み込んでいたという。冒頭に出てくる、亡霊の取り締まりを行う神聖同盟は、それ自体亡霊である。消え行く権力が勃興しつつある亡霊に対して取り締まりをする。つまり現存の権力それ自体が生きたまま亡霊となっている。共産主義は存在しないことで亡霊であるが、神聖同盟はそれが存在しているように見えることで亡霊である。資本主義という歴史の終焉もその意味で終焉であるという単なる理念上のイデアであることで、亡霊と言える。

その団結とは、法王とツァー、メッテルニヒとギゾー、フランスの急進派とドイツの警察である。

奇妙な取り合わせである。亡霊を追放しようという最初の同盟が、神聖同盟たる法王（ピウスIX世［1792-1878］、一八四六年に法王となる）とロシアのツァー（ニコライ一世［1796-1855］）であること。それはちょうど一九世紀前半のナポレオンに対する亡霊狩りと似ている。次にメッテルニヒ［1773-1859］とギゾー［1787-1874］。メッテルニヒはナポレオン狩りの立役者、ギゾーはマルクスをパリから追放したときの内務大臣。いわば二人はマルクスにとって反動権力の中心人物。そしてフランスの急進派は、ギゾーに敵対的だった人々を意味している。議会の議員定数をめぐる議論（制限選挙）で、選挙人の納税額を下げようという改革派がこれにあたる。ブルジョワ急進派とでもいわれる人々の総称でもある。この改革派の機関紙は、『ナショナル』（［1830-1851］アドルフ・ティエールの創刊した新聞）である。エンゲルスは一八四七年一二月一〇日の『ブリュッセル・ドイツ人新聞』［1847-1848］において、この新聞が共産主義を批判し、「共産主義は財産、家族、祖国を否定する」と述べていることに反論している。そしてこの新聞は、郵便改革、財政改革、奢侈税、国庫補助、入市税の廃止、自由競争をあげている。「財産、家族、祖国」という標語は、ナチス体制下のペタン［1856-1951］政権にもやがて引きつがれる。

ここでの二つの対照は、カトリックの法王とロシア正教のツァー、保守派の宰相メッテルニヒと中間派のギゾー、自由派の急進派と国家権力という対比であり、ヨーロッパ中のすべての権力を意味している。言い換えれば、ヨーロッパ中のすべての権力が共産主義という亡霊に頭を悩まされているという表現となっている。

またこの神聖同盟という言葉は、すでに当時崩壊の危機にあった旧体制を意味しているとも言える。神聖同盟は、すでに自ら生きながら亡霊になっていることに気づかず、共産主義者を亡霊だと言っている。実は彼らが亡霊と批判している相手は共産主義者ではなく、むしろ新しい時代を切り開きつつある民主主義者であるとも言える。民主主義者は、もはや現実的な権力になりつつある。その現実を亡霊と述べることで、自ら崩壊していく世界を見て見ぬふりをしているとも言えるのである。そのことで共産主義という亡霊が、いまや瑣末な問題ではなく、大きな社会的問題になっているのだということを強調する効果を狙っているわけである。

とはいえ共産主義者がすでに現実的に恐れられていた国はある。それはフランスである。一八三九年の季節社の蜂起事件、一八四〇年のパリのベル＝ヴィルでの蜂起で共産主義者が当局に恐怖の対象として認知されていた。フランスの研究者メラールは当時の共産主義がバブーフ主義であったと述べている(Maillard, A. *La Communauté des egaux, Paris*, 1999, 8p.)。

リュベルはここで詳しい注を付けている(*Karl Marx, Les Oeuvres, Economie*, 1965, pp.1573-1574)。それによると法王は、近代化の間違いについて告発したのだが、その一つが共産主義だったという。内務大臣のギゾーが一八四五年にマルクスを追放した時、プロイセンの圧力を受けたことをリュベルはあげる(これについて的場昭弘『パリの中のマルクス』御茶の水書房、一九九五年参照)。ツァーは、ナショナリズム、オーソドクシー、専制政治を体現していたとする。メッテルニヒは国際警察を使って共産主義者を取り締まっていた(後にマルクスはハンガリーのヤノーシュ・バンジャ大佐［1817-1868］というスパイに狙われる。さらにマルクスがオーストリアのスパイだったという噂さえある)。一方『宣言』が書かれたのが二月革命以前だとすれば、この文章の配置はイタリアのミラノ、ナポリの蜂起（一月）と、ポーランドのクラクフ問題と関係していると思われる。エンゲルスは一八四八年初め、ブリュッセルで刊行されていた新聞『ブリュッセル・ドイツ人新聞』に「一八四七年の運動」、「オーストリアの終焉」、「三つの新しい憲法」（MEW四巻）という論文を掲載する。内容を要約するとこうだ。特にイタリアの蜂起では、イギリスを除くヨーロッパの国々が手を結んだ。それはまさにここで引用されている国々である。とりわけ、オーストリアはイタリアへの弾圧、ロシア、オーストリア、ドイツはポーランドへの弾圧を強めた。一方民主運動も高まりを見せ、次第に旧いヨーロッパに立ち向かおうとしていた。

その権力にある敵から共産主義者だと非難されなかった対立する党派はどこにあるというのだ。その進歩的な対立派およびその反動的な敵から共産主義者という非難の烙印《らくいん》を押されなかった対立する党派などどこにいるというのだ。

すべての敵は共産主義者と呼ばれるという意味だが、ある意味これは大言壮語。共産主義という言葉、あるいは社会主義という言葉にそれほどの影響力があったかどうかは疑わしい。しかしあえてそう語ることで、自らの組織の偉大さを知らしめ、共産主義者たちをふるい立たせる役割があったとも言える。ここで出てくるのがParteiという言葉、『共産党宣言』の党と同じ単語である。アネンコフ宛の一八四七年一二月九日の手紙の中で「党の配慮でロンドンへの旅は可能になった」（MEW二七巻四〇六頁）と書いている。党という言い方を同盟（Bund）に対して述べているとも言える。リュベルは、党なのか、同盟なのかという問題に触れている。リュベルは、マルクスは党という言葉を歴史的な意味で使っているという。それはブルジョワ世界から自然に生まれる集団という意味において。なるほど敵が徒党を組めば、それに対応する側も徒党を組まざるをえない。それが同盟であるとすれば、自ずと党派にならねばならない。敵に対する味方の結合を促すという意味において党という単語を用いているとも言える。ただこれは『共産主義者宣言』という一八七二年の再版のタイトルの問題とも関係する（石塚、篠原編『共産党宣言――解釈の革新』御茶の水書房、一九九八年の石塚論文を参照）。

こうした事実から二つのことが出てくる。

すなわち共産主義はすべてのヨーロッパ権力からすでに力として見られているということが。

だから共産主義者がその見解、その目的、その傾向を全世界に語り、共産主義という亡霊のメルヘンを党宣言として対峙する絶好のときであるとも言える。

すでに亡霊が恐れられているということは、その亡霊が存在するということでもある。言い換えれば、怖いものの代名詞として共産主義が存在することである。となるとそこから言えるのは、すでに共産主義という言葉は、権力者の頭の中で力として認められているということである。だからこそ、今こそ、亡霊の正体を見せてやる時期、すなわち、今こそ自らの実態を知らしめる時期であるというわけである。大きな語り口である。わずか五百人たらずの同盟が、ヨーロッパの列強から恐れられているということは実際にはありえない話だが、共産主義という言葉の認知度から、共産主義という言葉を体現する自らの組織の意味を語るというやり方は、外に対するよりも内に対する檄であると言える。正統なる王朝に対し、堂々と自らの王朝の偉大さを語るという意味合いになっているとも言える。小さいけれども、意味は大きいということを示すことは、とりもなおさず仲間意識の高揚のためである。そしてそれは血統の正しさ、新しい世界をつくるにあたっての正統性の根拠を担うものである。

この目的のために、さまざまな民族籍をもった共産主義者がロンドンに集まり、次の宣言を起草した。それはやがて英語、フランス語、ドイツ語、イタリア語、フランドル語、デンマーク語で出版されるだろう。

まずさまざまな地域の国籍をもった人々という表現。国籍という意味は現代の国籍の意味と少々違うということを知る必要がある。当時現代のような国家形態をドイツや、東欧、イタリアなどは取っていなかった。ドイツ、イタリアは種々の国に分かれ、それぞれバイエルン人、バーデン人などという意味での固有の国籍をもっていた（これは現代の州〔Land〕である）。そしてオーストリア帝国やハンガリー帝国は、さまざまな民族を抱えた多民族国家であった。今の言葉で言えば、ここでの国籍とは、近代国家ではなく小国家を構成する民族籍とも言える。多数の小国家の民族がここに集まったという表現の方が正しい。

ただし彼らがロンドンに集まり『宣言』を受諾したというのは事実に反する。実際『共産党宣言』は、ロンドンで総会が開かれた際、採択されたものではなかったからである。なるほど六月、一二月にロンドンで同盟の会議はあったが、『宣言』はまだできていなかった。その意味で、一八四八年のある時期に総会が開かれ、この宣言を採択するつもりであった、としか言えない。

しかしすでにマルクスに執筆が任され、印刷は始まっていた。議長カール・シャパー〔1813-1870〕の意を受けていたことで、『宣言』は同盟の宣言であることが確定していたというわけである。

各国語訳については、出版されたという話はあるが、スウェーデン語訳が一八四八年一二月末に『共産主義の声。――一八四八年二月に出版された共産党宣言』として出版された（詳しくは第五編、研究編第四章参照）。これはイェートレック書店から八クローネで販売された。しかし「あらゆる地域のプロレタリアよ、団結せよ」という末尾の言葉は、「人民の声は神の声である」に代えられていた。イギリスでは一八五〇年一一月にヘレン・マクファーレンの英訳が『レッド・リパブリカン』（半年間続いたジュリアン・ハーニー〔1817-1897〕の新聞）に掲載される。「ドイツの共産主義。ドイツ共産党宣言」という訳になっている。ここではあくまでドイツの共産党であるという言い方になっている。ベルギーでは、一八四八年『宣言序文』が宣言のフランドル語訳を予告はしているが、出版された形跡はない。同じく仏訳にも言及しているが、仏訳者はテデスコ［1821-1897］。しかしテデスコは、リエージュでリスコン・トゥ事件（フランス国境を越えて革命軍がベルギーに侵入したという事件）に関連して逮捕されていた。テデスコは『プロレタリアのカテキズム』（一八四九年第四編資料編参照）という書物を書いている。一八七二年版の序文で、仏訳が一八四八年六月蜂起までに存在していたことが述べられているが、存在は確認されていない。さらに一八四八年モーゼス・ヘス［1812-1875］に仏訳を依頼したという話もあるが、結局出版されなかった。またフランス人ジャーナリスト、シャルル・パヤが翻訳した（一八四九年）という話があるが、確認されていない。オランダは、『共産党宣言』を一〇〇部受け取ったことがわかっている国である。しかもその年の六月オランダでは共産主義者が逮捕され裁判が行われ、そこで『宣言』が裁判資料となっている。しかもそのいくつか、とりわけ第二章が翻訳されていたという。しかし存在は確認されていない。

第一章　ブルジョワとプロレタリア

エンゲルスはここで注をつけている（一八八八年の英語版）。それはこうである。「近代の資本家階級はブルジョワジーとして理解されていて、彼らは社会的生産手段の所有者であり、賃労働を利用する。自ら生産手段をもたず、生き抜くためにその労働力を売ることを命令されているものはプロレタリアートと理解される」（MEW四巻四七五頁）。

これまですべての社会の歴史は階級闘争の歴史である。

あまりにも有名な冒頭の句であるが、少なくとも一八四七年時点では文字を使わない古代社会の歴史研究は進んではいなかった。モーガン［1818-1881］、ハクストハウゼン［1792-1866］、マウラー［1790-1872］などの研究はまだ当時書かれてはいなかった。その意味で、この言葉の役割はあくまで理論装置と言える。マルクスは一八四三年、フランス革命の研究を進める中で、当時一般化しつつあったブルジョワ革命説を信奉する。そして山岳派による国民公会の急進的改革を、ある意味早すぎたプロレタリア革命だと考えた。そこで階級闘争史観の枠組ができあがる。『ドイツ・イデオロギー』（一八四五―一八四六）でこう述べる。「フランスのブルジョワ階級が貴族支配を覆したとき、彼らはそのことによって、多くのプロレタリアに、プロレタリア階級以上に高まる可能性をあたえた」（『ドイツ・イデオロギー』MEW三巻四四頁、フランソワ・フュレ『マルクスとフランス革命』今村仁司他訳、法政大学出版局、二〇〇八参照）。シャルル・アンドラーは、この言葉はマルクスの言葉ではないとしている。マルクスも、一八五二年三月五日ヴァイデマイヤー宛の手紙で、「これに関して、近代社会における社会階級の存在の発見、その闘争、発見の貢献が与えられるのは私ではない。私以前ずっと前に、ブルジョワの歴史、階級闘争の歴史について書かれてきたし、ブルジョワ経済学者もそれについて経済分析を行ってきたのです」（MEW二八巻四〇七頁）。

エンゲルスは「現代まで」という部分に注をつけている。「つまり文字によって伝えられた歴史のこと。一八四七年では先史時代、あらゆる歴史に先行する社会組織はまだ知られていなかった。以来ハクストハウゼンは、ロシアで共有地的所有を発見し、マウラーが共有地はドイツ人民すべてが、その歴史的出発点とする社会的基礎であることを証明した。少しずつだが、インドからアイルランドまで共有地をもつ農村共同体が社会の原始的形態であったことがわかってきている。最終的には氏族の真の性質と部族の中での位置を解明したモルガンの決定的な発見によって、この原始共同体の内的構造が典型的形態として明らかになった。この原始共同体の解体とともに、社会は明確な階級、最終的には敵対的階級に分化し始める。私は『家族、私的所有、国家の起源』（一八六六年、シュトゥットガルト）の中でその解体過程を取り扱おうとした」（一八八八年英語版MEW四巻四七五－四七六頁）。

つねに相互に対立しあっていたのは、自由人と奴隷、貴族と平民、領主と農奴《のうど》、ギルドの親方と遍歴職人（Gesell）、抑圧者と被抑圧者であり、たえることのない闘争を行い、あるときは隠れた闘争をしていたが、あるときは表立った、しかしながら最後には全社会を革命的につくり変えたり、相闘う二つの階級の没落によって闘争は終わりを告げた。

マルクスは古代ローマの自由人と奴隷、貴族と平民、中世の領主制、ギルド制に言及し、それを総括して抑圧者と被抑圧者の闘争と述べている。ここではブルジョワ社会以外の階級闘争が語られる。この問題は、『ドイツ・イデオロギー』でも言及されている。分業がもたらす社会の第二の形態としてローマの奴隷制をそこで取り上げている。そして第三形態として封建的、身分的所有を取り上げ、そこで農村における領主と農奴的農民との関係、都市におけるギルド的親方と職人の関係が展開される。

初期の歴史を見ると、ほぼどこでも、社会は、社会的立場の相異による身分、さまざまな亜種の階級に分かれていることに気づく。

階級闘争の歴史であると語りながら、すぐに留保がつく。実は資本主義以前の階級とその歴史について詳細に見れば、それは複雑でさまざまな亜種の階級に分かれていたというのである。しかし、それは資本主義社会において初めて、こうした亜種階級は消えていき、ブルジョワ対プロレタリアという二大階級の闘争へと発展していくのだということを、より強調するためにこうした亜種の階級の問題が語られる。一種の効果的な論述方法と言える。

古代ローマでは、貴族、騎士、平民、奴隷、中世では、封建的領主、家臣、ギルドの親方、遍歴職人、農奴、そしてそのすべての階級においてそれぞれに特殊な身分がいた。

階級の中にさまざまな亜種の階級がいることは、階級がきわめて身分的なものであった結果であるとも言える。身分的とは、階級が経済と必ずしも照応していないということである。階級が生まれつき固定されることで、その階級の移動が制限される。いわば経済的な階級に転化することを阻止する要因をつくっているとも言える。すべて経済的な階級に還元されない社会では、階級分化は鈍る。

封建制の崩壊から生まれた近代ブルジョワ社会も、階級対立を乗り越えたわけではなかった。それは旧い階級の代わりに、新しい階級、新しい抑圧条件、新しい闘争形態をつくり出しただけだ。

資本主義社会は、それまでの社会がもっていた階級対立は乗り越えたが、結局新しいタイプの階級対立をつくり出しただけであったというわけである。しかしそれは、これまでとまったく違った条件と闘争形態をもつ階級闘争の出現であった。すなわち経済的な規制によって分化する二大階級、ブルジョワ対プロレタリアへと分化していく階級闘争へと変化したというのである。導入部で資本主義以外の歴史を語ったのは、新しく生まれた資本主義社会は、これまでの歴史とはまったく違って、階級闘争という過去の歴史を引きずりながら、一方でより先鋭化した二大階級への闘争につながるという、新しいタイプの闘争形態をつくり出したことが示されるためである。

しかしながら、ブルジョワ階級の時代である、わが時代は、階級対立を単純にしたということで特徴づけられる。全社会が二つの相敵対しあう立場、大きな、直接相対立する階級、すなわちブルジョワ階級とプロレタリア階級へとますます分解しているのである。

ここではこの章の表題の Bourgeois と Proletarier という言葉が、Bourgeoisie と Proletariat に分かれている。ブルジョワとプロレタリアが確立された階級になったという意味がそこには含意されている。資本主義時代は、ブルジョワ階級の時代であり、それは二つの階級というきわめて単純な階級対立へと進むことに特徴づけられる。この問題もすでに『ドイツ・イデオロギー』で展開されている問題である。それまでの歴史が階級よりも、身分に重点を置いたものであったとすれば、ブルジョワとプロレタリアとの対立はむしろ階級に力点があると。「ブルジョワジーは既存の生産階級の大部分と従来の所有階級の一部とを、ひとつのあたらしい階級、プロレタリア階級に発展させる」（『ドイツ・イデオロギー』MEW三巻五〇頁）。ブルジョワジーはブルジョワ階級、プロレタリアートはプロレタリア階級といった表現として使われるが、これはすでにエンゲルスの『共産主義の原理』（以下『原理』という場合、これを指す。〔問の2に対する答え　資料編参照〕）にある。『信仰告白』（問9に対する答え）でも、二つの言葉はそれぞれ同じものとして使われている（資料編参照）。

中世の農奴から最初の都市を支える市民（Phahlbürger）が生まれる。この市民社会（Phahlbürgerschaft）から最初のブルジョワ階級が発展していったのである。

ブルジョワ階級は農奴から生まれた。中世の農奴の鎖から離れた市民階級が都市でブルジョワ階級をつくっていった。この市民階級を知るには貴族の支配が及ばない都市の世界を知る必要がある。都市と農村という対立は、階級未分化の象徴であり、さらには、新しい階級の成立の場ともなっている。この市民という言葉についてリュベルは、グリム兄弟の『ドイツ語事典』ではこう書いてあると説明する。「都市の壁の外に住む市民、しかし、杭や堀からなる都市の門の中の市民。都市の保護にあるが、特別な税を支払わねばならなかった。この言葉は、Spiessbürgerとも言われ、それは「庶民」「小市民」を意味するへりくだった言葉である」（リュベル、前掲書、一五七六頁）と。

アメリカの発見、アフリカ航路の発見によって来たるべきブルジョワ階級に新しい領土がつくり出された。東インド会社と中国市場、アメリカの植民地化、植民地との貿易、とりわけ交換手段や商品の増大によって、商業、船舶交通、産業は、かつて知りえなかったほどの飛躍を生み出し、没落する封建社会にあった革命的要素に急激な加速をつけた。

ブルジョワ階級は、次第に世界市場を求めることで、大きな資本の蓄積を遂げた。この蓄積は封建社会の没落をさらに加速化し、一気に新しい社会、資本主義社会をつくり出す。『ドイツ・イデオロギー』ではこう表現されている。「マニュファクチュアは、また一般的に言って生産の運動は、アメリカおよび東インド航路の発見とともにはじまった交通の拡大によって巨大な飛躍をなしとげた」（『ドイツ・イデオロギー』MEW三巻五二頁）。フランスの共産主義者、社会主義者はこうした生産力の増大を科学の発展ととらえ、それをどう制御し、暴走を食い止めるかという点に関心を向けている。マルクスにもその影響がある。

これまでの封建的、あるいはギルド組織の産業経営様式は、新しい市場とともにもはや増大する需要に見合わないものとなってきた。それに代わってマニュファクチュアが出現した。ギルドの親方は産業的中産層によって駆逐され、さまざまのギルド組織の間での分業は、個々の工場における分業の前に消滅していった。

『資本論』第一巻（一八六七）の協業、分業、機械制大工業に関する章で説明する部分。新しい市場の発展とともに、小規模の協業が、マニュファクチュア的な分業に変わり、工場の中での分業の発展により、職人的制度そのものが崩壊していった。『ドイツ・イデオロギー』ではこう表現されている。「商業とマニュファクチュアは大ブルジョワジーをつくり出したが、ギルドの中に小市民層が集中していた。彼らはもう今では、以前のように都市での支配的立場にはなく、大商人やマニュファクチュア業主の支配に属せざるをえなかった」（MEW三巻五三頁）。

しかし市場はたえず拡大し、需要もたえず拡大した。マニュファクチュアも充分ではなくなった。蒸気機関と機械制大工業が産業生産に革命を与えた。マニュファクチュアに代わって、近代的大工業が出現し、産業的中産層に代わって、産業的億万長者、すなわちすべての産業軍の領主たち、近代的ブルジョワ階級が出現した。

世界市場の発展による生産の増大が、生産規模の拡大を呼び、機械制大工業を引き起こす。これは『資本論』では詳細に語られる。機械が自動装置となることによって、生産力が倍増することが機械制大工業であるが、それは人間が主で機械が従であるというこれまでの立場から、機械が主で人間が従という立場になることを意味する。『ドイツ・イデオロギー』ではこう表現される。「一七世紀に進行していたイギリス一国への商業とマニュファクチュアの集中は、この国のために次第に相対的な世界市場をつくり出した。そして、それとともに、この国のマニュファクチュア生産物に対する、これまでの工業生産力によっては、もはや満たされないような需要をつくり出した」（MEW三巻五五頁）。

大工業によって、アメリカ大陸発見によって用意される世界市場がつくり出された。世界市場によって、商業、船舶交通、陸上のコミュニケーションは計り知れないほど発展した。これは再度、産業発展に反響し、産業、貿易、船舶交通、鉄道が拡大するにつれて、ブルジョワ階級も同じだけ発展し、自らの資本を増大させ、中世から存続してきたすべての階級を後景へと押しやった。

『ドイツ・イデオロギー』の中では、アメリカ市場から金銀が流入してきたことが取り上げられている（MEW三巻五二頁）。一八四七年に出版された『哲学の貧困』では、「マニュファクチュア工業の発展の形成にとってもっとも必要不可欠な条件のひとつは、アメリカ発見とアメリカの貴金属の導入によって容易になった、資本の蓄積である」（MEW四巻一五六－一五七頁）と述べられている。この問題は一七世紀から一八世紀の保護主義か自由主義かの問題として経済学上の大きな問題をつくっている部分でもある。国家独占の商業による重金主義、重商主義が、他方で貨幣の国内蓄積と工業発展を生み出し、それによって生産力が上昇し、所得の上昇をつくり出す。これによってこれまでの国家規制による貿易管理が意味をなさなくなってくる。そこで南海泡沫事件やジョン・ロー［1671-1729］のフランスでのバブルを契機に、国家独占から自由貿易論者の発言力が大きくなってくる。そうしたブルジョワ階級の声を代表するのがアダム・スミス［1723-1790］である。

したがってわれわれには、近代のブルジョワ階級それ自体が、どれほど長い発展過程の産物であり、生産様式と交通様式における一連の変化の産物であったかがわかる。

ここでブルジョワ階級の出現と、その実権掌握に至る過程がいかに長いものであったかに注目。数百年にわたる闘争の過程の中で実権が掌握されていたのだということ。都市で発展した市民層、やがてその中から生じる新しい市民層の二つがブルジョワということになるが、この二つは時にクロスし、時に反目し合った関係となっている。『資本論』第一巻の第七篇第二四章では、独立生産者の否定、すなわち中世的な所有の解体過程が第一の否定と語られ、次にそうやって成立した資本主義社会の所有の否定が第二の否定として語られる。そこで第一の否定の過程の長さに言及している。「当然のことだが、個人の自己労働にもとづく分散的私有の資本主義的私有への転化は、事実上社会的生産経営に立脚する、資本主義的社会的所有への転化に比すれば、比較にならないほど長く、厳しく、困難な過程である」（岩波文庫第三巻、四一六頁）。これは一般に過渡期と言われる問題である。過渡期という問題に関して、とりわけ共産主義者同盟では資本主義から共産主義への過渡期ということが問題になった。『宣言』の第一草案である『信仰告白』（『共産主義者の信仰告白』、以後『信仰告白』）では、このことは明確ではなく、これに対する批判が出る。それは革命後の社会について明確に書き過ぎたために出た疑問である。同じことはカベー［1788-1856］やデザミ［1808-1850］についても言える。鮮やかに未来社会を語ったことで、そこに至る過渡期を設けざるをえなくなるわけである。カベーは五〇年という期限をつけているが（資料編参照）、ブルジョワ階級の支配がこれほど長くかかったことを五〇年でやれるかどうかは難しい。『宣言』はこの問題を、未来を語らず、現状を批判すること、それによって未来への時期を示さない方法で切り抜ける。『資本論』では、ブルジョワの過渡期よりも、短いとは述べるが。

ブルジョワ階級のこうした発展段階のすべては、その発展に照応した政治的進歩を伴っていた。ブルジョワ階級は、封建領主の支配下では抑圧されていた状態であり、コミューンにおいては武装し、自ら統治するコミューンのアソシアシオンであり、後者で独立した都市国家、前者では君主制の納税義務をもつ第三階級であり、それからマニュファクチュア時代では、絶対君主制、制限君主制における貴族に対する抵抗する力であり、とりわけ大

> 君主制の主要な力であったが、大工業と世界市場を形成して以来、排他的政治権力を、近代的代議制という形で最終的に闘い取ったのだ。近代の国家権力は、全ブルジョワ階級の共同の事業を運営する議会にすぎない。

ブルジョワ階級と政治的進歩との関係。経済的な意味での権力の掌握とともに、政治的な権力をブルジョワ階級が掌握していく過程である。まずは荘園領主に支配された時代、そこから都市を分離し、次第に権力を高めていった時代。都市自治の獲得をアソシアシオンという言葉で語る。ルネサンス時代の都市国家について、エンゲルスはここでメジチ家のフィレンツェや、ドイツのハンザ都市ハンブルクなどのような都市を想定しろと述べている。そして次第に勃興する階級として、税金を払うことで僧侶・貴族に代わる第三階級としての市民としての権利をつかんだフランスの三部会、そしてマニュファクチュア時代の農村部における工業化、それによる貴族権力の衰退と、絶対王政への移行、そして最終的に巨大な機械制大工業と資本の世界市場への飛躍による、絶対王政権力を弱体化させる議会制度の確立が述べられる。次第に陣地を増やすやり方で、ブルジョワ階級が政治的権利を獲得したことを示していく。今や国家権力は、ブルジョワ階級の利害のために動く組織、すなわち階級国家になってしまったことを語る。

Association という言葉は『哲学の貧困』（一八四七）に出てくる。それはプルードン〔1809-1865〕の競争は社会にとって必要な原理であり、それはアソシアシオンと矛盾しないという発言をめぐる部分に登場する。そこで独占団体を否定した上に出てくる競争とアソシアシオンというプルードンの文脈を批判し、アソシアシオンと独占は反対の関係にはないことを示し、どの社会にもこうしたアソシアシオンがあったことを述べている。ルイ・ブラン〔1811-1882〕はアトリエを束ねる連帯の機関としてアソシアシオンを語っている（資料編参照）。それは農業と協業をひとつの競争のない独占機関として位置づけるための組織である。このアソシアシオンは、社会の利益の配分を担う。コンシデラン〔1808-1893〕の場合（資料編参照）、分権という意味でアソシアシオンを使う。競争と独立を保証する組織がアソシアシオンで、産業の自由な競争の行き過ぎをチェックする機関となっている。

エンゲルスはコミューンに注をつけている。「「コミューン」それはフランスにおいては、封建領主や君主から地方自治や政治的権利を「第三身分」として掴み取る以前に、生まれつつあった都市につけられた名前である。一般的にはイギリスではブルジョワ階級の経済的発展の地域的タイプとみなされ、フランスでは政治的発展のタイプとみなされている」（一八八八年版英語版へのエンゲルスの注（MEW四巻四七七―四七八頁））。「したがってイタリアやフランスの都市住民は封建領主から自治の最初の権利を力づくで奪った後、その都市共同体をそう呼んでいた（一八九〇年ドイツ語版への注（MEW四巻四七八頁））。一八八八年の英語版では「独立した都市国家」の後に「ドイツとイタリアのように」と注を入れている。同版では「君主制の納税義務」の後に、「フランスのように」と入れている。

ブルジョワ階級は歴史上もっとも大きな革命的力を行使したのであった。

支配についた場所でブルジョワ階級は、あらゆる封建的、家父長的、牧歌的な人間関係を破壊した。ブルジョワ階級は、人間を生まれながらの優越者に結びつけていたさまざまな色の封建的絆を無残にも引きちぎり、人間関係を、感情のないたんなる「現金勘定」、むき出しの利害以上のなにものでもないものにしてしまった。ブルジョワ階級は、氷のように冷たい利己心の水の中で、敬虔《けいけん》な信仰、騎士道的な熱狂、小市民的な人情といった聖なる畏怖を溺れさせてしまったのだ。ブルジョワ階級は個人的な品位を交換価値に解消し、特許状によってやっと獲得した無数の自由を、ひとつの残酷な交換の自由に変えてしまった。一言で言えば、ブルジョワ階級のやったことは、宗教的、政治的幻想におおわれた搾取を、開かれた、恥知らずの、直接の、暴力的な搾取につくり変えたことである。

ブルジョワ階級がこれまでの歴史をことごとく破壊したことを説明する箇所である。ここでは後年の『経済学批判要綱』（一八五七－五八、以後『要綱』）で人格的依存関係から物的依存関係への移行という問題に集約されるテーマが扱われる。人間関係が直接的な血縁、身分、義理といった関係でできている世界が、人格的依存関係の社会と言える。それに対して、こうした人間関係をすべて経済に還元した関係、それは金を通じで現れる関係で、これを物的依存関係という。ここでは「現金勘定」という言葉が使われているが、人間の関係が打算によって決まる世界の出現と中世の崩壊を描いている。この言葉は、人間関係がすべて貨幣的関係になるということを意味する象徴的言葉となっている。ところでこの「現金勘定」という表現は、シェークスピアから来ているともいえる。マルクスがもっとも多く使っているシェークスピアの作品は『ヘンリー四世』であるが、その中のフォールスタッフの言葉に次のようなものがある。マルクスは、一八四二年一一月三〇日の『ライン新聞』で引用している。「いざとなりゃ名誉がおれを突き進ませてくれるだろう。だが待てよ、いざとなって、その名誉のおかげでおれが突き刺されでもしたらどうなる？　そうなったら名誉が足をもとどおりにしてくれるか？　まさか。腕は？　だめだ。傷の痛みをとってくれるか？　これもだめだ。じゃあ名誉には外科医の心得はないのか？　ない。名誉ってなんだ？　ことばだ。その名誉ってことばになにがある？　その名誉ってやつに？　空気だ。結構な損得勘定じゃないか！　名誉をもっているのはだれだ？」（小田島雄志訳『ヘンリー四世』第一部、白水社、一七一－一七二頁）。ここでフォールスタッフは、騎士道を損得で計算している。騎士道的熱狂をせせら笑っているわけである。エンゲルスはカーライルがこの「現金勘定」という言葉を使ったと述べている（『イギリスおける労働階級の状態』一八四五年、MEW二巻五一一頁）。

封建的、家父長的な世界にあった、貨幣ではない人間のあり方が、すべて貨幣による人間のあり方に還元されることで、人間社会がもっていた信仰、騎士道、小市民的な世界をことごとく破壊してしまった。もはやブルジョワ階級の品位は、お金の量で測られ、法的改正で獲得した自由を、たんに交換の自由という一点の自由へと変えてしまったという。交換の正義のみが突出した社会が出現することで、それ以外の正義の理念が消え失せることを意味している。もちろんこれまでの社会が良かったとマルクスは主張しているのではない。むしろこれまでの社会は、宗教的、政治的な形での搾取であった。たとえば賦役労働。賦役労働は政治的暴力による搾取であるが、それはあくまで何日か領主のもとで働いてもらうというだけの搾取であった。しかし、資本主義社会は労働力商品として労働者を朝から晩まで工場にはりつけることで、もはや毎日搾取を行い続けることを可能にした。これが恥知らずの暴力的搾取であるという意味である。

> ブルジョワ階級は、これまですべての尊敬され、敬虔な恐れをもって見られた職業から聖なる意味を剥ぎ取ってしまった。ブルジョワ階級は医者、法律家、僧侶、詩人、学者を、給料を受け取る賃労働者に変えてしまったのである。

すべての労働が現金勘定に変えられることで、これまで尊敬を集めた職業への尊敬が失われた。医者、法律家、僧侶、詩人、学者といった直接生産に携わらない層は、ある意味で社会の寄生的階級であるが、その職業的質において尊敬に値する職業であった。これらの職業に共通するのはその知的努力と資質である。その地位に到達するまでの努力と資質は、誰もがもてるというものではなく、その意味において人々の尊厳を勝ちえるものであった。しかもその長年の努力に報いるべき報酬はけっして多いものではない。社会への貢献度の高さがあっても、それに見合うだけの報酬が得られないことで、その地位は低落していく。もはやブルジョワから賃金をもらうだけのサラリーマンとなることで、たんなる賃労働者の一列に加わることになる。『賃労働と資本』（一八四八）のノートである「賃金」にはこういう表現がある。「同様にしていわゆる高級労働、精神的労働や芸術的労働なども商品に変えられ、これによってその古い尊厳さを失ってしまった。僧侶、医者、法律家などの軍勢全体が、したがって宗教や法学などが、今ではその商業価値で決定されるに至ったとは、なんと偉大な進歩であったであろう」（ＭＥＷ六巻五四〇頁）。

ブルジョワ階級は、家族関係の温かい―感情的なベールを剥ぎ取り、それを純粋の貨幣関係に変えた。

現金勘定は家庭の中にまで影を落とす。家庭内の親子関係が現金的市場関係になった社会。これは『資本論』第一巻では、機械制大工業の発展によって、成人男性の労働者が罷免され、女性労働、児童労働に取って代わられたことで、家族が総出で賃金を稼ぐという形で出現している。こうして家庭の堕落が始まったと教育評論家は述べるが、実は家庭を荒廃させているのは、家庭ではなく社会であるというわけである。

ブルジョワ階級は、中世において反動によって高く評価されていた暴力的力の表現も、ひどい怠惰を適当に補完するものにすぎないということを暴いた。人間の活動がいかなるものを成し遂げられるかを初めて示したとも言えるのだ。ブルジョワ階級が成し遂げた驚異的なことは、エジプトのピラミッド、ローマの水道橋、ゴシックの大寺院とはまったく違ったものであり、彼らが行ったことは、民族大移動とも十字軍ともまったく違った性格のものであった。

ブルジョワ階級の成果についての独特な皮肉。これまでの文明にはそれなりの成果というものが必ずあった。しかしブルジョワ文明には残される遺産がない。それはすべてをつくり、破壊するからである。バブルを使って経済成長をしても成長は成長。何も残らなくても成長、発展したように見えること。だから永久に残るものはあえてつくらない。文化や遺跡より、資本の回転を問題にする。一見勤勉に見える労働が、実際には怠惰であることがわかる。なぜならその労働の結果が何も残らないからだ。まさにこの点において、ブルジョワ社会は文明を完全に破壊した。

ブルジョワ階級は、生産用具、したがって生産関係、全社会関係をたえず革命することなくして存在することはできない。それとは逆に、以前のすべての産業者階級の第一の存在条件は、旧い生産様式を維持することにあったのだ。以前のすべての階級との違いは、ブルジョワ階級は、たえず生産を変化させ、たえず社会状態を動揺させ、不安と運動を永遠のものにするということである。

ブルジョワ階級の使命は、つねに革命していくことである。古いものをどんどん新しくすること、つくっては壊しを繰り返すこと。ここにすべての特徴がある。止まらないこと、つねに動いていること。資本の価値増殖という言葉で後年表現される問題は、「不安と運動を永遠のものとする」という言葉に現れる。安定と静止ではなく、不安と運動、つねに成長を望み、つねに拡大することを望む資本の性格は、これまでの定常状態の生産様式を破壊した点で、まったく新しいものの出現だったというわけである。リスクのある precarious 状態に置くこと、これが資本の性質であるとすると、そもそも貧困や豊かさという概念も、客観的につかめないものとなる。資本の本質がつねに欲望を肥大化し、その充足に飢えている状態だとすると慢性的な貧困こそ資本主義の特徴とも言える。

過去の敬われていた表現や考えによって固定され、さび付いていたすべての関係は今では解体され、それに取って代わった新しい関係も、根付く前に旧びてしまう。きっちりと定まったものはすべて蒸気のような軽いものとなり、聖なるものはすべて俗化され、結局人はその生活条件、そしてお互いの人間関係をうつろな目で眺めざるをえなくなるのである。

流行。生き馬の目を抜く商売。つねにふわふわした「移り気情念」の中で、どんどん欲望を膨らませ、消費を繰り返す、実体のない世界。マルクスが実体なきプロテスタントとルターを批判する際に出てくる問題がここにある。聖なるものの俗化。敬われるべき儀式や形式が疎んじられることで、人々は世俗の中で神を体現する。それが結果として神への尊厳を、俗っぽい労働や金儲けに変えてしまう。ヴェーバー〔1864-1920〕が合理性の罠にはまった近代人を「鉄の檻」と表現することを、マルクスは、「うつろな目で眺めざるをえない」という形で表現しているとも言える。

ブルジョワ階級は、たえず生産を拡大しようという欲求から、全地球を駆け回る。至るところに入り、至るところに根付き、至るところに関係をつくる必要が出てくる。

資本主義とグローバリゼーションの必然性を述べた部分。地球のすみずみまで資本はその生産の拡大を求めて動き回らざるをえない。地球という与えられた世界をすべて嘗め尽くすしかないというわけである。その結果世界はどうなるか。『ドイツ・イデオロギー』ではこう語られる。「大工業は、普遍的戦争を通じて、すべての個人に自分の全精力を振り絞ることを強いる。大工業は可能な限り、イデオロギー、宗教、道徳などを破壊した。そしてそうできなかった場合には、それらを見えすいたつくり話に変えてしまった。それは、あらゆる文明国とその中のあらゆる個人が、自分たちの欲望をみたすためには世界全体に依存せざるをえない状況をつくりだし、個々の国の従来の自然成長的な排他性を根こそぎにした。その限りにおいて、はじめて世界史を生み出した」（ＭＥＷ第三巻五六頁）と。

ブルジョワ階級は、世界市場の制覇を通じて、あらゆる地域の生産と消費をコスモポリタンなものにしていった。反動的階級にとっては不幸なことだが、ブルジョワ階級は産業の民族的性格を根こそぎにした。昔からある民族的産業は否定され、今なお毎日否定され続けている。旧い産業は、文明化された民族にとって死活問題でもある新しい産業、もはやその地の原料を必要とせず、遠い地域にある原料を加工し、その生産物がその地域のみならず、同様に世界のすべての地域で消費されるような産業に取って代わられる。その土地の生産物で満たされていた旧い需要の代わりに、新しい需要が生まれる。それを充足するにはもっとも遠い地域と気候の生産物が必要となるのだ。

　コスモポリタンという言葉は、ちょうど『宣言』と同じ頃他の論文にも使われている。たとえば、「『デバ・ソシアル』〔1844-1849〕紙一八四八年二月六日号の民主協会論」の中で、マルクスはベルギーの民主協会を「コスモポリタンなもの」であると言っている（二月一三日『ブリュッセル・ドイツ人新聞』MEW四巻五二六頁）。こうした世界市場がつくり出す、生産体系の変化、つまりグローバル化という点に関して、マルクスは「自由貿易問題についての演説」（一八四八年）の中で、コーヒーの例を使って説明する。「諸君。諸君はコーヒーや砂糖の生産は西インドの自然的運命だと、考えているかもしれない。今から二世紀前には、商業にあまり関わりのない自然は、コーヒーの木も甘藷もこの地には植えつけていなかったのである。そしてまたおそらく半世紀もたたないうちに、この地にはコーヒーも砂糖も見られなくなるであろう。なぜなら東インドがより低廉な生産で西インドのこのいわゆる自然的運命なるものをすでに打ち負かして勝利しているのだから」（MEW四巻四七〇頁）。より安く、より効率のいい生産地を求めて資本は移動する。それは最近の言葉ではグローバリゼーション。まさにマルクスは一九世紀の時代においてこのグローバリゼーションこそ資本主義の本質だと見抜いていたといえる。ただし、今では原料や素材ではなく、工場や人間まで移動するのだが。

　ブルジョワ階級の世界市場への勇躍によって、世界市場は、それぞれの民族（Nation）にある個性的な特徴を破壊した。民族資本は崩壊し、ヨーロッパの資本に従属させられていく。こうして崩壊した民族資本（これらの地域は国家の形をなしていないので国民という言い方はふさわしくない）は、ヨーロッパに原料を供出するだけの地域となり、世界市場における分業の一翼を担う。それらの地域で生産される原料はヨーロッパで加工され、世界中に輸出される。逆にその原料でできた商品は、やがてヨーロッパから買わねばならなくなる。それ以上に、これらの地域の消費も世界化していくことで、本来、自給自足であった産業は崩壊し、世界中の商品を購入することで、その地域には存在しえなかったものを買わざるをえなくなるのである。しかしこのことはけっしてマイナスではない。むしろある意味資本の積極的効果とも言えるものである。

世界市場における分業関係について『ドイツ・イデオロギー』では次のように述べている。「相互に影響を及ぼしあう個々の世界がこの発展経過の中でひろがってゆけばゆくほど、個々の民族のもともとの閉鎖状態が、発達した生産様式、交通、およびそれらのおかげで自然発生的に生じてきた民族相互の分業によって崩されていけばいくほど、それだけ歴史はますます世界史となるのであり、だからたとえばイギリスにおいて機械が発明され、そのためインドと中国で無数の労働者たちが飯の食い上げとなる」（MEW三巻四二頁）。これは後に『要綱』で述べる資本の文明化作用という言葉でもある。世界市場が分業をつくり出すことで、それがやがて未開の地域を文明化する。エンゲルスは『原理』の問19の中でこれと同じようなことを述べている（資料編参照）。

ローカルな、民族的で自己充足的な、閉鎖体系に代わって、民族のあらゆる相互依存をつくり出す多面的な交通が生まれる。そして、そのことは物的生産のみならず、知的な生産においても妥当する。個々の民族の知的な成果は共通の財産となるからだ。民族的なせまさや、偏狭性はますます不可能なものとなり、多くの民族的、ローカルな文学から世界文学が生まれる。

閉鎖的経済体制は崩壊する。つまり民族相互の依存体制が生まれ、物的生産のみならず、知的交流においても世界市場化するからである。こうして世界文学なるものが生まれる。世界文学なるものは、もちろんヨーロッパ文学なのだが、それは逆に言えば、熱帯地域の原料がヨーロッパ市場に流れ込むのに似て、ヨーロッパにも影響を与えうるものである。この知的な成果が世界化することを、「世界精神」とマルクスは『ドイツ・イデオロギー』で呼ぶが、ドイツの哲学者が高尚に世界精神と言っているものは、こうした世界市場による物的交流の結果にすぎないわけである。ドイツの哲学者を皮肉ってこう述べる。「一人ひとりの個人が、彼らの活動を、世界史的なものへ広がるにともなって、ますます彼らにとって疎遠な力のもとに屈服させられるようになること、だからまた彼らはその重圧を、いわゆる世界精神のしかけた策謀だ、などと思ってみたりするのだが、そしてますます大規模になってゆき、ついには世界市場としてあらわれるこの力のもとに屈服させられるようになること、これもまた確かに、これまでの歴史における経験的な事実である」（ＭＥＷ三巻三二－三三頁）。

ブルジョワ階級は、あらゆる生産－用具を手早く改良することで、たえず伝達手段を発展させることで、野蛮な民族を文明的民族へと引き入れるのである。商品価格の低落は、すべての万里の長城を徹底的に破壊し、野蛮な人々の強固な外国人憎悪を降伏させる大砲となるのだ。

民族資本を追い落とす手段は、大量生産による安価な商品を売りつけることである。巨大な生産力の前には、万里の長城ですらひとたまりもない。しかも生産力は生産物を運ぶ交通手段を発展させることで、一挙に遅れた地域の経済を破壊する。こうして遅れた地域は経済的な打撃を受け、外国人嫌いになる。エンゲルスは「一八四七年の運動」の中で、そのころ、ヨーロッパでブルジョワ権力が拡大しつつあること、そしてさらにその権力がトルコ、チュニジア、ペルシアといった未開の国にまで拡がっていることを指摘している（ＭＥＷ四巻五一七頁）。

ブルジョワ階級は、すべての民族に没落を望まないなら、ブルジョワ的生産様式を採用することを強制するのである。彼らはいわゆる文明と呼んでいるものを導入するよう、すなわち市民になるよう強制する。一言で言えば、ブルジョワ階級は、自ら自身のイメージにあわせて世界をつくっていくのである。

エンゲルスは「一八四七年の運動」の中でこう述べる。「どこを見ても、ブルジョワ階級は巨大な進歩をしつつある。彼らは頭を高くあげ、敵に向かって大胆に挑戦する。彼らは決定的な勝利を予期している。そして彼らの期待は裏切られないだろう。彼らは全世界を彼らの尺度にしたがって整理しようとしている。そしてまた地球の大部分において彼らはこのことに成功するだろう」（MEW四巻五一七頁）。この文章とほぼ同じ表現である。

ブルジョワ階級は農村を都市に屈服させた。巨大な都市をつくり上げ、農村人口を犠牲にして都市人口をかなりの規模に増やし、人口の大部分から農村生活の無知を奪った。ブルジョワ階級は、都市に農村を従属させたように、野蛮な地域、半野蛮な地域を文明的な地域に、東洋を西洋に従属させたのである。

都市と農村の問題については、『ドイツ・イデオロギー』でこう述べている。「物質的労働と精神的労働という最大の分割は都市と農村の分離である。都市と農村の対立は野蛮から文明への、部族制から国家への、地方から全国への移行とともに始まって、文明の全歴史を今日（反穀物法同盟）にいたるまで貫いている」（MEW三巻四六頁）。そして「都市と農村との対立の廃止は共同社会の最初の条件のひとつである」（同）。農村と都市との分離を廃止することは、『宣言』の第二章の要求事項の八番目にも掲げられている。同じくエンゲルスの『原理』の問20では、私的所有がなくなり、分業がなくなれば、都市と農村との分離はなくなると述べている（資料編参照）。

ブルジョワ階級は、生産手段、所有、人口をどんどん集中化していく。人口を集め、生産手段を集中し、所有を少数者の手に集中させた。その必然的結果が政治の集権化であった。相異なる利害でかろうじてつながっているだけだった独立した地方は、ひとつの民族、ひとつの政府、ひとつの法律、ひとつの民族の利益、ひとつの関税に統合されていったのである。

市場と国家形成の問題。マルクスは二つの保護主義の理論についてかなり分析していた。二つの保護主義の理論とは、フリードリヒ・リスト〔1789-1846〕とグスターフ・ギュリヒ〔1791-1847〕のそれである。リストは、当面国内市場を閉め、それによって競争力を高め、やがて市場を解放するという政策を取る。これは迂回生産的な自由貿易を主張しているとも言える。一方でギュリヒは、徹底して自国産業を保護するために保護貿易を展開する。マルクスは前者のリストを評価しているのであるが、ギュリヒに関しては膨大なノートを取っている。ギュリヒについてのノートは、新ＭＥＧＡ第四部六巻にある。この問題については「保護関税論者、自由貿易論者、労働者階級」（ＭＥＷ四巻）を参照。

ブルジョワ階級は、その一〇〇年たらずの階級支配の中で、過去のすべての世代がなした以上の、巨大で、大量の生産力を生み出した。自然の力の征服、機械、化学の産業や農業への応用、蒸気船、鉄道、電信、全大陸の耕作、河川の運河、大地から突然出現したかのような人口。それ以前の世紀のものは、こうした生産力が社会的労働の内部で眠っていたなどとは思ってもみなかったことだ。

巨大な生産力の発展についてだが、マルクスはロンドン万国博覧会で機械の発展に関心を示していた。『資本論』第一巻第四篇の第一三章「機械装置と大工業」では、一八五一年の博覧会に出品された蒸気船についてこう述べている。「ワットの後継者たるボールトンとワット商会は、一八五一年に大西洋汽船用の巨大な蒸気機関をロンドンの産業博覧会に出品した」（岩波文庫、第二巻、三三四頁）。さらに一八六二年の博覧会の展示物にまで言及する。「一八六二年のロンドン産業博覧会に出品されたアメリカ製紙袋製造機は、紙を裁ち、糊で貼り、折り目をつけて、一分間で三〇〇個をつくり上げる」（同三三六－三三七頁）。エンゲルスは若い頃ブレーメンの港ブレーマーハーフェンにスクリュー船を見に行っている。『資本論』第一巻ではこう語られる。「こうして完全に変革された帆船建造は別としても、交通機関は、河川汽船、鉄道、海洋汽船、および通信体系によって漸次に大工業の生産様式に適合される」（同、三四五頁）。

しかしこれまで次のものを見てきた。ブルジョワ階級がその基礎を形成した生産－交通手段は、封建社会の中で生み出されたことを。封建社会が生産したり、交換したりする関係は、また農業とマニュファクチュアの封建的組織は、この生産手段や交通手段のある発展段階に照応していたわけである。言い換えれば、封建的所有関係は、すでに発展した生産力にもはや照応しなくなっていた。封建的所有関係は、生産を発展させるのではなく、その足かせになっていたのだ。封建的所有関係がまさに多くの鎖に変わっていたのである。封建的所有関係は解き放たれねばならなくなっており、解き放たれたのだ。

『ドイツ・イデオロギー』ではマニュファクチュア時代の生産力の発展と交通手段との矛盾について言及されていて、こう述べる。「生産力の発展においてある段階において、ある段階に達すると、そこに出てくる生産力と交通手段は現存の関係のもとではただ災いのもととなるだけで、なんらの生産力でもはやなく、かえって破壊力（機械装置と貨幣）となり、そしてこのことと関連してそこに、社会のあらゆる重荷を担わねばならないだけでいかなる利益も受け得ない一階級が呼び出される。この階級は社会成員の過半数を構成するのであり、そして根本的革命の必要に関する意識、共産主義意識はこの階級から出てくるのであるが、この意識は当然、ほかの階級のうちにこの階級の地位を見ることで形成される」(MEW三巻六五頁)。

それに代わって、自由競争が、それに照応した政治的、社会的制度、ブルジョワ－階級の政治的、経済的支配とともに出現する。

われわれの眼の前には同じような運動が展開している。非常に力強い生産－交通手段を魔法で呼び出した、ブルジョワ的生産－交通－関係、ブルジョワ的－所有関係、近代ブルジョワ社会は、自らが魔法で導き出した地底の力をもはや支配することができなくなった魔法使いに似ている。

ブルジョワ的生産様式と生産関係の矛盾についての記述であるが、ここでゲーテの『魔法使いの弟子』(一八二七)の話が用いられている。魔術を使って生産力を捻出したブルジョワは、魔術を覚えたての魔法使いの弟子に似ている。魔術を利用していたはずが、次第にその魔術の力に圧倒され、制御できなくなっていくというのであるが、それこそ生産力と生産関係の、所有関係との矛盾というわけである。

数十年来、産業や商業の歴史は、ブルジョワ階級の生活条件とその支配の条件である近代的－生産関係、所有－関係に対する近代的な生産力の抵抗の歴史にすぎない。そのことは、商業恐慌を例にするだけで充分であろう。恐慌は全ブルジョワ社会の存在を危機に陥れながら、周期的に繰り返し起こっている。商業恐慌においては、生産された生産物だけでなく、すでにつくられた生産力の大部分も規則的に破壊されている。

ブルジョワ社会の生産の矛盾を商業恐慌という観点からとらえる。マルクスに最初に商業恐慌について示唆したのはエンゲルスの「国民経済学批判大綱」(一八四三)である。この原稿を読んだマルクスは経済学の勉強を始めるが、エンゲルスはその中で恐慌の原因として競争を取り上げる。需要と供給の不一致をもたらすものとしての、恐慌という原理である。平均五年ないし七年で恐慌は起こると述べているが、エンゲルスは『原理』の中でもほぼこれと同じことを述べる（問の12）。恐慌の周期についてマルクスは『資本論』では通常当時の減価償却期間を基準にして十年にしているが、その『資本論』フランス語版への書き込みの中で、この数字は決まったものではないことを述べている（『資本論』第三巻、岩波文庫二二三頁）。

マルクスは、『宣言』執筆時期、「賃労働と資本」という題名で講演した。この最後の箇所で、商業恐慌について触れている。そこではこう書かれている。「最後に資本家が前述のような運動に強制されて既存の生産手段をさらに大規模に利用し、この目的のためにに信用のあらゆるばねを動かすのにつれて、それに比例してあの地震も増大する。すなわち商業世界の富の一部、生産物の一部、さらに生産力の一部さえ、地獄の神々に生贄として捧げることによってようやくその身をもつあの地震――ひとことで言えば恐慌も増大するのである。恐慌はすでにつぎの理由で頻度と激しさを加えていく。すなわち生産物の量が増大し、したがって市場拡大の欲求が増大するのに比例して、世界市場はますます収縮し、開発する市場はますます小さくなるという理由である」（MEW六巻四一八頁）。当時の認識としてまだ信用恐慌の分析や再生産構造の分析が充分ではないことが指摘される。

恐慌において、それまでの時代ではそんなことはありえないと思われていた伝染病が勃発している――すなわち過剰生産という伝染病だ。社会は時として突然野蛮な時代に戻る。すなわち飢餓、全般的殺戮《さつりく》戦争によってあらゆる生活手段が断たれたかのように見える。産業、商業も破壊されたように見える。それはなぜか。その理由は、あまりにも多くの文明があり、あまりにも多くの生活手段があり、あまりにも多くの産業があり、あまりにも多くの商業があるおかげなのだ。余剰の生産力が、ブルジョワ的文明とブルジョワ的所有関係に役に立っていないからだ。逆に生産力がこうした関係にとって暴力的なものとなり、その生産関係に阻害されているのである。

過剰生産について、まだこの時点のマルクスは、商品生産にのみ関心をもっているだけである。本来の過剰生産は資本の過剰生産、過剰投資にある。ここでは商品流通における過剰生産が問題になっているだけである。とはいえ、生産力の過剰という問題にも言及している。エンゲルスは一八四五年「エルバーフェルトにおける二つの演説」で、生産の無政府的性格について語っている。共産主義社会はそうした生産の無政府性を廃棄したところにある社会だと述べている（MEW二巻）。とりわけここでエンゲルスは、投機業者や卸売業者による仲買をなくし、直接国家が経済を管理し、生産と流通を結びつけるという提案をしている。この演説は、エンゲルスの共産主義社会像を明確に説明したものであり、まさに彼の共産主義宣言というに等しいものである。ただし、マルクスが共産主義社会の未来像を控えめにしか描かないのに対して、エンゲルスはかなり大胆に未来像を描いている。

そしてその生産力がこの阻害を乗り越えるやいなや、生産力はブルジョワ的社会全体を混乱に陥れ、ブルジョワ的所有の存在を危機的なものにする。ブルジョワ的関係は、自らが生み出した富を吸収するには小さくなりすぎたのだ。――ブルジョワ階級はこの恐慌をいかに乗り越えるか。まずは生産力の多くを廃棄処分せざるをえないことによって、次に新しい市場の拡大と旧い市場をさらに搾取することによってである。つまりどうやって。ブルジョワ階級は、一般的で、暴力的な恐慌を準備し、恐慌を阻止する手段を減らすことによって。

恐慌と革命という発想を確かなものにしたのは、一八四七年恐慌と一八四八年革命の経験を経た後である。『フランスにおける階級闘争』の中で、そのことが明確にされる。そこではこう語られる。恐慌が確かなように、革命も確かであると。まさに恐慌と革命の因果関係に対する直感こそ、その後のマルクスの経済学への沈潜をもたらすのであるのだが、それは一八五七年恐慌という予想。それはそれまでにプランを立てた大著『経済学批判』（後の『資本論』はその一部）を完成しなければならないというマルクスの思い込みになって現れる。しかし、恐慌はそれ自体すぐに革命に至るというわけではない。その後のマルクスの恐慌分析でも示されるように、恐慌は資本主義にとって不可避的なものであるが、それ自体がすぐに資本主義の否定の原因になるものでもない。資本は、恐慌によって、むしろ弱い企業を吸収し、より巨大になっていくからである。だからブルジョワ階級にとって恐慌は恐怖であると同時に、ある意味チャンスである。

ブルジョワ階級が封建的制度を倒した武器が、今度はブルジョワ階級自らに向けられるのである。

しかしブルジョワ階級は自らを死に至らしめる武器を研《と》ぎ澄《す》ましただけではなく、この武器を使う人々——すなわち近代的労働者、プロレタリアをつくり出したのである。

マルクスは「ヘーゲル法哲学批判序説」（一八四三）の中で、「批判の武器は、もちろん武器の批判に取って代わることはできないし、物質的な力は物質的な力によって倒されねばならない。しかも理論もそれが大衆をつかむやいなや物質的な力となる」（MEW一巻四二二頁）と述べている。そしてさらにこう述べる。「哲学がプロレタリア階級のうちにその物質的武器を見出すように、プロレタリア階級は哲学のうちにその精神的武器を見出す」（同、四二八頁）。ここでの武器は生産力という物質的武器であるが、それが中世の封建制度をひっくり返したように、今度はブルジョワをひっくり返すプロレタリア階級の武器となるというわけである。

『哲学の貧困』ではこう語られる。そしてこの部分は、『資本論』第一巻にもさらに引用される。「かくして、日に日にますます明らかになるのは、ブルジョワ階級が運動する生産関係は、統一的な単純な性格をもつものではなく、分裂的性格をもつものであること、富が生産されるのと同じ関係のうちで貧困もまた生産されること、生産力が発展するのと同じ関係のうちに、抑圧力も発展すること、この関係はそれらが同時にたえずブルジョワ階級の成員の富を破壊し、たえず増大するプロレタリアートを生産することによってのみ、ブルジョワ的富、すなわちブルジョワ階級の富を生産することである」（ＭＥＷ四巻一四六頁、『資本論』岩波文庫第三巻二三二頁）。

ブルジョワ階級、すなわち資本が発展すればするほど、それと同じくらい、近代的労働者階級、プロレタリア階級は拡大する。それは彼らが労働を見つけなければ生きられず、ブルジョワ階級の資本を増大させなければ生きられない階級だからだ。自らを少しずつ売らねばならないこうした労働者は、その他すべての商品と同じ商品であり、したがって同時にあらゆる競争の変化、あらゆる市場の変動に左右されている。

『資本論』第一巻七篇二三章「資本主義的蓄積の一般法則」は、追加資本がどれだけ労働者を増やすかという問題、さらにはそれに伴ってもたらされる資本主義は労働者の賃金を上げるのかという問題について議論する。まず必然的な法則として貫徹するのは、資本に包摂される労働者をつねに資本が必要とすることで、労働者をより多く生産し、資本の拡大のための産業予備軍にするということである。しかしその予備軍はつねに必要であるということにおいて、一種の景気の調整弁になる。それゆえ労働者の賃金は景気がいい時ですら上がるとは限らないという問題として出てくる。もちろん上昇することはあるが、それが必然的でない。もちろん、逆に景気が悪化する場合は、確実に労働者は解雇されるか、賃下げに合う。これが競争に左右される労働者の実態である。

プロレタリアの労働は、機械の拡大と分業によってその独立的性格を失い、そしてまたそれによって労働者はあらゆる活力を奪い取られた。プロレタリアは機械のたんなる付属品となり、もっとも単純で、単調な、もっとも簡単に学べる操作のみが要求される。だから労働者をつくり出す費用は、生きることが可能な、種の保存に必要な生活手段のレベルにまで切り詰められるのだ。商品の価格、つまり労働の価格は、その生産費に等しい。さらに言えば、労働の不快度が増せば増すほど、その賃金は下がる。そしてさらに機械や分業が増えれば増えるほど、労働の量も増大する。それは、たとえば労働時間の増大によって、一定時間に必要とされる労働の増大、機械等の稼動の促進によって行われる。

『賃労働と資本』の最大のテーマは、資本主義が発展すれば労働者の生活はよくなるかどうかという問題である。それに対して、マルクスは、それは一部正しく、一部間違いであると発言する。まずそうした賃金問題への回答以前に重要なことは、資本主義の発展が労働者を生み出し、資本に包摂されてゆくという事態の方である。これによってつねに追加投資のための生産手段が倉庫に入れられるのと同じように、労働者はつねに用意されねばならない。こうした賃労働者は、単純労働者として相対的過剰人口をなす。彼らの労働は機械制大工業の発展によって、機械によって動かされる労働であり、とりたてて重要な技能はいらない。その意味で大量の潜在的、流動的過剰人口が形成され、成人男性よりも成人女性、成人女性よりも児童といった具合に、より低賃金の過剰人口が形成される。賃金は、基本的に彼らを再生産する生活手段の価値に規定される。もちろんそこには個人の一日の再生産のみならず、家族および子供を再生産する生活手段の価値も付加される。

一八四八年ちょうど『宣言』執筆中の頃、マルクスは「「自由貿易問題」についての演説」の中でこの賃金の問題と穀物価格との関係を語っている。機械の導入によって成人男性の労働は、児童労働に取って代わられ、賃金が下がるというものだ。そこでこう述べる。「したがって賃金の最小限は、労働の自然価格である。では賃金の最小限とは何か？——労働者の維持に欠くことのできない物品を生産するのに必要な、労働者の身体をなんとか養い子孫を増やすことができるのに必要な、それだけのものである」（ＭＥＷ四巻四六八頁）。もちろんここでの「労働」は、「労働力」と言うべきものである。

近代的産業は、小さな家父長的な親方の仕事場を、産業資本家の大工場に変えてしまった。工場に集められる労働者たちは兵隊のように組織される。彼らはたんなる産業兵士として下士官、士官といった完全な位階制の監視下に組み入れられる。彼らはたんにブルジョワ階級、ブルジョワ国家の奴隷であるのみならず、毎日そして毎時間、個々のものをつくるブルジョワ自身の、その機械の、その監視者の奴隷となる。この専制が最終目的は利潤なのだとよりあからさまに主張すればするほど、度量がせまく、悪意に満ちた、怒りっぽいものとなる。

家父長的な親方の仕事場とは、零細経営の仕事場、あるいは独立生産者の仕事場のことである。この問題については、『信仰告白』の第12条、『原理』の第4条、第15条で述べられている（資料編参照）。ただ後のマルクスの重要な視点となる協業、分業過程が生み出す監督労働への問題については、これらの草稿では述べられていない。ここでは産業兵士として分業によって競争する労働者、さらにその競争を監視する監督労働への言及が見られる。監督労働は、労働者がひとつの場所に集められた協業体制から始まる。協業は労働者相互の競争を生み出し、たんに同じ過程の労働をそれぞれが行っているというレベルを越えていく。お互いが同じ場所にいることで、競争意識が育まれる。分業はさらに労働過程を分割し、協業で達成された競争意識をさらに高める。こうして労働者の生産能力をより高めるための監視装置が出現する。それが管理労働、監督労働である。監督労働者の中でもっとも高い位置にあるのが、企業を経営する企業家や工場を管理する工場長である。しかしそれ以下の部課長にあたる労働者もこうした管理労働、監督労働の機能を担う。だからこうした人々は労働者でありながら、資本の命令を忠実に守る任務をもつ。

手工労働がますます力と洗練さを必要としなくな

るにつれて、すなわち近代的産業が発展するにつれて、ますます男性労働は女性労働と児童労働によって駆逐されるようになる。労働者階級にとっては、もはや性別－年齢の違いは社会的に何の価値ももたなくなる。年齢と性別によってその費用が異なるのは、労働用具だけということになる。

マルクスは『賃労働と資本』の講演のための原稿の中でいろいろな経済学者をあげ、その理論的内容について説明を試み、さらにそこから自説を展開している。この中に次の文章がある。「労働者が投げ込まれる新しい労働は、以前の労働より劣悪である。大人の労働は子供の労働によって、男の労働は女の労働によって、熟練労働者は不熟練労働者によって置き換えられる」（ＭＥＷ六巻五二五頁）。『賃労働と資本』ではこう述べられる。「機械は、これと同じ影響をはるかに大規模に生み出す。というのは、機械は熟練労働者を不熟練労働者で、男を女で、大人を子供で置き換えるからであり、またそれが新しく採用されたところでは、手作業労働者を大量に街頭に投げ出すし、それが完成され改良されて、もっと生産性の高い機械によって置き換えられるところでは、労働者をこきざみにお払い箱にするからである」（ＭＥＷ六巻四一六頁）。

一八七二年版以後「女性と児童」という表現から、「児童」が削除される。

一度でも労働者が工場主の搾取の手に落ち、労賃の現金支払いを受けるようになると、彼は工場主以外のブルジョワ階級、家主、雑貨商、質屋などの餌食《えじき》となる。

『資本論』第一巻第七篇第二三章ではこうした表現をしている。「ヘファイストスの楔がプロメテウスを岩に釘付けにしたよりもさらに硬く、労働者を資本に釘付けにする。それは資本の蓄積に対応する貧困の蓄積を必ず生む。したがって一極における富の蓄積は、同時に対極における、すなわちそれ自身を資本として生産する階級の側における貧困、労苦、奴隷状態、無知、粗暴、道徳的退廃の蓄積である」

（『資本論』岩波文庫第三巻二三一－二三二頁）。その後、労働者階級の生活について述べている。こうした状況の具体例は、むしろエンゲルスの『イギリスにおける労働者階級の状態』の方が説得的かもしれない。

これまでの小中産階級、小産業主、商人、年金生活者、職人そして農民などのこれらすべての階級は、プロレタリア階級へと落ちてゆく。その理由は、ある場合、小資本が大きな産業経営に対抗できず、大資本家との競争で敗れるため、またある場合は、彼らの生産の技術が、新しい生産手段によって無価値となるためである。こうしてプロレタリア階級はあらゆる人民階級から構成されるようになる。

いわゆる中産階級の没落については、とりわけ職人の構成メンバーが多い共産主義者同盟では重要なテーマであった。エンゲルスの『原理』では第5がまさに職人の没落がテーマである。『信仰告白』でも第9で語られている（資料編参照）。長期的に見て中産階級の多くがプロレタリア階級に没落していくという問題について、『賃労働と資本』ではこう述べられている。「そのうえ労働者階級は、彼らより上の社会層からも補充される。多数の小産業家や小金利生活者が労働者階級の中へ転落してくるが、彼らは、労働者の腕と並んで自分の腕を差し出すほかさしあたってどうしようもないのである――たえず生産の規模を大きくすることが、すなわちまさに大産業家であって小産業家ではないことが、第一条件のひとつである戦争に、小産業が耐えられないことは自明である。資本の量と数が増大するのに比例して、資本が大きくなるのに比例して、資本の利子が低下すること、したがってもはや小金利生活者は、その利子では生活できなくなり、そこで産業に身を投じ、こうして小産業家の数を増やし、それによってまたプロレタリア階級の候補者の数を増やすのを助けること、これらのことはすべて詳しい説明をする必要はまったくないにちがいない」（MEW六巻四一八頁）。『資本論』では第一巻第七篇第二三章の第二節でこの問題が触れられる。ここでこう一般化されて述べられる。「これはもはや蓄積と混同される生産手段と指揮権の集積ではない。むしろすでに形成された資本の集積であり、個別資本の独立性の廃棄であり、資本家による資本家の収奪であり、多数の小資本から大資本への転化である――ここで資本が大量にひとつ手の中で大きな塊となって膨張するのは、別の場所で多くの手から資本が奪われるからである。これは蓄積とは違う集中である」（『資本論』岩波文庫第三巻二〇一頁）。

プロレタリア階級はさまざまな発展段階を経ている。プロレタリア階級のブルジョワ階級との闘争はその出現とともに始まる。

　初めは個々の労働者の闘争であり、やがてひとつの工場労働者の闘争となり、そしてある場所のひとつの労働部門の労働者と、彼らを直接搾取する個々のブルジョワ階級との闘争となる。労働者たちはブルジョワ的生産ｰ関係に攻撃を向けるだけでなく、生産ｰ用具それ自身へ攻撃を向ける。労働者は競争する外国商品を破壊し、機械を打ち壊し、工場に火をつけ、失われた中世の労働者の地位を再び獲得しようと努力する。

プロレタリア階級のこれまでの運動について述べている箇所。『資本論』では、第八章労働日、五ｰ七節「標準労働日のための闘争」の中で述べられている。ただし具体的な大きな運動については、第二二章「剰余価値の資本への転化」の第三節「剰余価値の資本と収入への分割・節欲説」で言及されている。「その後まもなく、都市プロレタリアートはリヨンで警鐘を鳴らし、農村プロレタリアートはイギリスで焼き討ちをした。海峡のこちら側ではオーウエン主義が、あちらではサン＝シモン主義とフーリエ主義が蔓延した」（『資本論』第一巻、岩波文庫第三巻、一五一頁）。とりわけ初期にはラッダイト運動（機械打ちこわし運動［1811-1817］）、マンチェスターでのピーター・ルー事件（一八一九）が有名である。リヨンの絹労働者の蜂起は一八三一年と一八三三年に起きた。ここで述べられている機械の打ち壊しは、ラッダイト運動を指しているものと思われる。この運動に関しては『資本論』第一三章「機械装置と大工業」の第五節「労働者と機械との闘争」に説明されている。「ことに蒸気織機の利用の結果として、一九世紀はじめの一五年間にイギリスの工業地方で行われた機械の大量破壊は、ラッダイト運動の名のもとに、シドマス、カッスレーなどの反ジャコバン派政府に、極度に反動的な強圧手段を取る口実を与えた。労働者が機械装置を、その資本主義的使用から区別し、したがって彼の攻撃を物的生産手段そのものから、その社会的搾取形態に転ずることを知るまでには、時間と経験とが必要だったのである」（『資本論』第一巻、岩波文庫二巻、四一七頁）。

この段階では、労働者はあらゆるところに分散しただけでなく、競争によって分断された集団である。労働者による集団の結合は、独自の結合の結果ではなく、ブルジョワ階級の結合の結果である。ブルジョワ階級は自らの政治的目的を達成するためにプロレタリア階級をすべて利用しなければならず、当面そうすることが可能だからである。したがってこの段階では、プロレタリアはまだ自分の敵と闘うわけではなく、その敵の敵、すなわち絶対王政の残滓、土地所有者、非産業ブルジョワ、小ブルジョワと闘うのである。すべての歴史的な運動は、ブルジョワ階級の手の中にこのように集中しており、達成される勝利はすべてブルジョワ階級の勝利である。

封建制下において、ブルジョワ階級は新しい社会の全利益代表として登場する。その限りにおいて、いまだ未発達であったプロレタリア階級はブルジョワ階級と手を組む。『ドイツ・イデオロギー』ではこういう表現がある。「革命を遂行する階級はそれがひとつの階級に向こうを張るという理由からしても、元来階級としてではなく全社会の代表者として登場し、ただひとつの支配的な階級に対する全社会集団としてあらわれる――だからこそこの階級の勝利はそれ以外の階級の、支配権を握るにいたらない階級の多くの個人をも利するのであるが、しかしそれは、その勝利がこれらの個人に支配階級に上りうる立場を次に得させてくれる限りにおいてのみである。フランスのブルジョワ階級が貴族の支配を覆した時、それによって多くのプロレタリアたちはその地位を脱することができるようになったが、ただしそれも彼らがブルジョワになったかぎりであった」（ＭＥＷ三巻四四頁）。『哲学の貧困』ではこう語られる。「ブルジョワはプロレタリアとともにその第一歩を踏み出す――だがその性格は、ブルジョワ階級が第一歩を踏み出した当初には多かれ少なかれ偽りの衣をまとっており、潜在的な状態においてのみ存在するにすぎない。ブルジョワ階級が成長するにつれて、その胎内にプロレタリア階級が、近代プロレタリアートが成長する」（ＭＥＷ四巻一四五頁）。

しかし産業の発展とともにプロレタリア階級は増大していくだけではない。大きな集団へと流れ込み、その力は増大し、自ら力を感じる。プロレタリア階級内部での利益と生活条件は、機械が労働の相異を消し、至るところで賃金を同じように低いレベルの水準へ陥れるにつれて、それだけますます均衡化していく。ブルジョワ相互の競争の激化とそこから生まれる商業恐慌によって、労働者の労賃は変動的なものになる。機械の改良が止むことなくたえず急速に発展することで、すべてのプロレタリアの生活状態はたえず不確かなものになる。個々の労働者と個々のブルジョワとの衝突がますます二つの階級の衝突という性格を取るようになる。したがって労働者はブルジョワに対する連合を形成し始める。労働者は労賃を守るために結合する。労働者は時々の抵抗のために食料を蓄積する長期的なアソシアシオンをつくる。あちらこちらで闘争は暴動に変わる。

新しい社会が形成された後、労働者階級は、今度はブルジョワ階級が自らの敵だと感じる。賃金と労働をめぐる闘争で危機に立たされた労働者は、団結を始める。「相互に結集するための労働者たちの最初の試みはつねに団結という形で行われる。大工業が互いに知らない多数の人間を一箇所に集める。競争によって彼らの利害関係は分裂するが、しかし賃金の維持が、雇い主たちに対抗する彼らの共通の利害関係が、抵抗というひとつの思想によって彼らは結集する。それが団結である」（『哲学の貧困』 ＭＥＷ四巻一八八頁）。ここでエンゲルスは労働組合をその例として考えている。なるほど『哲学の貧困』では、イギリスの例として労働組合（trade unions）が挙げられている。しかもこれに積極的支持が与えられている。しかしここでは、その労働組合が賃金闘争において果たす役割よりも、政治闘争において果たす役割の方が強調されている。しかもそれはひとつの共同社会を目指す運動として展開されている。

エンゲルスは「ブルジョワに対する連合」の後に一八八八年英語版では、「労働組合」と入れている。

労働者が勝利することもしばしばあるが、それは短い間だけである。その闘争の真の成果は直接的なものではなく、むしろ労働者の統一が拡大するということである。この統一は、大きな産業によってつくり出され、さまざまな地域の労働者を相互に結びつける通信手段の発展によって促進される。しかし、至るところで等しい性格をもつ多くの地方の闘争を民族的、ひとつの階級闘争に集中するには、たんに結びつきだけで充分である。ところであらゆる階級闘争は政治的な闘争である。そして中世の市民が何世紀もかかって都市を結びつける道路によってつくり上げた統一を、近代のプロレタリアの場合、鉄道によって数年のうちに実現する。

ここで交通手段に果たす階級闘争の役割が提起される。交通（Verkehr）は広い意味で言語を含めたコミュニケーションを指し、狭い意味でいわゆるその人間交流の手段としての道路、鉄道といった問題に関係する。

労働者の闘争を拡大し、連帯させるのは、資本主義が生み出す交通手段である。この時代は鉄道が急速に普及していった時代であり、鉄道によるプロレタリア階級の連合という問題は焦眉の課題であった。しかしそれは他面で資本の発展と、それによる軍事力の発展を招く。鉄道輸送による軍事力の増大もその結果である。しかし、交通の発展が遅れた地域のプロレタリアの階級意識を目覚めさせることもある。『ドイツ・イデオロギー』ではこう述べる。「かくてわれわれの見方によれば、歴史上のあらゆる衝突はその源を生産力の発展と交通形態の間の矛盾のうちにもっている。それにしてもこの矛盾がひとつの国においてそれがとことんまで激化される必要はない。国際的交通の広がりによって生じた工業的先進国との競争は、それほど競合が発展していない国でも同じような矛盾を生み出すことができる」(MEW三巻六九頁)。

プロレタリアの階級へのこの組織化、そしてそれによる政党への組織化は、またいつも労働者間での競争を通じて阻止される。しかし、この組織はさらに、強く、たくましく、力強く復活する。労働者組織は、ブルジョワ階級の分裂を利用しながら、労働者の利益に対する承認を法的形態として強制する。その例は、イギリスにおける一〇時間労働法である。

イギリスの一〇時間労働法については、『宣言』の第二章に関係する草稿の冒頭にある。そこでマルクスは、この法案には賛成だが、それに過度の幻想はもつなと述べている。『資本論』第一巻八章で「標準労働日」について語る。「一八四六－四七年は、イギリス経済の歴史の中で一時代を画する。穀物法は廃止され、綿花およびそのほかの原料に対する輸入関税は撤廃され、自由貿易が、立法の導きの星として宣言された！　要するに千年王国が始まったのである。他面で、同じ年チャーティズム運動と一〇時間労働法運動とがその頂点に達した。これらの運動は復讐をいきまくトーリー党に同盟者を見出した。ブライト［1811-1889］とコブデン［1804-1865］を先頭とする、約束を破った自由貿易軍の熱狂的な反抗にもかかわらず、長い間熱望された一〇時間労働法案は、議会を通過した」(『資本論』岩波文庫第二巻一八三頁)。自由貿易論者はこの法案に反対であった。穀物法の廃止に怒った地主がそれを議会で通過させてしまったのである。これがブルジョワの間の分裂である。この問題について、共産主義者同盟はチャーティストを支持していた。

一般的に旧い社会における衝突によって、プロレタリア階級の発展過程はとりわけ多面的な形で促進される。ブルジョワ階級はたえざる闘争の過程にある。初めは貴族に対して、後にその利益が産業の進歩と矛盾するようなブルジョワ階級自身の一部に対して、そして最後に外の地域のあらゆるブルジョワ階級に対して。こうしたあらゆる闘争においてブルジョワ階級はプロレタリアを呼び出し、助けを求め、政治闘争に引き入れる必要があった。したがってブルジョワ階級自らプロレタリア階級に独自の教育形態、すなわちブルジョワ階級に対する武器を与えるのである。

たとえばブルジョワ階級の一部とは地主階級のこと。穀物法は一八四六年六月に廃止されるが、そもそもこの法律はイギリス国内産の穀物を保護する目的で生まれた。こうして輸入商品に高い関税がかけられることで、イギリスにおける小麦の価格は上がる。それによって労働者の食費は上昇し、結果賃金が上昇、それがブルジョワ階級に負担を与えた。そこで一八三八年コブデンとブライトによってマンチェスターで「反穀物法同盟」(Anti-Corn Law League)が創設された。同盟は労働者を巻き込み、地主階級に対する闘争を展開する。ここで労働者はしたたかに戦略を展開した。ブルジョワは自らの闘争の中で、有能な労働者の助けを必要とするがゆえに労働者の教育を行わざるをえないのである。

すでに見たように、産業の進歩によって支配階級の多くはさらにプロレタリア階級に零落するか、少なくともその生存条件が脅威にさらされる。彼らによってプロレタリア階級に多くの教育形態が与えられることになるのだ。

下層中産階級という言葉がある。これは一般的に事務仕事を担当する労働者のことである。ブルジョワ階級から零落した人々の意味でもある。しかしこうした階級は純粋のプロレタリアではない。下層中産階級はとりあえず実業学校といった実務的高等教育を卒業する。こうした実務過程の教育機関の中から後のロンドン大学が生まれる。『資本論』第二巻第六章では簿記費用という概念で、こうした労働をとらえている。実業学校は思考を要する学問ではなく、とりあえず事務的な学問を教える学校である。

一八八八年英語版では「進歩の要素」という部分は、「進歩と啓蒙の新鮮な要素」に変えられている。

階級闘争が決定的なものとなる最終的な時期において、支配階級内部、すべての旧い社会の内部での解体過程はしばしば、極端な性格を帯び、支配階級のほんの一部はそこから飛び出し、その手に未来をもつ階級、革命的な階級になる。したがって貴族の一部がブルジョワ階級に移行したように、今日ではブルジョワ階級の一部、とりわけブルジョワーイデオローグの一部がプロレタリア階級に移行する。彼らはこうして全歴史的運動の理論的理解につくしたのである。

今日ではブルジョワ階級の一部、とりわけブルジョワのイデオローグ、ブルジョワ階級の中の急進的知的階級がプロレタリア階級の側につくという問題。一八世紀において貴族階級から現れたブルジョワの支持層と同じように、やがてブルジョワ層からプロレタリアへの支持層が出てくるというわけであるが、第三章で述べられるようになかなか複雑。むしろ当時はブルジョワ層からよりも、貴族層からプロレタリアに近づいたものも多い。マルクスとエンゲルスはまさにこうしたインテリ層（前者は官僚的中産階級出身、後者は商人階級出身）であり、共産主義者同盟を構成する職人の集団の中では異色であった。彼らを学者と呼ぶ声もあった。とはいえ最終的に彼らに『宣言』の執筆を依頼せざるをえなかったのも事実である。

今日ブルジョワ階級と対立しているすべての階級のうちで、真に革命的な階級はプロレタリア階級だけである。それ以外の階級は大工業とともに衰退し、消えていく。逆にプロレタリア階級は大工業のもっとも特殊な産物なのである。

中産階級、小産業家階級、小商人、職人、農民、彼らはすべて没落を前にした中産階級としての自らの存在をかけてブルジョワ階級と闘う。だから彼らは革命的ではなく、むしろ保守的である。もっと言えば、歴史の歯車を押し戻そうとするがゆえに彼らは反動的である。彼らが革命的であるとすれば、それは彼らの前にいるプロレタリア階級へと移行する点である。彼らは現在の利益ではなく、未来の利益を守り、独自の立場を捨て、プロレタリア階級へと変化するのである。

マルクスがプロレタリアートを、解放を進める唯一の階級だと最初に理解したのは「ヘーゲル法哲学批判序説」（一八四四）であった。エンゲルスはプロレタリア階級について、イギリスやフランスの社会主義・共産主義の著作を通じてもっと早く認識していた。『イギリスにおける労働者階級の状態』（一八四五）の序文でこう述べている。「一方では社会主義の理論に、他方では社会主義の理論の正当性に関する判断に、不動の基礎を与えるためには、またこの理論に対する賛否を問わず、あらゆる空想や幻想を片付けるためには、どうしてもプロレタリアの状態を知ることが必要なのである。ところが、プロレタリアの状態が古典的な形態で完全に存在しているのは、イギリス、ことに本来のイングランドだけである――私は二一ヶ月の間イギリスのプロレタリア階級と彼らの努力、彼らの苦悩や喜びを、個人的な観察や個人的な交際を通じて身近に学び取り、同時に必要な文献を利用して私の観察を補足する機会をもった」（MEW二巻二二七－二二八頁）。この言葉が真実だとすると、少なくともマルクスは一八四五年に初めてイギリスを訪問したわけであり、彼が経験としてのプロレタリアを認識したのは、それ以降ということになる。

プロレタリア階級以外の中間階級、小産業家階級、小商人、職人、農民は、過去にだけ目を向けた保守的階級だということになるが、それは『宣言』第三章のプチブル的社会主義に代表されることになる。

ルンペンプロレタリア階級、旧い社会の最下層の無気力なこの腐敗者は、プロレタリア革命を通じてあちこちで運動に引き入れられるが、その全生活状態から言って、反動的な策謀に身を売る用意がある。

プロレタリアの下に来る階級。すなわちルンペンプロレタリア階級についてマルクスは終始厳しい表現を使い、裏切りものであると述べている。事実ルイ・ナポレオン政権を支えたのがこの階級であったことから、『ルイ・ボナパルトのブリュメール一八日』において、次のように述べている。「いかがわしい手段で暮らしをたてていて、素性のほどもいかがわしい、おちぶれた放蕩者、ぐれて冒険的な生活を送っているブルジョワの子女などのほかに、浮浪者、兵隊くずれ、前科者、逃亡したガレー船の囚人、ペテン師、香具師、ラッツァローニ（イタリア語の乞食）、すり、手品師、ばくち打ち、女衒、女郎屋の主人、荷担ぎ人夫、売文屋、風琴ひき、くずや、はさみ砥ぎ屋、鋳掛屋、乞食、要するにはっきりしない、ばらばらの、あちこち揺れ動く大衆、フランス人がラ・ボエームと呼んでいる連中」（MEW八巻一五四頁）。

旧い社会の生活条件はすでにプロレタリア階級の生活条件の中で破壊されている。プロレタリアは所有をもたない。その女性や子供との関係はブルジョワ的家族関係と共通するものを何ももたない。近代的産業労働、資本への近代的包摂は、イギリスでもフランスでも、アメリカでもドイツでもすべての民族的な性格を失う。法律、道徳、宗教は、プロレタリアにとって、その背後にブルジョワ的利益が隠されているきわめてブルジョワ的な偏見にすぎない。

第二章につながる議論。私的所有を認める資本主義社会で、プロレタリアはなぜ所有をもたないのか。それと同時に、ブルジョワが認める家族をなぜ形成できないのか。そしてなぜ労働者であることによって国民としての権利を奪われているのか。一見普遍的なものに見える法、道徳、そして宗教、こうしたもろもろのイデオロギーがいかにある社会の中でしか通用しないものか。まさにこの問題はフランスのマルクス学者ルイ・アルチュセール［1918-1990］が説く「国家イデオロギー装置」の問題。資本主義社会を支配するイデオロギーについて『ドイツ・イデオロギー』でこう述べる。「支配的階級の思想はいずれの時代においても支配的思想である。ということは、社会の支配的物質的な力である階級は同時に社会の支配的精神的力であるということである。物質的生産のための手段を自由にしえる階級は、それと同時に精神的生産のための手段を自由に手繰れるのであるから、一般的に言えば、精神的生産のための手段をもたない人の思想は、支配階級の自由になるということである」（ＭＥＷ三巻四二頁）。

支配権を握った以前のすべての階級は、自ら獲得した条件に全社会を従わせることで、すでに獲得している生活状態を維持しようとした。プロレタリアは自ら、これまでの取得様式、したがって従来のすべての取得様式を廃止する点においてのみ、社会的生産力を獲得することが可能である。プロレタリアは確保する自らのものを何ももたない。彼らは従来のすべての私的安全や私的な保障を破壊しなければならない。

ブルジョワ階級とプロレタリア階級の最大の違いは、前者が自らの条件にすべて階級を従属させるのに対し、プロレタリアはそれを止めるということである。まさに権力を取ると同時に、それを自ら捨てるということに、プロレタリア階級の本来の役割がある。『哲学の貧困』の最後ではこう述べている。「このことは旧い社会の没落の後に、ひとつの新たな政治権力を集中的に表現する、ひとつの新たな階級支配が、存在するようになるということを意味するのか。そうではない。労働者階級の解放の条件、それはあらゆる階級の廃止である。ちょうど第三身分のブルジョワ階層の解放条件があらゆる身分とあらゆる階層との廃止であったように」（ＭＥＷ四巻一九〇頁)。

これまでのすべての運動は少数者の運動であるか、少数者の利益の運動であった。プロレタリアの運動はとてつもなく多くの利益のための、計りしれないほどの多数派による独立した運動である。今日の社会の最下層にいるプロレタリア階級は公の社会を構成する社会の全上層部を打ち壊すことなく、自らを立ち上がらせることも、上昇させることもできない。

ブルジョワ階級とプロレタリア階級との闘争は、内容は別としてまず民族的である。当然のことだが、それぞれの国のプロレタリアはその地域のブルジョワ階級と決着をつけねばならない。

まずプロレタリアの運動はマジョリティーによる利益の主張であること。しかもその闘争はブルジョワ階級を打ち倒さなければならないということ。そしてその形態は、とりあえずそれぞれの地域にある国家の中での闘争であること。とはいえ、ここでマルクスは革命闘争という言葉は使わない。それは暴力革命について『信仰告白』『原理』がともに慎重であったことを受けている。しかし『哲学の貧困』では、そのあたりはかなり明確に述べられている。「この闘争がその最高の表現に達するとき、それは全面的革命となる。しかしそれにしても、階級の対立を基礎とするひとつの社会が、最後の結末として血みどろの矛盾に、激烈な白兵戦に導くというのは、おどろくべきことなのだろうか」(MEW四巻一九〇頁)。そして最後にジョルジュ・サンド[1804-1876]の言葉をマルクスは付け足している。「戦いか、死か。血まみれの戦いか、無か。問題は厳としてこう提起されている」(MEW四巻一九〇頁)。

われわれは、プロレタリア階級のもっとも一般的発展段階を特徴づけることで、現存の社会内部に起こる、多少とも隠れた内乱を追及してきた。やがてそれは、公然たる革命へと進み、ブルジョワ階級の暴力的な破壊によってプロレタリア階級の支配が確立される点にまで至るのだ。

ここで革命という文字が登場する。しかしここでの表現は白兵戦といった言い方ではない。ある意味では平和的な全面革命のようにも見える。そもそも革命という言葉への批判、とりわけコンシデラン派からの批判に対して、共産主義者同盟はあくまでも暴力革命が絶対的な道だとは言わない。ただブルジョワの暴力的な支配に対する抵抗の結果そうなるかもしれないというのである。それはある意味社会の移行が意志によるものではなく、客観的法則によるものであるという認識があるからである。

すでに見たように、これまでのすべての社会は抑圧される階級と抑圧する階級との対立の上にできていた。しかしひとつの階級を抑圧することができるには、その内部において少なくとも奴隷的な生存条件で生きることが可能な条件が確保されておかねばならない。農奴は農奴制の中でコミューンの成員となった。同様に小市民は封建的絶対主義の束縛の中でブルジョワとなったのである。それに対して近代的労働者は産業の進歩によって自らを高める代わりに、自らの階級の生活水準以下に落ちていった。労働者は貧しくなり、人口と富が増える以上に急速に貧困が増える。こうしてブルジョワ階級がもはや支配階級としてとどまれず、その階級の生活条件を規制的法律として社会に押し付けることができなくなることが明らかになる。ブルジョワ階級は自らの奴隷の生存条件をその奴隷制内部で保証しえなくなり、奴隷に食わせてもらう代わりに、奴隷を食わせねばならない状態にまで落ちざるをえないことで、支配能力を失う。その社会はもはやブルジョワ階級のもとでは生きていくことはできない、すなわちブルジョワの生活はもはやその社会に適応できなくなったのである。

過去の歴史では、支配についた階級はつねに支配される階級を最低限生かしておかねばならなかった。その最低限が保証されている限りにおいて、中世の農民はコミューンの中で抑圧されながらもなんとか凌ぐことができた。小市民もなんとか生き抜くことができた。しかし資本主義社会はやがてその最低限の保証もできなくなる。この文脈では絶対的窮乏化の論理が強い。しかしマルクスは『資本論』では、相対的窮乏化という概念を用いている。『資本論』第一巻の第二〇章の「労働賃金の国民的差異」で、国による賃金の差を問題にする。先進国の労働者の方が賃金は高いが、搾取率は高い場合がある。物価が高いことによって少々の名目賃金の高さを相殺してしまう場合、結局賃金は実質的に下がっている。

ブルジョワ階級の存在と支配のためのもっとも本質的条件は、富の私的なものの手への蓄積、資本の形成と増殖である。資本の条件は賃労働である。賃労働はとりわけ労働者の競争の上に成り立つ。ブルジョワ階級が無意識的、受動的に担い手となっている産業の進歩は、競争を通じた労働者の孤立化の代わりに、革命的なアソシアシオンへの統一を進める。こうして、大きな産業の発展とともにブルジョワ階級の足下で、彼らがつくり出した生産の領有様式の土台が崩れる。とりわけ彼らは彼ら自身の墓掘人をつくり出す。ブルジョワ階級の崩壊とプロレタリア階級の勝利は同時に避けられないものである。

「墓掘人」というたとえは、シェークスピアのハムレットの発言から来ていると思われる。『ハムレット』では、墓掘人という表現とモグラという表現が用いられる。モグラは地下で社会の基礎を掘り崩す。この表現は『宣言』の後に書かれる『ルイ・ボナパルトのブリュメール一八日』の中でこう述べる。「革命はその準備作業を半分成し遂げたとき、ヨーロッパは飛び上がってこう歓呼するだろう。「掘り返したぞ、老いたモグラよ」」（MEW八巻一九二頁）と。

『賃労働と資本』の最後にも墓穴という表現がある。ただしここでは、資本主義が引き起こす恐慌は、労働者をも巻き込んで墓穴に連れて行くということであり、プロレタリアが墓掘人というのではなく、彼らも墓に入る可能性があることを指摘している。

第二章　プロレタリアと共産主義者

この章は、『宣言』の前史にあったようなカテキズム（問答形式）を残している部分とも言える。問に対する答という形式は当時多くの労働者に説明するための書物に見られたものである。エンゲルスの『原理』、『信仰告白』のみならず、資料編を見ればわかるように、この形式は当時一般的に見られた形式であった。なぜ『宣言』という形式に変えたかは、エンゲルスのマルクス宛の手紙でわかる。「僕は問答形式をやめて、それを共産党宣言という題にするのがいいと思う。その中では多少とも歴史を述べなければならないのだから、これまでの形式ではまったくよくない」（一八四七年一一月二三日－二四日、MEW二七巻一〇一頁）。

共産主義者は、プロレタリア一般とどんな関係をもつのか。

『信仰告白』では、共産主義者とは何であるか、プロレタリアとは何であるかという問が中心を占める。一方『原理』の方では、共産主義者についての言及ではなく、プロレタリアとは何かという問題が中心を占める。そこで『宣言』では、さらに先を行って共産主義者とプロレタリアとの関係について議論が進められる。『宣言』は、プロレタリア宣言ではなく、共産主義者の宣言であることを確認しておかねばならない。

共産主義者は、他の労働者党と比べてけっして特別な党ではない。

『信仰告白』においては、共産主義者は党派ではなく、財の共同体を望む人々であった。しかしここでは党派という形で、ひとつの政治組織であることが明確に打ち出されている。もちろんここでは当面議会政党としての可能性が現実にあるわけではない。他の労働者の党派についても同じことが言える。あくまでも将来の可能性のことである。当時普通選挙はどの国でも行われておらず、労働者の政党が議会内に存在していたわけではない。

共産主義者は、全プロレタリア階級と異なる利益をもつわけではない。

ここで共産主義者は彼ら自体プロレタリアと利益を共にすると述べられ、プロレタリアの利益を代表する集団であることが確認される。『信仰告白』では、プロレタリア階級との団結を通じて財産の共同体を達成することがその目的になっている。

共産主義者は、プロレタリア運動に利用したいと望む特別の原理をもつわけではない。

共産主義者が、これまでのプロレタリアの党と違うのは、まずプロレタリアのさまざまな民族的闘争において、民族籍から独立した全プロレタリア階級の共通の利益をかかげ、その意義を重視している点、次にプロレタリア階級とブルジョワ階級との間の闘争がもたらすさまざまな発展－段階において、つねに全運動の利益を代表していると いう点のみである。

共産主義者とプロレタリアは協力関係にあると考えられ、基本的には同じものであるとされる。とはいえ、この共産主義者は、ただのプロレタリアではない。プロレタリアの中でも、民族的に開かれた人々で、国際的にもプロレタリアの連帯を推し進める人々である。『信仰告白』の問21において、共産主義における民族性は存在するかという問題が掲げられている。ここでは私的所有がなくなると民族性はなくなるとだけ書かれていて、運動における連帯という問題は書かれていない。エンゲルスの『原理』では、問19において、革命はひとつの地域ではなく、世界全体で起こるとされていて、連帯という言葉はないがそれを匂わせている（資料編参照）。エンゲルスは「特別の原理」の次に「セクト的な」という形容詞を付加している。

したがって共産主義者は、あらゆる地域にある労働者党の中で、実践的にはより広範で、決定的で、

活動的な部分を成していて、理論的には、プロレタリア階級の前で、プロレタリア運動全体としての結果、広がり、条件を前もって認識している。

共産主義者はこの意味で、プロレタリアの運動を全体として見る立場にあり、さらにもっとも活動的な部分だという。この活動的な部分という表現をプロレタリア階級を指導する前衛ととらえるべきなのかどうか、議論が分かれるところである。ある意味で『宣言』が他の二つの草案『原理』と『信仰告白』より踏み込んでいる部分である。プロレタリア階級と共産主義者を分け、後者の指導的な役割を抉り出したことは『宣言』のポジティブな点であるが、それが逆に新しい共産主義者の組織、共産党という概念の問題を提示することになっている。

共産主義者の当面の目標は、他のすべてのプロレタリア党の目的と同じである。すなわちプロレタリアートを階級として構成すること、ブルジョワ階級の支配を崩壊させること、プロレタリア階級によって政治的権力を獲得することである。

『原理』では共産主義者の目標は、問の2にあり、人間が自由にその能力を発展させうる社会をつくることが目標とされる。しかし『宣言』ではより明確な目標、ブルジョワ社会を崩壊させること、プロレタリア階級の政治権力の奪取が、共産主義者の仕事になっている。『原理』では共産主義者の役割という部分がない。しかも共産主義者という言葉がいささか唐突に出てくる（問の16）。そしてそこで共産主義者はプロレタリアの活動を擁護するとだけ語られる（資料編参照）。

共産主義者の理論的な提案は、あれやこれやと世界を改革しようとするものが見つけたり、発見したりするような思想や原理に基づいているのではない。

共産主義者の提案は、存在する階級闘争、目の前で展開される歴史的運動の実際の状況を一般的に表現したものにすぎない。従来の所有関係を廃棄することは、共産主義本来の特徴ではない。

『ドイツ・イデオロギー』でも共産主義を運動ととらえる。その理由は、共産主義という理念が、哲学的理念の中で形成された教義ではないことを強調するためである。現実の歴史や経済が引き起こす運動であること。その運動はけっして所有の廃棄といった教義にあるのではない。むしろ状況に応じていろいろな選択肢がありうることを示唆している。エンゲルスは「共産主義者とカール・ハインツェン」（一八四七年一〇月七日）の中で共産主義をこう述べる。「共産主義は教義ではなく、ひとつの運動である。それは原理からではなく、事実から出発する。共産主義者はあれこれの哲学を前提にするのではなく、これまでの歴史全体、特殊的には文明諸国における現在の事実上の成果を前提とする。共産主義は大工業とその結果、世界市場の形成、それとともに起こった制限のない競争、ますます激烈に一般化していき、今ではもう完全な世界市場恐慌になってしまった商業恐慌、プロレタリア階級の発生と資本の集積、その結果としてのプロレタリア階級とブルジョワ階級との階級闘争の中から生まれたものである」（MEW四巻三二八－三二九頁）。

どんな所有関係も、たえざる歴史的変遷、たえざる歴史的変化をこうむってきている。

たとえばフランス革命はブルジョワ的所有のために封建的－所有を廃棄した。

共産主義を特徴づけるものは所有一般の廃棄ではない、ブルジョワ的所有の廃棄である。

この部分には、唯一残された『宣言』草稿というものがある。アムステルダム社会史国際研究所が所蔵する一枚の断片である。これは欠落の多い不完全な草稿である。これを翻訳すると次のようになる（MEW四巻参照）。

「プロレタリアよ、十時間法案に賛成せよ。この法案の結果についての幻想を共有する必要はない（マルクスの字ではなく、妻の字－訳者）。

それはそうとわれわれは次のことを見てきた。

すなわち共産主義者は所有に関する新しい理論を構築するのではない。共産主義者は歴史的な事実を説明するだけである。つまり（非常に発展した地域での）（生産手段）、生産のブルジョワ的関係と、したがって所有のブルジョワ的関係は生産の社会的力の（社会的）発展、したがって——の中における（産業の発展にさえ）もはや（十分に）照応していない。

しかしブルジョワ的自由や、文化といった思想の巻尺でブルジョワ的所有の廃棄を計測しないからといって非難しないでくれ。諸君たちに（一致する）思想自身、（存在する）ブルジョワ的生産関係の産物なのだ。だから諸君の権利も法の中に打ち立てられた諸君の階級の意志にすぎない。その内容が諸君の階級の物的条件によって規定される（ひとつの）意志。

諸君の（ブルジョワ的）生産関係と所有関係を、歴史的（そして）一時的にしか（すぎない）、生産（力に照応する）関係から永遠の自然－理性の法則に変化させようという（諸君の）、関心ある考えは、過去に消滅した支配階級すべてに共通するものだ。

諸君が封建的所有についてては理解していることを、ブルジョワ的所有に関してはつかんでないということになる。

しかしながら、（ブルジョワ的な発展のうちに）一方での産業の発展過程とともに——という事実を否定することはできまい。

共産主義者は新しい所有を提示するわけではない。ある事実について語るのである。諸君はもっともはっきりとした事実を否定する。諸君たちはそれを否定しなければならないのである。諸君たちは、後ろ向きのユートピア主義者である」（ＭＥＷ四巻六二七－六二八頁）。

しかし近代のブルジョワ的私的所有は、階級対立、すなわち他の人間によるある人間への搾取に基づく生産物の生産と掌握を、最終的に、そしてもっとも完全に表現したものである。

この意味で、共産主義者たちは私的所有の廃止という表現でその理論をまとめることができるの

である。

資本主義社会の所有は、後年『資本論』の中では労働力の領有権という形で展開される。労働力に対する交換価値、すなわち賃金を越える部分を資本家が自由に獲得する権利。ここでは他人を搾取する権利として説明される。マルクスが私的所有を最初に問題にしたのは『経済学・哲学草稿』の中であった。その第一草稿の「疎外された労働」の部分は、国民経済学者すなわち古典派経済学者が私的所有を前提にしているという批判から始まる。とはいえ私的所有がどのようにして起こるのかという問題については議論されてはいない。近代的私的所有という概念が出てくるのは『ドイツ・イデオロギー』である。そこで所有のさまざまな形態を分析する。最初は部族所有。第二は古代的所有、国家所有。第三は身分的所有、封建的所有。第四が近代的所有である。「これは公共物と見える概観をことごとく脱ぎ捨て所有の発展に対する国家の規制を排除したところの純粋な私的所有である」（ＭＥＷ三巻五七－五八頁）。私的所有の廃止という議論は、『信仰告白』では明確に財産の共同体へと向かう道筋が与えられ、『原理』では共同体の創出と表現されている（資料編参照）。しかしマルクスはここではむしろそうした私的所有廃止以後のことについて何も議論しない。逆に私的所有を実現さえしていないのが資本主義の現状だと批判するだけである。

われわれ共産主義者はこれまで、個人として獲得し、自らの労働によって得た所有の廃棄を望むのだと非難されてきた。つまりここでの所有は、人格的自由、活動、独立の基礎をなす所有である。

ここで二つの所有が問題になる。一人の人間が働いてその所得を自分のものにする人格的所有（personlich）と、そうではなく他人の労働を所有することから生まれる私的所有とを区別する。自らの個性を示す意味での人格的所有は、批判の対象とはならない。こうした人格的所有という概念は、独立生産者（自分で生産手段をもち、自分で生産するといった形式の生産者）的な所有という意味で『資本論』では使われる。

労働、努力、自己実現の成果としての所有！――さて諸君はブルジョワ的所有以前からあったこの小市民的、小農民的所有について語っているのだろうか。われわれとしてはそんなものを廃棄する気はない。産業の発展によってそうした所有は廃棄されてしまったし、日々廃棄されているのだから。

中世的所有形態は、資本主義社会の日々の競争の中で没落し、消滅の危機にある。したがって独立生産者的な所有、すなわち人格的な所有は日々消滅しつつあるという。しかしこうした所有の廃棄が問題なのではない。むしろそうした所有形態の後に来る近代的所有形態の廃棄が問題なのである。

そうでなければ、諸君が語るのは近代のブルジョワ的私的所有か。

ここでの賃労働、プロレタリアの労働はプロレタリアのために所有をつくり出すのだろうか。そうではない。賃労働は搾取され、新たに搾取されるべく新しい賃労働をつくり出す限りにおいてだけ、価値を増殖させる資本、すなわち所有をつくり出すのだ。今日の姿において、所有は資本と賃労働との対立の中で運動する。この対立を二つの側面から考察してみよう。

ここで資本と賃労働の対立メカニズムについて分析される。『賃労働と資本』ではこう述べられる。「賃金と利潤は反比例する。資本の交換価値すなわち利潤は労働の交換価値すなわち一日の賃金が下がるのに比例して上がり、また逆の場合は逆である。利潤は賃金が下がるだけ上がり、賃金が上がるだけ下がる――これでわかるように、われわれが資本と賃労働の関係の枠内だけで考えた場合でさえ、資本の利益と賃労働の利益は真っ向から対立するのである」（MEW六巻四一〇－四一一頁）。

資本家であることは、たんに純粋にそうした個人であるという意味だけでなく、生産における社会的地位であることにある。

資本は共同の生産物であり、社会の多くの成員の共通の活動によってのみ、最終的には、社会のすべての成員の共通の活動を通じてのみ運動しえる。

だから資本はけっして個人的なものではなく、社会的な力である。

後年マルクスは、資本のことを「人格化された資本」という言い方で表現するが、それは個人の資質とは関係なく、生産における資本の運動の表現である資本家を意味する。エンゲルスは『原理』の中で、競争原理によって資本家が力をもつようになったと述べる。『賃労働と資本』では社会的関係として語られる。「資本もひとつの社会的生産関係である。それはひとつのブルジョワ的生産関係であり、ブルジョワ社会の一生産関係である」（ＭＥＷ六巻四〇三頁）。

したがって資本が、共同の、社会のすべての成員に属する所有に転化するとしても、それは、個人的所有が社会的所有に転化したということではない。転化したのは所有の社会的性格のみである。所有の階級的－性格が失われたということである。

資本家の所有がそれ自体社会的なものであれば、その社会的性格をより明確に実現する必要がある。それは個人的所有（individuellen）を、社会的（sozialen）な所有に変えるということである。ここで人格的所有ではなく、個人的所有という表現が使われていることに注意すべきである。個人的所有は資本家による労働の領有による所有、それは本来社会的な所有でなければならない。個人的所有はその意味で階級的所有である。

賃労働について見てみよう。

賃労働の平均的価格は労賃の最低額、すなわち、労働者が労働者としてその生命を維持できるに必要な生活手段の総額である。したがって賃労働者が自らの活動によって獲得できるものは、その最低限の命を再生産しうるだけのものである。われわれは、生活の再生産に直接必要な労働生産物の個人的所有を廃棄したいなどとはけっして思わない。なぜならこうした所有は、純粋の収入以上の何ものも残さず、他人の労働に対する力を与えうるものではないからだ。われわれが廃棄したいのは、労働者は資本を増大させるためにのみ生き、支配階級の利益が生み出される限り生きているというこうした獲得の悲惨な性格だけである。

労働者の賃金がいかに決定されるかが述べられる。『賃労働と資本』では、「賃金はいかにして決められるか」という問が冒頭にある。「賃金は自分が生産した商品に対する分け前ではない。賃金は資本家が一定量の生産的労働を買い取るのに用いる既存の商品の一部である」（MEW六巻三九六頁）。その後一般の商品価格が、その生産費によって決まるということを説明した後、労賃もそれと同じ原理で決まるという。「労働そのものの生産費とは何か。それは、労働者を労働者として維持するために、また労働者を労働者として育て上げるために必要な費用である。——だから、単純労働の生産費は、労働者の生存費および繁殖費ということになる」（同、四〇一－四〇二頁）。

ブルジョワ社会においては、生きた労働は蓄積された労働を増大させる手段にすぎない。共産主義社会では、蓄積された労働は労働者の生命を拡大し、豊かにし、進歩させる手段にすぎなくなる。

「生きた労働」と「蓄積された労働」はやがて『資本論』では、「生きた労働」と「過去労働」という形になる。過去労働は労働者を資本として支配する。生きた労働がそこから脱出する可能性は資本主義社会ではない。エンゲルスは『原理』で「私的所有廃棄後の社会」についてこう述べる。それは、計画が支配する世界で、そこでは人間の能力が全面的に展開する世界である。エンゲルスは共産主義のイメージを計画経済という側面から強調する。それは一八四五年二月のエルバーフェルトでの演説でもそうである（MEW二巻）。

> だからブルジョワ社会では、過去が現在を支配し、共産主義社会では現在が過去を支配する。ブルジョワ社会では、資本は社会から独立した、個人的なものであるのに、活動する個人の方ときたら、従属的で、個人的なものではなくなっているのだ。

『資本論』（第一巻、九章）ではこうした過去が現在を支配する関係、すなわち資本が生きた労働を支配する関係をこう述べている。「資本は労働者階級に対して彼らの狭い生活の欲求から生まれる労働よりもより大きな労働を強いる強制関係として現れる。他人の活動を強制する生産者として、労働力の搾取者として、剰余労働の引き出し役として生まれる資本主義体制は、それ以前にあった強制労働を直接的に強いるすべてのシステムを、そのエネルギー、無節制、影響力において凌駕しているのである」（岩波文庫第二巻二二八頁）。資本は、社会から独立した個別的資本である一方、労働者は資本に仕える全体的労働者となっているという意味だが、労働者を個人的労働者にすることができない以上、共産主義社会は資本を社会的なものにするしかない。

> そして、こうした関係を廃棄しようとすれば、ブルジョワ階級は自由と個人の廃棄だと騒ぐのだ！そしてそれは正しい。なぜなら、もちろんここで問題になっているのは、ブルジョワ的－個人、ブルジョワ的独立、ブルジョワ的自由だからだ。

こうした関係の廃止とは、ブルジョワの個別性の廃止、すなわち個人のもつブルジョワ的所有の廃止である。それはけっして労働者の個別性を認めようとしない資本の側の論理に対する当然の帰結と言える。労働者の個別性を認めないのなら、資本の個別性も認めない。つまりブルジョワ的個人、ブルジョワ的独立、ブルジョワ的自由を認めるべきではないということである。

自由とは、今日のブルジョワ的－生産関係のもとでは、自由貿易、自由な売買を意味する。

　しかし、取引が減れば、自由な取引も減る。わがブルジョワ階級の自由な取引という常套句、同じくそれ以外のあらゆる駄法螺《だぼら》がとりわけ意味をもつのは、中世の奴隷化した市民、規制された取引に対してだけであり、取引、ブルジョワ的－生産関係、ブルジョワ階級そのものの共産主義的な廃棄に対してではない。

　フランス革命の原理は自由、平等、友愛である。一九世紀の多くの社会主義者・共産主義者はこの原理の基礎にある人権、しかもその前提である生存権、労働権に焦点をあててきた。一方ブルジョワ社会は、一八世紀までにあった封建社会の独占に対して自由を主張してきた。その理由は、商業の自由がブルジョワの利益にかなったからである。しかし自由競争は労働者たちにとっては賃金の引き下げを意味していた。そこで平等権と友愛を求める社会主義者、共産主義者の運動が展開する。彼らはなべてブルジョワ的自由の概念を非難する。エンゲルスは自由競争について『原理』の中でこう述べる。「自由競争の導入は、次のことを公に表面したことである。それはこのときから社会成員は、資本が不平等ならば平等ではないこと、資本こそ決定的権利であり、したがって資本家、ブルジョワが社会の第一階級になったということであるということである」（問11の答資料編参照）。『信仰告白』では、「プロレタリアが解放されるのは、彼が所有、競争、あらゆる階級的差異を廃止した時だけである」（問11の答え、資料編参照）と述べられている。

われわれが私的所有を廃棄したいと言うと、諸君は恐れをなす。しかし諸君の現在の社会において、実はその成員の十分の九は所有を奪われているのだ。私的所有は、十分の九のものにとっては、それが存在しないということでのみ存在しているのだ。それなのに諸君はわれわれが所有を廃棄しようとしていると言って非難する。この所有の必然的条件とは、社会の圧倒的多数が所有しないということなのにである。

私的所有の廃棄という非常に刺激的な表現をどう説得的にうまく表現するかというのは苦心の産物と言える。『信仰告白』では、所有一般の廃棄という表現になっていて、すべての所有が否定されるように見える（問3の答　資料編参照）。『原理』でもそれは同じで、しかも革命による廃棄というニュアンスが明確に出ている（問15、16、17、資料編参照）。

むしろここでは、当時の人々が恐れをなす表現を逆さまに表現し、むしろ所有をしていないからこそ、所有を復活するのだと述べられている。

諸君の非難は、われわれが所有を廃棄しようとしているという一語に尽きる。もちろん、われわれはその廃棄を望んでいるのだ。

労働がもはや資本、貨幣、地代、要するに独占された社会権力に転化しえなくなる瞬間から、すなわち個人的所有がもはやブルジョワ的所有に変化しえなくなる瞬間から個人が失われる、と諸君は表明するのだ。

こうした労働者の多くが所有を奪われているがゆえに、その労働者の個人的所有を復活しようと、むしろ積極的に所有の意味を展開する。だから所有の廃棄を求めるという批判は当たらないと逆に答えるわけである。労働者の小さな所有がブルジョワ的な個人的所有に変化しえない点において、労働者の人格は存在しない。労働者の人格を取り戻すには労働者の個人的所有が必要である。しかしそれは資本主義の中では実現できない。労働者はそのためブルジョワ的個人的所有をもう望まない。『原理』『信仰告白』ともに、こうした表現はない。エンゲルスは一八八八年英語版で「ブルジョワ的所有に」の後に、「資本に」と挿入している。

つまり諸君が、個人という言葉で理解しているのは、ブルジョワ的、ブルジョワ的所有者以外の何ものでもないということを諸君は認めていることになる。そしてもちろん、こうした個人は廃棄されねばならないのだ。

だからブルジョワ的な意味での個人の批判は、『ドイツ・イデオロギー』ではこう述べられている。「人格的個人、階級的個人に対する区別、個人にとっての生活条件の必然性は、それ自体ブルジョワ階級の一産物である階級が登場してきて初めて現れてくる。個人の間の闘争と競争こそがこの偶然性を偶然として産出する。だからこそブルジョワ支配の下では、個人は頭の中では、生活が偶然に支配されるという点で以前よりも自由であり、現実の下では、個人は物的な強制力に従属する度合いが多いだけに、いっそう不自由である」（MEW三巻七二頁）。だからここでの個人という言葉は、ブルジョワ的個人というわけである。そうした意味での個人の廃棄を『宣言』は望む。

共産主義はだれからも社会的生産物を自分のものとする権利を奪うわけではない。奪うのはただこうした獲得を通じて他人の労働を支配しようとする力だけだ。

共産主義者は私的所有の全廃などといった、大それたことを言っているのではない。ただ彼らが望むのは、労働に対する支配権の否定であると。自らの労働に応じて生まれる所有については廃棄などしない。廃棄するのは、他人の労働に対する支配なのである。こうした表現はマルクス独特のものと言える。

私的所有を廃棄すれば、すべての活動は停止し、一般的な怠惰が世界をおおうだろうと主張されてきた。

もしそうだとすれば、ブルジョワ社会はもう長いこと怠惰の世界であったはずだ。なぜなら、その社会で労働するものは、何も得ていないし、その社会で何かを得るものは労働しないわけだから。こうした批判はすべて、賃労働が存在するのは資本があるからだ、という同義反復の言葉に還元される。

私的所有がなければ怠惰が人々を覆う。これは共産主義に対する一般的に見られる批判である。平等が怠惰を生む。しかしそうだとすれば、資本主義社会の資本家こそ何もしていない、怠惰なものということになる。怠惰（Faulheit）フランス語で paresse という言葉。後にマルクスの義理の息子ポール・ラファルグ［1842-1911］が『怠ける権利』（田淵晋也訳、平凡社ライブラリー、二〇〇八）という書物を書く。この書物は、労働者に労働の義務を説く資本家たちに対する批判書である。マルクス主義には近代がもたらした一種の勤勉（industrious）主義を受けているところがある。たとえば労働それ自体が自己創出（『経済学・哲学草稿』）をするといった表現。しかし、当時近代主義がもたらした勤勉革命（産業革命）の中で、怠惰ということがいわば私的所有批判と同じような意味合いをもっていたことは確かである。だから共産主義者に向けられている怠惰を助長するという批判を、そのまま資本家に対して返したというわけである。

物的生産物の共産主義的領有―生産様式に対して向けられるすべての批判は、知的生産物の生産や領有にも拡大できる。ブルジョワにとって階級的所有を廃棄することは生産の廃棄そのものであるように、ブルジョワにとって階級教育を廃棄することは教育の廃棄一般と同じである。

ここで一転して、共産主義社会における社会的所有が生み出す問題への批判から、知的、精神的分野での共産主義的教育が生み出す問題に話を進める。ブルジョワ的生産様式の変革は、他方でブルジョワ的階級教育への批判でもある。なるほどすでにこの時代、ブルジョワ階級も国民への公教育、無償教育を推し進めていた。しかしここでは工場労働者としてすぐに役立つため即興教育が中心であった。しかし、モラルとしては勤勉と美徳というブルジョワモデルを後押しする教会権力が背後にいた。共産主義教育はまさにその背後の権力にとって脅威となる。だから共産主義に対する批判が起こったのである。

その喪失が嘆《なげ》かれている教育は、圧倒的多くのものにとって機械になるための養成教育である。

マルクスとエンゲルスは教育についてあまり語ることはない。「フォイエルバッハのテーゼ」の三では、教育についてこう語られる。「環境と教育の変化に関する唯物論的教説は、環境が人間によって変えられ、そして教育者自身が教育されねばならないことを忘れている」と（MEW三巻三頁）。実務教育については『資本論』でこう述べられる。「自らの子供たちにはポリテクニク（実務中心の高等教育）や農業経済学などの学校をつくることで、近代生産の内的傾向に従わざるをえないブルジョワが、プロレタリアには「職業教育」のようなものしか与えない」（『資本論』第一巻岩波文庫第二巻、五〇七頁、ただしフランス語版からの文章を付加している）。フローラ・トリスタン［1803-1844］は、『労働者の連合』の中で無駄な知識の棒暗記ではなく、考える教育、すなわち「なぜ」という問を立て、自ら考えるフランスの教育思想家ジャコトーの教育方法を提唱する（資料編参照）。

しかし、われわれに文句を言わないでくれ。なぜなら、諸君は、ブルジョワ的所有の廃棄を、自由、教育、法などといったブルジョワ的な考えで測っているのだから。諸君の考えそれ自身がブルジョワ的生産−所有関係の産物である。それと同様諸君の法律は諸君の階級の意志を法にまで高めたものであり、その内容が諸君の階級の物的存在によって規定されているような意志なのだから。

ブルジョワ的意識で考えると、私的所有の廃棄などおかしな話であるが、その意識自体がブルジョワ的生産−所有関係の賜物である。新しい生産−所有関係ができるとその意識は変わるはずであり、そうした意識から見ると、所有の廃棄などおかしなことではない。これは有名な史的唯物論の定義でもある。『経済学批判』の序言でこう述べている。「人間は彼らの社会的生産において、一定の、必然的な、彼らの意志から独立した関係に、すなわち彼らの物質的生産力の一定の発展段階に対応する生産関係に入る。これが実在的土台であり、その上にひとつの法律的および政治的上部構造がそびえたち、そしてそれに一定の社会的意識形態が対応する。物質的生活の生産様式が、社会的、政治的および精神的生活過程一般を制約する。人間の意識が彼らの存在を規定するのではなく、彼らの社会的存在が彼らの意識を規定するのである」（MEW一三巻六頁）。

生産−所有関係を生産の中で変化していく歴史的関係ではなく、永遠の自然的、理性的法則に変化させようという利害関心をもつという点において、諸君はこれまで消えていった支配階級とまったく共通している。古代的所有に関して理解しているとしても、また封建的所有に関して理解しているとしても、ブルジョワ的所有に関してはまったく理解していない。

生産−所有関係が永遠でない以上、その上に立つもろもろの法律や政治、そして意識も永遠のものではない。そんなことはブルジョワ社会以前なら当たり前のこととして認められるのに、ブルジョワ社会だけは永遠であることを期待する。マルクスは『経済学批判』（一八五九）の序言でこう述べる。「人間はつねに自分が解決できる課題だけを自分に提起する。なぜなら、もっと詳しく考察すると、課題そのものはその解決の物質的条件がすでに存在しているか、または少なくとも生まれつつある場合にだけ発生することが、つねに見られるだろうからだ」（MEW一三巻七頁）。ブルジョワにとって自らの解決できる問題しか提起できないということになる。

家族の廃棄！　もっとも急進的な人々でさえ、この共産主義者の破廉恥な考えに対して怒るであろう。

エンゲルスは『原理』の問21（資料編参照）において、共産主義における家族について語る。そこで問題になっていることは、男女の平等、社会による子供の教育、女性の共有の廃止である。これは当時の家族の概念からすると、かなりショッキングな発想であった。だから『宣言』は、家族の廃棄という問題に神経質になるだろうことを予測するのである。

現代家族、ブルジョワ的家族は何を基礎としてできているのか。資本、私的利益である。ブルジョワ的家族というものはブルジョワ階級にとってのみ完全な形で存在する。しかしそれを補っているものこそ、プロレタリアにおける強制的な家族喪失と公的売春である。

一九世紀イギリスのヴィクトリア朝期の家族という概念を確認しておく必要がある。男性を中心とした家族システムは、離婚に厳しく、女性は男性の働きに従属する形で存在していた。男性はそのため離婚することもなく、性の享楽を得るために売春婦のところに通っていた。そのためブルジョワ家族は女性にとって牢獄であったとも言えるし、外で性の享楽のために存在する売春婦は、プロレタリアが供出する女性の生贄であったとも言える。プロレタリア男性はそのため結婚できず、プロレタリア女性は売春婦、あるいは情婦になっていたというわけである。

当然のことながら、ブルジョワ的家族はこうした補完物が消滅すれば消えていき、資本が消滅すれば消えるのである。

諸君は、われわれが両親による子供たちの搾取をやめさせたいと望むことを非難するのだろうか。われわれはこれが罪であることを認識しているのだ。しかし諸君は非難する。われわれが家族による教育の代わりに社会的教育を主張するという点で、神聖な人間関係を廃棄してしまうと。

当時初等教育は義務教育化されていなかった。教育は家族に任されていたため、教会の学校に行くことが可能なものを除き、幼い頃から工場に働きに出た。『資本論』第一巻の一三章「機械装置と大工業」では、機械装置により成人男性労働者が、女性労働者、さらには児童労働者によって駆逐されていく姿が描かれる。こうして家族の中で父親が失業し、子供の賃金で生活するという状況が起こる。ここで家庭内の両親による搾取が生まれる。そんな中家庭内の教育は進展しなくなる。議会は児童の公教育を進めるが、こうした状況が足かせになり事態はうまくいかない。その児童もやがて父親になり同じことを繰り返す。こうして階級が固定化していく。

諸君の教育も社会によって規定されていないと言えるのか。諸君の教育も、教育が行われる社会関係によって、学校などを媒介にした社会との直接的あるいは間接的な融合によって、規定されているではないか。教育への社会の影響を発見したのは共産主義者ではない。彼らはその性格を変え、支配階級の影響を教育から取り除こうとしているにすぎない。

そこでこの固定化を避けるために教育の改革が必要になる。エンゲルスは『原理』の問の18の答でこう答える。「すべての子供を母の手から離れることができた瞬間から、国民の学校で、国民の費用で教育すること」（資料編参照）。この表現は『信仰告白』と同じである。この発想は、フランスの社会主義・共産主義思想からの影響が強い。デザミは、児童の教育を共同体に任している（資料編参照）。フローラ・トリスタンは、六－一八歳の子供たちを「労働者連合の宮殿」で教育することを主張する（資料編解説参照）。

大工業の結果によってプロレタリアの家族的絆がどんどん崩れその子供たちが単純な商品、労働手段へと転化していけばいくほど、教育と家族に関する、両親と子供の神聖な関係に関するブルジョワ的常套句《じょうとうく》が嫌悪をもたらすようになる。

「家族、国家、祖国」といったブルジョワ的、教会的価値規範は一部の人々以外には拡がっていかない。所得の低い労働者ではそれが実現できないからである。一八三三年の工場法で児童労働に対する規制が生まれ、一八四四年児童労働にさらに規制がかかるようになる。しかし児童労働が禁止されたわけではない。

　エンゲルスは『イギリスにおける労働者階級の状態』の中でこう述べる。「イギリスの工場労働者四一万九五九〇人（一八三九年）のうち、一九万二八八七人、だからその約半数は一八歳以下であり、また二四万二二九六人は女性で、そのうち一一万二一九二人は一八歳以下であった」（MEW二巻三七四頁）。この後労働者の中に女性がいかに多いかを述べ、その結果子供たちがどうなるかが述べられる。「女性労働は家庭を完全に崩壊させる。なぜなら妻が昼間一二時間あるいは一三時間以上も工場で費やし、夫が同じ工場かそれ以外の工場で働く時、子供たちはいったいどうなるのか」（同）。

しかしブルジョワ階級はすべて、声をそろえて諸君たち共産主義者は女性の共同所有社会を望んでいるのだと非難する。

　ブルジョワの男はその妻の中にたんなる生産用具しか見ていない。ブルジョワは、生産用具は共同で搾取されるべきであると聞き、だから当然ながら、共同体の運命は女性にも当てはめられねばならないとしか考えない。

　女性の共有という言葉は、マルクスが『経済学・哲学草稿』（第三草稿、「私的所有と共産主義」）で粗野な共産主義を批判した際に議論されたことである。当時共産主義者同盟をはじめとして、運動の中心は男性であった。しかもその多くが男性職人で、将来結婚するあてもない遍歴職人であり、彼らの当面の希望が女性との結婚と家族をもつことであった。そのため金のない彼らが女性の共有ということを願望としてもったとしても、それはありえない話ではなかった。しかもそれは、ブルジョワがプロレタリアの女性を情婦や売春婦として独占していることへの勝手な嫉妬にあった。マルクスはこの問題を批判する。批判の骨子はこうである。それは男性労働者という組織による私的所有の完成形態だと。私的所有とは、ある選ばれた主体がそこから排除された客体を支配することを意味する。そう考えると、ヴィクトリア朝期の家族のモデルは、ブルジョワ男性による全女性の支配と言えなくもない。だから労働者男性は、女性の共有という発想を前面に打ち出したのである。女性を生産－用具と見ているというのは、工場労働者として、子供を産むものとして、この二重性において見ているということである。

彼には、ここでまさに問題になっていることは、単なる生産－用具としての女性の地位の廃棄だということが理解できない。

　ところで共産主義者が公にしたいわゆる女性共有について、モラルの高いわがブルジョワの驚《きょう》愕《がく》ほど笑えるものはない。共産主義者たちは女性の共有など導入する必要もないからだ。なぜならそれはほぼいつも存在し続けてきたからだ。

　わがブルジョワは、プロレタリアの妻や女性を、公娼は当然のことだが、自分の自由にするということだけに満足せず、人妻を代わる代わる誘惑することに最上の喜びを感じている。

　ヴィクトリア朝におけるモラルは禁欲のモラルだと言われる。なるほど正当な結婚や家族におけるモラルは厳格なモラルで守られている。だからこそ、その裏には淀んだ裏の非道徳的世界が存在する。公娼と誘惑という話はまさにここにある。道徳的に守られている背後にある裏社会の性の捌け口には女性の共有が洗練された形で存在していたというわけである。

ブルジョワ的結婚は、実際のところ人妻の共有である。共産主義者を彼らが批判できるとしたらせいぜい、共産主義者が偽善に隠された女性の共有ではなく、公的で、率直な女性の共有を導入したいと考えている点である。さて今日の生産関係の廃棄とともにその生産－関係から生まれた女性の共有、すなわち公的売春、非公的売春も消滅することは、何よりも自明のことである。

　人妻それは売春を許容されるプロレタリアの人妻女性たちのことである。エンゲルスは『原理』（問

21に対する答）でこう述べる。「女性の共有とは、すべてのブルジョワ社会が陥っている関係であり、それは今日売春制度の中に実現されている。しかし売春は私的所有に基づいており、私的所有とともに消えていくものだ。だから共産主義的組織は女性の共有を行うのではなく、それを廃棄するのだ」（資料編参照）。

さらに共産主義者が非難されていることは、祖国、民族性を廃棄することを望んでいるということだ。

すでに第一章で労働者は祖国をもたないことが説明されている。賃金の低い労働者を求める資本に、人種、民族、国籍など本来はない。それは生産手段たる原料や、機械、燃料に民族、人種、国籍がないのと同じである。たんなる生産手段として、道具として搾取される限り、そうしたものは必要ない。『原理』にはこれに当たる部分はない。『信仰告白』では、問21に「共産主義において民族性は存続するか」（資料編参照）という問がある。そこでは国籍は相互に結びつくことで、やがて廃棄される。階級や階層の廃棄と同じであると述べられている。

労働者は祖国をもたない。人はもたないものを奪うことはできない。しかし、けっしてブルジョワ的な意味ではないが、プロレタリアがまず政治的支配を獲得し、民族的階級にまで上昇し、自らを民族として構成しなければならないという点で、やはりプロレタリアは依然として民族的である。

世界革命か、一国革命かという問題。当時のヨーロッパは現在のような国家体制にあったわけではない。フランス、イギリスなど一部を除けば、オーストリアのような多民族国家、ドイツやイタリアのような小国家に分かれていた。そこで民族や国家といった場合、民族という概念をどうとらえるかによって変わる。仮に同一言語を使用する集団として国家をとらえるにしても、歴史的、文化的、宗教的差異が残る。仮にそれを無視して国家を民族同一性で構成したとして、そうした国家を形成するまでには多くの時間がかかる。だからこそポーランドの場合に見られるように、まずは運動は国家形成から始まる。となると今度、プロレタリアの間に民族対立が起こる。一八四八年のウィーンの市民革命を崩壊させたクロアチアのイェラティチ〔1807-1875〕の問題がまさにこれである。マルクスとエンゲルスは、民族主義への懸念を示すことになる（エンゲルス「民主的汎スラヴ主義」MEW六巻）。

人民の民族的孤立化や対立は、ブルジョワ階級の発展とともに、貿易の自由、世界市場、産業生産の均等化、それに照応する生活条件の均等とともに、どんどん消滅していく。

資本が世界をグローバル化するということであるが、まずは原料、生産物の市場のグローバル化、やがて資本そのもののグローバル化、そして人間の移動のグローバル化へと進む。当時はせいぜい生産物市場のグローバル化（一部労働市場も自由ではあったが）である。一八四八年革命以降は次第にナショナリズムが台頭し、労働者の自由な移動が禁止されるようになる。一八六四年の国際労働者協会（第一インターナショナル）は、そうした国際間の労働移動を自粛していくために呼びかけられた、英仏の労働者の交流から始まる。そのため一八四八年革命以前にあった労働者の自由な移動が禁止され、次第に労働者の運動が国内化していく。その意味では歴史は『宣言』の期待と逆に動いたと言える。

プロレタリアの支配によって、そうした対立はさらに消滅していく。少なくとも文明化された地域での運動の統一こそ、その解放の最初の条件のひとつである。

しかし一八六四年九月に開催された労働者の国際大会は、図らずも最初の意図と逆に進む。労働者の国際移動に対する規制は厳しくなったが、逆に労働者相互の国際間の交流は拡大した。一八七一年パリ・コミューンへの支持は、当時のブルジョワ階級に恐れられたが、国際労働者協会（第一インターナショナル）が、労働者が国家を超えてすべての労働階級の支持を表明したからである。その表明は『フランスの内乱』（一八七二、MEW一七巻）という形でマルクスの著書としてまとめられるが、それはマルクスが起草したものであった。

ある人間による他の人間への搾取がなくなるにつれて、一民族による他の民族への搾取も廃棄される。民族内部における階級対立の廃棄とともに、民族内部の敵対的立場は消える。

後年マルクスは『ゴータ綱領批判』の中でこの問題を取り上げる。「一般に労働者階級が闘争できるためには自国内で自己を階級として組織しなければならないこと、自国が彼らの直接の闘争舞台であることはまったく自明のことである。その限りでは、労働者階級の階級闘争は、内容の上のことではないが、『共産党宣言』が言うように、「形式上は」民族闘争である。しかし「今日の民族国家の枠」は、たとえばドイツ帝国の「枠」は、それ自身また経済的には世界市場の「枠内に」あり、政治的には「諸国家の体系」の「枠内に」ある」（MEW一九巻二三－二四頁）。闘争は国際的な拡がりの中で行われるべきであることをマルクスはここで強調している。ここで批判の対象となっているのはラサール［1825-1864］であり、ラサールは闘争を国内に限定し、国際的には協調さえあればいいということを主張したが、マルクスはそれを批判するのである。

宗教的、哲学的、一般にイデオロギー的立場から出てくる共産主義に対する非難は、とりたてて検証するに値しない。

人間の表象、思考、概念も、一言で言えばその意識も、人間の生活関係、社会関係、社会的存在によって変化を受けるのだということを理解するのに、それほど深い洞察など必要であろうか。

思想の歴史は、知的生産が物質的生産によって変化するということを示すだけなのだ。ある時代の支配的思想はいつも支配階級の思想にすぎなかった。

『ドイツ・イデオロギー』にこれとよく似た表現がある。「支配的思想はいずれの時代も支配的思想である——支配的思想は支配的な物質的関係の観念的表現、思想の形をとった支配的な物質的関係以上のなにものでもない」(MEW三巻四二頁)。

共産主義に対する批判は、あくまでもブルジョワ的な思考の上からの批判であり、そこから批判する限り、共産主義思想はまったく人類史において否定される思想にすぎない。この限界を突破するには、ブルジョワ社会が生産力を拡大し、そうした思想の限界の外に出るしかない。

ひとつの社会を革命的に変えるという思想が語られる。そこで語られることは、旧い社会内部で新しい社会の要素が形成されたという事実、旧い生活関係が崩れたことで、旧い思想の解体が同じように始まったということにすぎない。

古代世界が衰退した時、旧い宗教に取って代わったのはキリスト教であった。一八世紀においてキリスト教思想が啓蒙ー思想に敗北したとき、封建社会は当時は革命的であったブルジョワ階級と死の闘争を行った。意識の自由と宗教の自由は、意識の領野における自由競争の支配について語るだけである。

旧い時代の思想は、新しい生産力の出現によって崩壊していく。新しい思想はその中から生まれていく。古代世界の衰退はキリスト教、すなわち中世世界を生み出し、一八世紀には啓蒙思想を生み出す。『ドイツ・イデオロギー』では、啓蒙思想ではなく市民社会となっている。「市民社会という言葉は一八世紀において、所有関係がすでに古代的および中世的共同体から抜け出ていた時に現れた。市民社会らしい市民社会はブルジョワ階級とともに展開する」(MEW三巻三二一頁)。

しかしながら、当然だが宗教的思想、道徳的思想、哲学的思想、政治的思想、法的思想などは歴史的発展の中で自ら変容していったと言われている。

しかし宗教、道徳、哲学、政治、法はこうした変化の中でいつも自らを維持していった。
　さらに言えば、すべての社会状態に共通する、自由、正義といった永遠の真理もある。しかし共産主義は、宗教や永遠の真理を廃棄し、宗教、道徳を新たにつくり直すのではなく、廃棄するのだ。だから、共産主義はこれまですべての社会発展と対立するのである。

　思想は歴史の中で変容するが、宗教、道徳、哲学、政治、法それ自体は形を変えながら存続していく。そして自由や正義といったいわば普遍的なものもある。しかし共産主義はあえてこれらをすべて廃棄するというわけである。それは、これらの概念は、これまでの歴史の上で支配階級の都合に合わせて変容してきたからである。支配階級が廃絶されるとすれば、そうした支配階級に都合のいい概念それ自体も廃絶されることになる。しかしこれはかなり大胆なことである。そこで共産主義をこう語る。「共産主義はわれわれにとっては、つくり出されるべき何らかの状態、現実がとるべきなんらかの理想ではない。われわれが共産主義と呼ぶところのものは現在の状態を廃止する現実的運動のことである」（『ドイツ・イデオロギー』MEW三巻三二―三三頁）。これは共産主義の難しい課題を表現している言葉である。一八七二年版ではこの部分に引用符が付けられている。

このような批判はどこに落ち着くのか。これまですべての社会の歴史は、それぞれの時代にそれぞれ異なる形態を取る階級対立の中で生まれた。
　しかしこうした階級対立がどんな形態をとろうと、社会のある一部による他の一部の搾取は、これまですべての時代に共通したものであった。したがって、すべての時代に、その多面性や相違にもかかわらず、ある共通の形態、すなわち階級対立が完全に消滅しない限り完全には消滅しない社会的意識形態が生まれたことは、驚くべきことではない。

古代奴隷制社会からブルジョワ社会に至るまで、

それぞれの支配階級は、自己の正当性を示す意識形態をつくってきた。その支配が続く限り、言い換えれば階級闘争が続く限り、そうした中で支配される側の社会的意識が正当化されることはつねにない。だから階級対立が消滅しない限り、新しい意識形態は生まれない。しかし共産主義社会はその新しい意識をつくり出すのみならず、支配的ではない意志をつくり出すという困難な課題を背負うことになる。

共産主義革命はこれまでの所有－関係と完全に手を切る。その発展過程の中で、共産主義革命がこれまでの思想とも完全に手を切るというのは不思議なことではない。

だからこの言葉が出てくる。共産主義社会がこれまでの所有と手を切るということは、プロレタリアが新たな支配階級として所有を利用することを止めるということである。ここではプロレタリア階級による、所有関係を超えた所有関係そのものの廃棄が問題となっている。だから所有のブルジョワ階級からプロレタリア階級への移転ではなく、所有そのものの解体でなければならない。それはアソシエされた個人という後述される概念と結びついている。そしてそうした解体された所有と結びつく思想は、これまでの支配階級が正当性を主張した思想ではない。だからこれまでの思想と手を切らねばならないのである。このあたりの共産主義思想の展開は、エンゲルス『原理』や『信仰告白』には見られない議論である。共産主義は運動であるというマルクスの主張する概念の意味は、まさにこの違いの根本にある。所有の廃棄は新しい所有の形成ではないということ、言い換えれば財産の共同体を目指すという共産主義者同盟の理想は、ここで一度破綻している。財産の共同体を目指すのではなく、所有そのものの廃棄を目指すというのだから。

しかしながら、ブルジョワ階級が共産主義に対して繰り出す非難に関わることはここまでにしよう。

すでに見てきたところでは、労働者－革命における第一歩は、プロレタリアが支配階級になるこ

とであり、それは民主闘争に勝利することである。

プロレタリア階級はその政治的支配を利用して、ブルジョワ階級からすべての資本をすこしずつ奪い取り、すべての生産手段を国家の手、すなわち支配階級として組織されたプロレタリア階級に集中し、生産力をできるだけすみやかに増大させる。

しかしながら現実問題として所有の廃棄は簡単に起こるものではない。そこで当面の問題として、権力の奪取過程は、これまでと同じ過程を取らざるをえない。それはプロレタリアによる政治的支配である。プロレタリア権力によって生産手段を国家が手に入れ、生産力を増大させるということは先の支配階級であることをやめる、つまり所有関係そのものを廃棄するという目標と矛盾する。ここで過渡期論という問題が出てくる。『信仰告白』や『原理』では、明確に過渡期が分析されていない。その点である意味興味深い。そこでは、過渡期（Übergangsperiode）という概念ではなく、ゆっくり進むだろうとしか書かれていない。過渡期という概念を明確に打ち出したのは、スウェーデンのイェートレック［1798-1876］である（『プロレタリア階級と真の共産主義による彼らの解放について』資料編参照）。ここでは経済的問題よりも政治的参加の問題が取り上げられている。共産主義は個人の能力の自由な発展であると述べられ、これに到達するにはキリスト教的友愛と平等が必要だと主張する。具体的には教育と啓蒙活動だという。『宣言』は過渡期としてこうした経済政策を取る、権力の解体過程である政治参加については不分明である。

当然ながらこれが起こるのは、所有権やブルジョワ的生産－関係に対する専制的介入を通じてのみである。つまり経済的に見ればまだ不充分で、支持しがたいように思われるかもしれないが、全生産様式を転覆するための手段としては不可避的な運動によって自らを乗り越えるという方法を通して以外に起こりえない。

テーマが経済的問題にのみ特化しすぎているのは、

これまでの論理から言って致し方ないとしても、一方で経済的権力奪取とそれによって生まれる政治的暴力の問題を分析する必要があったと思われる。イエートレックの功績はまさにそこにあるが、『原理』と『信仰告白』もこの点に関しては同じで、政治的分析が欠落している。コンシデランの『社会主義の原理』も政治的民主主義を強調するし、カベーの『イカリーへの冒険』もその点では同じである。あえてこの問題を『宣言』は避けたのかもしれない。

こうした方法は当然、地域が異なるにしたがって違ったものでなければならない。

ここで過渡期の具体的政策が語られる。『原理』(問25)ではこうである。それは『宣言』四章の当面の問題という所と重なっているが、プロレタリアが多数のイギリスでは直接的、フランスやドイツのような小農民や小市民からなる地域は間接的であるとなっている(資料編参照)。

しかし発展した地域では、一般的にとりわけ次のようなことが適用されるであろう。

1　土地所有の収奪と地代の国家支出への変換
2　累進ー課税の強化
3　相続権の廃止
4　すべての移民や反逆者の所有の没収
5　国家資本をもつ、とりわけ独占的な国立銀行によって国家の手に信用を集中させること
6　全輸送手段を国家の手に集中させること
7　国立工場や生産ー用具の増大、共通の計画にしたがった耕作地の改善と開墾
8　すべてのものに対しての等しい労働義務、とりわけ農業のための産業軍の組織化
9　農業と工業との経営の結合、都市と農村との対立をゆっくりと解消すること
10　すべての児童に対する公教育と無償教育。今日的形態での児童の工場労働の禁止。物的生産と教育とをつなぎ合わせることなどなど。

『宣言』に書かれている要求項目は、三月革命後共産主義者同盟が掲げた一七の項目（「ドイツにおける共産党の要求」MEW五巻三－四頁）とよく似ている。この一七の要求は、『宣言』と違ってドイツに限定されているが、内容は照応している。その内容は以下のとおりである。ここではすべてを掲載しておく。

「1条　全ドイツは不可分の共和国であると宣言される。

2条　二一歳以上の全ドイツ人男性は、不名誉な罰を受けていない限り、選挙人である。

3条　労働者もドイツ議会で議席をもてるよう、人民代表は有給とする。

4条　人民全体の武装。将来の軍隊は同時に労働者の軍隊である。軍は過去のように単純に消費するだけの場所ではなく、その生活費用以上に生産する場所である。さらに言えばそれは労働の組織のための手段である。

5条　裁判所の費用は無料である。

6条　現在まで農民の上に課せられてきたすべての封建的税、すべての賦役、十分の一税などの貢租などは、何らの償いもなく廃止される。

7条　君主の領地やそのほかの封建的領地，全鉱山、採石場などは公的所有とする。こうした領地の上で、農業はもっとも近代的な科学的方法と、集団の利益によって飛躍する。

8条　農民の土地の抵当はすべて公的な所有となる。農民は国家にこの抵当の利子を支払う。

9条　借地契約が発展している地域では、小作料あるいは地租は国家に税として支払われる。6条、7条、8条そして9条に示されているすべての処置は公的債務、そして農民や小作人以外の人々が、国家費用を捻出するために生活必需品を減らし、生産それ自身に痛手を与えることのないように、その負担を減らすために取られる。土地所有者は厳密に言えば耕作者でもなければ、小作人でもなく、生産に一切寄与していない。その結果、彼の消費は乱用にすぎない。

10条　私的銀行がすべて国立銀行となり、その紙幣はすべて合法的な価値をもつ。

こうした処置によって、信用制度をすべての人民の利益のために規制し、大銀行家の支配を崩すことが可能になる。金や銀に代わって紙幣を少しずつ導入することで、ブルジョワ的商業になくてはならない普遍的交換手段である貨幣の価値を減価させ、外国市場における金と銀の影響力を制御する。最終的には、保守的なブルジョワの利益を革命に振り向けるために必要な処置である。

11条　すべての交通手段、鉄道、運河、蒸気船、道路、郵便制度などは、国家のものとする。これらは公的所有となり、金のない階級の利用に委ねられる。

12条　すべて役人の給与は同額とする。その例外として、家族をもつものは需要が多いので、ほかのものより給与を高くする。

13条　国家を宗教から分離する。告白のための司祭の給与は、無償奉仕の自治体によってのみ支払われる。

14条　相続権は限定される。

15条　重い累進課税の導入、消費税の廃止。

16条　国立アトリエの創設。国家がすべての労働者にその生存を保証し、労働できないものへ必要なものを与える。

17条　すべてのものへの国民教育は無償である」

これを見ると、『宣言』の3、7、8条が消えていることがわかる。ドイツという固有の国での必要性がそうした内容をあえて削らせたのであろう。

さて実はこうした要求は、『原理』では一二項目挙げられている。『宣言』の1の土地所有の収奪と地代の国家収入への変換は、表現が柔らかくなっている。それは土地所有者、工場主、鉄道所有者、船主などを国営企業によって収奪、あるいはアッシニア紙幣のように価値のない紙幣を発行して収奪すること、となっている（『原理』問18の答の2）。2の累進課税と3にある相続権の廃止は、相続税の強化、傍系（兄弟、いとこ）相続の廃止、さらに強制的に公債を購入させることで弱めるという対策が立てられている（『原理』問18の答の1）。4と6はまったく『原理』でも同じである（『原理』問18の答の3、12）。5の信用の国立銀行への集中には、当然ながら私立銀行への抑圧、そして銀行家への抑圧があることが付け加えられている（『原理』問18の答の6）。7の国民工場や農地の拡大には、さらにアトリエ、鉄道、船舶の増大という項目が付加されている（『原理』問18の答の7）。8もほぼ同じ（『原理』問18の答の5）、9の都市と農村の相違をなくすことには、具体的な例が盛られている。宮殿を国有財産とし、そこで共同体をつくり、農業と工業をともに実践する（『原理』問18の9）。10の児童教育の無償化、児童の工場労働の禁止には、フローラ・トリスタンが提唱するように母の手から離れたときから国民学校において無償で教育するとある。ただしその国民学校が寄宿舎かどうかはわからない。『原理』にはさらにこれに二つ加わる。ひとつは住宅の完備、もうひとつは非嫡出子の問題（『原理』問18の答の8、10、11）。『イギリスおける労働者階級の状態』を書いたエンゲルスらしい提言である。しかし『宣言』ではこの二つは当然のことと考えたのか、省略してある。

『信仰告白』の方はいたって簡単にしか書かれていない（『信仰告白』問18）。3項目あり1社会的所有の実現によって私的所有を制限すること。そのために相続権の制限、累進課税を強化する。2国立工場、作業場などに労働者を従事させること、3全国民の無償教育。イェートレックもこの『告白』とまったく同じ三つを挙げている。

こうした発展の中で、階級的相違が消え、生産のすべてがアソシエされた個人の手に集中すれば、公的な力も政治的意味を失う。本来の意味での政治的力は、他の階級に対するある階級の抑圧のため組織された力である。ブルジョワ階級に対する闘争においてプロレタリア階級は必然的に結合し、革命を通じて自ら支配階級となり、支配階級として旧い生産‐関係を暴力的に廃棄するとすれば、階級対立の存在‐条件、階級一般、したがって階級としての自らの支配も、こうした生産‐関係とともに廃棄される。

　ここでもっとも理解の難しい言葉、アソシエという言葉が出てくる。生産のアソシエとは何か。かつては協同組合、共同体などといった概念で説明されていたが、既存の概念では説明できないタームだと思われる。所有を廃棄した後に出てくる所有そのものを揚棄したもの、言葉として理解できても、現実の概念として理解しにくいものであることは確かである。アソシアシオンという言葉は当時のフランスの社会主義者が好んで使った言葉であるが、そこに含まれている意味は自らの持分をもつことで積極的に人格的な所有をもち、しかし他面で全体としては誰も支配的な所有者がいないという意味である。だから株式会社という組織もある意味ではアソシアシオンであり、自らのものをそれぞれもち寄って参加するパーティーもアソシアシオンである。人格的所有が確保されている点で、個人的な自由が保証され、政治的にも独立した人格が認められていなければならない。その所有が特定の労働者階級や、党組織の所有であるならば、それはたんに資本家の所有がそうした組織の手に移ったということにすぎない。新しい組織は、それ自体として自由に参加できる形式をもっていたとしても、そこで自らの個人的権利を確保することは、難しい。それこそアーレントが『人間の条件』（一九五八）で問題にする社会的問題と政治的問題の乖離である。社会的、すなわち経済的所有が社会的になったとしても、政治的な権力、つまり新しい組織による政治的な暴力がなくなるとは言えない。政治的な民主主義にこだわったフランス社会主義の経験がここに生かされなければならないはずである。民主的組織をつくるための政治的組織化。その原理が自主管理であるかどうかは不明だが、それは『哲学の貧困』の最後の章（第五節ストライキと労働者の団結）からある意味類推がつくとも言える。ここでは労働者の政治権力と経済権力との融合の問題が説かれている。ここでは経済的利益、すなわち賃金闘争にのみ関心を示す労働者が、やがて賃金よりも、自らの政治的団結を優先させるようになる過程が書かれている。これは経済闘争ではなく政治闘争となっている。ただしこの政治的力はブルジョワ階級のような支配的権力になる力ではない。そして政治権力が暴力装置にならない社会を労働者階級自身自らがつくると述べられている。「社会運動は政治運動を拒否するというべきではない。政治運動であって同時に社会運動ではないものは、絶対に存在しない」（MEW四巻一九〇頁）。アソシエされた個人という言い方は英語版では全国民による広範なアソシアシオンとなっている。

階級と階級ー対立をもった旧いブルジョワ的生産に取って代わって、アソシアシオンが生まれる。そこにおいては各人の自由な発展がすべてのものの自由な発展の条件となる。

こうして生まれるアソシアシオンは、各人の自由な発展がすべてのものの自由な発展につながるものだと述べている。もちろんこうした社会が自動的につくられるわけではない。そこに参加する人々の積極的活動がなければならないはずである。共産主義が運動であるというのは、そうした行為を含むものと解釈すべきであろう。『経済学・哲学草稿』の第三草稿「貨幣」にはこういう文章がある。「人間を人間としてまた世の中に対する彼のあり方を人間的なあり方として前提するならば、君は愛をただ愛としてのみ、信頼をただ信頼としてのみ、等々、交換することができる。君が芸術を楽しみたいなら、君は芸術的な教養のある人間でなければならない。君が他の人々に影響を及ぼしたいのなら、君は実際に他の人々を活気づけ、鼓舞するような働きをもつ人間でなければならない。君の人間に対する――および自然に対する――どんなあり方でも、それは現実的個人的な域からの特定の、君の意志の対象に見合った表現でなければならない。君が愛することがあっても、それに答える愛を呼び起こすことがないならば、言い換えれば君の愛が愛として、それに答える愛を生み出すことがなければ、君が愛する人間としての君の生活表現によって、君自身を、愛された人間たらしめることがないならば、君の愛は無力であり、ひとつの不幸なのである」（MEW四〇巻四八八頁）。

エンゲルスの『原理』では三つの社会主義グループに分けられている（『原理』問24）。第一のグループが家父長的・封建的社会主義者、過去の体制を復活し、資本主義の社会悪を克服しようとするグループ。しかしこれは、結局社会の進展の逆行しているタイプである。第二のグループは慈善的な手段を使って現在の資本主義の悪を克服しようとするブルジョワ社会主義者。第三のグループは民主的社会主義者で小市民階級を代表する人々、彼らは共産主義者と手を組めるグループである。この三つのグループで、明確に『宣言』の区分けと一致しているのは反動的社会主義、封建的社会主義、ブルジョワ的社会主義である。ユートピア的社会主義と真正社会主義に関しては、『原理』ではまったく分析されていない。それ以外はかなり異なる。『宣言』はこの社会主義の歴史の部分に関してはかなり細かい分析をしている。

一八四九年ケルンを引き上げた際、マルクスは友人のダニエルスに自ら所有する文献を預けたが、それを見ると当時所有していた文献がある程度わかる。もちろん、一八四八年以後購入したものかどうかは明確ではないが。マルクスが当時所有していた社会主義文献を挙げると以下のようになる（*Ex Libris, Karl Marx und Friedrich Engels*, Berlin, 1967.SS.211-228による）。Pecqueur, *Théorie nouvelle d'économie sociale et politique*, Paris, 1842., Saint-Simon, *L'Industrie*, Paris, 1817., *Doctrine de Saint-Simon, 3éd. Année 1828-1829*, Paris 1831., *Religion Saint-Simonienne*, 4 Hefte., Fourier, *Le nouveau monde industriel et sociétaire*, Paris, 1829., Fourier, *La fausse industrie*, Paris, 1835., *La Phalange, Revue de la science sociale*, Paris, 6 Hefte., *Robert Owen contre Campbell*, MacNab., *Examen impartial des nouvelles vues de M.Robert Owen*, Paris, 1821., Leroux, *Revue Sociale*, Année 1, 2. Paris, 1845-1845., Leroux, *De l'humanité, Paris, 1840.*, Leroux, *Réfutation de l'éclectisme*, Paris, 1839., Saint-Simon, *Sur l'établissement du parti de l'opposition*, 1814., *Religion Saint-Simonienne* 4 Hefte., Weitling, *Garantien der Harmonie und Freiheit*, Vivis, 1842., *Der Hülferuf der deutschen Ju-*

gend, Bern, 1841., *Communist. Schriften.*, Beranger, *Chansons.*, Cabet, *Etat de la question sociale en Angleterre, en Ecosse, en Irlande et en France*, Paris, 1843., Owen, *Propositions fondementales du système social.* Paris, 1837., Proudhon, *De la création de l'ordre dans l'humanité*, Paris, 1843., Lahautiére, *De la loi sociale*, Paris, 1841., *Deuxième lettre à Cabet sur son projet d'émigration en Icarie*, Paris., Proudhon, *Lettre à M. Blanqui sur la propriété*, Paris, 1841., Cabet, *Salut par l'Union*, Paris, 1845., *Almanach Phalanstérien*, Paris, 1849. Dézamy, *M. Lamnenais réfuté par lui-même*, Paris, 1841. Pillot, *Tribune du peuple, Prospectus*, Paris, 1839., Morelly, *Code de la nature*, Paris, 1840., Campanella, *La cité du soleil*, Paris, 1840., Pillot, *Histoire des égaux*, Paris, 1840.*Geachtete*, Paris, 1834-1835, 2 Hefte., Fourier, *Théorie de l'unité universelle*, Paris, 1841-43. 4Bde.

これを見ると、かなりの社会主義、共産主義の文献をマルクス自身所有していたことがわかる。もっともこれが当時マルクスの所有していたすべての文献ではない。すでにロンドンまでケルンから自ら持参したものがあると思われるからである。

さてマルクスの残された草稿には、この章の原案というべきものがある。ＭＥＷ補巻一（二二六頁）に所収のものであるが、それには、『宣言』に含まれているもの以外に、直接の党の文献、共産主義の文献という項目がある。それが何を意味するものかははっきりしないが、当時存在したさまざまな文献を意味していたと思われる。しかしこれが削除された理由は、結局『宣言』で批判されるものの中にそれがすべて含まれていると考えたからであろう。その批判的・ユートピア的文献の中にはヴァイトリンクが挙げられているが、『宣言』にはそれもない。

1．反動的社会主義

a　封建的社会主義

フランスとイギリスの貴族階級は、その歴史的立場にしたがって、近代ブルジョワ社会に反対するパンフレットを書くことを要請された。

リャザノフはこのような人物としてフランスでは

ボナール［1754-1840］とジョゼフ・ド・メストル［1753-1821］を挙げている。そして彼らは進歩に反対する人々としてジャコバン派によって批判されたという（マルクス・エンゲルス『共産党宣言』リャザノフ評編注、大田黒年男、早川二郎共訳、マルクス主義の旗の下に社、一九二九年、二六九頁）。イギリスではコールリッジ［1772-1834］が挙げられている。

一八三〇年フランス七月革命において、イギリスの選挙改革運動において、これらの貴族階級は憎むべき成り上がりものに再度敗北することになった。もはやこの時は政治的闘争など重要な問題とはなりえなかった。残されたことは文献による闘争だけであった。しかしながら、文献による闘争においても、王政復古期のような旧い常套句では不可能であった。貴族階級は人々の共感を得るため明らかに自らの利益を捨てたふりをして、搾取される労働者階級の利益の名においてのみブルジョワ階級に対する告発行動を起こしえたにすぎなかった。貴族階級は新しい支配者に対して誹謗の歌を歌い、多少の不幸を帯びた予言を彼らの耳に囁くことで、かろうじて満足を得ることができたのだった。

一八三〇年のルイ・フィリップ［1773-1850］体制は、それまでのシャルルX世［1757-1836］の王政を転覆した。これによって少なくとも王政復古体制が崩壊する。ルイ・フィリップは摂政体制であり、基本的には議会による首相と大臣による政治に切り替わる。マルクスは『フランスにおける階級闘争』の冒頭でこう述べる。「七月革命の後、自由主義的な銀行家ラフィット［1767-1844］が相棒のオルレアン公（ルイ・フィリップ）を勝ち誇って市庁舎に案内したとき、彼は次のことばをもらした。「これからは銀行家が支配するだろう」と。ラフィットは革命の秘密をもらしたのであった。ルイ・フィリップの治下でフランスを支配したものは、フランスのブルジョワ階級ではなく、その一分派であり、銀行家、取引所王、鉄道王、炭鉱・鉄鉱・森林の所有者、彼らと結ぶ地主――いわゆる金融貴族であった」（M

EW七巻九頁)。この言葉「これからは銀行家が支配するだろう」については、すでにエンゲルスが一八四六年の『ノーザン・スター』の「フランスにおける政府と反対派」と、一八四七年九月の『ブリュッセル＝ドイツ人新聞』の「詩と散文におけるドイツ社会主義」の中で同じ発言をしている。フランスの体制ではブルジョワは完全な勝利者ではなかったが、ブルジョワ体制であったことは間違いない。イギリスでは選挙法改正によって上院と国王の力が減退していく。エンゲルスはこの過程を「イギリスの状態(イギリスの憲法)」の中でこう表現する。「ではいったいイギリスを統治しているのは誰なのか？――統治しているのは所有である。所有のおかげで貴族は、農村や小都市の代議士の選挙を支配することができる。所有のおかげで商人や工場主は、大都市や、いくぶんはまた小都市の代議士を決めることができる。所有のおかげで商人や工場主は、買収によって自己の影響力を高めることができる。選挙法改正法では、所有の支配は、財産という形でしっかりと認められている。そして所有と所有を通じて得られた影響力とが中間階級の本質をなす限り、だから貴族が選挙の際に彼らの所有にものを言わせ、したがって貴族としてではなく、中間階級と対等のものとして現われるかぎり、本来の中間階級の影響力が全体として見て貴族の影響力よりはるかに強力である限り、支配するのは確かに中間階級である」(MEW一巻六三三頁)。つまり、エンゲルスは、選挙法改正法は、資本主義的所有関係を表現する限り旧貴族層をも選挙で勝利を得ることができるようにした、と述べているのである。こうして旧い支配階級は、資本主義的発展に飲み込まれることとなる。

このように封建的社会主義が生まれたのは、一部は哀歌として、一部は風刺《ふうし》として、一部は過去からの反響として、一部は未来への脅威としてであった。その辛辣《しんらつ》で才気あふれる、心を裂くような批判は、ブルジョワ階級の心を打つことにはなったのだが、近代社会全体の歴史を把握する能力をまったく欠いていたために、現実への影響はいつもコミカルなものにすぎなかった。

『金権政治について』（*De la Plutocratie*, 1843）を書いたピエール・ルルー［1797-1871］はこうした社会主義者の一人と言える。Plutosとはギリシアの金の神様。ルルーは、ロマン的社会主義者とも言われる。マルクスとルーゲが一八四三年パリで『独仏年誌』の編集を始めたとき、盛んに交流しようとしていたのがルルーとジョルジュ・サンドの『ルビュー・アンデパンダント』［1841-1848］誌のグループであった。

ルルーについてマルクスは『ドイツ・イデオロギー』の中でこう述べる。「聖マックス（シュティルナー）はこの新しい啓示の中でわれわれに、たとえばもうサン＝シモン主義者たちがさんざん利用してきたひとつの旧いしゃれを繰り返しているにすぎない。たとえば、『産業および財政に関する講義』（パリ、一八三二）を参照。そこでなかんずく、次のように言われている。「所有は廃棄されるのではなく、その形態が変えられる、それは初めて真の人格化となるであろう――それは初めてその現実的な個人的資格を帯びるであろう」（四二一－四二二頁）。フランス人によって、とりわけピエール・ルルーによって誇張されたこの文句はドイツの思弁的な社会主義者たちによって大満足で取りあげられた――」（ＭＥＷ三巻二二二－二二三頁）。

貴族階級は自らの側に人民を結集させるべく、プロレタリア的なずた袋を旗として振り回した。しかし人民が彼らの後を追って行くと、その背中の旧い封建的な紋章に気づき、無作法で、移り気な笑い声とともに、ちりぢりばらばらとなるのであった。

フランスの王党派の一部、イギリスの青年派がこの光景に彩りを与えた。

紋章に気づくというあたりは、ハイネ［1797-1856］の『ドイツ、冬物語』（一八四四）の言葉と似ている、とリュベルは述べる（前掲書、一一八六頁）。リャザノフ［1870-1938］はフランスの王党派としてモンタランベール［1810-1870］とヴィルヌーヴ・バルジモン［1784-1850］を挙げる（マルクスはバルジモンの『キリスト教政治経済学』〔一八三四〕全三巻をもっていた）。イギリスの青年派としては、エンゲルスが『イギリスにおける労働者階級の状態』の中でこう述べている。それは注の部分であるが、「だから私は、ブルジョワ階級のうちで、尊敬に値する例外としてふるまってきた少数の成員についても、ほんのついでにしか言及することはできない。この少数の成員とは下院議員で工場主であるアシュトン出身のハインドリー〔1796-1857〕や、トットモーデン（ランカシャー）出身のフィールデン〔1784-1849〕のように、ほとんどチャーティストといってもよい比較的断固とした急進主義者であり、ことに議員ディズレリー〔1804-1881〕、ボースウィック〔1804-1852〕、フエランド〔1809-1889〕、ジョン・マナーズ卿〔1818-1906〕などがこれに属している。アシュリー卿〔1801-1885〕もまた彼らに近い立場にある。「青年イギリス派」の意図は、昔の「楽しいイギリス」（merry England）を、その輝かしい側面およびそのロマンチックな封建制度とともに復活させることである。この目的はもちろん実現不可能なものであり、それどころか笑うべきものであるが、しかしその善良な意図、現存するものと現在の偏見とに逆らって、現存するものの卑劣さを承認する勇気は、やはりいくらかの価値がある」（ＭＥＷ二巻五二九頁）。

封建的人々は、封建的搾取様式はブルジョワ的搾取とはまったく別ものだと証明するのだが、彼らがただ忘れていることは、ブルジョワ的搾取とはまったく違う、旧態然たる条件や状況のもとで搾取していたという事実である。近代的プロレタリア階級は彼らの支配のもとでは存在などしていなかったと彼らは証明するのだが、近代的ブルジョワ階級はまさに彼らの社会的秩序の中から必然的に生まれたのだということは忘れているのだ。

昔の方が同じ搾取でもよかったというノスタルジックな気持ちをもつことへの戒め。マルクスは『資本論』の第二四章「いわゆる本源的蓄積」で資本主義が生まれる前の長きにわたる過程を書く。それはなるほど勤勉と節約によって牧歌的に生まれたかのように見えるが、実は、暴力的な収奪、法による規制などによって生まれた。資本主義の発展自体それ以前の社会における悲惨な収奪から生まれた。奴隷制や賦役労働、さらには労働を強制するための法律、ギルド制や領主制など、資本主義よりましに見えるかもしれないが、実際は過酷な過程であった。そしてまさにそうした収奪の中から資本の本源的蓄積が生まれ、それが資本主義を用意したということが忘れられてしまう。

さらに彼らはその批判の反動的性格についてまったく隠すことすらしていない。ブルジョワ階級への彼らの主たる告発の論点が示すところは、まさに旧い社会秩序すべてを破壊するブルジョワ階級は、彼らの体制内部で発展したのだということである。

反動的性格という点に関して、マルクスは、『聖家族』（一八四五）でウジェーヌ・シュー［1804-1857］の『パリの秘密』（一八四二－四三）を取り上げる。この書物は神の使命に駆られた公爵がパリの悪を懲らしめ、正義へと導くというストーリーである。この世界を善に導きえるという点で、慈善という手段が使われる。貴族の慈善についてマルクスはこう述べる。「これによってルドルフは、人間的貧困そのものが、施しをもらわねばならぬような無限の絶望が、金と教養をもった貴族のあそびとして、彼らの自愛を満足させるために、彼らの傲慢な心をくすぐるために、彼らの慰みに役立たねばならぬという、ずっと以前から暴露されてきた秘密を、それと知らずに公言したのである」（MEW二巻二〇五頁）。こうして肝心な点が暴露される。「第三の暴露。相続と私有財産は不可侵であり、神聖であり、またあらねばならない」「第四の暴露。豊かなものは、彼の財産の使用にあたって、労働者に対して道徳的に責任を負う。大きな財産は、世襲によるもので（封建的な彩りがされている）、賢明なしっかりした、心の広い人に託されたようなものであり、彼は同時にこれを増やし、この大きな財産の輝かしい栄誉の及ぶ幸運なすべての人を豊かにし、活気を与え、改善するよう消費される任務を委託されているのだ」（MEW二巻二〇八頁）。

彼らがブルジョワ階級を非難していることは、ブルジョワ階級はプロレタリア階級一般をつくり出したのだが、それ以上に革命的なプロレタリア階級をつくり出してしまったという点である。

革命的なプロレタリア階級の出現に恐れをなした最初の事件は、『宣言』出版の後に起こった六月蜂起である。マルクスは『フランスにおける階級闘争』の中で、こう述べる。「ブルジョワ共和制の本当の出生地と言えば、それは二月の勝利ではなく、六月のプロレタリアの敗北である」（MEW七巻二八頁）。ブルジョワ階級は、過激で革命的なプロレタリア階級を六月蜂起で殲滅した。その際、王党派はこれに乗った。やがて旧権力はブルジョワがつくり出したプロレタリアをブルジョワとともに殲滅する。しかしその後農民階級とルイ・ナポレオン〔1808-1873〕によるブルジョワ階級への攻撃が始まる。一二月一〇日の大統領選挙で、旧勢力はブルジョワ共和制を崩壊させる大統領を選ぶ。結局旧い階級とも言える階級が復活する。

したがって政治的実践の場では、彼らは労働者階級に対するすべての暴力的政策に協力したのであり、日常生活の場では、彼らは仰々しい常套句を並べるくせに、黄金のりんごを拾い集め、あらゆる騎士道的な徳、愛、名誉と羊毛、ビート、蒸留酒とを交換するのである。

まさに権力を奪取するために、突然プロレタリアの擁護者から、その鎮圧者に変遷する。『ルイ・ボナパルトのブリュメール一八日』で、革命後、すべてがプロレタリア、社会主義、共産主義に反対して結束したことをこう表現する。「六月事件の間、すべての階級と党派が秩序党に団結して、無政府の党、社会主義、共産主義の党としてのプロレタリア階級に対抗した」（MEW八巻一一六頁）。この文章は、第一章にある、すべてが現金勘定となる部分と照応している。マルクスはシェークスピアの『アテネのタイモン』をたびたび引用する。「金貨か？　黄金色にきらきらと輝く貴重な金貨だな？　いや神々よ。わたしは真剣に祈っているのだ、どうか草の根を！　だがこれだけの金があれば、黒を白に、醜を美に、邪を正に、卑賤を高貴に、老いを若きに、臆病を勇気に変えることもできよう」（小田島雄志訳、白水Uブックス、一一〇－一一一頁）。ここに一八八八年英語版ではエンゲルスによって次の注が付けられる。「とりわけこのことはドイツに当てはまる。そこでは土地貴族と土地所有者がその固有の会計のために請負人を使ってその土地の大部分を耕作させている。彼らはさらに砂糖大根の大生産者であり、じゃがいものアルコールの製造者である。より豊かなイギリスの貴族は、当面こうした状況にはない。しかし彼らもまた多少とも疑わしい会社の株に自らの名前を貸すことで地代の崩落を償うことは知っている」。さらに本文の「黄金のりんご」の前に、「産業の果実から落ちてくる」という言葉が一八八八年の英語版には付けられている（MEW四巻四九七頁）。

坊主がいつも封建領主と手と手を取りあって進んだように、坊主社会主義も封建的社会主義と手と手を取り合って進んでいる。

キリスト教的社会主義は、ラムネー［1782-1854］、ペクール［1801-1887］、さらにはフローラ・トリスタンまでを含む。リャザノフはビュシェ［1796-1865］も入れている（前掲書、二八〇頁）。ラムネーは僧侶であった。『信仰者の告白』（一八三四）以後、教会から離れ本格的に社会主義理論を展開する。『人民の書』（一八三八）、『近代奴隷制』（一八三九）、『人類の過去と未来』（一八四一）などの著書がある。マルクスはデザミによるラムネー批判の書『自身によって反論されるラムネー氏』（一八四一年）を所有していた。ペクールには『新しい政治・社会経済理論』（一八四二）、『神の共和国』（一八四四）がある。マルクスは『新しい政治・社会経済理論』を所有していた。フローラ・トリスタンは『労働者連合』（一八四四）を執筆する。マルクスは彼女の本をもっていなかったようだが、マルクスの住んでいたパリの住居ヴァノー街のすぐ隣、バック通りに住み、社会主義者を集めたサロンを開いていた。『聖家族』の冒頭で、フローラ・トリスタンの『労働者連合』は取り上げられ、批判される。

キリスト教的禁欲主義に社会主義的な飾りを付けることほど簡単なことはない。キリスト教も、私的所有、結婚、国家に対して徹底的に反対したではないか。慈善と乞食、独身生活と菜食主義、修道院生活と教会についての説教を行ったではないか。神聖なる社会主義とは、坊主が貴族の怒りを祝福する聖水にすぎない。

ペクールは、フーリエ主義のファランステールを一種の修道院のような組織と考え、アソシアシオンに至る最初の段階だと考える。もっともカベーのような共産主義者も、根源的には原始キリスト教の中に共産主義の淵源を求めている。ただしそれはキリスト教一般ではなく、原始キリスト教であるが。いずれにしろ禁欲主義という観点から見ると、カベーもデザミも、キリスト教的社会主義の範疇に入らないわけではない。ただし変革の急進さという点で大きく違う。ここで「聖なる」という言葉は hetige であるが、これは誤字である。ステッドマン・ジョーンズ［1942-］は、これを heutige（今日の）の間違いであると述べているが（Stedman Jones 編、*Karl Marx and Friedrich Engels, The Communist Manifesto*, Penguin, 2002, p.270）、やはり聖なる heilige が正しいだろう。この言葉は、その後キリスト教と書き換えられている（ＭＥＷ四巻四九七頁）。

b　プチブル的社会主義

封建的貴族だけが、ブルジョワ階級によって崩壊し、その近代ブルジョワ社会における生活条件が失われ、消滅した階級というわけではない。中世の市民（Phalbürger）と小農は近代的ブルジョワ階級の先駆者であった。産業や商業があまり発展していない地域では、こうした階級が来るべきブルジョワ階級と並存して生き続けている。

城外市民と小農は、ともに土地や生産手段の所有者であり、競争の中で勝ち抜かねば必ずプロレタリア階級に身を落としかねない階級として存在する。マルクスの生まれ故郷トリーアのような工業化から取り残された地域では、こうした階級が主たる支配階級であったと言える。マルクスの父が扱った裁判、小農民の権利をめぐる問題（森林盗伐問題、ブドウ栽培農家の問題など）はこうした問題であった（的場昭弘『トリーアの社会史』未來社、一九八六年参照）。実定法と一般法との確執は、近代的資本主義法と中世のギルド的法との対立でもあった。ユダヤ人の中でも、資本主義的発展に乗り遅れた層は、資本主義的な発展に乗った富裕ユダヤ人層と対立している。マルクス家のような旧来の小市民的階層は、その意味で資本主義的な発展に批判的な層である。こうしたユダヤ人の多くは資本主義批判を展開する。マルクスの父は、こうした不安定な状況を脱するべくフランス政権下で認められていた弁護士への道を志す。マルクスの一家はある意味、こうした小市民階級から近代化の流れに乗った官僚、インテリ階級に属する。

近代文明が発展した地域では、新しい小市民社会が形成されたが、彼らはプロレタリア階級とブルジョワ階級との間で揺れ動き、ブルジョワ社会の補完的部分としてたえず新たに形成されるが、その仲間は競争を通じてプロレタリア階級へと落ちていく。まさに大工業の発展とともに、近代社会の独立した一部としての彼らの存在は消滅し、商業、マニュファクチュア、農業における労働監督官や家僕へと置き換わっていく時代が訪れる。

資本主義の発展によって、プチブル的資本家は必然的にプロレタリア階級へと墜落するという考えは、『資本論』では、資本主義的蓄積の法則という形で展開される。やがてその収奪が、階級闘争を強め、資本家の独占を強めることで、最後の鐘が鳴る。つまり収奪者が収奪される時が来る。「この収奪は資本主義的収奪自体の内在的法則の作用によって、資本の集中によって実現される。つねに一人の資本家が多くの資本家を滅ぼす」（『資本論』岩波文庫第三巻四一四–四一五頁）。こうした諸資本の競争は、『資本論』第三巻では、恐慌によってより加速化されると述べられる。恐慌はむしろ資本相互の収奪戦の様相を帯びることが展開される（『資本論』岩波文庫第七巻三三章）。

農民階級が人口の半分以上を占めているフランスのような地域では、当然ながら、ブルジョワ階級に対してプロレタリア階級を擁護する作家たちは、ブルジョワ体制批判のために小市民的、小農民的尺度を使い、労働者の党を小市民的視点から擁護した。こうしてプチブル的社会主義が生まれた。シスモンディこそフランスだけでなく、イギリスにとってもこうした文献の中心人物である。

マルクスは一八四四年パリで経済学に関するノートを取る。やがて一八四五年夏イギリスへ行き、直接英語による経済学に取りかかるが、それ以前はほとんどフランス語でイギリス経済学の文献を読んでいた。やがてマルクスはブリュッセルに追放されるが、その頃マルクスは、フランスの公衆衛生に関する実態調査をまとめたウジェーヌ・ビュレ［1810 or 1811-1842］の書物とシスモンディ［1773-1842］の書物を読む。マルクスはシスモンディの *Etudes sur l'économie politique*, Paris, 1837-39. 全三巻を所蔵していた。しかし最初にシスモンディに言及するのは『経済学・哲学草稿』の第一草稿、第二草稿であり、それは『エチュード』ではなく、『経済学新原理』（*Nouveaux principes d'économie politique*, 1819）である。そこで、シスモンディは、旧地主層の意見の代表者として引用されている。「地主は彼の財産の世襲的貴族性、封建的記念物や遺品、追憶のポエジー、彼の夢想的な人柄、彼の政治的重要性などにものを言わせるのであって、そしてこれらのものが国民的経済学的な言葉を語るとすれば、土地の耕作のみがひとり生産的だということである。それと同時に彼が描くところの相手方は一個のずるい、金銭ずくの、けちをつけがちの、だましやの、貪欲な、金でどうでもなる、謀反気のある、情けも才気もない輩、共同体からよそものにされて自由にそれを売り渡し、利をむさぼり、女をとりもち、奴隷的で、柔軟で、お世辞屋で、騙屋《かたり》で、味もそっけもない奴、競争、したがってまた貧困、あらゆる社会的な絆の乖離を生み出し、それをはぐくみ、いつくしむ、無恥、無原則、無粋な中身もない金色夜叉である」（MEW四〇巻四四七頁）。シスモンディは重農主義者と同様にとらえられている。『哲学の貧困』では主として『エチュード』を使ってこう述べられる。「シスモンディのように、社会の現在の基礎をそのままにしておきながら、生産の正しい比例（つりあい）をとりもとうとする人々は反動家である。なぜかというと、彼らは首尾一貫させるために、過去の時代の産業にそなわる他のあらゆる条件をも、復活させようとするからである」（MEW四巻九五頁）。シスモンディは一貫してプチブル社会主義者の代表として登場するが、『資本論』では一転して、過少消費による恐慌との関連で言及される。

この社会主義は近代的生産関係の矛盾を非常に鋭く分析した。この社会主義は、経済学者の使う詭弁的な用語の化けの皮を暴いた。この社会主義は、機械と分業の破壊的作用、資本と土地所有の集中、過剰生産、恐慌、小市民や小農民の必然的な零落、プロレタリア階級の貧困、生産における無政府性、富の分配における圧倒的な不均衡、民族相互の産業的絶滅戦争、旧い道徳、旧い家族関係、旧い民族性の解体を反論もできないほど証明した。

『哲学の貧困』で、こうした社会主義者の経済学が語られる。需要と供給の無政府性による経済の混乱、生産力の上昇がかえって価格を下げること、豊富さの中の貧困。これらの批判は、経済学的に十分な知識に支えられていない。直感的には説得力があるが、学問的には十分ではない。そこでこう述べる。「経済学者がブルジョワ階級の科学的代表者であるように、社会主義者と共産主義者とはプロレタリア階級の理論家である。プロレタリア階級がまだ自己を階級として構成するほど成長していない限り、したがってプロレタリア階級とブルジョワ階級との闘争そのものがまだ政治的な性格を帯びていない限り、そしてまた生産力がまだプロレタリアの解放と新しい社会の形成とに必要不可欠な物質的な条件を予見させるほどにまでブルジョワ階級それ自体の胎内に発達していない限り、これらの理論家たちは被抑圧階級の欲求にそなえて、それにこたえるため、もろもろの体系を一時の間にあわせにつくり、社会を再生させる科学を追及する空想家にすぎない――彼らは彼らの目の前で起こることを了解し、その器官にさえなればいいのである。彼らが科学を探求し、もろもろの体系だけをつくっているにすぎない限り、彼らが闘争の端緒にある限り、彼らは貧困だけを見て、その中にやがて旧社会をくつがえす革命的破壊的側面を見ないのである」（ＭＥＷ四巻一四七－一四八頁）。

しかしその積極的内容から判断すれば、この社会主義は、旧い生産－交通手段を復活させ、それとともに旧い所有関係と旧い社会を再生産するか、それによって、乗り越えられ、乗り越えねばならない近代的生産－交通手段を、旧い所有関係の枠の中にもう一度暴力的に閉じ込めようとしているのである。どちらの場合も、この社会主義は反動的かつユートピア的であると言える。

マニュファクチュアにおけるツンフト制度や農村における家父長的経済、それらがこの社会主義の最終的な言葉なのである。

この社会主義のこうした方向は、さらなる展開の中で、小心な二日酔い状態の中で消えていった。

封建的社会主義も、キリスト教的社会主義も、そしてプチブル的社会主義も将来の発展過程を見ないで、現状の批判的状況だけを見ている点において、過去へのノスタルジーたらざるをえない。歴史に対して後ろ向き、その意味で反動的だというのである。「昔はよかった」という幻想は、過去の社会の搾取に対する甘い認識と、現状に対する嘆きから生まれる。歴史の流れを止められるという発想が、素朴だが、保守的、封建的な社会主義をつくり上げる。マルクスは、この問題をちょうど同じ頃、自由貿易に関する議論でも述べていた。自由貿易によって生まれる世界に対する保護主義的政策は、一時的には社会を救うものであっても、長期的には崩壊せざるをえない。むしろその長期的な将来をどう見据えるかという意味において、自由貿易に賛成だというわけである。これはやがて東欧、オリエント問題といった問題に発展していく。世界史的発展過程について楽観的とも言えるマルクスの判断は、資本という普遍的、世界史的な運動をもって説明されるはずであったのだが、『経済学批判』のプランとして予告された外国貿易や世界市場の問題は執筆されずに終わっている。

　エンゲルスは一八八八年英語版で「二日酔い状態」の後に（確固とした歴史的事実によってすべての酔いは醒まされたが）と挿入している（ＭＥＷ四巻四九九頁）。

c　ドイツあるいは真正社会主義

　支配的ブルジョワ階級の圧力のもとで生まれ、ブルジョワ階級の支配に対する闘争の文献による表現である、フランスの社会主義と共産主義の文献は、ブルジョワ階級が、まさに封建的絶対主義に対する闘争を始めたその時、ドイツに輸入された。

　ドイツにおける共産主義運動は、旧くはドイツの学生運動、ブルシェンシャフト運動の始まりともなる青年ドイツの運動に淵源をもつ。しかしこれらの運動は、フランスに遍歴したドイツ人の職人たちと融合していく。その中でももっとも影響力をもったのがヴァイトリンクである。『宣言』が書かれた際、ヴァイトリンク派の影響力はすでに小さくなっていたが、それでもドイツ人労働者の中に大きな力をもっていた。スイスを中心とした彼の影響力が小さくなったのはその地を離れたことによるが、やがて彼はアメリカに亡命する。

　むしろその後、力をもつのは、輸入される書物を読むことから生まれた知識人の運動である。これが真正社会主義である。これに対してマルクスは執拗に攻撃する。『聖家族』、『ドイツ・イデオロギー』はほぼその攻撃のために書かれたと言ってよい。その理由は、マルクス自身この知識人社会主義者の出身だったと言ってもいいからである。エンゲルスはマルクスについて、まだ彼と意気投合する前、この共産主義の一員の名前にマルクスを挙げている（MEW一巻「大陸における社会改革の進展」五三八頁）。

ドイツの哲学者、半哲学者、文学者気取りの人々は、こうした文献をむさぼり読んだが、彼らが忘れたのは次のことだけであった。すなわちフランスからはどんな作品の輸入も可能だが、フランスの生活状態まで同時にドイツに輸入することはできないということを。ドイツの生活状態を見れば、フランスの文献は直接の実践的意義をまったく失っていて、純粋に文献としての価値しかなかったということがわかる。こうした文献は、真の社会についての、人間的本質の実現についての、どうでもいい思弁としてしか貢献しなかったというわけだ。だから、一八世紀ドイツの哲学者にとって、最初のフランス革命の要求は、「実践理性」を一般化するだけの意味しかもたなかった。一方フランスの革命的ブルジョワ階級の意志の表現は、彼らの眼にとって、純粋意志、すなわち意志とはいかにあらねばならないかという意志、真の人間的意志の法則を意味した。

ドイツへの社会主義、共産主義の流入は、当然ながらインテリ階級がやるような形、すなわちフランス語文献の翻訳という形によってのみ流入したわけではない。すでにドイツの学生運動、ブルシェンシャフト運動からドイツ以外に亡命した青年ドイツ派の人々、ドイツ出身の遍歴職人たちによる現地での体験からその思想は流入していた。その意味では、フランス社会主義と共産主義は、けっして文献を通じて入ってきたのではない。しかし、ここで批判される真正社会主義者は、フランスの文献を通じて共産主義を理解しようとした。『聖家族』、ライプチヒ宗教会議、聖マックス、聖ブルーノなどと批判されるバウアー兄弟（兄ブルーノ［1809-1882］弟エドガー［1820-1886］）、シュティルナー［1806-1856］、グリュンなどは、多くの場合、ヘーゲル哲学という方法論を身につけ、フランス思想を分析しようとした。そのため実際にフランスで生活したとしても、その思想は実際の運動に直接影響を受けないまま受容された。フランスの生活状態は輸入することができないという表現はまさにそのことを述べている。フランスではこれらの思想は、学問としてできたのではなく、その学問への批判、労働者の運動として出現したわけだから。ドイツではそれはアカデミックな色彩を帯びて議論された。もちろんプロイセン政府による厳しい弾圧という条件があったわけであるが、それは別として、議論が当のドイツでの社会運動を充分引き起こさないまま進む。こうして真正社会主義は、インテリ階級による啓蒙活動の様相を帯びる。その意味で青年ヘーゲル派によるロマン主義的側面が真正社会主義に結びついたと言える。真の社会主義を求めるという運動が、かえって現実から遊離した独りよがりの社会主義をつくり出し、具体的には慈善活動と社会主義が混同されるに至る。

ドイツの文献学者の決定的な仕事はと言えば、その旧びた哲学的良心を新しいフランス思想に一致させるか、あるいはその哲学的視点を使ってフランス思想を自らの思想に一致させることだったのである。

こうした同化は一般的に外国の事情を知るときに行うのと同じやり方、すなわち翻訳という作業を通じて行われたのである。

マルクスは、『ドイツ・イデロギー』の第二巻を、真正社会主義批判に当てている。そこでプルードンと仲のよかったカール・グリュンの『フランスとベルギーにおける社会運動』（一八四五）が批判されている。この書物は、シュタインの書物ほどの厚さをもったものであるが、ここでこの書物が、シュタインの孫引にすぎないこと、しかもそのシュタインも、レボー［1799-1879］の『改革者あるいは近代社会主義者についての研究』（一八四三）の孫引きであることを指摘している。要するに真正社会主義者と言われるものがいかに外国の文献をただ翻訳するだけの人々であるかということであるが、ここでは少し皮肉に、翻訳どころか、原文すら読んだことはないと批判するわけである（MEW三巻五二六－五七八頁）。

その冒頭でドイツの真正社会主義者にもっとも、影響を与えた作品として、シュタインとエルカース［1816-1869］のものを挙げている（MEW三巻四九三頁）。エルカースの作品は『社会主義と共産主義の運動』という書物（一八四四）で、この書物はマルクスも執筆していた、一八四四年当時パリで週二回発行されていた『フォアヴェルツ』（一八四四）に何度も宣伝が掲載されていたもので、かなりの人がこれを読んだと思われる。

よく知られていることだが、修道僧は、旧い異教徒の時代の古典的作品が書きとめられた草稿を、味気のないカトリックの聖なる物語へと移し返したものだ。ドイツの文献学者はこれに対し、フランスの世俗の文献をまったく逆に移し返したのだ。彼らはフランスのオリジナルな内容に、こっそりと哲学的な無内容を挿入させた。たとえば、彼らは貨幣関係に対するフランス的批判の背後に「人間的本質の外化」といった文章を、ブルジョワ国家へのフランス的批判の背後に、「抽象的一般による支配を廃棄すること」という文書を書き入れるといったことなどのように。

ドイツ人の職人は、パリ、リヨンといった地域に遍歴職人としてよく出かけて行っていた。彼らはドイツで一定の修行を終えた後、遍歴をすることで腕を上げ、将来の親方を目指す。もっとも当時は親方など夢また夢、実際には低賃金の外国人労働者として出稼ぎをしていたわけである。彼らはたとえば、家具職人、靴職人、仕立て職人であり、これらの職種はドイツ人の独壇場であった。パリのサン・タントワーヌ街などに住み、数年の生活を送っていた。こうしてパリなどにドイツ人社会のための、互助組織、教会、新聞などができていく。その中に秘密結社が出現する。最初のものが追放者同盟。そこから義人同盟が生まれる（的場昭弘『フランスにおけるドイツ人』御茶の水書房、一九九五年参照）。こうした組織は当然、フランスの組織を模範とする。そして彼らとの交流を行う。こうした実践活動の中で、サン

＝シモン主義、フーリエ主義などが根付いていく。こうした実践的運動と真正社会主義は切り離されていた。マルクスやエンゲルスが彼らと手を切り、シャパーの義人同盟に近づいたのにはそういう経緯がある。真正社会主義者は中世の修道僧がそうしたように、実際の生臭い運動から、その生臭さを取り去り、無機物化した学問的社会主義をつくっていった。同じように、真正社会主義者はフランスで生まれていたドイツ人やフランス人による実践的社会主義運動をネグレクトする形で、思想だけの流入を図る。具体的、批判的内容は、抽象的で無害な言葉に変容され、一般人が理解できないことがさも崇高な学問のレベルの高さを意味するかのような、うぬぼれの世界をつくっていく。マルクスやエンゲルスはこうした真正社会主義者を「聖家族」と呼んだわけである。

エンゲルスは「詩と散文におけるドイツ社会主義」の中で、こう述べている。「概して真正社会主義者たちには、哲学から離れて法学的、経済学的、そのほかの表現を取っているため自分たちには解しがたい説明を、たちまちのうちに総括し、哲学的表現をまじえた唯一の簡単な常套句に総括し、その無意味な言葉を随時使用のために暗記しておく習性がある。こういった風に、『独仏年誌』上の法学的な「共同体」は、上述のような「普遍的本質」に変えられ、政治的解放、つまり民主主義は、「不自由な普遍的な本質からの自由」という形で、その簡単な哲学的表現を与えられた」（ＭＥＷ四巻二三七－二三八頁）。

ドイツの文献学者は、その哲学的常套句《じょうとうく》をフランス的発展にすり替えることを、「行為の哲学」、「真正社会主義」、「社会主義というドイツ的科学」、「社会主義の哲学的基礎付け」などという名で聖別した。

文字通り、フランスの社会主義－共産主義の文献はあまりにも去勢されてしまった。そしてこうした文献がドイツ人の手の中に入ると、ある階級の他の階級に対する闘争という表現すら失われ、そのためドイツ人はフランスのもつ一面性を乗り越えてしまったと意識するに至り、真の欲求をもつ代わりに、真理に対する欲求を求め、プロレタリアの利益の代わりに、人間一般を代弁しているはずの人間的本質の利益を求めるのである。ここで言う人間とは、哲学的ファンタジーの、もやっとした天国にのみ暮らす、現実には存在しない、どんな階級でもない人間のことである。

こうしたドイツ真正社会主義者の一種の傲慢について『ドイツ・イデオロギー』ではこう述べられる。「この「社会主義者たち」、あるいはこれら自称「真正社会主義者たち」は外国の共産主義的文献のうちにひとつの現実的な運動の表現と産物とを見るのではなく、彼らがドイツの哲学的体系のことをそう考えているように、まったく「純粋思想」から生まれてきた純粋に理論的な著作を見る。彼らは、これらの著作が体系を説く時でさえ、その基礎になっているものは特定の国の一定の階級の実践的要求、全生活状態であるということには考え及びつかない。彼らは、これら文筆上の党派的代表者たちの多くの連中の幻想を額面どおり受け取って、あたかもこれらの代表者たちが問題にしているのは社会の「もっとも理性的な」秩序であって、一定の階級や時代の要求ではないかのように考える。これらの「真正社会主義者たち」をとらえているドイツ・イデオロギーは彼らが現実の関係を眺めることを許さないのである。ところで、「非科学的」なフランス人やイギリス人を向こうにまわして彼らのすることは、なかんずく、これら外国人たちの「浅薄さ」または「粗野な」経験主義よろしくドイツの公然の軽蔑にさらし、「ドイツの学問」の賛歌をうたい、共産主義と社会主義との真理、絶対的な、真正社会主義をはじめて明るみに出すという使命をそれに与えるところにある――このようにフランス的観念がドイツのイデオローグたちの言語へ翻訳され、そしてこのように共産主義とドイツ・イデオロギーとの間に勝手に連関がつくり上げられること、これがすなわちいわゆる「真正社会主義」なるものに他ならないのである」（MEW三巻四九三－四九四頁）。

真正社会主義思想の去勢という表現について、エンゲルスは「ドイツの現状」という一八四七年四月の『ブリュッセル・ドイツ人新聞』の論文中で、こう書いている。「フランスのプロレタリアの論戦の革命的な熱中は、ドイツの理論家の冷たい胸の中で消えてなくなって、検閲抜きのなまぬるい調子になり下がってしまった。そしてこういう去勢された状態にあって、それはドイツの諸邦の政府にとって、押し寄せてくるブルジョワ階級と戦う上でまったくありがたい同盟者であった。ドイツ社会主義は、かつてこの世で掲げられたもっとも革命的な命題を、ドイツの現状の泥沼の擁護に利用するという芸当をやってのけたのである。真正社会主義は徹頭徹尾反動的である」（ＭＥＷ四巻三九頁）。

このドイツ社会主義は、小学校風のぎこちない練習問題を大真面目に、かつ厳粛に受け取り、あまりにも誇大宣伝でそれを吹聴したために、その衒学的な純潔さを次第に失っていった。

　ドイツの、すなわち封建領主と絶対王政に対するプロイセンのブルジョワ階級の闘争は、一言で言えば、リベラルな運動のことなのだが、それは大真面目なものとなっていったのである。

　真正社会主義にとっては、政治運動と社会主義的要求とを対峙させる絶好の機会となった。

　自由主義、代議制国家、ブルジョワ的競争、ブルジョワ的出版の自由、ブルジョワ法、ブルジョワ的自由と平等に対して伝統的な呪詛を浴びせかけ、人民大衆に対して、彼らがいかにブルジョワ的運動において何もえるものがないか、むしろすべてを失うのだということを説教するもっともよい機会となったわけである。このドイツ社会主義が忘れていたことは、まさに次のことであった。ドイツ社会主義にとっては精神なきこだまであったフランス的批判は、近代ブルジョワ社会とそれに照応する物的な生活条件、それに見合った政治的制度を前提にするものであり、そうした純粋の前提条件こそ、ドイツにおいて初めて問題になるものであったのだということを。

　同じくエンゲルスの「ドイツの現状」では、「ブルジョワ階級はずっと前から真正社会主義のこの反動的傾向に気がついていた。しかし、ブルジョワ階級はこの流派がまだドイツ共産主義の文筆上の代表者でもあるのだと無造作に速断して、共産主義者のことを、代議制や陪審員裁判や出版の自由に反対する論戦を行ったり、ブルジョワ階級に吠えつくことで、もっぱら諸邦政府や官僚や貴族を助けるものだといって、公でも私的でも非難してきた」（ＭＥＷ四巻三九－四〇頁）。ここでエンゲルスは本当の共産主義の運動と真正社会主義者たちの運動を明確に区別してほしいという脈絡で述べている。真正社会主義にとって人間的解放という発想は、一見共産主義思想に見えながら、旧制度の維持につながっていた。

ドイツの社会主義は、僧侶、学校教師、田舎のユンカー、官僚とともに、絶対王政の脅威となっているブルジョワ階級に対する好都合の案山子《かかし》として、ドイツの絶対王政に貢献したのであった。

　彼らの担った役割は、この同じドイツ政府がドイツの労働者－蜂起に対して繰り広げた厳しい鞭と銃を甘い言葉で補うことであった。

『ライニッシャー・ベオバハター』紙［1844-1848］についてのマルクスの批判で、「これでやっとわれわれは『ライニッシャー・ベオバハター』紙の共産主義に到達した。つまり人間が自分の生存、その生活基礎を保証されていないわが国のような社会では、社会は各人にその生存を保証する義務があるというわけだ。――とすればひとつひとつ調整すべき人数は一〇〇〇万人である。貧乏なプロイセン政府がこれをやれると、宗教局評定官は本当に考えているのだろうか。たしかに可能だ。しかも所得税によって。そしてこの所得税は、この新聞がまさに解釈しているように、共産主義へと通じているのだ」（ＭＥＷ四巻二〇六頁）。共産主義はここではプロイセン政府を支持し、資本主義の発展を阻止し、国民を助けることだとされている。

このように真正社会主義がドイツのブルジョワ階級に対する政府の武器となったのだとすれば、それはまた直接、反動的階級の利益、ドイツの小市民的社会（Phahlbürgerschaft）の利益も代表していたと言えるのである。ドイツにおいては、一六世紀以来の伝統的、そしてその時以来さまざまな形で現在なお新たに復活している小市民階級が、現存状態を維持するための重要な社会的基礎となっているからである。

　ドイツ的現状についてエンゲルスはこう語る。「ドイツの現在の制度は貴族と小市民との間の妥協にすぎない。この妥協は、結局第三の階級、つまり官僚の手に行政を委ねることに帰着する。――小市民は決して貴族を倒すことができず、貴族と肩を並べることさえできない。せいぜい貴族を弱めるのが関の山である。貴族を倒すには、もっと広範な利害、もっと大きな所有、もっと断固たる勇気をそなえたブルジョワ階級が必要である」（MEW四巻四二頁）。「ドイツの現状のみじめさは、主として、自己の生産部門をとくに国民的な生産部門とし、それとともに自ら全国民の利益の代表者の地位に上るほどに強力な階級が、これまでにただのひとつもなかった点にある」（MEW四巻四八頁）。こうして、エンゲルスは、現状打開のためにプロレタリア階級に期待を寄せる。それが真正社会主義者との大きな違いである。小市民の階級を維持することは、ドイツの現存の状態を維持することである。ブルジョワ階級の産業支配と政治支配によって、この階級には確かな崩壊の恐れがある。その理由のひとつは、資本の集中、もうひとつは革命的プロレタリアートの出現である。真正社会主義はこの階級にとって、一度に二兎を狙っているように思えた。だから伝染病のように広がっていったのである。

　一度に二兎、つまりブルジョワ階級を打破し、保守的権力を維持すること、そのためにプロレタリアを利用すること、しかし他方でそのプロレタリアを自らの世界で、「小市民的世界」に従属させること。複式の真正社会主義という言葉がある（エンゲルス「真正社会主義者たち」）。それは体制維持と体制批判の両方を行う考えをもった思想のことである。しかしプロレタリア階級の意識が拡大するには、ブルジョワ階級の発展が不可避であり、その限りにおいてしかプロレタリア階級の意識が高まらないとすれば、ドイツの現状からの脱出には、不可避的にブルジョワ階級の発展しかない。エンゲルスはこう述べる。「ところでこの現状を打倒することのできる階級が、ドイツに存在しているであろうか。それは存在している。確かに、イギリスやフランスのこれに対応する階級に比べれば、きわめて小市民的な仕方であるが、とにかく存在している。他ならぬブルジョワ階級という形で」（MEW四巻四九頁）。しかしその発展を遅らせているのが、プロイセンの官僚である。「ブルジョワ階級は、この高慢でいじわるな官僚の力を打ち砕かないわけにはいかない。国家行政と立法がブルジョワ階級の統制に服されるその瞬間から、官僚の独自性は崩壊する。まさにその瞬間から、ブルジョワの疫病神は、その従順な家僕に代わる」（同五二頁）。しかし、真正社会主義はそのブルジョワ階級の発展を阻止する。

思弁的蜘蛛の糸で織られた見せかけの衣服は、美しい知的レトリックの花で刺繍され、愛らしき、官能的な、感情の露が染みており、ドイツの社会主義者の骨となったいくつかの永遠の真理とやらを包み隠すこの大げさな衣服によって増大したのは、一般大衆に対する書物の販売数だけであった。

思弁という美しい蜘蛛の糸で織られた見せ掛けの衣服、美しいレトリック。これこそエンゲルスの「詩と散文におけるドイツ社会主義」に見られる表現である。そこでは、カール・ベック［1817-1879］の『「貧者の歌」、別名真正社会主義の詩』、カール・グリュンの『人間的立場から見たゲーテ』が取り上げられ、批判の俎上に上る。ここで真正社会主義者が人類愛に訴え、慈悲を請う姿が揶揄される。「ベックは現実社会に生きている詩作する能動的な人間ではなくて、霊界に浮動する「詩人なるもの」である。しかもその霊界たるや、ドイツ市民の朦朧たる空想に他ならない。ベックはその大げさなこけおどしの言辞から、無味乾燥きわまる市民的散文へと、現存の状態に対するちょっとした好戦的ユーモアから、現存の状態とのセンチメンタルな妥協へと転落する」（MEW四巻二三〇頁）。グリュンはゲーテを使い、ゲーテは共産主義者だという飛躍した結論を出すという。「ゲーテの権威で、しばしば歪められてさえいるゲーテの権威で、自分の頑迷固陋を支えることができると、そのたびに喜ぶのである――ゲーテはある朝、自分の両腕の中にグリュン氏を見出した。グリュン氏の述べ立てる弁護、俗物的な言葉が出るごとにゲーテに対してどもりながらささげる温かい感謝、これこそ侮辱された歴史が、この最大のドイツ詩人の上に下すことのできた、もっとも手痛い復讐であった」（同、二五八頁）。

一方ドイツの社会主義は、自らの天職とはこうした小市民の高慢な代表になるということだと、ますます了解するようになっていった。

ドイツ社会主義は、ドイツ民族を正常の民族であると主張し、ドイツの自主性のない人々を正常な一人々であると主張した。ドイツの社会主義はこうした卑劣な思想に対して、隠された、気高い、社会主義的な意味合いを与えたのである。実際にはまったく逆の意味だったのだが。ドイツの社会主義は共産主義の粗野で破壊的な方向に対し直接反対し、あらゆる階級闘争に対してどの党派にも属さないという中立を明言したのだ。いくつかの例外はあるものの、ドイツで表向きに社会主義や共産主義の作品だとして流通しているものはどれもこれも、こうした薄汚い、気の滅入る文献である。

マルクスとエンゲルスの一八四五－四八年までの批判の多くは、この真正社会主義者に向けられた。その理由は、マルクスとエンゲルス自身、実はかつてその仲間だったことにある。ヘーゲル左派の延長線上に出てくるこの真正社会主義者は、ある意味でマルクスとエンゲルスと祖先を同じくする。マルクスとエンゲルスは一八四五年以降ドイツの外での共産主義運動に接するようになり、その批判力を増す。もちろん、義人同盟内ではヴァイトリンク［1808-

1871〕やハインツェン〔1809-1880〕との対立と抗争があったが、それは義人同盟内部の問題であった。義人同盟の外での最大の勢力は、同じドイツ人の真正社会主義者であったことは間違いない。他方、フランスのカベー主義者、サン＝シモニアンなどは、間接的な意味での批判の相手であり、当面の敵ではなかったと言える。

エンゲルスは「ドイツの現状」の冒頭で、こうしたドイツの真正社会主義者、中でも自称共産主義者と名乗っている一団を批判する。「この真正社会主義者の仲間に入るのは、特に社会主義者と名乗っている連中ばかりではない。共産主義者という党派名を受け入れたドイツの著作家の大部分も、やはりこれに入る。もしかすると後者の方がもっと悪いくらいである。こういう事情なので、これらの自称共産主義作家たちがけっしてドイツ共産主義者の党派を代表していないことは、明らかである」（MEW四巻三八頁）。「きわめて明確なきわめて明瞭な目標をもつドイツのプロレタリアートの代表者であるドイツの共産主義者は、自分が誰を代表しているかを自分で知らず、そのためドイツ諸政府の腕の中によろよろと転げ落ち、「人間を実現している」つもりで、ドイツの小市民の神格化を実現しているにすぎないこの文士一味（というほかない）から、もはや断固として袂を分かつべきである」（同、四〇頁）。一八九〇年の『宣言』ドイツ語版ではエンゲルスは次のような注を付け加えている。「一八四八年の革命の嵐によって、この惨めな学派は一掃され、社会主義にまだ関係しようという気持ちは失せた。その代表そしてこうした古典的タイプは、カール・グリュンである」と。「流通している」の後に、「一八四七年」という言葉がエンゲルスによって付加されている（MEW四巻五〇二頁）。

2．保守的あるいはブルジョワ社会主義

当時真正社会主義と親和的関係にあったプルードンの思想がこのグループの代表的存在。マルクスはパリ在住のときプルードンに実際に会っているし、それ以上に彼に非常に注目している。とりわけ『聖

家族』では彼の『所有とは何か』を高く評価している。その第四章「認識の静止としての「批判的批判」またはエトガー氏としての批判的批判」で、フローラ・トリスタンとプルードンが取り上げられる。ここでエトガーとは、エトガー・バウアーのこと。「ユダヤ人問題によせて」で批判した、マルクスの旧友ブルーノの弟である。

ブルジョワ階級の一部は、ブルジョワ社会の存続を確証せんものと、社会悪を除去しようとしている。

『哲学の貧困』でプルードンを評して、こう述べる。「プルードンは、資本と労働との間を経済学と共産主義の間を、たえずうろつくプチ・ブルジョワにすぎない」（MEW四巻一四八－一四九頁）。プルードンが資本主義の中にある良き側面を見る部分、そしてその悪しき側面を見る部分を分析しながら、プルードンは、どっちつかずの状態で、結果としてブルジョワ階級の擁護を行う輩だと判断する。

このブルジョワに属しているのは、経済学者、博愛主義者、人道主義者、労働者階級の状態の改善者、慈善－組織者、動物虐待反対論者、禁酒クラブの人々、さまざまな種類の三流の改革者である。そしてこのブルジョワ－社会主義は、完全な体系となるところまで練り上げられていった。

ブルジョワ社会を擁護する経済学者と、プルードンの主張する社会主義者がいかに共同作業をしているかについて、マルクスは『哲学の貧困』の中でこう述べる。「社会主義者たちは、彼らが先見の明でもって労働者たちのために準備してやった新しい社会にもっともうまく入れるように、労働者たちが旧い社会をそっとそのままにしておくことを望むのである」（MEW四巻一八八頁）。結局、ブルジョワ社会の中にもいいところがあるのだから、それに従うべきだという議論を主張しているところにプルードンの真意があるのだとマルクスは結論付ける。その意味で、彼の社会主義は、悪しき側面を是正するだけの改革者にすぎないというわけである。

さて、博愛主義者、人道主義者、経済学者についてマルクスはこの著作で言及する。

まず経済学者について、とりわけそのロマン主義者についてこう述べる。「今日では、経済学者は、彼らの位置する視点の高みから、富を生産する人間機関車の上に傲慢なまなざしを投げかける、問題感覚を失った宿命論者としてふるまっている」（同、一四七頁）。人道主義者についてはこう述べる。「プロレタリア階級の貧困を、ブルジョワ同士の奔放な競争をまじめに嘆く。労働者たちには節制せよ、よく働け、あまり子供を生むなと忠告し、ブルジョワたちには、思慮ある熱意を生産に注げと勧告する」（同、一四七頁）。博愛主義者についてはこう述べる。「博愛主義者は自分たちこそがブルジョワ的実践と真剣に闘っていることを自負する。しかし彼らは他の誰よりもブルジョワ的なのだ」（同、一四七頁）。『宣言』のこの文章で並べられている人々のうち、解釈が分かれるのが最後の部分である。英訳では「すみずみの」（hole-and-corner）となっている。ドイツ語ではWinkelreformer、山師的三流のという意味である。フランス語では「疑わしい」と訳されている。最新のカーヴァーの英訳ではtwo-a-penny reformersとなっている。「安っぽい」という意味か。

そうした例として、われわれはプルードンの『貧困の哲学』を紹介する。

『聖家族』において、プルードンは私的所有を問題にした点が、高く評価されていた。プルードンの代表的著作『所有とは何か』についてこう述べている。「経済学のすべての議論は私有財産を前提にしている。この基本前提は、経済学にとってはそれ以上検討を加える必要のない、批判を許さない事実なのである。セー［1767-1832］が素朴にも告白したように、一個の事実についてだけは「たまたま」論及されるだけである。ところがプルードンは経済学の基礎たる私有財産に、批判的検討を、しかも最初の決定的な、遠慮のない、それと同時に科学的な検討を加える。この点は彼が成し遂げた大きな科学的進歩であり、経済学を革命し、真の経済科学をはじめて可能とした進歩であろう。プルードンの著作『所有とは何か?』は、近代経済学にとり、シエイエスの著作『第三身分とは何か?』が近代政治学に対してもったのと、同じ意義をもっている」（MEW二巻二九頁）。

しかし一八四六年に出版された『経済的矛盾の体系――貧困の哲学』については猛烈な批判を展開し、『哲学の貧困』（一八四七年）をあえてフランス語で出版する。これはブリュッセルで出版されたものであったが、プルードンからの反批判もなく、売れ行きもさっぱりであった。

社会主義的ブルジョワは、近代社会の生活条件は望むのだが、そこから必然的に起こる闘争や危機については望まない。彼らは既存の社会を望んでいるのであり、その社会を革命的に変えることや、その社会を解体することは望まない。彼らはブルジョワ階級は望むのだが、プロレタリア階級は望まない。ブルジョワ階級は自らが支配する社会を、当然ながら最高の世界だと考えている。ブルジョワー社会主義者は、癒しとなるようなこうした考えを中途半端な、あるいは完全な体系につくり上げる。この社会主義者がプロレタリア階級に新しいエルサレムに進軍すべくその体系の実践を要求するとすれば、彼らが基本的に望んでいることは、今のままの社会にとどまり続けること、しかしこの社会から生まれる憎むべき表象を厄介払いすることだけなのである。

プルードンの『経済学的矛盾の体系』の論理を、マルクスは、弁証法的対立に至らない思想だと考える。プルードンは良い面と悪い面が資本主義社会にあり、その良い面のために、悪い面を除去すればすべてはうまくいくという。マルクスはここに弁証法的対立の揚棄がないことを見て取り、これが資本主義社会における改革路線に至らしめている原因だと考える。このプルードン流弁証法には、最終的矛盾の解決者として、「社会的天才」、「一般的理性」があるという（MEW四巻一四〇頁）。マルクスはこの社会改革の薬を解毒剤という言い方で表現している。

一種の解毒剤を与えることがこの社会主義の役割だというのである。この批判は、逆に言えば、『聖家族』で与えられた、ブルーノ・バウアーや、ウジェーヌ・シューへの批判に近い。新しいエルサレムとは、この思想のもつ宗教性の部分と関係している。「そこでこれからは、経済的関係の良い面とは平等を肯定する面であり、悪い面とは平等を肯定する面であるということになる。新たなカテゴリーはいずれもそれに先立つ仮説によって生み出された不平等を除去するための社会的天才の仮説である。要するに平等は社会的天才が経済的矛盾の円内をぐるぐるまわりながらたえず目をつけている本源的意志、神秘的傾向，神意による目的である」（同、一四二頁）。そしてマルクスは、バルジモンのカトリック的社会主義を推薦する。「バルジモンもまた神意の定めたひとつの目的を追求しているのである。だがその目的は、もはや平等ではなく、カトリシズムなのである」（同、一四三頁）。さてエルサレムについて水田洋は、ドイツのゲオルク・ラップ［1757-1847］による原始キリスト教の再建を目指す「新エルサレム教団」のアメリカ植民地のことだと注で述べている（水田洋訳、講談社学術文庫七六頁）。

第二の社会主義の、体系を欠いた、ただ実践的な形態は、労働者階級に対して、重要なのはあれやこれやの政治的変革ではなく、物的生活関係、経済的関係の変革だけであることを示すことで、あらゆる革命運動を拒否させることである。しかしながら、この社会主義が、物的生活条件の変革という言葉で理解していることは、革命的な道しかありえないはずのブルジョワ的生産－関係の廃棄などではなく、今の生産関係をもとに生まれる行政的な変革のことである。つまり、資本と賃労働との関係においては変革はまったくなく、せいぜいブルジョワ階級の支配にかかる費用を引き下げ、その国家会計をスリムにすることだけである。

ブルジョワ－社会主義が自らにふさわしい表現を見つけるときは、たんに修辞的な形式を取るときだけである。

マルクスは、『賃労働と資本』のメモ書きの中で、当時のさまざまな改良案を分析している。その中でプルードンは、労働者の状態の改善者のひとりとして、マルサス［1766-1834］、ロッシ［1787-1848］、ヴァイトリンクと並んで挙げられている。とりわけ賃金の決め方を変えることで労働者の状態を改善できることを主張する人物として言及されている（MEW六巻五三七頁）。これがここでブルジョワ階級の支配の費用を下げるための賃金改善論だと思われる。四八年革命中、人民銀行論を展開し、さらにパリ万国博覧会でプルードンは労働貨幣の使用などを実践している。

すなわち労働者階級のために自由貿易を！　と言ったり、労働者階級のために関税同盟を！　と言ったり、労働者階級のために独房監獄を！　と言ったりすることであり、これこそブルジョワ－社会主義の最後の言葉であり、唯一の言葉なのだ。

独房監獄については、『聖家族』で触れる。人間を善導するためにウジェーヌ・シューの小説に出てくるのは独房監獄である。これは「人間を外界から切り離して、その精神だけに隔離すること、司法的刑罰と神学的呵責を結合することは、それを押しすすめれば、独房制度ということになる」（MEW二巻一九七頁）。これは一種の悔い改めの機関である。肉体的に分離されることで、精神的な反省を促す。ブルジョワ的制度へのリハビリ機関としての独房制度。自由貿易、関税同盟について、マルクスやエンゲルスもそれに反対というわけではない。もちろん、それには、資本の発展が促され、プロレタリア階級の形成と意識を高める限りにおいてという留保条件が付いている。水田洋は注でこの独房刑務所の英訳がPrison reformとなっていることから、刑務所改革、ジョン・ハワード［1726-1790］に始まる刑務所改革のことであると述べている（前掲書、七六頁）。

ブルジョワ－社会主義の主張はまさに次の点にある。すなわち、ブルジョワがブルジョワであることは労働者階級の利益のためであるということ。

マルクスとエンゲルスは、一八四八年八月の『新ライン新聞』に「プルードンの反ティエール演説」という論文を発表している。そこで議会で批判の矢を受けている彼をこう評している。「われわれがプルードン氏を攻撃しているのは、その「ユートピア」的科学であり、彼がそれによって資本と労働、プロレタリア階級とブルジョワ階級の対立を和解させようとした科学である。われわれは今後この問題に立ち返るだろう。彼の銀行体系全体、彼の生産物交換全体が、小ブルジョワ的幻想以上のなにものでもない。ところが、今彼がこの色あせた幻想の実現を強いられて、全ブルジョワ議会を向こうにまわして民主主義的に立ち現れ、彼らに対して、こうした反対意見をずけずけと述べると、ブルジョワは、道徳や財産に対する侵害だと叫ぶのだ」（MEW五巻三〇六頁）。プルードンは人民銀行論、財産の廃棄などを議論していた。

3. 批判的—ユートピア的な社会主義と共産主義

エンゲルスは後年『空想から科学へ』という書物を執筆する。空想的という言葉は、utopisch「ユートピア的な」という形容詞である。この言葉はphantastischという言葉と並んで用いられる。内容的には幻想的、空想的ということであるが、問題はそれがなぜ空想的かということである。

ここで問題にするのは、近代的大革命においてプロレタリア階級の要求を表現した文献ではない（バブーフの作品など）。

フランス革命期に出現した共同体の思想。フランソワ・ノエル・バブーフ［1760-1797］は『平民派宣言』（一七九五－九六）の中で、財の平等な共同体を打ち建てることを主張する。「われわれは、より崇高で、より公正なものに傾斜している、すなわち共通の財産、財の共同体（communauté）である。土地はもはや個人的所有はもはや存在しない、土地は誰のものでもない。われわれは宣言する。われわれは土地の果実の共通の喜びを欲することを。果実はすべてのものだ」（Grandjonc, *Communisme / Kommunismus / Communism*, 1989. 第二巻、三一九頁）。事実上カベーに至る財産の共同体という思想の淵源はこのバブーフで、やがてブオナロッティを媒介にしてヨーロッパで普及する。一八世紀の共産主義思想家には、レチフ・ド・ラ・ブルトンヌ［1734-1806］とモルリイ［1717-?］もいる。前者はこう述べている。「彼らは共通に仕事をする。朝はみんなで農業を営み、午後はみんなで分かれて手のひらで遊ぶ」（前掲書、二巻三五〇頁）。後者はこう述べる。「社会における何者も日常的必需品すなわち生活、嗜好または日常の業務に使用するものを除くほか、個人の財産として特別に使用することはできない」（『自然の法典』岩波文庫、一五〇頁）。なおモルリイについては、一八四四年の『フォアヴェルツ』にその抄訳が掲載されていた（さまざまな共産主義思想の系譜については的場昭弘『ネオ共産主義論』光文社新書、二〇〇六年参照）。

一般的に混乱している時代、すなわち封建社会が崩壊していく時代に、プロレタリアの利益を直接追求しようという最初の試みは必然的に失敗した。その理由はプロレタリア階級の形成が未発達であったこと、まさにそれと同時にその解放の物的条件が不足していたからである。この物的条件はまず第一にブルジョワ時代の生産物に他ならないからである。プロレタリア階級のこの最初の運動から生まれた最初の文献は、その内容から言って必然的に反動的なものである。これらの書物が語ることは、禁欲主義と粗野な平等主義である。

生産力が未発達な段階での社会主義、共産主義は、二つの方向から生まれる。ひとつは発展していく生産力が生み出す悲惨な状態に対する恐れ、それが過去への憧憬と禁欲主義を生み出す。一方で、そうした世界に対するアンチとしての封建的遺制を残した形での、男性中心主義的な粗野な共産主義。この二つが、生産力が未発展な段階での社会主義、共産主義思想である。この時代の思想は、バブーフやモルリイに代表される。モルリイの『神聖基本法』（『自然の法典』一七五五）は徹底した財産の共有と禁欲を理想とする。バブーフは、財の共同体、土地の共有を主張する（『平民派宣言』）。エンゲルスは『空想から科学へ』の中でこう述べる。「一八世紀にはすでにあからさまな共産主義理論（モルリイとマブリ[1707-1785]）が現れた。平等の要求はもはや政治的権利だけに限られないで、個々人の社会的地位にも及ぼされるべきであるとされた。階級的特権だけでなく、階級差別そのものを廃止するべきであるとされた。こうして、新しい学説の最初に現れた形態は、禁欲的な、人生のあらゆる享楽を禁止する、スパルタ流の共産主義であった」（ＭＥＷ一九巻一八八頁）。

一八八八年エンゲルスは、英語版で「この物的条件はまず第一にブルジョワ時代の生産物に他ならない」という文章の後に「ブルジョワ時代そのものによってしかつくり出されない、これからつくり出されるべき条件」と入れている（ＭＥＷ四巻五〇三頁）。

サン＝シモン、フーリエ、オーウェンの体系のような、本来的な社会主義、共産主義体系は、われわれがこれまで語ってきたようなプロレタリア階級とブルジョワ階級との闘争が未発達の、初期の時代に出現した（「ブルジョワ階級とプロレタリア階級」の章参照）。

実はマルクスはフランスの空想的社会主義者をかなり高く評価している。むしろこうした思想をおろかな世迷いごとと批判したのは先の真正社会主義者であった。世迷いごとの部分は話の大きさ、誇大妄想的な部分であった。エンゲルスは「フーリエ商業論の断章」でこう述べている。「ドイツのたわごとが没趣味で陰鬱なのに、フランス人のたわごとは少なくとも愉快である。しかもおまけにフーリエ[1772-1837]は現存の社会関係を非常に鋭く、機知と諧謔をもって批判したので、人々は彼の天才的世界観に基づく宇宙論的空想をあえてとがめないのである」（ＭＥＷ二巻六三一頁）。『ドイツ・イデオロギー』では、フーリエの誇大な表現は、一種の批判のためのレトリックであると述べる。「フーリエは、人間たちのこうしたでっかいものの見方を王政復古時代の控えめな中庸さに、無邪気なユーモアをもって対置するのだが」（MEW三巻五五八頁）。エンゲルスは、一八四五年当時「外国社会主義者名著叢書」を出す計画をもっていた。その最初がフーリエ、そしてオーウェン〔1771-1858〕、サン＝シモン〔1760-1825〕であった（エンゲルスのマルクス宛の一八四五年二月の書簡、MEW二七巻二二頁）。ここで第一章「ブルジョワとプロレタリア」を参照とあるが、よく見ると「ブルジョワ階級とプロレタリア階級」となっている。Bourgeois と Bourgeoisie、Proletarier と Proletariat、この使い分けはマルクスにとっても明確なものではない。

この体系の発見者たちはなるほど階級対立も見ていたし、当面の社会自身の中で解体していく要素がどのように影響しあっているかも見てはいた。しかし、彼らはプロレタリア階級の側にある、その歴史的独自性、プロレタリア固有の政治運動を認識はしていない。

マルクスのサン＝シモン、フーリエ、オーウェンに対する扱い方は、経済学におけるリカード〔1772-1823〕やスミス〔1723-1790〕に対する扱い方に似ている。批判をするのだが、その批判はことさら歴史的な問題に限定されている。真摯な研究態度にもかかわらず（それがブルジョワ的な擁護にならなかった理由である）、時代の制約で、真理に到達することができなかったという批判である。これまで述べられた封建的、ロマン主義的、保守的、ブルジョワ的、真正社会主義者などはどちらかというと最初からある意味での愚かさ、ある意味での俗っぽさから、真理よりも利益を優先した社会主義者だということになる。経済学に関しては、マルクスはそうした人物を俗流経済学者と述べている。一八八八年の英語版でエンゲルスは最後の「プロレタリア固有の政治運動」の「プロレタリア」の後に「まだその幼児期にしかない」と注を入れている（MEW四巻五〇四頁）。

階級対立の発展は、産業の発展と同じ歩調をとるため、プロレタリア階級を解放する物的条件を彼らは見つけることができずに、こうした条件を生み出す社会科学、社会法則を見つけようとする。

　だから社会的活動ではなく個人的な独創的活動が出てこなければならず、解放への歴史的な条件ではなく、空想的な条件が出てこなければならず、徐々に進展するプロレタリア階級の階級への組織化ではなく自らが考え出した社会組織が出てこなければならない。やがて来ることになる世界史は、彼らの場合プロパガンダと彼らの社会計画の実現のための説明に解消されていく。

　社会主義・共産主義思想が、資本主義の発達に関係しているとすれば、未発達の時代には十分な思想が発展することはない。しかしながら、想像力豊かな人物はその難点を思想によって乗り越えることができる。その稀有な思想をもっていた人物こそ、空想的社会主義者と言われる人々である。空想というのは現実性をもたないという意味ではなく、むしろ現実を乗り越え、新しい時代を予測する力という意味である。その意味で、空想的社会主義の発想は、大きすぎ、いささか喜劇的な部分を含むが、それはその時代の脈絡を超えるという意味で、そうでなくてはならなかったということになる。


なるほど彼らは、計画の中でもっとも苦しみを受ける階級としての労働者階級の利益を擁護しようと意識していた。彼らにとってのプロレタリア階級の存在とは、もっとも苦しみを受ける階級であることにしか意味はない。

　階級対立が充分発展した形態を取っていないため、そして彼ら自身の生活における立場によって、そうした階級対立に対して彼らは超然とした態度でいられるのである。彼らが望んでいるのは、すべての社会成員の生活状態が改善されることであり、それはまた特権的階級の生活状態の改善でもある。だから、彼らは全社会に対して区別なく、とりわけ支配階級に対してたえず訴えかけるのである。彼らの体系から理解できることは、その計画は、可能な限り最高の社会の、可能な限り最高の計画だということでしかない。

　オーウェンは事業家、サン＝シモンは貴族、フーリエは商人の息子。もちろんその財産は時によって消滅したり、破産したりするのだが、その育ちの良さから、プロレタリアの生活に超然たる態度をとることができる。サン＝シモンは『産業者の教理問答』（一八二三）の中で巨大化する産業組織を編成する産業者階級について言及する。それは一種のエリート指導体制とも言える規制的社会主義である。『新キリスト教』（一八二五）では、原始キリスト教のもっていた隣人愛を中心とした組織を構築する。実現可能といえば可能だが、意外と困難をともなうものである。フーリエは、情念引力による人間社会の再組織化をファランステールの実現によって行おうと考える（『産業的協同的新世界』一八二九）。オーウェンは、広く国家的規模ではなく現実の工場レベルでの改善を図る（『新社会観』、一八一三－一八一六）。さらにアメリカのインディアナ州ニューハーモニーで具体的な実験をする。フーリエ主義者のコンシデランも実験を行うし、サン＝シモニアンは、フランス第二帝政で積極的に政策に関与する。その意味で、実現可能な計画であったとも言える。しかし、他方でそうした実現の問題を超えるスケールをもっていたことも確かである。

　したがって、彼らは、どんな政治的行動も、すなわちどんな革命的行動も非難し、その目的を平和的方法で実現しようと望み、小さな経験、当然ながらそれは失敗するのだが、そうした経験や、いくつかの事例という手段によって、新しい社会の福音への道を開こうと努力するのである。

　プロレタリア階級が未発達の時代であり、自らの立場についてまだ空想的にしか考えられない時代において、未来社会を空想的に描くということが意味しているのは、プロレタリア階級はまだ社会の一般的な変革に対して予感的な衝動しか感じていないということである。

革命の否定という問題が空想的社会主義者の思想

にはある。フーリエ主義者のコンシデランは革命を完全に否定する。革命によって起こる悲惨な戦争を避けるという意味合いからである。それはカベーの『イカリーへの冒険』においても同じある。急激な革命を避け、五〇年という期間で少しずつ変えていこうというわけである。『宣言』も実は革命ということについては、比較的おとなしい。同様のことはエンゲルの『原理』、『信仰告白』でもそうで、革命はそれがなければ変革が実現できない場合の最終手段とされている。このあたりをアバウトにしようというのは政策か。

しかし、この社会主義的、共産主義的作品は批判的要素をまた含んでいる。その作品は現存の社会を根本から攻撃する。だからこれらの作品は労働者を啓蒙するための最良の資料を提供してくれたとも言えるのだ。未来社会に対するその積極的な言葉、たとえば都市と農村との対立の廃棄、家族の廃棄、私的営利の廃棄、賃労働の廃棄、社会的調和への予知、国家をたんなる生産管理者へ転化するということ――など、こうした言葉はすべて、まさに発展し始めてはいるのだが、まだその最初のもやもやとしたはっきりしない状態にしかない、階級対立の廃止について表現しているのだ。だからこうした言葉自身はまだ、まったくのユートピア的な意味しかもっていないとも言える。

未来社会の基本的概念はほぼこの時代に出そろっているという。『宣言』の第二章で掲げられるブルジョワ的家族批判、ブルジョワ的所有批判、都市と農村の対立の廃棄（一〇の要求項目）、国家の解体（アソシアシオン）などがそれである。ある意味では『宣言』の要求事項の方が、これらの要求事項に比べるとずっと穏健的である。ただプロレタリア階級による資本の収奪とその国家の手への集中という手段において、空想的社会主義者たちよりも現実的実現可能性が明記されているとも言える。そもそも『宣言』は共産主義社会の未来像を描かないことを特徴としているとも言える。その意味でこうした未来社会への大胆な展望がないということが特徴とも言える。未来社会についてエンゲルスがエルバーフェルトでの演説でかなり具体的な内容を述べている（MEW二巻）。同じことは後の『空想から科学へ』（MEW一九巻）についても言える。

批判的ユートピア的社会主義－共産主義の意義は、歴史的発展とまったく反比例していることにある。階級対立が発展し、形成されてくるにしたがって、階級対立に対するこの空想的な高揚、空想的なこの闘争自身、実践的な価値、理論的弁護などはすべて失われていく。このような意味で、この体系の創始者は革命的であったと言えるのだが、しかしながらその弟子たちの方はいつも反動的なセクトにすぎない。弟子たちは師の旧い観点を、プロレタリア階級の歴史的発展を無視して堅持する。だから彼らは結果として再び階級闘争を鈍化させ、対立を調停しようとする。さらに彼らは社会的ユートピアの実験的実現を、個々のファランステール、ホームーコロニー、小さなイカリーの建設（新しいエルサレムの小型版）の夢を見る、

当時の共産主義者同盟の最大の敵は、フランスのカベー派とコンシデラン派であった。ともに共産主義の二つの流れを代表する。ひとつはフーリエ主義の流れで、それは財の共同体よりも、小コロニーによる適度な自由と、適度な競争を重視する。もうひとつはバブーフ主義で、こちらは財の共同体を重視する。その意味では、カベーの「イカリー」はそうした共同体の典型であった。マルクスは早いうちからカベーやデザミに言及している。『独仏年誌』に掲載されたルーゲ［1802-1880］宛の書簡（一八四三年九月）で、こう述べている。「といっても私がここで念頭においているのは、なにか空想された、ありうべき共産主義のことではなく、カベーやデザミやヴァイトリンクなどが説いているような現実に存在する共産主義のことである。この共産主義はそれ自体、その対立物である私有制度に感染した、人道主義的原理の特異な一現象にすぎない。だから、私的所有の廃止と共産主義とはけっして同一のものではなく、したがってフーリエやプルードンなどの学説

のようなほかの社会主義学説が共産主義に対立して発生しているのが見られるのは、偶然のことではなく、必然のことである。なぜなら共産主義自体が社会主義的原理のひとつの特殊な一面的な実現にすぎないからである」（ＭＥＷ一巻三八一頁）。ここですでに『イカリーへの冒険』が批判されている。『ライン新聞』（一八四二年）でもデザミの『カベー氏の中傷と策略』（一八四二年）について言及されている（ＭＥＷ四〇巻三三二頁）。エンゲルスは一八四六年カベーに会っている。「僕は昨日カベーに会った。この老人はまったく親切で、僕はすっかり彼が気に入ってしまい、神や悪魔について彼と話した。これからもたびたび訪ねるつもりだ」（一八四六年八月一九日エンゲルスのマルクス宛の書簡、ＭＥＷ二七巻三一頁）。

コンシデランは一八四七年『社会主義の原理――一九世紀における民主主義宣言』という書物を出版した。これは『共産党宣言』というタイトルの向こうを張るものであり、後に『宣言』の剽窃問題に関係してくるものである。コンシデランはフーリエ主義者であり、フーリエ主義者である以上、カベー的な財産の共同体理論はない。むしろファランステールにおける小コロニーでの資本家と労働者、そしてそこにおける競争と資本主義社会が残存する。エンゲルスは一八四三年イギリスの『ザ・ニュー・モラル・ワールド』［1834-1846］に書いた論文の中で、フーリエ主義のこの論点を明確にしている。そしてコンシデランの名前も挙げている。コンシデランのこの問題については、スウェーデンの同盟のイェートレックが『プロレタリア階級と真の共産主義による彼らの解放について』（一八四七）の中で、「フランスの共産主義者もドイツの共産主義者もフーリエ主義とはまったく共通点をもたない。彼らは人間のキリスト教的平等を承認しておらず、資本家が安全にそこから利用できるように労働者を組織しようと努力しているからだ」（資料編参照）と批判する。ここでキリスト教的という言い方は、当時の共産主義思想一般にあったものと思われる。エンゲルスは、先の論文でイギリスがキリスト教的でないのに、フランス共産主義は「キリスト教は共産主義である」と考えていることを指摘しているが（ＭＥＷ、五三一頁）。

カベーについて共産主義者同盟は、とりわけその移民計画に批判的である。『宣言』が執筆される直前「市民カベーの移民計画」という記事が出るが、そこでカベーの主催するアメリカでイカリーを実現しようという計画が批判されている。その批判は五点に分かれる。第一は、母国を棄てて海外に逃げることは国内での不正を正すことを拒否する行為であるということ、第二に労働者が農業に専念することは難しいこと、第三に大量に海外に行くことで国内の運動に大きな失望感を与えるということ、第四に小さな共同体では長続きしないこと、第五にアメリカで大きな訴訟を受ける可能性があること。実際には、この運動に参加しようという同盟員が出始めていたことも確かであり、『宣言』はそのためにもこうした人々を牽制する必要があった。そのため、直接批判ではなく、間接批判を行ったものと言える（資料編参照）。

「ホームーコロニー、小さなイカリーの建設（新しいエルサレムの小型版）の夢を見る」の後に、エンゲルスは注を付けている。一八八八年の英語版には「ファランステールはシャルル・フーリエの計画した社会主義コロニーであり、イカリーはカベーが彼のユートピア、後にはアメリカの共産主義コロニーに与えた名前であった」。一八九〇年のドイツ語版ではさらに、「ホームーコロニーとはオーウェンが彼の共産主義モデルの社会に名づけたものである。ファランステールはフーリエが計画した公的宮殿の名前であった。イカリーは幻想のユートピア的世界に与えられた名前であり、その共産主義制度をカベーが描いた」（MEW四巻五〇六頁）と付加されている。

そして彼らはこうしたあらゆるスペインの城の幻想を建設するために、ブルジョワの心と、その財布にある博愛主義に訴えねばならないのである。次第に彼らは先に述べた反動的あるいは保守的な社会主義者のカテゴリーに入るようになる。反動的あるいは、保守的な社会主義者と違う点と言えば、彼らがより体系的な衒学趣味をもっていること、その社会科学の驚くべき作用について狂信的な迷信しかもっていないことである。

スペイン風の城とは、空想上の城という意味だが、サン＝シモンはそのスペインでマドリードから海へ出るための運河建設計画を提出し、それに対する支援策を考えたことがある。このことはサン＝シモンが財政的支援を受けるためにブルジョワに支援を求めざるをえなかったということを示している。これについては『ドイツ・イデオロギー』で言及されている（MEW三巻五三六頁）。その意味でコンシデランやカベーのアメリカ移民計画は大きなスペインの城だったとも言える。実現するにはかなり重い課題を背負っていたからである。

だからこそ彼らは執拗にもどんな労働者の政治運動にも反対するのだ。なぜなら、こうした政治運動は新しい福音に対する盲目的信仰が足りないから起こってくるのだから。

イギリスにおけるオーウェン主義者、フランスにおけるフーリエ主義者は、イギリスではチャーティスト、フランスでは改革派に対して敵対している。

フーリエ主義者とは、コンシデランのこと。オーウェン主義者についてエンゲルスはこう述べている。「だからこの社会主義は、事実上はブルジョワ階級とプロレタリア階級との対立を乗り越えて進んでいるのに、その形の上ではブルジョワ階級に対する扱いはすこぶる公平で、プロレタリア階級に対する扱いはすこぶる不公平である。社会主義者は、どこまでもおだやかで、平和をこのみ、正々堂々と説得する以外はどんな手段も拒否する限りでは、現存の諸関係がひどく悪くても、それを正当なものとして承認するのである」（『イギリスにおける労働者階級の状態』MEW二巻四七一－四七二頁）。チャーティストそして改革派については、続く四章での「共産主義者のさまざまな対立する党派に対する立場はいかなる党派と連携すべきか」の内容参照。

第四章　共産主義者のさまざまな対立する党派に　対する立場

この節は、エンゲルスの『共産主義の原理』の内容をほぼ踏襲している。その部分は問25。他の党とどういう関係にあるかという箇所である。イギリス、フランス、スイス、アメリカほぼ内容は同じであるが、ただしポーランド、フランスは付加され、ベルギーがはずされ、ドイツに関して革命における位置の高さが述べられている。そしてエンゲルスの『原理』にはなぜか抜けている「あらゆる地域の労働者よ、団結せよ」という言葉が付加されている。この言葉は、すでに一八四七年の六月の総会の時から語られていたものであるが、エンゲルスはなぜかこの言葉をはずしている。

第二章を読めば、共産主義者と、すでに組織された労働者の党派との関係は自然に理解されるだろう。だからイギリスのチャーティストや北アメリカの農業改革派と共産主義者との関係も、それと同じである。

イギリスのチャーティストに対するマルクスの見方はきわめて好意的である。一八四五年夏イギリスにエンゲルスとともに渡った際交流を深めていたこと、さらにイギリスの友愛協会とブリュッセルの民主協会との交流があり、マルクスは一八四七年暮れ、ロンドンの友愛協会で講演したこともあった。その時の講演が「ポーランドについての演説」（一八四七年一二月九日『ブリュッセル・ドイツ人新聞』に公表）である。そこでこう述べている。「すべての国のうちでイギリスこそは、プロレタリア階級とブルジョワ階級の対立がもっとも進んだ国である。だからイギリスのプロレタリア階級のイギリスのブルジョワ階級に対する勝利は、全被抑圧者の、その圧迫者に対する勝利にとって決定的である。だからポーランドはポーランドで解放されるのではなく、イギリスで解放されるのである。チャーティスト諸君はだから、諸民族の解放のための、殊勝だが仇となる願いなど表明すべきではない。諸君自身の国内の敵を撃破せよ。そうすれば諸君は全旧社会を撃破したという誇らかな意識をもってよろしいのだ」（MEW四巻四三〇頁）。

アメリカに関しては、「全国農民改革派」*National Refomer* の運動が念頭に置かれている。マルクスとエンゲルスは一八四六年五月、アメリカに渡ったクリーゲを批判すべく、「クリーゲに反対する回状」（MEW四巻）を刷って共産主義通信委員会に廻した。そこで青年アメリカ派の運動を承認すると主張している。青年アメリカ派は、アメリカの職人、労働者の組織であり、「全国農業改革協会」National Reformer Association と称した。土地の無償配分を目的としていた。クリーゲはこの運動は共産主義運動だと考えたが、マルクスたちは、これはこれから発展する初期のプロレタリアの運動の形態にすぎないと述べている。それゆえマルクスたちはこの運動の後、本格的な資本主義の発展が続き、そこからプロレタリアの本当の運動が生まれる限り、この運動と結びつこうというわけである。

共産主義者は労働者階級の直接当面の目的と利益に到達するために闘うのだが、彼らは現在の運動において同時に未来の運動を代表しているのだ。フランスでは共産主義者は、保守的、急進的ブルジョワに対して、社会主義的－民主主義的党派と結びつく。それゆえ共産主義者は、革命的な伝統に基づく成句や幻想に対して批判する権利を捨てるわけではない。

ここで保守的、急進的ブルジョワと言われるのは、制限選挙を死守している人々である。一八四七年選挙法改正運動が起こるが、それは保守的、急進的なブルジョワである自由主義派と民主主義派に分かれた。エンゲルスは当時パリにあって、『ブリュッセル・ドイツ人新聞』に「フランスの選挙法改正運動」という論文を送っている（MEW四巻四一四－四二一頁）。

すでにこの頃から、急進的ブルジョワは労働者に力が拡大するのを恐れ始めていた。そのことが、共産主義者が彼らとの連携を恐れた理由である。共産主義者は、『ナショナル』ではなく、『レフォルム』［1843-1850］を主催する民主主義者に接近することになる。エンゲルスは一八八八年の英語版でこう付加する。「当時議会的にはルドリュ＝ロラン［1807-1874］に代表され、文献的にはルイ・ブランに代表され、新聞としては『レフォルム』に代表されていた党、社会民主主義という名前はその発見者によって多少とも社会主義的色彩をもった民主的、共和的な党の一部を意味した」。一八九〇年のドイツ語版ではさらに「本来社会民主主義と当時呼ばれたフランスの党は、政治的にはルドリュ＝ロラン、文献的にはルイ・ブランに代表されていたが、現在のドイツ社会民主党とはまったく違ったものであった」と付け加えられる。冒頭の部分は、英語版で「共産主義者は直接の対象の実現、労働者階級の当面の利益のために闘う。しかし同時代の日常の運動では、彼らは未来を代表し、活動する」と言い換えられている（MEW四巻五〇七頁）。

スイスにおいては、共産主義者は急進派を支持するが、この党派が、まずフランス的な意味での社会主義者であるということ、次に急進的ブルジョワであることから、矛盾する要素をもっていることを見誤ってはいない。

スイスでは保守派と自由主義者が一八四〇年代闘っていた。分離同盟は、カトリックを中心とした古いスイスの民主主義の同盟であった。しかしスイスはこうした教会勢力を例にして、連邦を形成し、一八四八年国家連合をつくる。その中心となったのが急進派である。とりわけスイス固有の民主主義的世界と、資本主義によって生まれた新しい民主主義との違いを知るために、この闘争は重要である。スイスの急進派は、旧い民主主義と違って、所有の批判を行った。エンゲルスは「スイスの内乱」（『ブリュッセル・ドイツ人新聞』一八四七年一一月四日　MEW四巻）の中で、スイス的な旧い分権型の民主主義の弊害について批判している。それはスイス人が外国で傭兵となることと関係していて、彼らは行くところ行くところで、その地域で体制側のために闘ったからである。フランス革命においても民衆に発砲したのはスイス人だったと厳しく批判している。エンゲルスは一八四九年バーデン蜂起の後、スイスに亡命するが、そのスイスも結局、ドイツ側からの要求に屈して、ドイツ人の亡命者たちを国外退去させる。

ポーランドにおいては、共産主義者は農民革命を民族解放の条件とする党派を支持する。これはクラクフでの一八四六年の蜂起を呼びかけた党派と同じものである。

ポーランドは当時三分割されて国家としては存在していなかった。そこで何度か独立を求める運動が起こる。一八四六年一一月、クラクフがオーストリアに併合された時、民衆は抵抗した。マルクスは「ブリュッセル記念祭における演説」（一八四八年二月二二日）で、クラクフの民衆の抵抗を共産主義的なものだと賞賛する。それは旧い土地所有形態に対して、新しい土地所有形態を目指したからだ。マルクスはこう述べる。「ポーランドの民主主義は封建的な法律の廃止なしには、隷農を自由で近代的な土地所有者に変えることなしには不可能である」（MEW四巻、五三六頁）。「クラクフ革命は、民族独立の大業を民主主義の大業および被抑圧階級の解放と一体化することによって、全ヨーロッパにひとつの輝かしい模範を示した」（同、五三七頁）と。ステッドマン・ジョーンズの注によると、ポーランド問題は、一八三〇－三一年のポーランド蜂起の失敗から続く問題で、一八三二年ボナパルト派の将軍ラマルクの葬儀の際、ポーランド蜂起への抗議が騒乱につながったと言う。それ以後チャルトルスキを中心とする白、ミェロスラフスキの赤に分かれると言う。前者は土地貴族と王政の復活を望んだが、後者は土地制度の改革と民主主義を望んだ。マルクスは当然後者を支持していた（Stedman Jones、前掲書二七三－二七四頁）。

ドイツにおいては、共産主義者の党派は、革命的ブルジョワ階級が立ち上がるやいなや、そのブルジョワ階級と一緒に、絶対的君主制、封建的土地

所有、プチ・ブルジョワ階級の事業と闘う。

　マルクスたちは、ブリュッセルで労動者協会をつくり、それを母体としてブリュッセルの民主協会に参加した。民主協会は制限選挙の中、議会に代表を送り、政治改革をしようと考えた。政治改革によってプロレタリア階級の選挙権、被選挙権を獲得し、議会に進出し議会政治を支配しようというわけである。ケルンの民主協会とマルクスたちは密接に連携を取っていた。そのため、革命以後ケルンで『新ライン新聞』を創設し、その編集を行っていた間も、議会での選挙改革にまい進する。こうした発想について、エンゲルスは、ハインツェンを批判する論文の中でこう語っている。

「現下の状況の下で民主主義者と無益な論争なんかけっしてやらない共産主義者は、さしあたり党の実際問題では、むしろ自らも民主主義者として行動する。民主主義はすべての文明諸国においてプロレタリア階級の政治的支配を必然的にもたらす。そしてプロレタリア階級の政治的支配は、あらゆる共産主義的施策の第一前提である。したがって民主主義者とは共同して闘い、民主主義者の利害は、同時に共産主義者の利害である」（「共産主義者とカール・ハインツエン」『ブリュッセル・ドイツ人新聞』一八四七年一〇月七日、ＭＥＷ四巻三三三頁）。ここでプチ・ブルジョワ階級の事業というのは Kleinbürgerei というドイツ語である。プチ・ブルジョワ階級が維持している独占的組合という意味か。

しかし彼らがいっときも忘れてはならないことは、ブルジョワ階級とプロレタリア階級との敵対的対立に対するできるだけ明確な意識を喚起することである。こうしてドイツ人労働者は、ブルジョワ階級が支配権を獲得すれば導入しなければならない社会的政治的条件を、まさにそのままにブルジョワ階級に対する武器として振り向けることができるだろう。ドイツにおける反動的階級が崩壊した後、今度はただちにブルジョワ階級自身に対する闘争が始まるのだ。

　共産主義者は主要な関心をドイツに向ける。なぜならドイツはブルジョワ革命の前夜にあり、ヨーロッパ文明のもっとも進歩的条件のもとで、一七世紀のイギリス、一八世紀のフランスよりも発展したプロレタリア階級によって、こうした変革がなされるからである。したがってドイツのブルジョワ革命は、プロレタリア革命の直接的前哨戦となりえるからである。

ドイツの重要性という問題については、エンゲルスの『原理』では語られていない（資料編参照）。とはいえ、エンゲルスは「ドイツの現状」（MEW四巻）という論文を一八四七年春に書く。そこでドイツの当面の問題について語る。ここでの分析が『原理』の中で語られているとも言える。まずドイツのブルジョワはフランスのブルジョワと違って支配者でないどころか、時の権力にとって危険なものであると述べる。それゆえドイツのブルジョワとプロレタリアとの闘争は明確な形で実現していない。明確な対立を生み出させるべく、ドイツの諸政府をまずブルジョワ体制にすべきであると述べる。「ドイツ的みじめさ」という言葉が語られるが、それはドイツにおいてはブルジョワ階級が権力をいまだに握れないという小市民的姿を象徴している。このみじめさから脱却するには、ブルジョワ階級による権力掌握がまず必要だとエンゲルスは力説する。

ドイツ革命になぜそれほど時代的意義があるのかという点について、実はここであまり説明がない。内容的にはブルジョワ革命とプロレタリア革命がほぼ同時的に起こるという点にその意義はある。それは一七世紀、一八世紀の革命を超えたところにある、新しい二段階革命論である。そうであるがゆえにこれまでの革命とは違った意味があるということか。マルクスはフランス革命からジャコバン独裁に至る過程を一八四三年以降勉強し、そこに失敗したが先駆的な業績を生み出した革命像を見出した。それは二段階革命論のモデルである。ここでドイツに適応されているのはこの二段階革命のモデルと言える。エンゲルスは「三つの憲法」（『ブリュッセル・ドイツ人新聞』一八四八年二月一〇日）の中で、ドイツ革命が大きな意味をもつことをこう書いている。「しかしドイツ諸政府がブルジョワたちのこういう行動恐怖心に、もし大きな望みをかけているのなら、彼らはひどい思い違いをすることになろう。ドイツ人は最後の出場者である。なぜなら、その革命はシチリア革命とはまったく違ったものとなろう。ドイツのブルジョワと町人的市民たちは、彼らの背後に日ごとに成長して行くプロレタリア階級が立っていること、このプロレタリア階級が、革命が終わったその時から、彼らが望んでいるのとはまったく別の要求を掲げるであろうことを非常によく知っている。――ドイツ革命では東全体が西全体と対立する。ナポリ革命は決定的なブルジョワ制度が獲得されるやいなや、ひとりでのその目標に到達してしまった。ところが、ドイツ革命は、それがそこまでいった時やっと始まるのである」（MEW四巻五三三頁）。ドイツの革命はブルジョワ革命でとどまらない。そしてそれは全ヨーロッパ的なものとして未来の革命の可能性を予告しているというわけである。

二段階革命論については、エンゲルスの『原理』の方が明確である。「プロレタリアがすでに人民の多数を占めているイギリスでは直接的であろう。人民の多くがプロレタリアだけでなく、小農や小市民からなっているフランスやドイツでは間接的であろう。彼らはプロレタリアへの移行過程を表す存在として初めて理解され、その政治的利益においてますますプロレタリア階級に依存しつつあり、したがってやがてプロレタリア階級の要求に適応していくだろうからである。おそらく革命には第二段階の闘争が必要となり、プロレタリア階級の勝利で終わるだけだろう」（『原理』問18の答　資料編参照）。

一言で言えば、共産主義者はどこでも既存の社会的政治状態に対する、あらゆる革命的運動を支持するということだ。

エンゲルスの『原理』ではこの部分はこうなっている「共産主義者は、したがって支配のために、たえず自由ブルジョワ党と手を組み、ただブルジョワの自己幻想と分かちあったり、ブルジョワの勝利の栄えある結果から生まれるプロレタリア階級の誘惑的な安泰を信奉することに警戒をするだけである」（『原理』問の25　資料編参照）。共闘路線をとると言っても、ブルジョワ的幻想の中で止まることのないように注意を喚起している。

こうしたすべての運動において、運動の根本的原理として共産主義者が強調するのは所有問題である。たとえその問題が、発展した形態をとっていようが、いまいが。

一八四七年六月の共産主義者同盟規約の第一条がまさにこの所有揚棄の問題である。第一条は「同盟の目的」である。そこで同盟の目的は、私的所有のない新しい社会建設であると謳ってある。

マルクスの残された『宣言』の草稿では、新しい所有を提起するのではなく、新しい生産力に見合う所有形態が何であるかを指し示すだけであるとも言っている。結局、それが所有の揚棄ということになるのだが。

最終的に言えば、共産主義者はどこでも、あらゆる地域の民主的党派に対する理解と連合のために努力するということだ。

共産主義者は自らの見解、自らの目的を隠すことはしない。共産主義者は、自らの目的に到達しえるのは、従来のすべての社会秩序を暴力的に崩壊させた時のみであることを公けにする。支配階級は共産主義者の革命に怯えるかもしれない。プロレタリアが革命において失うものがあるとすれば、それは自らをつなぐ鎖だけである。共産主義者は世界を獲得しなければならないのだ。

これは『宣言』の冒頭の序文の文章を受けている。共産主義者は自らの目的と意向を指し示す時が来ているのだと冒頭で掲げている。それを最後の結びでも再び宣言しているわけである。目的に到達するのは、社会秩序を暴力的に崩壊させた時であると述べるが、本当はそうならないことを祈っているとも言える。それは、ブルジョワ社会は自ら墓穴を掘っているからだ。モグラである墓掘人こそプロレタリア階級であるが、モグラはひたすら土台を掘り崩すだけである。『原理』では、暴力的な革命は無駄なことだと書かれてある（問16の答）。しかし、プロレタリアの暴力的革命は、プロレタリアの運動が抑圧されるがゆえに起こることだという主張もなされる。一八五三年に出た『ケルン共産党裁判の真相』の中でマルクスは、『宣言』が証拠に使われているが、『宣言』の中で共産主義者はプロイセン政府の転覆など考えていなかったと述べている。転覆するのはむしろ　ブルジョワの方であり、共産主義者はそれを加速するだけで直接の転覆計画などなかったのだと述べる（ＭＥＷ八巻四〇〇頁）。

　鎖（Ketten）という表現は、マルクスが最初にプロレタリア階級に言及した「法哲学批判序説」から来ている。「それではドイツの解放の積極的な可能性はどこにあるのか。答え。それはラディカルな鎖につながれたひとつの階級の形成のうちにある」（ＭＥＷ一巻四二七頁）。ここでは、鎖は、プロレタリアを縛る苦しみの鎖であると同時に、それによって連帯をもちえる積極的な鎖ともなっている。その意味でプロレタリアのこの鎖には二重の意味が付されている。

あらゆる地域のプロレタリアよ、団結せよ！

　この言葉は、マルクスの言葉ではない。共産主義者同盟の共通の言葉である。たとえば共産主義者同盟の規約にもすでにこの言葉は出ている。ロンドンで一八四七年出版された『共産主義雑誌』にもこの言葉がタイトルの下にある。リュベルはフローラ・トリスタンが最初にこの言葉を使ったと述べている（前掲書一五九一頁）。そこでは、民族差別も性差別もない労働者の団結とあった。カール・グリュンベルク［1861-1940］は、この言葉はイギリスの友愛会でも一八四五年三月四日、七月四日に使われたと述べている。エンゲルスは一八五三年「共産主義同盟の歴史」の中で、もともとの同盟のモットーは「人はみんな兄弟である」だったと述べている（ＭＥＷ八巻五七二頁）。しかしエンゲルスは、『宣言』によってこの言葉が初めて流布したと述べているが、それは間違いである。すでに同盟の一八四七年六月設立大会以後、いろいろな場所でこの言葉が使われていたことがわかる。

ここでLänderを国と訳さずに地域としたのは、当時のヨーロッパの国家形態の複雑さを鑑みたからである。現在のような近代国家が形成される前の国家形態、たとえばドイツ連邦の場合を見てみると、連邦自体は諸国家連合であるが、その連合を構成する国家は、小さな都市国家もあれば、大きな国家もあった。結局民族的にはドイツ人として表されるのであるが、国家としてはドイツではない。「万国」ではそれこそこうした弱小国家も含まれることになる。そこでこの場合、地域とした。その方が実情をよく表すからである。「万国の労働者よ、団結せよ」。現代においてなじみがあるのはこちらの方だが、ここではあえて当時の状況にしたがった。

第三編

『共産党宣言』序文

KOMMUNISTISEN
PUOLUEEN
MANIFESTI
共產黨宣言
カール・マルクス
フリードリッヒ・エンゲルス
The COMMUNIST MANIFESTO
by Karl Marx and Friedrich Engels
Manifesto del Partito comunista
K. MARKS e F. ENGELS
MANIFESTI I PARTISE KOMUNISTE
C. MÁC và F. ĂNG-GHEN
TUYÊN NGÔN CỦA ĐẢNG CỘNG SẢN
MARX-ENGELS
MANIFESTUL PARTIDULUI COMUNIST
Манифест на комунистическата партия
het communistisch manifest
COMMUNIST MANIFESTO
KARL MARX • FRIEDRICH ENGELS
MARX ENGELS
MANIFEST DER KOMMUNISTISCHEN PARTEI
Carlos MARX Federico ENGELS
MANIFIESTO COMUNISTA
MANIFESTO DO PARTIDO COMUNISTA
MANIFESTO OF THE COMMUNIST PARTY,
K. Marks kaj F. Engels
LA KOMUNISTA MANIFESTO
ĈINA ESPERANTO-LIGO
MANIFESTE DU PARTI COMMUNISTE
MARX and ENGELS
MANIFESTO of the COMMUNIST PARTY

主要な版、翻訳の出版史年表

1848年2－3月	『共産党宣言』23ページの初版
3月	『ロンドンのドイツ人新聞』に掲載 『共産党宣言』30ページ版
6月	蜂起　フランス語版の出版の可能性（未発見） （テデスコも仏訳を完成したという話がある、未発見） イェートレックによるスウェーデン語訳
1849年	シャルル・パヤによる仏訳の可能性（未発見）
1850年11月	英訳『レッドリパブリカン』（ヘレン・マクファーレン訳）に掲載
1851年8－9月	『ニューヨーク・シュターツ・ツァイトンク』部分訳
1851年10－11月	『労働者の共和国』1、2章の転載
1867年	マイヤー版アメリカで出版
1869年	バクーニンによる（と言われる）ロシア語訳
1871年4—5月	セルビア語訳が『パンツェヴァッツ』に掲載
1872年1－3月	仏訳『ル・ソシアリスト』（米）に掲載（英訳からの翻訳） マルクスとエンゲルスによる『共産党宣言』の再版『共産主義者宣言』
1873年8月	ハンガリー語訳
1876年	チェコ語訳
1882年	ラファルグ夫妻による仏訳『ル・ソシアリスト』（仏）に掲載 プレハーノフによるロシア語訳
11月－12月	スペイン語訳が『解放』に掲載
1883年	ポーランド語訳（1848年最初の訳があったと言われる未発見）
1888年	ムーアとエンゲルスによる英訳公認版
1889年	イタリア語訳
1904年11月	幸徳秋水、堺利彦による日本語部分訳『平民新聞』
1905年11月	朱執身による中国語訳『民報』に掲載
1906年3月	完訳が『社会主義研究』に掲載

【再版後挿入されたマルクスとエンゲルス、あるいはエンゲルスの序文】

一八七二年（ドイツ語版への）序文

国際的労働者組織、共産主義者同盟は、当時の状況では明らかに秘密組織でしかなかったのだが、一八四七年一一月にロンドンで開催された会議で以下の署名者に、会員に普及させるための、党の実践的かつ理論的な詳しい綱領を執筆するよう依頼してきた。これがこの宣言の由来であり、その草稿は二月の革命が始まる少し前にロンドンに送られ、そこで印刷された。まずドイツ語で出版された宣言は、ドイツ、イギリス、アメリカで少なくとも一二の異なる版で出版された。ヘレン・マクファーレン嬢が宣言を英訳したが、それは一八五〇年の『レッド・リパブリカン』に初めて掲載され、一八七一年にはアメリカで少なくとも三つの翻訳が出版された。フランス語では、パリで一八四八年六月蜂起[1]の少し前に初めて出版され、最近ではニューヨークの『ソシアリスト』に掲載された。新しい翻訳も準備中である。ポーランド語版は最初のドイツ語版の少し後ロンドンで出版された。ロシア語版はジュネーヴで六〇年代に出版された。同時にデンマーク語版もドイツ語版の直後に出版された。

この二五年の間で状況が大きく変わったのだが、『宣言』で述べられている一般的原理は、その大体の路線において、今日でもなお価値を失ってはいない。もちろんあちらこちら、いくつかの修正は必要である。『宣言』自体の中で語られていることだが、こうした原理の実際の適用はいつも、どこでもその与えられた歴史的状況に依存しているので、われわれはとりわけ第二章の最後で要求されている革命的政策に関しては今では主張するつもりはない。多くの点で、この文章は今だったら違う形で書かれるだろう。最近の二五年間の大工業における大きな変化、労働者階級の党組織の大きな進歩、まず二月革命の実践的経験、さらに、プロレタリア階級が初めて二ヶ月間政治権力を掴んだパリ・コミューンでの経験を踏まえれば、この綱領は今日ではある点で意味を失っているとも言える。とりわけ、コミューンは「労働者階級は、国家機構を、ただもとのまま手に入れ、それを自らのために利用することなどできない」（『フランスの内乱』参照、ドイツ語版一九頁、そこでこの点についてもっと詳しく展開している）ということを証明した。さらに明らかなことは、社会主義的文献への批判も、現代から見ると欠落点があるということである。なぜならそれは一八四七年時点で終わっているからである。同じことは、共産主義者のさまざまな対立する党派に対する立場（第四章）の叙述についても言える。たとえ根本的な特徴については今日なお正しいとしても、その適用という点では旧くなっている。それは政治状況がまったく変わったからであり、歴史的発展がそこで述べられた党派の多くを消滅させてしまったからである。

それにもかかわらず、『宣言』は書き換える権利をもちえない歴史的ドキュメントと言ってもいい。おそらく一八四七年と現代との間に架け橋をかける序文が最終版には必要だろう。現在の再版はあまりにも不意に出されるためそれを行う時間がない。

カール・マルクス、フリードリヒ・エンゲルス
ロンドン、一八七二年六月二四日

▼1　一八四八年六月二四―二六日にパリで起きた労働者の蜂起。

一八八二年（ロシア語版への）序文

『共産党宣言』の最初のロシア語版はバクーニンが翻訳したのだが、六〇年代の初めに『コロコル』[1]の印刷所で刊行された。この当時、西欧では（『宣言』のロシア語版に）ただ文献的に存在するというだけの興味しか示すことができなかった。今日ではこうした見方は不可能であろう。

その時代（一八四七年一二月）、プロレタリアの運動がまだわずかしか広まっていなかったことは、『宣言』の最終章、「共産主義者のさまざまな対立する党派に対する立場」がはっきりと示してくれる。ロシアやアメリカについては言及されていなかった。その時代は、ロシアがヨーロッパ反動の最後の予備軍を形成していた時代であり、アメリカへの移民がヨーロッパのプロレタリアの過剰人口を吸収していた時代であった。この二つの国は、ヨーロッパに原料を供給していたが、それと同時に工業生産物の捌け口でもあった。だから二つの国はこの時代それぞれの形で、ヨーロッパで確立された秩序の中核にいたとも言えるのである。

今日ではまったく変わってしまった。なるほど北アメリカでの農業生産の巨大な発展を可能にしたのはヨーロッパの移民であり、アメリカの農業との競争が、ヨーロッパにおける土地所有を多かれ少なかれ、根本から覆したのだ。同時にアメリカ合州国に、その巨大な工業資源を使う可能性を与えたのも移民であり、このエネルギーと飛躍で、ヨーロッパ、とりわけイギリスがその頃までもっていた工業の独占がまたたくまに崩壊することになるのだ。こうした二つの事情によって、今度はアメリカ自身が革命的影響を受けている。アメリカの政治システムの基本である、農民による中小の土地所有が少しずつ巨大な農場の競争のもとで衰退している。一方で工業においても、初めて多くのプロレタリアが発展し、資本の著しい集中が進んでいる。

そしてロシアである。一八四八－四九年革命の間、ヨーロッパの君主だけでなくブルジョワ階級も、ロシアが介入することに、まさに目覚め始めていたプロレタリア階級に対する唯一つの救いを見ていた。ツァーはヨーロッパ反動の主だと言われていた。今日ではツァーは、ガシナ城[2]で革命の虜になっていて、ヨーロッパの革命行動の最前線にいる。

『共産党宣言』の課題は、近代のブルジョワ的所有の不可避的、内在的消滅を宣言することであった。しかし、一挙にブルジョワ的土地所有へと進む、まさに発展の始まりにいる、資本主義的発展を前にしたロシアでは、土地の半分が農民の共同所有である。だから問題が起こる。ロシアのオブシュティナ、この土地の古代的所有形態は、その意図に反して、共産主義的集団的所有の最高形態へと直接移行しえるのではないだろうかという問題だ。あるいは逆に、この所有形態は西欧の歴史的発展が特徴づけているような、同じ崩壊過程へと進まねばならないのか。

この問題に対する今日唯一可能な答えは、次のようなものである。もしロシアの革命が西欧でのプロレタリア革命のシグナルであり、二つが同時に起こるのだとすれば、ロシアにおける土地のこの共同所有形態は、共産主義的発展への出発点として利用されえるだろうということである。

カール・マルクスとフリードリヒ・エンゲルス
ロンドン、一八八二年一月二一日

▼1　『コロコル』は一八五七年から一八六五年までロンドンで、一八六五年から一八六七年ジュネーヴで刊行された。

▼2　ガシナ城　サンクトペテルブルクの南にあるツァーの城。

一八八三年（ドイツ語版への）序文

残念ながらこの版の序文を一人で執筆せざるをえない。ヨーロッパやアメリカの全労働者階級が他の誰よりも頼りにしていた人物、マルクスは[1]、ハイゲート墓地に眠っていて、彼の墓はすでに最初の草で覆われている。亡くなった以上マルクスが『宣言』を再編集したり、補足したりすることなど問題外である。だから、私は以下のように必要な限り、表現を明確にすることだけを心がけることにする。

『宣言』のすべてにわたっている根本的な思想は次のことである。経済的生産とそこから必然的に生まれるそれぞれの時代の歴史的社会的構造は、その時代の政治史と知性の歴史の基礎をなしているということである。（土地所有の古典的共同形態が崩壊して以来）結果として、全歴史は、社会発展のそれぞれの段階における階級闘争、搾取される階級と搾取する階級との、支配階級と支配される階級との闘争の歴史であった。しかし今日、搾取され、抑圧される階級（プロレタリア階級）が、彼らを搾取し、抑圧する階級（ブルジョワ階級）から自らを解放するには、全社会を同時に搾取、抑圧、階級闘争から完全に解放しなければならない段階に達している。この根本的思想は、とりわけマルクスに帰せられる。

このことこそ私がすでに何度も語ってきたことである。だからこのことを同時に今『宣言』の冒頭に置くことがふさわしいだろう。

フリードリヒ・エンゲルス
ロンドン、一八八三年六月二一日

[1] マルクスは一八八三年三月一四日永眠し、ロンドン北方のハイゲート墓地に葬られた。

一八八八年（英語版への）序文

『宣言』は共産主義者同盟、とりわけドイツ人そして国際的な労働者のアソシアシオンの綱領として出版された。この組織は、一八四八年以前の大陸での政治的状況においては、必然的に秘密結社たらざるをえなかった。一八四七年一一月にロンドンで開催された共産主義者同盟の会議で、マルクスとエンゲルスは出版を目的とする理論的かつ実践的な党の完全な綱領を用意してくれるよう依頼を受けた。一八四八年一月ドイツ語で書かれた草稿は、二月二四日のフランス革命の数週間前にロンドンの印刷所に送付された。フランス語版は一八四八年の六月蜂起の少し前パリで刊行された。ヘレン・マクファーレン嬢による最初の英訳は一八五〇年ロンドンのジョージ・ジュリアン・ハーニーの『レッド・リパブリカン』に掲載された。デンマーク語版とポーランド語版も出版された。

ブルジョワ階級とプロレタリア階級との最初の大きな闘いであった、一八四八年六月のパリでの蜂起の敗北によって、ヨーロッパの労働者階級の政治的、社会的希望は再度、当面の間背景に押しやられてしまった。その時から、二月革命の前の時代のように、もてる階級同士だけによる権力への闘争が起こった。労働者に関して言えば、闘争は、政治的行動の自由に対する闘争にのみ限定され、急進的ブルジョワジーのもっとも左派において、ひとつの立場を占めるだけのものとなった。独立したプロレタリアの運動が生命を保ち続けているところではどこでも、徹底的に追い詰められていった。こうして、プロイセン警察は当時ケルンに本部を置いていた共産主義者同盟中央委員会を突き止めた。そのメンバーは逮捕され、一八ヶ月の拘留の後、一八五二年一〇月裁判にかけられた。この有名な「ケルン共産主義者裁判」は一〇月四日から一一月一二日まで続き、七人の被告が三年から六年にわたる要塞への禁固刑を受けた。収監が告げられるやいなや、同盟はまだ残っていたメンバーで形式上解体させられた。『宣言』について言えば、やがて忘却の彼方に忘れ去られたように思われた。

ヨーロッパの労働者階級が支配階級に対して新しい攻撃を始めるだけ充分な力がついた時、国際労働者協会が生まれた。しかしこの協会は、アメリカやヨーロッパの活動的プロレタリア階級すべてをひとつの組織に団結させることで創設されたものであり、『宣言』に書かれてある原理をそのまま直接表明することはできなかった。インターナショナルは、イギリスの労働組合、フランス、ベルギー、イタリア、スペインのプルードンの仲間、ドイツのラサール派（エンゲルスの注―ラサールは個人的には私たちの前でマルクスの弟子と述べ、そうしたものとして『宣言』に基づく立場をとっていた。しかし、一八六二―六四年の公的活動においては国家信用による生産協同組合の要求以上に越えてはいなかった）に受け入れられるほど広い綱領をもつ必要があったのだ。すべての党派を満足させるこの綱領を起草したマルクスは、労働者階級の知的発展に全幅の信頼を置いていた。そこから行動の統一と共通の議論を結果として引き出す必要があったのだ。資本に対する闘争をめぐる諸事件と栄枯盛衰、勝利よりもむしろ敗北、これらによって人々は彼らの都合のいい万能薬が不充分であることに気づき、より正確な労働者階級の解放の真の条件を理解する道が開かれる。そしてマルクスは正しかったのだ。一八七四年インターナショナルが解体したとき、労働者は一八六四年とは違う状態にあることを理解した。フランスのプルードン主義、ドイツのラサール主義、イギリスの労働組合の保守主義は、衰退していた。もちろんその多くが長い間インターナショナルとの関係を絶ち、昨年スウォンジー▼1でその議長が自らの名前で、「大陸の社会主義はもはやわれわれの恐れるところではない」とまで述べる状況に少しずつ至る。実際には『宣言』の原理は、あらゆる国の労働者の間で大きな拡大を遂げていたのである。

こうして、『宣言』自身が前面に出ることになった。一八五〇年以来、ドイツ語版のテキストはスイス、イギリス、アメリカで何度も増刷された。一八七二年にはニューヨークで英訳され、『ウッドハル・アンド・クラフリンズ・ウィークリー』[2]に掲載された。この英語版を基にして、ニューヨークの『ル・ソシアリスト』にフランス語版が掲載された。それ以降、アメリカで少なくとも二つの英訳が出版されたが、それは多少歪められたものであった。そのひとつはイギリスでも再版された。最初のロシア語訳は、バクーニンの手になるものであったが、ジュネーヴのゲルツェンの『コロコル』の印刷所でおそらく一八六三年に出版された。第二版は同じくジュネーヴで英雄的なヴェラ・ザスーリッチ[3]によって出版された。新しいデンマーク語版は一八八五年コペンハーゲンの「社会民主党文庫」で出版され、同じ年新しいフランス語版がパリの『ル・ソシアリスト』に掲載された。それ以後、スペイン語版が一八八六年にマドリードで準備され、出版された。ドイツ語版の再版についてははっきりとは述べられない。少なくとも全体で一二はあった。コンスタンチノープルで数ヶ月前出版されるはずのアルメニア語版は、結局日の目を見なかった。翻訳者伝え聞くところでは、出版社がマルクスの名前を掲げる本を出版するのを恐れたとのことであった。翻訳者は彼自身の著作として著すのを拒否したのだ。他の言語での翻訳の話も聞いたが、それらを実際に見たわけではない。このように、『宣言』の歴史はかなりの意味で近代労働運動の歴史を反映している。現在、『宣言』は、社会主義文献のうちもっとも広まった国際的文献であること、シベリアからカリフォルニアまでの数百万の労働者によって知られた共通の綱領であることは疑いない。

しかしながら、それを起草した時、『社会主義宣言』というタイトルを付けることはできなかった。一八四七年時点では、社会主義という言葉は、一方でさまざまなユートピア的体系の信奉者を意味していた。つまりイギリスのオーウェン主義者、フランスのフーリエ主義者のことであり、すでに二つとも徐々に消えつつあるセクトのようなものに縮小している。もうひとつはさまざまな万能薬とあらゆる種類のものをつぎはぎすることで、資本や利潤に対する損傷を与えず、社会の欠陥をなくそうと望むタイプの社会的ほら吹きたちである。二つの運動は、労働運動の外にいて、「教養」階級の支援を求めていた。たんなる政治的なタイプの転覆の不充分さを確信し、社会の根本的な変革を要求していた労働者のこうした党派、この党派こそ、当時の共産主義者だったのだ。共産主義はまだ荒削りの状態で、ただ本能的で、しばしば粗野であった。しかしそれは主要点を押え、ユートピア的共産主義の二つのシステムを生み出す力は充分にもっていた。フランスではカベーの「イカリー」共産主義、ドイツではヴァイトリンクの共産主義である。一八四七年時点では社会主義はブルジョワ運動を意味し、共産主義は労働者の運動を意味していた。社会主義は少なくとも大陸では、「社交界」のものであり、共産主義はまったくその逆のものであった。そして、「労働者の解放は労働者自身の力によるものでなければならない」という見解をわれわれははっきりもっていたので、われわれはこの二つの名前のどちらを選ぶかということにためらいはなかった。今なおそうであり、以来、この命名を放棄する事態には至っていない。

『宣言』はわれわれ二人の共同作品であったが、その中核をなす根本的思想はマルクスによるものだということを確認する義務があると私は考えている。この思想は次の点にある。それはどのような歴史時代においても、支配的な経済生産・交換関係様式そしてそこから必然的に生じる社会的構造が基礎をなすということ、その基礎の上にその時代の政治的、知的歴史は立ち、そしてそこからのみ説明されえる。それによって、人間の全社会（土地共有による原始的部族社会が崩壊して以来）は、階級闘争、すなわち支配する階級と支配される階級との、搾取する階級と搾取される階級との闘争の歴史になったということ。こうした階級闘争の歴史は、同時に全社会を一度にすべての抑圧と搾取、階級の相違と階級対立を解き放つことなく、搾取され、抑圧される階級（プロレタリア階級）が抑圧し搾取する階級（ブルジョワ階級）の束縛から解放されることができない段階にまで、現在では進んでしまったということを示している。

私の見解では、この議論は、ダーウィンが生物学において行ったことを、歴史について行ったとも言えるのだが、われわれ二人は一八四五年以前に少しずつこの考えに近づいていったのだ。私がひとりでどれほどそうしたところまで進んでいったかは、私の『イギリスにおける労働者階級の状態』が良く示している（エンゲルスの注―"*The Condition of the working Class in England in 1844*" by Frederick Engels. Florence K. Wischnewetzky訳、New York, Lovell-London, W. Reeves,1888.）。しかし一八四五年春ブリュッセルでマルクスに会った時、マルクスはそれをすでに完成しており、私が今ここで述べたように、まったく明解に私に説明してくれたのである。

一八七二年のドイツ語版への二人の序文から次の文章を引用しよう。

「この二五年の間で状況が大きく変わったのだが、『宣言』で述べられている一般的原理は、その大体の路線において、今日でもなお価値を失ってはいない。もちろんあちらこちら、いくつかの修正は必要である。『宣言』自体の中で語られていることだが、こうした原理の実際の適用はいつも、どこでもその与えられた歴史的状況に依存しているので、われわれはとりわけ第二章の最後で要求されている革命的政策に関しては今では主張するつもりはない。多くの点で、この文章は今だったら違う形で書かれるだろう。一八四八年以来の大工業における大きな変化、労働者階級の組織の大きな拡大と改善、まず二月革命の実践的経験、さらに、プロレタリア階級が初めて二ヶ月間政治権力を掴んだパリ・コミューンでの経験を踏まえれば、この綱領は今日ではある点で意味を失っているとも言える。とりわけ、コミューンが証明したことは「労働者階級は、国家機構を、ただもとのまま手に入れ、それを自らのために利用することなどできない」（『フランスの内乱』参照、ドイツ語版一九頁、そこでこの点についてもっと詳しく展開している）▼4ということである。さらに明らかなことは、社会主義的文献への批判も、現代から見ると欠落点があるということである。なぜならそれは一八四七年時点で終わっているからである。同じことは、共産主義者のさまざまな対立する党派に対する立場（第四章）の叙述についても言える。たとえ根本的な特徴については今日なお正しいとしても、その適用という点では旧くなっている。それは政治状況がまったく変わったからであり、歴史的発展がそこで述べられた党派の多くを消滅させてしまったからである。

それにもかかわらず、『宣言』は書き換える権利をもちえない歴史的ドキュメントと言っていい」。

この序文の翻訳はマルクスの『資本論』の大部分の翻訳者であるサムエル・ムーア氏▼5のものである。われわれは二人で校閲したが、歴史的な暗示の説明についていくつか注を付加したのは私である。

一八八八年一月三〇日、ロンドン
フリードリヒ・エンゲルス

▼1　スウォンジー　ウェールズの都市。
▼2　『ウッドハル・アンド・クラフリンズ・ウィークリー』はアメリカの女性運動家ヴィクトリア・クラフリン・ウッドハル（Victoria Claflin Woodhull 1838-1927）が一八七〇年に創刊した週刊新聞。
▼3　ヴェラ・ザスーリッチ（一八五一－一九一九）ロシアナロードニキの女性革命家。
▼4　『フランスの内乱』の英語版としては、ロンドン、ツルーラヴ社の一八七一年版の一五頁が指示されている。
▼5　サムエル・ムーア（1830-1912）はマルクスとエンゲルスの友人で、英国人の数学者。

一八九〇年ドイツ語版序文

私が以前序文（訳者―一八八三年の序文）を書いて以来、『宣言』の新しいドイツ語版が必要になった。『宣言』は同時にさまざまな変遷を経てきたが、それについてここで述べるべきであろう。

ロシア語（ヴェラ・ザスーリッチの）第二版は一八八二年ジュネーヴで出版された。マルクスと私はその序文を書いた。残念なことに私はそのドイツ語のオリジナルの草稿をなくしてしまった。だからロシア語から再度翻訳する必要があり、その仕事はまったく無駄なものであった。ここにそのテキストがある。

『共産党宣言』の最初のロシア語版はバクーニンが翻訳したのだが、六〇年代の初めに『コロコル』の印刷所で刊行された。この当時、西欧では（『宣言』のロシア語版に）ただ文献的に存在するというだけの興味しか示すことができなかった。今日ではこうした見方は不可能であろう。

その時代（一八四七年一二月）、プロレタリアの運動がまだわずかしか広まっていなかったことは、『宣言』の最終章、「共産主義者のさまざまな対立する党派に対する立場」がはっきりと示してくれる。ロシアやアメリカについては言及されていなかった。その時代は、ロシアがヨーロッパ反動の最後の予備軍を形成していた時代であり、アメリカへの移民がヨーロッパのプロレタリアの過剰人口を吸収していた時代であった。この二つの国は、ヨーロッパに原料を供給していたが、それと同時に工業生産物の捌け口でもあった。だから二つの国はこの時代それぞれの形で、ヨーロッパで確立された秩序の中核にいたともいえるのである。

今日ではまったく変わってしまった。なるほど北アメリカでの農業生産の巨大な発展を可能にしたのはヨーロッパの移民であり、アメリカの農業との競争が、ヨーロッパにおける土地所有を多かれ少なかれ、根本から覆したのだ。同時にアメリカ合州国に、その巨大な工業資源を使う可能性を与えたのも移民であり、このエネルギーと飛躍で、ヨーロッパ、とりわけイギリスがその頃までもっていた工業の独占がまたたくまに崩壊することになるのだ。こうした二つの事情によって、今度はアメリカ自身が革命的影響を受けている。アメリカの政治システムの基本である、農民による中小の土地所有が少しずつ巨大な農場の競争のもとで衰退している。一方で工業においても、初めて多くのプロレタリアが発展し、資本の著しい集中が進んでいる。

そしてロシアである。一八四八－四九年革命の間、ヨーロッパの君主だけでなくブルジョワ階級も、ロシアが介入することに、まさに目覚め始めていたプロレタリア階級に対する唯一つの救いを見ていた。ツァーはヨーロッパ反動の主だと言われていた。今日ではツァーは、ガシナ城で革命の虜になっていて、ヨーロッパの革命行動の最前線にいる。

『共産党宣言』の課題は、近代のブルジョワ的所有の不可避的、内在的消滅を宣言することであった。しかし、一挙にブルジョワ的土地所有へと進む、まさに発展の始まりにいる、資本主義的発展を前にしたロシアでは、土地の半分が農民の共同所有である。だから問題が起こる。ロシアのオブシュティナ、この土地の古代的所有形態は、その意図に反して、共産主義的集団的所有の最高形態へと直接移行しえるのではないだろうかという問題だ。あるいは逆に、この所有形態は西欧の歴史的発展が特徴づけているような、同じ崩壊過程へと進まねばならないのか。

この問題に対する今日唯一可能な答えは、次のようなものである。もしロシアの革命が西欧でのプロレタリア革命のシグナルであり、二つが同時に起こるのだとすれば、ロシアにおける土地のこの共同所有形態は、共産主義的発展への出発点として利用されえるだろうということである」

新しいポーランド語訳はジュネーヴで同じ頃出版された。

さらに一八八五年コペンハーゲンの「社会民主党文庫」の中でデンマーク語の新訳が出版された。残念なことにそれは完全なものではない。翻訳者の問題とも思われるのだが、重要な文章が省略されていて、あちこちに無視した形跡があり、もう少し注意すれば優れた訳になったと思われるこの作品を見れば見るほど、不快の念が生まれる。

一八八六年パリの『ル・ソシアリスト』の中でフランス語新版が出版された。それは現在まで出版されたものの中で最良のものだ。

同年、この翻訳のスペイン語版がまずマドリッドの『エル・ソシアリスタ』に掲載され、やがて冊子として出版された。カール・マルクスとフリードリヒ・エンゲルスの『共産党宣言』"Manifesto del Partido Comunista"（マドリッド、Adiministración de, El Socialista, Hernán, Cortés 8.）である。

興味深い話として、一八八七年コンスタンチノープルの出版社にもち込まれたアルメニア語訳の草稿についても言及しよう。しかしこの善良な編集者は、マルクスの名を冠した著作を印刷する勇気がなかった。そして翻訳者を著者にする方がいいだろうと、この印刷者は考えた。翻訳者はこの出版を断った。

かなり不正確なアメリカ版翻訳のいくつかが何度か再版された後、真の英語訳が一八八八年にとうとう出版された。この翻訳は私の友人サムエル・ムーアによるもので、印刷に付される前、二人で全体をもう一度校閲した。そのタイトルにはカール・マルクスとフリードリヒ・エンゲルスの『共産党宣言』、公認の英訳、フリードリヒ・エンゲルスの編集と注釈、一八八八年、ロンドン、ウィリアム・リーヴス、フリート・ストリート一八五、E・Cとある。この版の注のいくつかをこの版でも採用した。

『宣言』は固有の運命をもっていた。『宣言』は、出版とともに、まだ数の多くなかった科学的社会主義の前衛として熱狂的に迎え入れられた（そのことは最初の序文に記された翻訳が示しているように）が、一八四八年六月のパリでの労働者蜂起の失敗の後続く反動によって後景に押しやられ、最後には一八五二年一一月のケルン共産主義者の判決によって「法的」に抹殺された。二月革命から始まる労働運動の公的シーンからの消滅によって『宣言』も後景に退いた。

ヨーロッパの労働者階級が、支配階級の権力に対して新しい攻撃を行うべく充分な力を再度獲得した時、労働者国際協会が生まれた。この協会の目的はヨーロッパとアメリカの戦闘的労働者階級を**ひとつ**の大きな軍に組織することであった。だから、協会は『宣言』で確立された原理から**出発する**ことはできなかった。協会は、イギリスの労働組合、フランス、ベルギー、イタリア、スペインのプルードン主義者、ドイツのラサール派（訳者―英語版のエンゲルスの注と同じものが挿入されている）への門を開けておく綱領が必要だったのだ。このインターナショナル規約の前文であるこの綱領は、マルクスによってバクーニンとアナキスト自身さえも認めるほどのある種の卓抜さで書かれた。マルクスは、『宣言』において述べられた原理の勝利を明確にするには、とりわけ討論と統一的活動から必然的に出てくる、労働者階級の知的発展に委ねることだと考えた。資本に対する闘争と変遷、成功というよりもむしろ敗北によって、活動家は当時まで薦められていた万能薬では不充分であることに気づき、労働者階級の解放の真の条件を理解するよう自らの精神を準備する必要が生じた。そしてマルクスは正しかった。一八七四年労働者階級は、インターナショナル解散のとき、その創設の時期一八六四年の労働者階級とはまったく異なるものになっていた。ラテン諸国のプルードン主義とドイツ特有のラサール主義は臨終の時を迎えていて、当時もっとも保守的であったイギリスの労働組合ですら、一八八七年にスウォンジーでの会議の議長が、会議名で「大陸の社会主義はもはや恐れるべきものではなくなった」と述べるような時代に少しずつ近づいていたのである。さて一八八七年以後、大陸の社会主義は『宣言』で述べられた理論と同じものになっていたのだ。だから『宣言』の歴史はある点まで一八四八年以来の近代的労働運動の歴史を反映している。今では『宣言』は明らかに、全社会主義の文献上もっとも国際的で、普及した作品であり、シベリアからカリフォルニアまでのすべての地域の何百万人の労働者に共通の綱領である。

しかしながらこの書物が出現した時、『**社会主義者**宣言』と名づけることはできなかっただろう。一八四七年において、二つの種類の社会主義者がいた。まずさまざまなユートピア的体制を主張するもの、イギリスのオーウェン主義者と、フランスのフーリエ主義者のことであり、すでに徐々に消えつつあるセクトのようなものに縮小している。もうひとつはさまざまな万能薬とあらゆる種類のものをつぎはぎすることで、資本や利潤に対して損傷を与えず、社会の欠陥をなくそうと望んでいたタイプの社会的ほら吹きたちである。二つの運動は、労働運動の外にいて、「教養」階級の支援を求めていた。たんなる政治的なタイプの転覆の不充分さを確信し、社会の根本的な変革を要求していた労働者のこうした党派、この党派こそ当時の共産主義者だったのだ。共産主義はまだ荒削りの状態で、ただ本能的で、しばしば粗野であった。しかしユートピア的共産主義の二つのシステムを生み出す力は充分にもっていた。フランスではカベーの「イカリー」共産主義、ドイツではヴァイトリンクの共産主義である。一八四七年時点では社会主義はブルジョワ運動を意味し、共産主義は労働者の運動を意味していた。社会主義は少なくとも大陸では、社交界のものであり、共産主義はまったくその逆のものであった。そして、「労働者の解放は労働者自身の力によるものでなければならない」という見解をわれわれははっきりもっていたので、われわれはこの二つの名前のどちらを選ぶかということにためらいはなかった。以来、この命名を放棄する事態には至っていない。

「あらゆる地域のプロレタリアよ、団結せよ！」。われわれがこの言葉を今から四二年前、それはプロレタリアが独自の要求をもって舞台に現れた最初のパリ革命の前夜のことであったが、その要求を世界中に投げかけた時、答えるものはわずかであった。しかし一八六四年九月二八日、西ヨーロッパの地域の多くのプロレタリアが、栄光ある記憶、国際労働者協会をつくるために結集した。インターナショナル自身が九年しか続かなかったのは間違いない。しかしあらゆる地域のプロレタリアの間に打ち立てられた永遠の絆はいまだに存在するし、以前以上に盛り上がっている。まさに今日以上にそれを証明するものはない。なぜなら、私がこの文章を書いている時、アメリカやヨーロッパのプロレタリア階級は、その力を**ひとつ**の軍、**ひとつの旗**、**ひとつの**当面の目標に向って初めて動員され、形成されたその戦闘力のパレードを行っていて、その目標、標準的な八時間労働日の法的決定は、一八六六年ジュネーヴで開催されたインターナショナル会議で宣言され、一八八九年パリの労働者会議で再度宣言された。今日のこの状況によって、あらゆる地域の資本家や土地所有者たちも、今あらゆる地域のプロレタリアが実際に団結しているという事実に眼を開くであろう。

もしマルクスがまだ生きていたら、彼自身の眼でこの事実を確かめることができるのだが。

フリードリヒ・エンゲルス

ロンドン、一八九〇年五月一日

一八九二年ポーランド語版序文

『共産党宣言』のポーランド語新版が必要になったという事実は、いろいろな考察を与えてくれる。

まず注目すべきは、最近では『宣言』がある意味でヨーロッパ大陸において、大工業の発展を測る尺度的機能となったということである。ある地域で大工業が広まるにつれて、その地域の労働者は、所有者階級に対する労働者階級の状態を明確にする欲求を高める。社会主義運動が彼らの中に広まると、『宣言』はますます必要とされる。したがって、その地域の言語で普及する『宣言』の冊数で、労働運動の状態だけでなく、各地域の大工業の発展段階もかなり正確に測ることができるということである。

この意味でポーランド語新版はポーランドの産業の決定的進歩を示している。一〇年前に最後の版が出版されて以来、こうした進歩が充分になされたのだということに疑いを挟むことはできない。ロシア領ポーランド、会議ポーランド▼1はロシア帝国の大きな産業地区である。ロシアの大工業が散発的な形で散らばっている一方（一部はフィンランド湾上、一部は中心（モスクワとウラジミール）、第三は黒海、アゾフ海、それ以外は至るところ）、ポーランドの産業は比較的限られた地域に集中しているので、こうした集中の結果生じる利点と欠点をもっている。利点は、彼らと競争しているロシアの工場主が、ポーランド人をロシア人に取って代えたいという願望をもつにもかかわらず、ポーランドに対して関税障壁を要求する点で認められる。欠点は、ポーランドの工場主にとっても、ロシアの政府にとっても、ポーランド人労働者への社会主義思想の急速な拡大と、『宣言』への要求が増大していることにある。

ロシアの産業発展を凌駕するポーランド産業の急速な発展は、ポーランドにとってポーランド人民の、破壊し得ない生命力の新たなる証明であり、内なる民族的復興の新たな保証である。独立した、力強いポーランドの再構成は、ポーランド人だけでなくわれわれすべてにとって関心のある問題である。あらゆるヨーロッパ諸民族の密接な国際協力は、ヨーロッパの民族がそれぞれ完全に自立しない限り可能なことではない。一八四八年革命は、プロレタリアの旗のもと、結局闘うプロレタリアにブルジョワ階級の仕事を執行させたのだが、遺言執行者ルイ・ボナパルトとビスマルクのおかげで、イタリア、ドイツ、ハンガリーの独立を達成させた。しかし、一七九二年以来、この三ヶ国を集めた以上の革命を行ってきたポーランドは、一八六三年その一〇倍も大きいロシア権力の前に屈したとき、見放されたのだ。貴族はポーランドの独立を維持することも、奪還することもできなかった。今日少なくともブルジョワ階級も、独立に関心がない。しかしポーランドの独立はヨーロッパ諸民族の調和的協調にとって必要なものである。その独立は若きポーランドのプロレタリア階級の闘争によってしか達成されえないし、その独立は彼らの手に委ねられているのだ。なぜなら他のすべてのヨーロッパの労働者は、ポーランドの労働者以上にその独立を必要としているからだ。

フリードリヒ・エンゲルス
ロンドン、一八九二年二月一〇日

▼1 ウィーン会議（一八一五年）でロシア皇帝に分割された地域。

イタリアの読者へ

『共産党宣言』の公刊はまさに一八四八年三月一八日の日付と明確に関係していた。それはミラノとベルリンでの革命の日である。その地は、一方はヨーロッパ大陸、他方は地中海の中心であり、当時までこの地域は領土分割と内部の不和によって弱体化し、そのため外国の支配を受けていた地域であった。イタリアはオーストリア皇帝に支配される一方、ドイツは、たとえ直接的ではないとしても、ロシアのツァーの少なからぬ影響を受けざるをえなかった。一八四八年三月一八日の影響とともに、ドイツとイタリアはこうした恥辱から解放された。一八四八年から一八七一年の時期に二つの大国が復活し、ある程度自力で回復したとすれば、それはカール・マルクスが述べたように、一八四八年革命を敗北させたのと同じ人々が、意志に反して革命の遺言執行者となったことからであった。

当時革命はとりわけ労働者階級の仕事であった。バリケードを築き、堡塁の中でその生活に耐えたのも労働者階級であった。政府を崩壊させたとき、ブルジョワ体制を崩壊させるという明確な考えをもっていたのは、パリの労働者階級だけであった。しかしながら、たとえ彼らが自らの階級とブルジョワ階級との間にある不可避的対立を意識していたとしても、その国の経済的進歩も、フランスの労働者大衆の知的発展も、社会の変革を可能にするほど発展してはいなかった。したがって革命の果実は最終的に資本家階級によって摘み取られたのである。別の国、イタリア、ドイツ、オーストリア、ハンガリーでは、労働者は、初めからブルジョワ階級を権力につかせること以上のことはしなかった。しかし、どの国でもけっしてブルジョワ階級の支配は国民的独立なくしては、不可能なのだ。一八四八年革命は、したがって同じ民族を統一と独立へ進めるべく、進まざるをえなかった。その時代の後を継いだのが、イタリア、ドイツ、ハンガリー、ポーランドである。

一八四八年革命が社会主義的革命ではなかったとしても、それによって道が開かれ、そのための大地を用意したと言える。大工業の発展によって、あらゆる国で最近四五年間のブルジョワ体制は、至るところで多くの結合した、力強いプロレタリア階級をつくり出した。『宣言』の表現に従えば、自らの墓掘人をつくり上げたと言える。ヨーロッパ国民の独立と統一の再生がなければ、プロレタリア階級の国際的統一も、こうした国民の共通の目的への平和的、知的な協業は完成しえないだろう。一八四八年時点の政治条件の中で、イタリア人、ハンガリー人、ドイツ人、ポーランド人、ロシア人労働者の国際的、共通の活動など想像できただろうか。

だから、一八四八年の闘争は無駄ではなかったのだ。この革命的時代とわれわれを分かつこの四五年は、もはや無駄なものとしてあったのではない。果実は熟している、だから私が望むところは、『宣言』のこのイタリア語訳の出版が、かつてのオリジナルの出版が国際的革命の前兆であったように、イタリアのプロレタリア階級の勝利のためのよき前兆でもあって欲しいということである。

『共産党宣言』は資本主義の過去における革命活動にも正当な根拠を与えている。最初の資本主義国家はイタリアだった。封建的中世の崩壊と近代的資本主義の勃興は、天才的巨人によって特徴づけられる。それは一人のイタリア人、ダンテであり、彼は中世最後の詩人であり、近代最初の詩人でもあった。一三〇〇年の時点と同様、今日新しい歴史的時代がつくられる。イタリアはこのプロレタリアの時代の誕生の時を告げる、注目すべき新しいダンテを生み出せるのだろうか。

フリードリヒ・エンゲルス
一八九三年二月一日、ロンドン

第四編

資料編

フローラ・トリスタン

フリードリッヒ・エンゲルス

ヴィクトル・コンシデラン

エティエンヌ・カベー

ヴィクトル・テデスコ

ルイ・ブラン

資料編解説

ここに訳出した資料は二つに分かれる。第一は『宣言』に直接関連するもの、第二は間接的に関係するものである。第一に関しては、主として共産主義者同盟設立以後のものを採用した。当然ながら、モーゼス・ヘスが『宣言』の一年前に書いた『共産主義の信条』や、一八四〇年代に書かれたと思われるアウグスト・ベッカー〔1812-1875〕の『共産主義者とはいかなるものか』なども省略した。もちろんこうしたものまで入れるとどんどん膨れ上がるという懸念からであるが、それ以上に『宣言』と共産主義者同盟との関連が失われるからである。

しかし幸いヘスのものもベッカーのものもすでに良知力編『資料 ドイツ初期社会主義――義人同盟とヘーゲル左派』（平凡社、一九七四年）の中に収録されているので、邦語で読むことはできる。この資料集は、主として共産主義者同盟の前身団体である義人同盟に関わる資料を入れていることからもわかるように、『宣言』に直接関連する資料集ではない。

とはいえ、ここで義人同盟の考える共産主義について若干のコメントを付けておく必要があるだろう。まずヴァイトリンクとヘスについて述べたい。ヴァイトリンクは一八四一年一一月『ドイツ青年の救済の叫び』（*Der Hülferuf der deutsche Jugend*）という彼自らが編集していた、ジュネーヴで発刊された雑誌の三号に掲載された「共産主義とコミュニオン」の中で、共産主義について語っている。そこですでに共産主義は亡霊（Fantome—Gespenst ではない）として恐れられていることを指摘し、共産主義は恐れるに足るものではなく、たんにキリスト教のコミュニオン（共同体）の思想と同じものなのだと説明する。コミュニオンすなわち聖体拝領は、イエス・キリストが磔になる前の日に使徒みんなともに食事をした共同体という概念と関係するという。ヴァイトリンクは、フランスの共産主義者の中にあるキリスト教的財産の共同体から共産主義を説明する（Wilhelm Weitling, *Der Hülferuf der deutschen Jugend*, Bern, 1841, Nachdruck Verlag Detev Auvermann KG , 1973）。

こうしたキリスト教色はヘスにもある。『共産主義の信条』は、『ライン年誌』（*Rheinische Jahrbücher der gesellschaftlichen Reform*, Constanz, 1846）に掲載されたものだが、これは七二の問答形式で書かれている。そして貨幣への批判の多さに特徴があるが、全体としてキリスト教的色彩が濃い。キリスト教的社会の実現が共産主義社会の実現であるとまで述べている。

つまり義人同盟に大きな影響をもっていたヴァイトリンクとヘスの共産主義は、いわばキリスト教的色彩を第一の特徴としているのだが、少なくとも一八四七年の『信仰告白』も、エンゲルスの『原理』も、『宣言』もそうした影響がほとんどなくなっていることがわかる。その意味で、ここでヴァイトリンクや、ヘスの影響をいったんはずして考えた資料編を編むことにした。

またヘーゲル左派との関係の研究もわが国ではかなり進んでいる。廣松渉や良知力の二人の先学に指導された人々によってかなり詳しく研究されているが、その資料的集大成というものが、『ヘーゲル左派論集』（全四巻、御茶の水書房、一九八六－二〇〇六年）としてすでに出版されている。したがってヘーゲル左派に関してもここでは割愛することにした。

となると他に言及すべきはローレンツ・フォン・シュタインの『現代フランスの社会主義と共産主義』

(Lorenz von Stein, *Der Socialismus und Communismus des heutigen Frankreich*, Wigand, 1842) の『宣言』への影響ということになるが、すでにこれも邦訳(法政大学出版局)があるので割愛する。もうひとつエルカースに『社会主義と共産主義の運動』という書物がある(Ölckers, Theodor, *Die Bewegung des Socialismus*, Leipzig, 1844)。この書物は社会主義と共産主義の起源として中世ドイツの農民戦争から始めていることに特徴がある。その後、バブーフからフランスのフーリエ、サン＝シモン、サン＝シモン主義者バザールとアンファンタン、フーリエ主義者のコンシデラン、プルードン、ルイ・ブラン、ラムネー、カベーを説明し、スイスの共産主義、つまりヴァイトリンク(ブリュンチュリによる警察の報告(*Die Kommunisten in der Schweiz nach den bei Weitling vorgefundenen Papiern*, Zürich, 1843)を中心にして)を説明し、イギリスのオーウェン主義とチャーティストを説明している。一五〇頁の薄い本だが第二部があり、「現在と未来」としてその冒頭でドイツではいかに共産主義が危険な亡霊(Gespenster)として恐れられているかが書かれている。「しかし恐れるがゆえに初めて対象は亡霊となる。今は静かにわれわれの前に少しずつ近づき、すでにわれわれのところにある、あるものに対する盲目的恐れをそれについてあえて理解することなく振り払う時である」(S.109)。結論はブラン流の労働の組織論が未来にとって無難な解決策であるという程度のものである。

1．共産主義者同盟における資料

さて共産主義者同盟の規約および、『共産主義者雑誌』一号の論文、「市民カベーの移民計画」、スウェーデンのイェートレックの『プロレタリア階級と真の共産主義による彼らの解放について』は、義人同盟に関する資料を網羅した全三巻の *Der Bund der Kommunisten, Dokumente und Materialien* の第一巻、一八三九－一八四九年(Berlin, 1983)と *Grundungsdokumente des Bundes der Kommunisten (Juni bis September)*, hrsg., von Bert Andreas, Hamburg, 1969 から訳出した。この資料によって、これまで不明であった『宣言』の前史がわかる。すでにこの資料は前出の良知力編の『資料　ドイツ初期社会主義――義人同盟とヘーゲル左派』（平凡社、一九七四年）にも一部掲載されている。『共産主義者雑誌』一号の論文は、シャパー「プロレタリア」として訳出されている。

一八四七年六月（二日から九日まで）の義人同盟から共産主義者同盟への組織替えに際して規約と綱領が計画されたが、綱領は『信仰告白』という形で提出された。末尾にある書記と議長の名前は、同盟内の綽名であり、ハイデはヴィルヘルム・ヴォルフ［1809-1860］、シルはシャパーのことである。この綱領はやがて会議で採まれ、さらに各支部にその内容について検討するよう求める。それに対する答えがペール・イエートレック（Pehr Götrek, ［1789-1876］）の『プロレタリア階級と真の共産主義による彼らの解放について』であり、『共産主義者雑誌』に掲載されたシャパー自身による「プロレタリア」である。これを再度検討して提出されたのが、エンゲルスの『共産主義の原理』である。これは一八四七年末ロンドンで開催された同盟の会議で検討された。マルクスもこの会議には参加していたが、途中から帰ったマルクスに執筆依頼がなされることになる。こうして翌年完成したのが『宣言』である。

最後にあまり語られることのないベルギー人ヴィクトル・テデスコの『プロレタリアのカテキズム』を訳出した。これはすでに『宣言』が出された後に書かれたものである。しかもテデスコはマルクスとエンゲルスと親しい関係にあり、一八四七年暮の会議に二人とともに参加している。しかも『宣言』の冒頭に予告されているフランス語訳の訳者でもあった人物である。テデスコは蜂起の計画の罪で一八四八年三月逮捕されるが、彼のもとに『宣言』の仏訳の草稿があったとされている（一八七二年の序文で仏訳が一八四八年六月に出版されたとあるが、それがテデスコのものであったかは不明である。なぜならその翻訳がいまだに見つかっていないからである）。その後書かれ、一八四九年に出版されたのがこの『プロレタリアのカテキズム』である。もっともその内容を見ると、『宣言』と大きく異なっている。形式的にはエンゲルスのカテキズムの形式のままであり、その内容については共和主義的レベルに留まっている。しかし逆に言えばいかに『宣言』の内容が当時理解されていなかったのかを知る上でも興味深い内容かもしれない。『プロレタリアのカテキズム』は *Almanach Républicain*, 1849 に掲載された。最近では *Cahiers Marxistes*, 1998 sept.-oct. 210号に再録されている。

2. フランスの社会主義者、共産主義者の資料

すでに述べたようにドイツ語文献の『宣言』への影響に関する研究は、わが国ではかなり進められてきた経緯がある。同じことは英語文献、すなわちチャーティストの影響についても言える。すでに都筑忠七編『資料　イギリス初期社会主義——オーエンとチャーティズム』（平凡社、一九七五年）という資料集が出版されている。これを使って『宣言』のチャーティズムやオーウェン主義の大枠は理解できる。この平凡社のシリーズには当然独、英そして仏の社会主義思想が含まれている。フランスに関しては、河野健二編『資料　フランス初期社会主義——二月革命とその思想』（一九七九年）という資料集がフランス社会主義の『宣言』への影響を知るための資料集である。

ここに訳出したフランスの資料はすべて抄訳と内容解説である。とりわけ財産の共同体を主張するデザミの『共同体のコード』（『共同体の法』一八四三年版）、カベーの『イカリーへの冒険』（一八四八年版）、そして労働組織論であるルイ・ブランの『労働の組織』（一八五〇年版）。そして解説と一部の訳としてフローラ・トリスタンの『労働者連合』（一八四四年版）とコンシデラン『社会主義の原理——一九世紀における民主主義宣言』（一八四七年版）である。

マルクスは『ライン新聞』時代にデザミによる『カベー氏の中傷と策略』を読んでいて、カベーもデザミの文献をよく知っていた。エンゲルスはカベー本人にも会っている。当初マルクスはこうした財産の共

同体の議論に賛成だったわけではない。むしろ批判的だったと思われる。粗野な共産主義という言葉はまさにそうした部分を示していると言えるが、『宣言』で批判されているのはむしろ社会主義であり、共産主義ではない。ヴァイトリンクやヘスのキリスト教的共産主義の残滓を取り払い、かつ粗野な共産主義の残滓を取り払うと、逆にコンシデランに近づいてしまう。

コンシデランはフーリエ主義者であり、むしろ財産の共同体への批判者であり、共産主義批判者である。だから一方で、このコンシデランの社会主義を批判しなければならないはずである。国家、革命、社会それぞれの概念を、共産主義者が社会主義者とどう違って理解するかがひとつの目安となっていると言える。その意味でコンシデランの『宣言』というスタイルは、マルクスにとって魅力的なスタイルであったのではなかろうか。カテキズムという形式をやめ『宣言』というスタイルを取った理由は、ある意味コンシデランの向こうを張るという意味があったのかもしれない。これについて次の文献がある。L'Implicité du manifeste: métaphors et imagerie de la démystification dans le "manifeste communiste", *Etudes françaises*, vol.16, n.3-4, 1980.

カベーもコンシデランもアメリカ移民計画なるものを立ち上げる。これは当時の共産主義者同盟の会員にとってかなり魅力的な計画だったと思われる。そうであるがゆえに、こうした動きに対して共産主義者同盟は警戒するよう呼びかけている。財産の共同体を規約として標榜する共産主義者同盟は、カベーやデザミの思想に近いと言えるし、また一方その移民計画は共産主義者同盟を崩壊させる危険な誘惑でもあった。コンシデランのフーリエ主義も財産の共同体という思想はないものの、やはり移民計画をもつことで同盟の崩壊を招きかねない内容であったことも確かである。

そしてこの二つの思想の最大の脅威は、現実の資本主義への批判ではなく、むしろその批判を避け、別の世界で理想の世界を実現しようというユートピア的な性格にあった。ユートピア主義はヨーロッパにおける資本主義との闘争を阻害することになる。『宣言』はそのための対抗的布石を打つ書物であったとも言えるのある。

コンシデランのテキストには一八四七年に出版された *Principes du socialisme. Manifeste de la démocratie au XIXè siècle*, 2ed., Librarie Phalanstérienne, Paris. を、デザミのテキストには *Code de la communauté, Chez Dézamy Editeur*, Paris, 1843（Reprint版EDHIS, 1967がある）を、そしてカベーのテキストには *Voyage en Icarie*, Bureau du Populaire 1848（Reprint版Dalloz, 2006がある）を使った。

最後にフローラ・トリスタンとルイ・ブランであるが、トリスタンの場合は、とりわけ労働者の団結という言葉の淵源としてもっとも大きな意味をもっていると言える。Unionという概念がまだ一般的でない時代に労働者の連合を訴えフランス中を回ったトリスタンは、その意味で連合を実践し、またそれを説いた最初の人物であると言える。しかもそれが女性であったことは意味が大きい。当時共産主義者同盟も含めて圧倒的に男性中心の組織であった。共産主義者同盟の規約には男としての誓いが語られている。女性の労働者をどうするか、さらに言えば、特定の思想や利害に凝り固まって反目しあうだけで、本来団結すら考えていなかった労働者たちをどうするかという問題は、女性にしか理解できなかった問題かもしれない。その意味で彼女の唱える団結という言葉の意味は大きい。

ルイ・ブランは、マルクスがパリを訪れたときから個人的にも知っていた人物で、その後もマルクスと会った。当時他の誰よりも影響力を及ぼしていた人物と言うべきかもしれない。ある意味で社会主義的国家の管理、しかし全国を巨大なアソシアシオン組織にするという計画に関して言えば『宣言』のモデルに近いと言える。『宣言』がこの「労働の組織」という問題をどう受け入れたかという点は興味ある問題である。

フローラ・トリスタンのテキストは、*Union Ouvrière, Chez tous les libraires*, Paris et Lyon, 1844.（最近ではFlora

Tristan, *Union Ouvrière. Suivie de lettres de Flora Tristan*, Editions de Femmes, Paris, 1986 が出ている）。ブランの『労働の組織』も何度も再版されているが、ここで使用したテキストは *Organisation du travail*, 9 ed. Au bureau du nouveau monde, Paris, 1850 である。

テオドール・デザミ『**共同体のコード**』**〔抄訳〕（一八四三年版）**

【デザミは一八〇八年リュソンに生まれ、教師になった後、カベーの秘書となる。しかし『イカリーへの冒険』について批判的になり、袂を分かつ。そして一八四二年本書を出版する。本書以前に『ラムネー氏自身によって否定されるラムネー氏』を一八四一年に著し、ラムネーを批判する。彼の思想の根幹には、財の共有と教育の平等がある。ラオティエール〔1813-1882〕、ラポヌレ〔1808-1849〕と並んでネオバブーフ主義者とも言われる。一八五〇年リュソンで死ぬ。デザミとマルクスとの関係は長山雅の「デザミのパンフレット『カベー氏の中傷と政略』とマルクス」〔服部文男他編著『マルクス主義の生成と発展』梓出版社、一九八九年〕を参照のこと】

事実の価値、そして事実関係について判断するには、そしてまた現在の活動の間接的、直接的原因を突き止め、将来の活動を決めるには、たえずそこに戻る**スイッチ**としての意志のような、ある種の原理をもつことが重要である。

それは、以前の書物（注　平等についての議論、『ラムネー氏自身によって否定されるラムネー氏』）の中で、すでに素描した、わが**共同体**の体系を基礎付けている原理である。それをまず明確にすることを課題とする。

繰り返すが、私の**基準**、私の確信基準は、**人間器官**の科学、すなわち人間の欲求、能力、情念についての認識である。

　こうした視点から始めて、社会組織の基礎として次の原理を提案する。

1. 幸福、それは人間のあらゆる欲望、あらゆる活動が向かう目的、つまり最終の目的である。この目的、この最終目的はあらゆる欲求（肉体的、知的、道徳的）の完全な充足、わが**時代**の完全な、規則的な、自由な発展のことであり、一言で言えば、われわれの本質にもっとも適合した生活のことである。

　これこそわれわれが**幸福**と呼ぶものである。幸福のすべての要素はこの地球上にある。とりわけ**コミューン**に関する叙述において、**公衆衛生**の論述において、この真実を示し、刺激を与えるつもりである。

2. 自由　人間の自由とは力を発揮することにある。エルヴェシウスが言うように、鷲のように天空を突き抜け、鯨のように水の中を泳ぎ、国王、皇帝、法王になれないことを不自由だと考えることは、愚かなことだと思われる。それゆえ、あえて自由は力だと言おう。

自由とは、**とっぴな行為**、**気まぐれ**などとは**まったく違う**ものである。規範的に組織された**社会**で**個人**と共和国がもっとも大きな利点をもつのは、自由によってである。個人が自由であればあるほど、国家も自由になるからだ。その逆も真なりで、国家が自由であればあるほど、個人は幸福となる。その理由は、自由な時、人間がもっとも活発で、もっとも神聖になるがゆえに、自由こそ人間そのものと言えるからだ。自由はあらゆる社会性の中でもっとも活動的な力である。

　人間は、現在の状態から未来を推し量り、自由を阻止する弊害についていつも注意すべきだと主張する。しかし、彼らは、法律家の賢明さをもっているにもかかわらず、自由はいつもエゴイズムとアナーキーへと退化する傾向があると言って自由に反対するのだ。何と愚かなことか。われわれは、自由に課すことが可能な、最良のブレーキは科学と理性であり、それはたえずこう語りかけるのだ。

「迷惑をかけられないためには、迷惑をかけるなよき扱いを受けるにはよき行いをしろ」と。

個人的な幸福は、共同的な幸福の中にしかないのだ。

平等　それは大きな動物からもっとも小さな昆虫に至るまで、すべての生きものを支配する調和のことであり、完全な均衡のことである。それは、われわれの個人生活だけでなく、社会的存在にとっても必要な法則である。あらゆる社会原理の基礎にはこの本源的法則があり、それは社会原理がもっとも無視される社会においても存在する。平等がなければ社会は不可能だ。そこには混乱と拘束、反目と戦争しかない！

友愛　それは崇高な感情であり、同じ家族のメンバーとして共同生活を可能にし、その異なる欲望、個人的な力を単一の利益に導くものである。友愛は自然の結果であり、それは自由と平等の真の**唯一の**守護神である。

統一　君主政府は規則を使って命ずる際、とりわけこの**統一**という言葉を使う。これは言語の乱用である。**統一**、**君主制**。この二つの言葉の間には、溝があるのだ。統一の方はすべての社会の党派の調和的連合を表現し、君主制の方は、こうした党派のひとつだけが他人を支配のくびきの下に置くということを意味するにすぎないのだ。

一七九三年（訳注−国民公会）のわが祖先は、統一という本能をもっていたが、その思想は混乱し、不完全なもの以上の何ものでもなかった。彼らが自らの事業を完成できなかったのは、まさにこのためである。**統一**とは、すべての利益とすべての意志の分かちがたい**一致**のことであり、あらゆる財産とあらゆる善と悪との**共同体**である。

共同体（communauté）　それはもっとも自然で、もっとも単純で、もっとも完全なアソシアシオンの様式のことである。それは社会原理の発展と対立するすべての障害を取り除く、唯一で確実な手段である。その理由は、この手段によってすべての欲求の充足、あらゆる情念の正当な飛躍が可能となるからだ。共同体とは、定義したように統一と友愛の実現そのものである。それはもっとも完全で現実的な統一である。教育、言語、労働、領地、住居、生活、立法、政治機能などすべてにおける統一。

こうして共同体はわが栄光ある革命の標語、**自由**、**平等**、**友愛**、**統一**といった言葉をすべてそれ自身に体現しており、最高な形でそれを表現している。

しかし、とりわけ、あらゆる他の社会システムに対して、高い、打ち勝ちがたい優越性を共同体に与えているものは、科学、真実、理性といったあらゆる性格がそこにすべて含まれているからだ。この共同体のシステムこそ完全で厳密な証明そのものであり、私が採用する**確信の基準**、すなわち**人間器官**に一致するものである。

私がこの書物で取り扱う主要な問題もここにある。

根本的法　配分の法、コミューンの組織計画。共同の食事、共同の労働。産業と農業の法。教育と訓練の法。科学会議。衛生の法。警察の法。統一的労働による最適な操作。産業軍。気候の復興のことである。

政治的法　共同体会議、地方会議、国民会議、人間会議のことである。

過渡的システム　社会政治の変革、財の直接的共同体、すべての人を無私無欲にする方法のことである。三〇万から四〇万人の兵士を国境に送ることもなく、反共産主義的なすべての政府を破壊し、克服し、いらだたせる確実な手段のことである。一〇年の戦争の後、人民の進歩的、一般的解放、人間の統一的共同体が起こる（九‐一三頁）。

本書を構成する部分の簡略なレジュメ

根本法則

1条　すべての人間はたとえ過去、現在、どんな肌の色であろうとも、どんな気候の地に住んでいようとも、皆すべて兄弟であること。

2条　個人的所有に帰するものとは、**実際に使う**人が彼以外にないもののことである。

3条　共同体の中には、統一的な、唯一の地域しかない。**地域**は、すべてのコミューンの価値の統合的な集約形態である。

4条　地域の中央指令は、すべての**共同体**が3章で述べられる方法によってたえず**等しく豊かに**なるよう配慮をもって監視する。

5条　共同体のすべての生産物、すべての富はいつも、たえずすべての人々の自由に任される。それぞれは、必要なものすべて、すなわち**必要なもの、有用なもの、好ましいもの**を、どんな土地でも、まったく自由に、好き勝手に消費することができる。

6条　**有用な**（**公共への利用**）目的をもつ事業はすべて、社会的な事業である。共同体はこのことを誇らしいものだと考える。

7条　すべて**有用な人々**（男、女、子供）は、自由にいくつかの仕事に分けられ、その活動と知恵の協力、すなわちその好み、欲求、特別の素質に応じた物理的、知的な力を共同体に与える。これは5章から10章にかけて述べられている。

8条　共同体は平等以外何も知らない。

あらゆる制度、あらゆる政策、あらゆる規則、あらゆる研究、とりわけ教育において、共同体は次の原理を失うことはない。「すべてのものは、**支配、特権、優越性、優先権、優越感、一言で言えば誰かに対するほんのわずかな優越感**のような気持ち、わずかな傾向でさえ、心や精神から捨て去らねばならない」という原理。

配分的、経済的法則

1条　この世界は、とりわけ広さが等しい、全体として統一可能なコミューンに分かれる。コミューンはすべてがそれぞれに結びつき、まず国民共同体と呼ばれる最初の中央司令を形成し、人間的共同体という第二司令が形成される。

2条　コミューンがいまだに不毛な土地に位置するときは、技術を高める。近くのコミューンは　そのコミューンに食料を与える。それを決めるのが根本法則である。しかし、こうした場合は例外となろう。

3条　すべての**コミューン**は、食糧の輸送手段によって、その他の公的な機能によって、さまざまな祭典や交流によって（交互に演劇を催すといった）互いに**コミュニケーションを取り**、いつも友愛をもつ。

4条　一人一人の家計は、共同体的な家計に取って代わる。

どの**共同体**にも**ひとつしか炊事場**はない。

食事、労働、教育、遊びは**共同**に行われる。

大人はそれぞれ（男あるいは女）特別の家をもつ。

小さな子供は**共同**の寄宿舎で寝る。

産業と農業の法則

1条　労働は細分化された形で、**共同**の仕事場で行われる。

2条　共同体はその精神によって機械をいつも完全なものとし、さらに新しい機械を発明し、労苦を減らし、労苦を和らげ、それを撲滅し、魅力的なものにする傾向をもつ。

3条　アトリエはすべて、さまざまな衛生、便利さ、美しさ、魅力といった関係の下、望まれうる限りの方法で配置、計画されねばならない。

4条　同じ政策は、農村の労働についても行われる。蒸気機関や雨漏りのしない移動テントは、実現されるべき改良のひとつである。

5条　耕作、植林、一般的な灌漑、運河、鉄道、川の土手などの大きな事業を遂行するため、至るところで産業軍が組織される。

その結果出てくる、放蕩、敵対をすべて阻止する性の統合の法則

1条　両性の統合を決め、正当化するのは、両性の相互愛、内奥の共感、心の平衡である。

2条　両性の間はまったく平等である。

3条　**相互愛**によって男と女が相互に魅惑しあわないようなつながりはない。

4条　新しい統合を避けさせるようなものは、愛するものの間には存在しない、そしてそれぞれ二人は一方を**望みあう**。

5条　共同体こそ唯一の単一の家族であり、唯一の単一の家計である。共同体はつねに配慮をもってそ

の成員を平等に監督する。

教育に関する法則

1条　教育は共同であり、平等であり、産業的であり、農業的である。
2条　どのコミューンでも、男も女も、それぞれの性のための特別のアパートをもつ。年齢に応じて異なる部屋に分けられる。アパートはそれぞれ、望ましい条件、便利さ、清潔さ、心地よさなどにおいて異なる。
3条　三つの主要な教育対象は、1．肉体的力と敏捷さ、2．精神の発展、3．心の正直さとエネルギーである。
4条　あらゆる勉学や研究に便宜を図るため、それぞれの学校では多くのクラスと系列に分かれる。
5条　完成した人間という観点に立って、子供に対して強制的なことはなにひとつ行われない。彼らには、共同体の体制の力、ひとりでに平等教育と研究がつくり出す魅力について、ただ刺激を与えるだけで充分である。
6条　教育は百科全書的であり、同時に理論的かつ実践的である。
7条　思弁的、経験的な科学を人間精神の聡明さと透徹した視点で見通す完全な自由を与える。その目的は自然の秘密を探求し、実用性と楽しみのための技術の完成である。

衛生的法則

1条　すべてのコミューンは、健康にもっともふさわしい場所に位置する。それは空調、熱量、空気、明かり、清潔などにおいてあらゆる長所をもつようにつくられる。

2条　厩舎、牛小屋、屠殺場、なめし革工場、工場、ガラス工場、高炉、金属、染色のアトリエ、ある種の化学工場、健康を悪化させる性質をもつようなすべての施設が農村に分割される。
3条　空気の清浄化のため、世界の一般的美化のため、産業軍が組織される。
4条　もっとも経験を積んだものによって、食糧、衣類、風呂、温泉などが正しい質を保っているかどうか監視され、それぞれの体質に適合するようにチェックされる。
5条　もっとも創意ある配慮によって、すべての人の睡眠と休憩が保証され、わずかな不安、心配、悩みなどの小さな芽も心や精神から取り去られる。

警察の法則とは、どんな困難、どんな渋滞、どんな事故も避ける機能をもつことである

1条　食糧生産物の輸送は通常道路に、輸送者しかいない時間になされる。
2条　宮殿内部では、歩行者は（右、左）の決められた側を歩く。
3条　宮殿内部には、どんな危険な動物も入ることはできない。
4条　死亡、怪我を避けるためにあらゆる**配慮**と**堅固**な処置が取られる。たとえば高いところからの落下、何らかの肉体的損傷、船や蒸気自動車の機関の爆発などに対して。
5条　才能ある役人がこうした仕事を行い、その才能によって一連の雷、嵐、氾濫、地震などを避けることが可能となる。彼らは、川を防ぎ、越えがたい堤防を築き、必要なところに運河、水道橋を築き、地下運河などを掘削する。

政治的法

1条　あらゆる政治制度の基礎は、統一である。産業、技芸、科学の進歩を確認し、調整し、承認し、

2条　刺激を与え、実りあるものにすること、これが政治的法の目的である。

3条　政治的平等は教育と満足における平等と離れているわけではない。

4条　すべての政治的法は、厳密に、宗教的に、根本的な法から生まれる。根本的な法とは、共同体と平等のことであり、これこそもっとも重要な価値をもつものである。

5条　ある年齢に達したものは、自由に公的な議論に参加する。老人、成熟した男性、女性、青少年は、地位は違うが、同じ資格で自らの意見を、**口頭**によるか、文章によって、述べる資格をもつ。

6条　何らかの提案や、計画が**法**として公布されるのは、**賛同**が得られた場合か、一般的合意が形成された場合である。

7条　どのコミューンにもコミューンの権限の操作を司る役目をもつ政治的会議がある。どの国民も国民の権限の操作を司る役目をもつ会議がある。最後に地球全体の一般操作を司る役目をもつのが、大人類会議である。

8条　毎年、**国民会議**は次の年の会議の主催地になるべく、ひとつのコミューンを国の中心に置く。**大人類会議**も同じようにする。

国民会議にも、人類会議にも、特別な代議員はいない。法の機関はそこにいる人々であり、それは行き交う人、言い換えればこの会議が開かれるコミューンの人々である（二六四－二六九頁）。

エティエンヌ・カベー『イカリーへの冒険』〔抄訳〕（一八四八年版）

【『イカリーへの冒険』は、当時よく売れた書物である。何と言ってもトーマス・モアの『ユートピア』の一九世紀版であった。読み物として、やや長すぎるのが難点だが〔五〇〇頁以上〕、わくわくする内容のものとなっている。全体は三部構成。第一部は、この国への訪問者がどんな世界を見たか、第二部はこの国の革命の歴史、そしてこれまでの人類の学説の検討と批判〔なぜかそれらはすべてヨーロッパの学説であるが〕、第三部は財産の共同体とは何かというまとめである。話は、一九世紀のロンドンから始まる。カベーはちょうどそのころイギリスに亡命していた。話の始まりはロンドンのカベーらしき人物がある人物に会うことである。カベーは、一七八二年ディジョンに生まれた。法学を志し、コルシカで裁判官となり、一八三三年『ポピュレール』を刊行する。やがてフランスを追放されイギリスに亡命する。そこで一八四〇年『イカリーへの冒険』を出版する。その後一八四九年アメリカでイカリーを実現しようとして移住するが、一八五六年失意のうちにアメリカで亡くなる】

『イカリーへの冒険』第三部抄訳

自然権あるいは神の権利とは何であろうか――それは神あるいは自然によって与えられた権利である。

社会的権利あるいは人間の権利とは何であろうか――それは社会あるいは人間によって与えられた権利である。

自然権とはどんなものか――その主要な内容は、存在するという権利であり、肉体的かつ知的能力すべてを遂行する権利である。

存在する権利とはどういう意味か――自然がつくり出したすべての財を、食糧、衣類、住居として使う権利、ある種の攻撃者すべてから身を守る権利である。

あらゆる**肉体的能力**を遂行する権利とは何か――行ったり来たり、働いたり、交流したり、集まったり、一言で言えば、他人の権利に迷惑を与えることなく、楽しいことをすべて行う権利である。連れ合いをもち、家族をもつという意味でもある。なぜなら、どんなものにとっても、それが明らかに自然の誓いであるから。

知的能力を遂行する権利とはどういう意味か——あらゆる教育手段を獲得する権利である。すべての人間には**同じ**自然権があるのか——そうだ。なぜならこうした権利は人間の質に属していて、すべての人間は平等に人間であるからだ。

一方たとえば力において**不平等**ではないのか——それはそうだ。しかし力は権利ではなく、多くの弱いものは一人の強いものに対して連合することができる。人間は力、肉体などにおいて**異なる**ことがありえるが、しかし人間は自然から見て**等しい**権利をもっていることを、理性が教えてくれる。

自然は人間に**土地を分割**したのか。いやそうではない——自然は誰かに土地の一部を与えたのではなく、人間という種すべてに与えたのだ。自然は分割することなく**すべてのものにすべての土地を与え**、土地という財は**自然で本源的な共同体**を形成したということを、哲学者は知っている。

だから**所有**をつくったのは自然ではないというわけか——確かにそうだ。自然は所有をつくりはしなかったし、共同体もそれを課したわけではなかった。自然は人間に、所有をつくったり、共同体を維持させたりしながら、欲するままに大地の財を使う自由を与えたのだ。

それぞれが等しい**土地**をもつ権利があるのか——明らかにそうだ。なぜなら人はすべて自然の**子供**であり、**相続人**だからだ。

こうした平等は、誰もが同じ量の食糧をもつというように完璧なもので、**絶対的**なものであったのか

——いや、**平等**は**各個人の欲求に応じて相対的なもの**であった。満足するのに二倍の食糧を必要とするものは、食糧がすべてに充分あるなら、二倍取る権利があったのだ。

人間の間に土地の**現実的な分割**などなかったのではないか——いやそうではない。誰もが相談なく、誰かの同意をえることもなく、しばしば知ることもなく、必要なものを占有していた。

最初の占有者の権利とは何であるか——それは誰にも占有されていないものを占有する権利である。

なぜ**誰にも占有されていないもの**と言うのか——なぜなら、もし誰も占有していないものを見つけることができるとすれば、最初の占有者の所有を尊重しなければならないからだ。

誰が最初の占有者の権利を決めるのか——自然の公平さか。

自然の公平さとは何であるのか——それはあらゆる場所のすべての人間に、それが正義であるかそうでないか、つまり自然と自然の平等に一致するかどうかについて、理性が与える見解のことである。

自然の公平さによれば、誰もが**余計な**土地を占有する権利をもつのか——けっしてそうではない。必要以上のものは**不正、詐取、泥棒**である。

誰もが必要なものや、余分なものをもっても、均等部分がそれ以外に残っているとすればどうか——その場合誰もが**余分な土地**を占有することが可能だ。その理由は、誰にも迷惑をかけないからだ。しかし**必要なもの**を手に入れられないものが現れた時には譲るという条件が付く。

余分なものをもつものは、したがって、それ以外に**必要な**土地を得ることができないものにそれを**譲らねば**ならないのか――そうだ。この場合、本質的に**条件**通りであるので、**余分**な土地の占有が原則として正しい場合、それをもつことは正しくないだろう。なぜなら自然の公平は、一人あるいは多勢が**必要な土地**をもたない場合、余分な土地をもつことを認めることができないし、必要な土地を欠く他人に迷惑を与えて余分な土地を**維持**することこそ、毎日繰り返されている不正や詐取のことである。

しかし**余分な**土地の所有者である最初の占有者が、個人的にその土地を耕作していたらどうか――それは重要なことではない。**余分な**土地は、もしそこに誰もいなければそれを耕作し始めた他人のものであったのだ。**自らの労働で他人の土地を獲得することはできない**。それを戻すという条件で労働したのだ。所有していた間の利益は自らの労働で得た。自然がそのすべての子供に与えた共同の財産として必要なものを、他人から奪うことなど誰もできない。**余分な土地**の所有者がそれを維持することは認められない。

あなたがたは義務について語った。**義務**とは何だ――誰もが、そうせざるをえないという意味だ。

すべての人間は**自然の義務**をもつのか――そうだ。人間がひとつの権利をもつとすれば、それはこの権利を尊重する義務を他人がもっているということだ。**権利と義務**とは相互に生み出される。一方は他方なく存在しえない。それは相関的で分かちがたい二つのものである。

すべての人間は**自然の義務において平等**なのか――そうだ。すべての人間は権利と義務をもつ。すべての人間は同じ権利をもち、同じ義務をもつ。たとえばすべては、共同の財産の一部を要求する権利をもち、その一部を他人に譲る義務をもつ。

自然の義務とは何であるのか――兄弟のように似ているものを愛し、そのすべての権利を尊重し、「して欲しくないことを他人にしないこと、逆にして欲しいことを他人にすること」である。

あなたがたは社会的権利、**社会**について語った。真の社会とは何であるのか――それは**自由に望んで**共同の利益でアソシエするのに役に立つ人間の連合である。

なぜ**自由にそして望んで**と言うのか――なぜなら、アソシアシオンを結ばない、すべてが自由でなく平等でもない、人間の社会などないからだ。もしある人間が他の人間によって規制されるなら、そこには主人と奴隷、あるいは擬似奴隷、搾取者と被搾取者がいることになり、アソシエしている人はいないことになる。もし彼らが主人ではないとすれば、抑圧者と被抑圧者の間には羊飼いと羊以外の社会は存在しないということになろう。

なぜ**共同の利益**においてアソシエしていると言うのか――なぜなら、すべての利益のためにアソシエすることができれば、自由で平等な人間は自ら進んで誰かの利益のためにアソシエすることができるだろうからだ。

アソシエされたものの共同の利益とは何だ――それは自然権を維持し、認め、もっとも強いものがもっとも弱いものの権利を獲得することを許さないことである。それは自然の平等を維持し、完成することである。

アソシエとはしたがって自然的平等として**政治的、社会的平等**をもつことであるのか――そうだ。**社会的、政治的平等は自然の平等の確認であり、完成である。**

どの国家（Nation）も**真の社会**なのか――いやそうではない。貴族の間に社会があったとしても、人民と貴族との間には社会はないし、貧民と富者との間にも社会はない。貧民は富者と比べて、アテネ人とアテネ人の奴隷のような関係である。

したがって国家は**故意の約束事**で形成されたということか――そうだ。征服者は征服するために戦略的にわざとアソシエすることができた。しかし巨大国家はすべて征服によって形成された。奴隷あるいは臣民となった人民を屈服させるのはいつも征服者たる貴族である。

こうしたいわゆる社会は**うまく組織されえる**のか――いやそうではない。なぜならそれは征服者による、力による、暴力による、不正による、詐取による、未経験による、無知による、野蛮さによる仕事であるからだ。

このいわゆる社会の現実の組織は**依然として悪か**――まったくそうだ。なぜならあるものがすべてで、他のものは無であるからだ、**貴族は働かずして余分なものを所有している、人民はとりわけ働いているにもかかわらず何ももってはいない**。貧者はその自然権を奪われているのだ。

貧民の子供は**依然として自然権をもっているのか**――そうだ。いつものように今日もその生まれたときから子供たちはすべて**自然の子供たち**であり、今日のすべての人間は原始の人間と同じである。すべて自然権において平等で、すべては共通の母たる財産を同じだけ得る権利をもつ。彼らにとっていつものように今日でも自然は大地を豊かにする、それがなくては所有も無となる光と熱を彼らすべてに与えるのだ。

だから、今日存在するすべての人間はまだ自然権をもっているのか――間違いなくそうだ。**余分なもの**を他人に与えるために、あるものから**必要なもの**を奪う社会法則は、それだけで自然の公平さを破壊する手段である。しかし聖なる権利は聖なるものであり、手離すことができない、不可侵のものである。奪われたものにはもはや喜びはないが、権利は維持している。それは泥棒が所有する、**奪い取ったものの権利を盗まれたものがまだ維持しているのとよく似ている**。

このいわゆる社会組織は、少なくとも**貴族や富者**にとって善であるのか――いやそうではない。この組織は、完全な幸福を他人に与えることなく貧民の不幸をつくり出す。すべての間で、たえざる戦争が生まれ、すべてにとって数えきれない不穏な動きが生まれる。

このいわゆる社会組織の**主要な悪**とは何か――三つある。富と権力の不平等。個人所有。貨幣。よく考えると、すべての悪とすべての罪、すべての無秩序とすべての不幸には三つの主要原因がある。

この三つの制度をなぜ人は採用したのか――あるものはエゴイズムによって排他的な利益の中で生まれた。それ以外は、一般的な幸福をもたらすだろうという期待を込めた無知から生まれた。

政治組織の主要な悪は何であるか――それは法が貴族と富者によってつくられたということだ。

悪に対する**対策はない**のか――確かにひとつある。理性こそ人間に利する対策だ。

この**対策**とは何か――それは悪の運動を停止すること、すなわち不平等、所有、貨幣を廃棄すること、それらをすべての平等と共同体に変えること。

だから共同体は自然権を維持することを可能にするのか――そうだ。その根本原理は、はっきりと**自然の平等**を維持し、完成することであるからだ。

人間に関するその原理とは何か――国民と人民が共通の利益を一致させた真の社会をつくること。**国家のすべてのメンバーはアソシエし、完全に義務と権利が平等な兄弟となる。**国家は家族のように同じではない。家族は道徳的な単一の人格でもあるからだ。

財に対する原理とは何であるか――すべての財は共同であり、社会**資本**以外は形成しない。土地は共同に耕作される**領地**以上のものではない。

産業にとっての原理とは何か――社会的産業とは、単一のものである。すなわち一人の人間が、労働を命令し分割することで必要なものすべてを生産するように、二重雇用も、失業もなく、できるだけ多く生産をするように、人民が搾り出す単一の産業そのものである。

義務と権利に関する原理は何であるか――それはすべてにとって同じものである。誰もが**その手段**に応じて一日に同じ時間だけ働く義務、その**欲求にしたがって**すべての生産物を同じ割合だけ受け取る権利。

しかし才能と能力のある人間が他人と同じだけしかもらわないのは不正と言えないのか――いやそうではない。才能も能力も社会が与えた教育の結果であり、差異のある人間は社会なく存在しえないのだから。

労働はどう考えられるのか――公的機能として。すべての公的機能は一方で労働と見なされ、労働と機能はまた税金とも見なされる。

他の税金はあるのか――労働や機能におけるそれぞれの等しい部分以外に税金はない。

労働に関連する原理とは何であるか――労働はすべてにとって一般的義務であること。労働は公共のアトリエすべてに共同であり、可能な場合、魅力的で機械によって短縮可能なものである。

機械にとっての原理とは何か――それを増やし過ぎないことである。可能な限りのものだけを機械でつくるのだ。

食糧、衣類、住居、家具に関する原理は何であるか――それらは、できる限りすべてにとって等しいということ。それらは共同体が用意するものであり、それぞれに共同体が与えるものである。すべては法律にしたがって採用される方法を通じてなされる。

喜びと贅沢に関する原理は何か――共同体がまず必要なもの、有用なものをつくること。それから共同体が理性の限界まで最適なものをつくるのだ。

都市や**家**などについての原理は何か――すべては共同体の計画モデルにしたがってなされる。

道路や**運河**にとっての原理は何か――輸送機械を増やし過ぎない程度にすること。

商業に関する原理とは何か――外国貿易は共同体が行う。国内商業はこの同じ共同体によるあらゆるものについてなされる分配である。

家族に関する原理とは何か――各家族はできるだけ共同に暮らし、けっして召使を雇わず、家計はひとつであること。

結婚に関する原理は何か――それぞれが結婚可能だし、しなければならないということだ。選択はまったく自由。夫婦は平等。結婚は必要な場合解消できる。

教育に関する原理は何か――それはすべて人間であり、共同体の基礎であるということ。教育は肉体的であり、知的であり、道徳的であり、市民的であり、産業的である。教育は家の一部であり、共同体の一部であり、一般的で、基礎的で、専門的で、職業的である。

一般的教育の原理は何か――それはすべてにあらゆる科学、芸術の要素を与えることである。

政治組織の原理とは何か――人民が主権である。**すべては人民によって人民のためにつくられている。**

どこに**政治的平等**があるのか――すべてのアソシエのメンバーは平等に市民であり、人民会議、国民兵、選挙人、被選挙人のメンバーである。

法的権力に関する原理は何であるか――この権力が主権を構成する。それは法によってすべてを規制し、組織する。

立法権力は**人民**によって遂行されるのか――そうだ。法は人民が選んだ代表によって選ばれる代議員によって議論され、用意され、人民の承認に従う。

したがって法は**一般意志**の表現か――そうだ。この言葉の真の意味において。

あなたがたは、法がすべてを組織し、決定すると述べた。しかし自由への侵害ではないか――いやそうではない。法は人民によってつくられる。**人民が納得する法律**しかつくらない。

執行権力に関する原理とは何か――本質的にそれは立法権力に従属し、**選ばれた、暫定的で責任をもつ行政官**によって遂行される。地方やコミューンの役人の数は非常に多い。

司法権力についての原理は何か――共同体はそれ自身ですべての罪を抑止すること。罰則法は非常に単純であり、甘い。裁判所はほとんど必要ない。人民会議で判断するのは人民だ。

人民は**人民会議**に簡単に参加できるのか――すべての人間が参加できる。（五五一－五五九頁）

（略）

すぐに所有と不平等のシステムを共同体に変えることは可能か――いやそれは無理だ。過渡期が不可欠だ。

過渡期とはどんな体制だ――それは所有を維持しながら、できるだけ貧困を撲滅し、徐々に権力と富の不平等を撲滅する体制。教育によって、共同体の第一世代や何世代かがつくられる。まず言論とアソシアシオンの自由を与え、普通選挙も与えられる。

なぜすぐに所有を廃棄しないのか――それは所有者がそれに同意しないからだ。**暴力を避けるあらゆる努力が必要だ。**その理由はまず共同体に必要な仕事をすぐにつくり上げることはできないからだ。

この過渡期の体制はどれくらいの長さ必要か――三〇年、五〇年、あるいは一〇〇年、国によって違う。

それはあまりに長い！――なるほど。しかしそれ以外の方法はない。過渡期のシステムと共同体のシステム原理が採用されれば、まず幸福の意味はすぐに感じられ、高まるだろう。

完璧で決定的な実現を先延ばしせず、**共同体の原理**をまず採用する必要があるということか――当然そうだ。なぜなら貴族は共同体の原則を拒否する。貴族は同様に過渡期も拒否し、あらゆる改革をどんなものでも拒否するだろう。

しかしどうやって貴族は共同体の原理の採用を決めるのだろう。力を使う必要があるのか――いやそうではない。**暴力も革命も、したがって謀議も暗殺もいらないのだ。**（五六〇頁）

（略）

私はここで繰り返す、人民自身の利益のために暴力を拒否する、と。

しかし暴力が成功するとすれば、貴族と富者を規制することは正義ではないということになるのか――

そうだ。暴力は不可避的なものではない。富者は貧民と同様人間であり、貧民同様わが兄弟である。彼らも人間の偉大で美しい側面すらもっている。疑いなく、抑圧者になることを避ける必要があるが、彼ら自らそれを止めるべきであり、抑圧すべきことではない。あらゆる人間を幸福にするために想像された共同体は多くの人々を絶望的にしてはならないのだ。憎むことさえいけない。なぜなら彼らの偏見と悪は、貧者の不完全と悪と同様、最悪の教育と最悪の社会組織の結果であるのだから。（略）（五六二頁）

エゴイストである**小売店主**を憎んではいけないのか――エゴイズムと、とりわけその原因は憎むことはできる。しかし商人や工場主といった多くの階級を非難したり、脅かしたりすること以上に理性を欠き、正義を欠き、不合理なものはないように思われる。（略）（五六二－五六三頁）

では貴族階級にどうやって共同体の原理を納得させるのか――イエス・キリストと同様、人民、選挙人、政府すべてが共同体の原理に変わるまで、富者と貧者に説得し、祈り、書き、議論するのだ。人民が改革を望み、革命すらやろうとすることがすべてではない。むしろシステム、原理、学説、政治的宗教をもつことが必要だ。（略）（五六三頁）

人民が革命を行うのは今ではないとすると、これまでの多くの革命はなぜ失敗したのか――それは人民が失敗を避ける学説をもっていなかったからというわけか。一七八九年、一八一五年（ナポレオンの失脚－訳者）、一八三〇年の革命は、もし人民が共同体のすばらしさを充分知っていたら、まったく別の結果になったというのか。そして一八三〇年以来、すべての人民がとりわけこの体系を知り、伝播したとすれば、今はもっと先に進んでいなかったのだろうか。

しかし、とりわけ転向させねばならないのは**富者**ではないのではないか――疑いなく富者なのだ。取りかかるのにもっとも効果があるのは彼らなのだ。なぜなら、富者や学者は他の富者や貧者を転向させるのに非常に大きな影響力をもつからだ。（略）（五六三－五六四頁）

共産主義の学説

あるものは私たちの意見をこう批判する。「諸君の『イカリーへの冒険』には**科学も**、**学説も**、**理論**もない」と。私は答える。

人民のために書く方法は二つある。ひとつは**科学**、**科学的**、**学者**、**哲学**、**哲学的**、**学説**、**定式**などの言葉を織り交ぜること、専門用語の多くはギリシア語とラテン語から採られていて、一般には理解不能、一言で言えば、明確で単純なことを、しばしば学者らしいふりをするために、理解を混乱させ、曖昧にしてしまう。もうひとつはより混乱したものごとを明確にし、科学と言わずに科学をなし、世俗の言葉を用いてすべてに理解させる方法だ。二つの方法のどれが人民ふさわしいのかということである。

われわれにとって、『イカリーへの冒険』と共産主義の叙述は、**科学**、**学説**、**理論**、**システム**を含むと主張したい。

われわれの主張では、わがシステムは非常に単純で、明確で、知的であり、その単純さ、明解さは、間違いを意味するのではなく、まったく完璧なものであり、他のすべてのシステムより信じられないほど優れているものだ。

諸君の**科学**とは何だ――**友愛**だと答えよう。

諸君の**原理**とは何だ――**友愛**。

諸君の**学説**は何だ――**友愛**。
諸君の理論は何だ――**友愛**。
諸君のシステムは何だ。**友愛**。
そうだ。われわれは**友愛**が、学者にとっても、プロレタリアにとっても、研究所にとっても、アトリエにとってもすべてを含むと主張する。なぜなら**友愛をすべてに適用し**、そこから結論を導き出せば、すべて有用な解決が導き出されるだろうから。
友愛という言葉は、非常に単純な言葉であるが、その結果を適用する点でより力のあるものである。

共同体、それはキリスト教である

イエス・キリストは自ら共同体を友愛の産物と主張し、宣言し、求めただけでなく、彼は伝道者とともにそれを実践した。

彼の伝道者はやがて最初のキリスト教徒とともにそれを実現した。

初期キリスト教は長い間イエス・キリストと伝道者の例を実現したのだ。


もし宗教共同体がうまく組織され、家族を統合し、それぞれが多くのメンバーを理解しあったならば、彼らは地上に共同体を打ち立てたことだろう。しかしこうした共同体を理解したのは、ある種の男や女だけであり、少数であることでいつも一種の**個人主義**であり、**共産主義**はイエス・キリストの命令を無視して廃棄されてしまった。

一方コンスタンチノープルの東方教会、聖**ヨハネス・クリュソストモス**、**ペラギウス**とその多くの仲間、ガリアの**バゴード**派、フランスのワルド派、**アルビ**派、ドイツ、イギリス、アメリカの一群のプロテスタントがイエス・キリストから今日まで共同体を実践して唱えてきたのだ。

現在の共産主義者は、だからイエス・キリストの**弟子**、**模倣者**、**継承者**である。

イエス・キリストが唱えた原理を尊重しよう。

それを検証し、学んでみよう。

そう言いたければ、それは**あまりにも美しく**、**夢**であり、実現できない**ユートピア**だと言ってくれ。イエス・キリストがまったく逆のことを言うとき、同じ言葉をすでにたやすく受け入れていると言えよう。だから、これは非道徳であり、非モラルであり、軽蔑すべき、嫌悪すべきものであるということなど許されてはいないのだ。

共産主義、それは**農業の法則**であるなどと言わないでくれ。なぜなら、まったくそれと違うのだから、共産主義は土地の分割など望んでいないのだ。

共産主義、それは**略奪**だと言わないでくれ。なぜなら共産主義は人から何も略奪しないし、貧しくすることはないのだから。

共産主義、それは**暴力**だと言わないでくれ。なぜなら、共産主義は議論、説得、公論、国民の意志しか求めないのだから。

共産主義を**軽蔑**しないでくれ、なぜならそれはもっとも道徳的で、もっとも純粋で、もっとも宗教的な学説ですらあるからだ。人間は自然や神から受け取った知性や富で幸福であれば、賞賛、承認、愛しかその学説に望まないのだ。

とりわけ**真の共産主義**を**嫌悪**したり、拒否したりしないでくれ。なぜなら共産主義は正義と秩序、労働と一致、友愛とすべての人間の幸福しか求めないのだから。

共同体、それは普遍的保証である

今**保証**ほどよく使われる言葉はない。たとえば相互性であろうと、利益を見込む投機に対してであろうと。火災に対する保証、雹や実を結ばなかったことに対する保証、兵役、病気、死に対する保証、難破に対する保証など。多くの保証が挙げられる。

さらに話を進めよう。破産に対する保証、失業に対する保証、貧困に対する保証などをつくれ。政府や社会がその保証者になると仮定してみよう。そうすれば共同体に到達するだろう。

そうだ。共同体はすべてにとってのすべての**相互的、普遍的保証**である。小さな労働を使うことで、共同体はそれぞれの教育、結婚の資力、食料、住居、一言で言えばすべてを保証し、承認するのだ。（五六六―五六八頁）

ルイ・ブラン『**労働の組織**』〔**抄訳**〕（**一八五〇年版**）

【ルイ・ブランは一八一一年アラスに生まれ、やがてジャーナリズムの世界に入る。一八三〇年から一八四〇年までを対象とした『一〇年の歴史』で名声を博し、やがて一八四八年革命において臨時政府の一員に選ばれる。六月蜂起以後イギリスに亡命。第二帝政崩壊後フランスに一八三九年戻り、議員となる。一八八二年に亡くなる。『労働の組織』は一八三九年に出版されたが、何度かの版を重ねた。社会をアトリエとして組織しようという構想は、労働者の雇用の確保と競争による弊害をなくそうとするものであった。国家による組織化は、労働者の自由を束縛するという側面をもっていた】

レジュメ

「法の契約という形式の前の二部（『労働の組織』の二部、産業と農業労働―訳注）の要約」

産業のアトリエと農業のアトリエは同じ目的で、同じ原理にしたがって、同じ基礎の上で設立される。

ただその相違は、農業のアトリエの場合、将来急進的、かつ非常に完全に、生産の共同化だけでなく、消費の共同化によって、友愛的アソシアシオンのシステムが適用されるという点にある。

この二つのシステムの要約を法の形式で書けばこうなる。

1条　進歩省が創設され、その使命は、社会革命の完成であり、少しずつ平和的に、衝撃を与えることなく、プロレタリア階級の廃止を進めることである。

2条　そのために、進歩省は次の課題を負う。1．国家に対する地代という手段で鉄道と鉱山を買い取ること。2．フランス銀行を国立銀行に変えること。3．すべての人の利益のため、国家の利益のため、保険を集中すること。4．責任ある官僚の指導のもと、生産者や手工業者がその商品と食糧を貯蔵することが可能な巨大な倉庫を建設する。その商品の価値は、交渉によって決められる価値と、紙幣の代わりを務める受取証によって表される。紙幣に対する完璧な保証は、抵当として一定の鑑査を受けた商品が存在することにある。5．最後に、小売業に相当するバザールを開き、倉庫は卸売業になる。

3条　鉄道、鉱山、保険、銀行が、今日私的投機で得ている利益は、新しいシステムにおいては、倉庫の権利から受ける利益とともに国家に還流し、進歩省はそれで特別予算をつくる。それは労働者の予算である。

4条　それ以前に行った取引の結果生まれる利子や減価償却の費用は、労働者の予算から控除される。残りは1．労働者のアソシアシオンに出資されるためか、2．農業コロニーの資金に利用される。

5条　国家の出資を受けて設置される産業アソシアシオンと農業アソシアシオンは、連帯的な友愛原理によって設立されねばならず、その原理が、たえず増大する、分離しがたい集団的資本を、自ら発展しながら獲得する方法となる。それが大小の高利貸をつぶし、資本の専制的要素を破壊し、労働手段の所有という特権を廃棄し、信用の商品化を阻止し、幸福であることが例外であるという世界を廃止し、怠惰を権利とする世界を廃止する、唯一の方法である。

6条　結果、すべての産業と農業のアソシアシオンは、国家の出資を望むことで、次の資金を、その存在維持の基礎として獲得することになろう。

労働者の生存費用、資本の利子、その維持や原料の費用を控除した後、利益が分配される。
その四分の一は国家が前貸しした資本の減価償却として
その四分の一は老人、病人、障害者などの援助手段の資金確立のため
その四分の一は利益として労働者に配分するため
最後の四分の一は、後で示される目的のための準備金形成のために、
こうしてアトリエにアソシアシオンが形成される。
それぞれが連帯するため、同じ性質をもったすべてのアトリエ間にアソシアシオンを拡大する必要がある。
それには二つの条件で充分である。
まず、小売価格を決定すること。産業世界の状況に応じて、小売価格以上の合法的な利益を決定する。
それが同じ産業のアトリエ間の競争を避け、統一価格を実現させるやりかたである。
次に、同じ産業に属するすべてのアトリエ内で、平等ではない、比例的な賃金を確立する。その理由は、物的生活条件はフランスのあらゆる場所で同じではないからだ。
連帯は同じ性質のすべてのアトリエ間で確立され、そこで有効な秩序の条件が実現されることになる。

この条件によって、憎悪、戦争、革命は不可能にならねばならない。すべての産業の間に、すべての社会の成員の間に、連帯が基礎付けられるだろう。

そのため、先ほど語ったさまざまな準備金が、あらゆる産業の相互援助の基金として形成されるだろう。こうして年によって病気にある人々が、元気な人々によって救われる。とりわけ誰のものでもない大きな資本が形成されるが、それはすべて集団に帰属する。

全社会資本の配分は、すべてのアトリエの頂点に位置付けられる、経営会議に委ねられる。

国家は継続的な手段でこの計画の実現を図る。国家がそのモデルを与える。その脇に私的アソシアシオン、現実のシステムがある。しかし、われわれが考えているのは融通性であり、それがわれわれの信仰である。それはすべての社会に拡大され、敵対するシステムも抵抗しがたい引力によって引きつけられるだろう。これは水の中に投げ入れられるひとつの石であり、たえず拡大しながら相互に生まれ出る循環を描くことになろう（一一九－一二一頁）。

フローラ・トリスタン『**労働者連合**』**〔解説と抄訳〕**　**〔一八四四年版〕**

【フローラ・トリスタンは一八〇三年にカリブ海の島で生まれる。父はペルーの貴族の出身であったが彼女が幼いうちに亡くなる。労働者となった彼女はリトグラフの工場の所有者と結婚するが、やがて離婚しヨーロッパやペルーを旅し、一八四〇年に『ロンドン散策――イギリスの貴族階級とプロレタリア』（小杉隆芳、浜本正文訳、法政大学出版局、一九八七年）を著す。やがてアンファンタンの影響のもと社会主義、女性の解放に関心をもつ。一八四三年に『労働者連合』を出版する。そしてこの連合を伝えるべくフランスを行脚するが、一八四四年一一月亡くなる。孫は画家のゴーギャンである】

『宣言』の「あらゆる地域のプロレタリアよ、団結せよ」の中の「団結せよ」の言語、すなわち **vereinigen** は、フランス語で言えば unir となる。『宣言』のフランス語版では当然この言葉が使われている。その名詞形は union であり、労働者の団結、すなわち連合という言葉を正確に表現すれば、フローラ・トリスタンの『労働者連合』の連合 union にたどり着く。

労働運動史の中で忘れられた感のあるこのフローラ・トリスタンという女性は、一八四三年に出版したこの本で、団結を謳っている。とはいえ、この団結の意味は『宣言』の意味と必ずしも一致しているわけではない。あくまでトリスタンの連合は、フランス国内を対象としていること、しかもそれが各自二フランずつ支払うことでつくり上げられる組合のような組織であることが、それを示している。それは当時労働者の吟遊詩人ベランジェなどが提唱した遍歴職人団体の連合を模範として、それを拡大した組織を意図していたことからもわかる。

本書は厚くはないが、『宣言』に比べるとはるかに長い。全体は四章に分かれている。冒頭に次の言葉が書かれてある。それは、一八四一年に自殺したアドルフ・ボワイエの言葉「すべてを生み、すべてをつくり、すべてを生産する労働者、しかし彼はどんな権利ももたず、所有もまったく与えられないのだ」である。ボワイエについてはマルクスも『ゲセルシャフツ・シュピーゲル』に書いた「自殺論」の中で言及している。正確に言えば、このボワイエの労働者連合をトリスタンが敷衍したという関係である。そのすぐ下に、「労働者よ団結せよ、団結こそ力なり」という言葉が見える。この作品には歌も付いている。当時労働者運動は歌を媒介にして進められた。歌は言語そのものよりも説得力をもつ。ベランジェは吟遊詩人であった。トリスタンは、連合を実現するために歌を誰かがつくることを期待していた。本文の冒頭でこう述べる。「歌は、連合した多くの労働者に磁石のような異常な影響力をつくり出す」（Flora Tristan, *Union Ouvrière*, éd. par D. Armogathe et J. Grandjonc, Editions des femmes, 1986. 一三八頁）と。詩と楽譜付きの歌の二つが掲載されていて、詩の作者はポンシー（Poncy）、歌の作者はティス（Thys）。内容は楽観的なもので、詩の場合（人民の連合というタイトル）、たとえば冒頭ではこう語られる。「わが兄弟、憎しみを忘れ、ひとつの旗のもとに団結する時だ」（前掲書、二七〇頁）と。

この書物の出版時の労苦は、大変なものであったとトリスタンは最初に書いている。当時有名だった出版社のパグネルのところへ原稿を送ったが、体よく断られた。出版には、一〇〇〇フランは必要であった

（当時腕のいい職人の日当四フラン）。彼女はパリのサン・シュルピス教会を見て、寄付による出版を考えた。教会も寄付金で建築されたとすれば、出版でも同じことが可能だ。彼女はあちらこちらをまわって寄付を募る。本の冒頭には寄付者の名前が掲載されている。それを見ると、議員のボーモン、ラマルチーヌ、フーリエ主義者コンシデラン、当時売れっ子だった作家ウジェーヌ・シュー、ジョルジュ・サンド、オーギュスト・ブランキの兄のアドルフ、社会運動家のペルディギエ、ルイ・ブラン、作家のド・コックの名前が見える（前掲書一〇八－一一一頁）。しかしごく普通の人も一フラン程度は寄付している。総額一五四八フランを集め、出版されることになる。初版三〇〇〇部は売れ、版を重ねる。初版は一八四三年六月一日に店頭に並んだ。

初版をいくつかの労働運動の関係者に送ったところ、反応があった。その反応について二版で書いている。その中にコンシデランの手紙、シューの手紙もある。とりわけ人々の関心は、労働者の会費によって設立される「労働者連合宮殿」（Palais de l'union ouvrière）であった。これは当時の社会主義者にとって、いわば垂涎の的となるものをもっていた。しかしコンシデランはこんな計画はうまくいくわけがないと一蹴し、シューはむしろこの計画の現実性を賞賛している。

本編は四章で構成されている。第一章でこう語る。行うべき行動は、武器をもった蜂起ではない。むしろ「男女労働者による普遍的な連合」であると。トリスタンは女性労働者についてもしっかりと触れる。この本の最大の特徴は、当時男性優位の運動にあって女性労働者の問題をきちんと取り扱っていることである。「皆さんに提言するのは、男女労働者相互の一般的な連合であり、そこには同じ国の中に住む限り職業の相違もない。連合の目的は労働者階級を組織し、全フランスに等しく広がる多くの建築物（労働者連合宮殿）を建設することである。その建物に六歳から、一八歳までの男女児童が入り、そこには怪我をした労働者や老人も入る」（前掲書、一四二頁）。その建設のために次のことを提唱する。「フランスには五〇〇万人の男性労働者、二〇〇〇万人の女性労働者がいる。この七〇〇〇万人の労働者が、すべてに利益を得るべく、大きな共通の仕事を完成するという思想と行動で団結する。それぞれが二フランを一年に支払うと、一年の終わりには労働者連合には一四〇〇万フランの額が入る」（前掲書、一四二頁）。

この拠出金は、けっしてたんなる年金のようなものではない。新しい世界をつくるためのものだというのだ。この計画実現のために出版後、彼女はフランス中を行脚し、この思想を流布することを誓う。実際この「トゥール・ド・フランス」の過程で彼女は亡くなる。なるほどすでに遍歴職人にはこうした基金はあった。しかし彼女が提唱するのは、全労働者の連合であり、その基金である。

第二章は労働者が孤独であることが問題であると指摘される。労働者が連合すれば、巨大な額の資本が手に入り、それによって貧困をなくし、子供たちの教育を実現できる。もちろんこれは夢また夢ではないかという批判がある。しかしアイルランドでオーコーネルも同じことを行い、成功している。革命以来労働者の民主的政治は問題になったが、社会的権利はなおざりにされた。まずその権利とは「労働権」と「労働の組織権」である。自由競争に任される経済がそれを台無しにしている。

そこでこうした権利を主張した論客が挙げられる。ボーモンはアイルランドの例を挙げ、このことが可能であることを示した。ルイ・ブランは労働の組織について語り、サン＝シモン主義者アンファンタンは手工業労働の意味を評価した。フーリエ主義者コンシデランは調和的に組織するために、この二つの権利を擁護した。

第三章では女性労働者に男性労働者と同じ権利を与えることが説明される。これまで女性は賤民扱いされてきた。男性よりも劣るものと位置づけられてきた。しかしこうした偏見は、男性労働者であるプロレタリアにも当てはまる。革命（一七八九年）まではプロレタリアなど人間のくずと見なされてきたが、今では彼らは市民となり人権の対象となっている。同じことは女性に対する偏見についても言える。女性に教育を施すことで、女性の能力を高めることは、結局男性労働者にとっても都合がいい。家庭の荒廃は、女性の教育のまずさから来ている。女性の教育を高めることで、家庭環境がよくなる。さらにそうなると酒びたり、家族を放棄する男性も減るはずである、と。

第四章は、どうやって労働者連合を組織するかという具体案が提出される。まず男女労働者による中央委員会を設置する。本部はパリかリヨンに置く。そうして各界に援助の働きかけをする。こうして集めたお金は、まず委員会の費用、普及の費用などに使われるか、労働者宮殿のための一〇〇から一五〇ヘクタールの土地の購入と建設、その家具などの購入に使われる。

労働者連合の宮殿の建設に関してこう語られる。まず環境条件が完璧であること、建物間で労働者のコミュニケーションがうまくとれること、老人、子供たちなどへの部屋割りがうまくなされること、外には仕事場、学校、農場などが配備されること。水の設備は衛生のために重要である。しかも、こうした建物は同じような景観をもつことで、人々を厭《あ》きさせてはいけない。収容人数は二〇〇〇－三〇〇〇人。設計者として、セザール・ダリーの名前が挙げられる。彼はフーリエ主義者で、ファランジュの建設に携わった人物である。人員構成は、年寄りや障害者が半分、残りは児童。この中では労働が組織される。そして子供の教育も行われる。教育の中心は神への信仰、道徳である。人間はこの世界の一部であり、お互いつながっていること。そこで自然との調和と人間相互の信頼を培う。教育方針はジャコトーの教育方法を参照する。すなわち「なぜ」という問いと、それについて考えさせる教育とする。無駄な知識や暗記で子供の教育をだめにしないで、なぜという問いかけで興味をわかせる。罰はない。あるのは追放だけ。女子のコルセットや、男子のネクタイはない。就きたい職業を選ばせる。費用は六－一〇歳までは年に三〇〇フラン必要だが、それ以降は労働者の宮殿で働いた利益でまかなう。とはいえ、払うのは金のあるものたちだけである。老人の入居年齢は六〇歳以上。

最後にこの書物の要約が9ヶ条にまとめられている。それを訳すとこうなる。

「1. **労働者階級**を、しっかりとした、固く、分解できない**連合**で組織すること。
2. **労働者連合**によって選出された弁護人によって労働者階級を国民の前に示すこと。
3. それは労働者階級が**存在不可欠**であり、他の階級にそれを理解してもらうためである。
4. **手によって得る所有権**が正しいことを知ってもらうこと（フランスでは二五〇〇万人の所有者がいるはずだが、**その手**によって実は何も得ていない）。
5. 男女**すべて**にとって労働権が正しいということを認めてもらうこと。
6. **すべて**の男女に道徳的、知的、職業的教育を行う権利の正しさを知ってもらうこと。
7. 現実の社会状態の中で**労働の組織**の可能性を実現するため、
8. あらゆる県に**労働者の宮殿**を建設し、そこで労働者階級の子供たちを職業的、知的に指導する。そこには労働で怪我をした労働者と**身体障害**で年をとった老人が入る。
9. **女性**に道徳的、知的、職業的教育を与える緊急の必要性を認識してもらう。これによって彼女たちは**男性**の道徳的代理人となる。
男女の**権利の平等の原則**を、**人間連合**を構成する唯一の手段として認識すること（前掲書、二五三頁）。」

トリスタンの発想にこれといったオリジナリティがあるわけではないのだが、彼女が、さまざまな思想家の思想を取り入れ、大きな実行力によってこの作品を書いたことに驚嘆すべきであろう。なるほど女性の権利の主張についてはウルストンクラフトや、革命期のオランプ・ド・グージュなどの先駆者がいる。

労働者連合の宮殿建設は、フーリエ主義の概念ともいえるし、労働の組織はブラン流である。ただし、特筆すべきは、異常なまでの執念で対立する党派をとりまとめ、労働者全体の団結を図っていることであろう。もちろん金持ちの篤志家の援助を仰いだりするという側面はあるが、思い立ったが吉日で、すぐに実行せんものと各地を行脚している。むしろキリスト教の修道僧に近い思想の持ち主である。その意味ではラムネーなどのキリスト教社会主義の思想も彼女に大きく影響を与えている。

コンシデラン『社会主義の原理——一九世紀における民主主義宣言』〈解説と抄訳〉（一八四七年版）

コンシデラン

昔から『宣言』はコンシデランの剽窃だと言われてきた（五編研究編第一章参照）。実際の内容は『宣言』とまったく違うものだが、フーリエ主義者が当時の共産主義者同盟にとってもっとも影響力のある一派であったということは間違いない。まずはヴィクトル・コンシデラン（Michel Venis, *Victor Considerant, démocratie fouriériste*, Virgile, 2009 参照）の人生について見てみる。ヴィクトル・コンシデランは一八〇八年ジュラのサランで生まれた。ブザンソンのクラリス家に寄宿し、そこのコレージュに通う。そのクラリスのサロンにはシャルル・フーリエが出入りしていた。やがてクラリス家の次女と結婚する。パリのポリテクニークに入学し、軍に勤める。勤務先はメス。そこでフーリエ主義のサロンを開く。一八三三年植民計画に興味をもつ。パリ郊外での植民計画は失敗する。その後一八五〇年代のアメリカでの植民計画までこうした発想を実現することを控える。一八三六年週二、三回発行の『ラ・ファランジュ』を刊行。一八三七年フーリエ死後プロパガンダを開始する。一八三八年ベルギーに行き、そこで成功を勝ちとる。やがて『ラ・ファランジュ』を編集するために出版社を設立し一八四三年『平和的民主主義の政治的、社会的宣言』を公表。これがやがて『社会主義の原理』となる。一八四五年ブリュッセルでファランステールについて説いた。四八年革命後セーヌ県の議員となる。

ベルギーに亡命したコンシデランはアメリカ移民計画を考える。アメリカのフーリエ主義者ブリスベーンが一八五二年ヨーロッパに来て、コンシデランに会う。一八五二年一一月二八日アメリカに渡り、九ヶ月にわたる調査を行う。カベー（カベーはテキサスのレッドリバーのナウヴォに理想の村を建設していた）と同じテキサスに移住する計画を発表。ヨーロッパ＝テキサス移民会社を設立し、一八五四年一二月に第一陣出発。一八六九年、二〇年近くアメリカでの生活の後フランスに帰る。

コンシデランの思想は、基本的にサン＝シモニアンの官僚の思想とよく似ている。彼の提唱する改革は社会的な規制である。資本主義そのものを抑制することで、よき民主社会ができ上がるという発想をもつ。しかしながら、現実の中で挫折し、実験としてアメリカに理想社会を求めた。このアメリカ計画は、本来の彼の思想とは違う。『社会主義の原理』でも、カベーやデザミのような大胆な発想は語られない。そこでは、ひたすら規制的な社会主義の実現が語られることで、フーリエ主義のもつ実験的部分が影を潜める。しかしアメリカ移民計画では後者の側面が出ている。カベーほどの悲惨な失敗ではないが、結局彼も行き詰まり、帰国する。

『社会主義の原理』と『共産党宣言』（詳しくは第五編第一章参照）

このフーリエ主義者コンシデランの『社会主義の原理』、言い換えれば「社会主義者の宣言」は、最初一八四三年に出版されたが、それに文章が付加され、ちょうど『共産党宣言』が執筆される時期、一八四七年夏に再版される。もちろん、それまで共産主義者同盟は宣言という形式ではなく、カテキズム、問答形式をとっていたわけである。『信仰告白』、『共産主義の原理』と来て、最終的には一八四八年『共産党宣言』となった。まさにこの宣言という形式をめぐって、コンシデランとマルクスには因縁があった。

とりわけコンシデランは、ベルギーを訪れ、ドイツ人にもこのフーリエ主義を勧誘した。共産主義者同盟は、その意味でこの運動に恐れを抱いてもいた。だから社会主義という言葉は禁句となる。共産主義という言葉と社会主義という言葉を使い分けるというのは、まさにこのコンシデランの『社会主義の原理』の内容に関係している。コンシデランは共産主義を批判しているからである。

内容について

コンシデランの社会主義という概念には私的所有の共同体化という概念はまったく出てこない。ファランステールの中には資本家もいる。私的所有をむしろ積極的に認めるところにその特徴がある。社会主義の社会主義たる側面は、彼らが社会学派と称していることにも言えるように、生産と消費の調和を図るということに尽きる。その意味で、コンシデランは民主主義の確立と、私的所有とが深く関係していることを強調する。民主主義は、社会の進歩が、調和的に発展する中で生まれる。あたかも資本主義経済が、計画経済のように調和的な計画のもとに進む場合を想定しているわけである。コンシデランは、資本主義社会の急激な変革、すなわち革命をもっとも嫌う。だから平和的民主主義を主張する。資本主義の変革を平和的に進めようというわけである。革命を要求する共産主義者が彼の敵であるのは、まさにそんなところにある。そしてその共産主義者の中央集権的専制も嫌う。彼の言う調和は、いわば分権制の中で実現されることになっている。

この宣言の内容をもう少し見てみよう。全体は二部構成。第一部は「社会について」、第二部は「思想について」である。

第一部

第一部はこう始まる。古代社会は権力と戦争の時代であり、封建制の時代も戦争の時代であった。やがて新秩序の時代が始まる。それは産業の科学、労働の発達によってもたらされた。そこからキリスト教的な民主的世界が出現した。一七八九年のフランス革命はその現れであった。しかしその原理は崩壊した。その理由は新しい封建制の出現である。産業と金融の封建制が古代や中世の権力に取って代わったというわけである。こうして労働者の競争、企業家の競争が生まれ、産業において徐々に中産階級が零落し始める。彼らはプロレタリアになった。社会の二つの階級への分化についてこう述べる。

「こうして産業の自由という抽象的な民主主義的原理にもかかわらず、むしろこの組織されていない、単なる自由だけの幻想的、嘘の自由の影響の結果、資本は、資本に対して規制なく資本のまわりをまわり、その資本量に比例して、非常に強い所有者の手に資本は集中するようになった。そして社会は、ますますはっきりと二つの階級に分離するようになった。すなわち、すべて、あるいはほとんどすべてをもつ少数のもの、産業、商業、所有の領域であらゆるものをもつ絶対的主人と、何ももたず資本や労働手段の所有者に完全に依存して生き、たえず低下していく不安な賃金のためにその腕、その才能、その力を、近代社会の封建領主に貸し与えねばならない大多数の人々である」（二〇－二一頁）。

こうした社会が極端に進めば、労働者は闘わざるをえなくなる。

ではその解決方法はどうか。革命的原理として財の共同体を目指す人々がいる。これらの思想は人々を魅了しているが、なるほどそれにには理はある。

「こうした解決、すなわち本質的に否定的、革命的な解決は、たえず大きな反動としての、資本の専制支配と社会的侵略に対する暴力的な、排他的な反応以上の何ものでもない。共産主義は、あらゆる正当な権利としての貨幣と所有が、排他的な優越性を示している場所で生まれる。この所有を廃絶する学説は、だから産業の封建制に対する抗議であり、その発展に結びついた抗議であり、貨幣の大衆への社会的（むしろ反社会的な）圧力が増す限り爆発まで進まざるをえない。こうした現象は、単に無知なものが、簡単に取り扱ったり否定できるような科学の予測ではない。これは生成しつつある事実なのだ。遺産というものがいかに非合法であるかについての、チャーティズム、共産主義、サン＝シモン主義学説はヨーロッパで大きく進歩を遂げている」（一八－一九頁）。

しかしコンシデランはこうした運動に賛成しない。こうした学説のみが解決の道ではないと。

「それは、産業の領域で変化させる力、競争を一致させ、相違を一致に導き、競争を協業に変える力をもつ原理である。それが**アソシアシオン**の原理である。

二つのライバル企業が一つの**社会契約**で結びつけば、すなわち戦いあう資本が大きな株式会社に統合されるとき、敵対する利益は平和の契約にサインし、やがて一致した完全な和解の中で発展することができる。

しかしなぜ資本のアソシアシオンをつくるのか。なぜこの調和、連合、一致によって、労働と資本の調和、連合、一致、調和を求めないのか。すべての社会のアトリエにおいて労働と資本との連合契約という実践的条件を決定し、それを求めないのか。

資本、労働、才能は生産の三つの要素であり、富の三つの源泉であり、産業メカニズムの三つの輪であり、社会発展の三つの本源的手段である。頭の中でアソシアシオンを基礎にして組織された社会アトリエ、この三つの生産要素が産業経済の中でうまく結びつき、三つの輪が調和的に嚙み合った世界を構想してみよう。盲目的競争の無政府的な闘争、資本と資本、労働と資本、産業と産業との戦争、一般的な無秩序、あらゆる生産力の衝撃、数千の逆方向の運動の中で生じる価値の低下に代わって、より力のある生産的結合、あらゆる力の有効活用と整備が出現するのだ」（二二一－二二二頁）。

生産力の拡大は、市場を海外に求め、中国を大砲によってこじ開けた。こうして生まれた過剰生産を調整すればいいというわけである。

本書全体の内容の要約

「法が、力、産業に次第に取って代わり、戦争という王位を剝奪した現代の知性によって、まだ抽象的なシステムだが、平等の原理とすべてのものの原理、すなわち民主的原理の統一は完全に認識されている。フランス革命によって世界の面前で宣言された、フランスによって封建的で野蛮な貴族的権利に対して擁護された、新しい法、民主的法、平等と人間的統一のキリスト教的法が、法の一等最初に置かれる。これは不滅の勝利である。

民主的法、キリスト教的法、すべてのための法が、まったく幻想的な自由と平等というたんなる宣言としてしか実現されなかったので、軍事戦争に代わって産業戦争が生まれた。産業戦争は、軍事戦争と同じく、その勝利者と敗北者をもつ。

産業的封建制は、軍事的封建制のように、致命的な勝利と、弱者に対する強者の永遠の優越性をもつ。プロレタリアの制度は近代の農奴制である。新しい貴族制の称号とは銀行券と株式であるが、それはブルジョワ自身に対してますます重くのしかかり、すでに政府を支配している。すべての人間の権利、すべての現代の社会精神の原理とまったく逆のこうした状況は、新しい革命、もはや政治的ではなく、所有自身に対して向けられた社会的叫びを引き出さざるをえない。その叫びとは**「働いて死ぬか、闘って死ぬか。労働者に土地を」**である。

この新しい革命を避けるには、ひとつの方法しかない。それは資本、労働、才能の三つのアソシアシオンに基づく労働権、産業の組織である。

この組織こそ、民主的宣言の課題である」(二五-二六頁)。

第二部

第二部は、三つの思想に分けられる。第一は退歩的民主主義、革命的思想であり、第二は動かない民主主義、教義的な思想であり、第三は進歩的民主主義、平和的、組織的な民主主義である。最後がコンシデランの思想というわけである。第二はギゾーを中心とした現在の世界を正当化する人々の思想、第一こそ共産主義者の思想である(第五編研究編第一章参照)。

『共産主義者の信仰告白』草稿（一八四七年）

【共産主義者同盟の最初の『宣言』。すなわち後に『共産党宣言』となるものの最初の草稿。一八四七年六月の同盟設立総会の時にたたき台にされる】

1、問　**君は共産主義者か。**
答　はい。

2、問　**共産主義者の目的は何か。**
答　すべての成員がその全才能と力を完全に自由に発展させ、確信するような、しかしそれによってこの社会の基本的条件を損ねることのない社会をつくること。

3、問　**この目的に諸君はどのように到達するか。**
答　私的所有の廃棄によって、私的所有に代わって財産の共同体が出現することによって。

4、問　**諸君の財産の共同体はどうやって形成されるか。**

答　まず第一に産業、農業、商業、植民地化の発展を通じて生まれる大量の生産力と生活手段、機械、化学、その他の補助手段の中にある無限の生産増大の可能性によって。

第二に、すべての人間の意識と感情の中にある壊すことのできない基本原則としてのある種の飛躍、全歴史的発展の結果としてどんな証明も必要としないそんな飛躍によって。

5、問　**この飛躍とはどんなものか。**

答　たとえばすべての人間が幸福になるように努力すること。個々人の幸福はすべての人間の幸福と分かちがたく結びついていることなど。

6、問　**どのようにして諸君は財産の共同体を拡げたいのか。**

答　プロレタリア階級の団結と啓蒙を通じて。

7、問　**プロレタリア階級とは何か。**

答　プロレタリア階級とはその労働だけで、何らかの資本の利潤によって生きていない社会階級のことであり、幸不幸が、その生死が、労働時間の良し悪しで決まる交換に、一言で言えば競争という変動に依存する階級である。

8、問　**だからいつもプロレタリアがいたというわけではないのか。**

答　そうだ。**貧しい、労働者階級**はいつもいた。そしてまた労働者はいつもほぼ貧しかった。しかしいつも競争が自由ではなかったのと同様、プロレタリアがいつもいたわけではない。

9、**問**　**プロレタリア階級はどうやって生じたか。**

答　前世紀半ばに発見され、やがてもっとも重要なものとなった機械、蒸気機関、紡績機械、力織機の導入から、プロレタリアは起こったのである。これらの機械は非常に高価で、豊かな人々によってのみ使用されたので、当時の労働者は駆逐された。その理由は、従来の労働者が不完全な機織機や紡績機で行っていたより、機械を使って商品をより安く、より速く生産することができたからだ。こうして機械は産業を完全に大資本家のものにし、主として製造業、機織などにいた労働者の小所有をまったく価値のないものにした。だから資本家がすべてをもち、労働者は何ももたなくなったのだ。こうして工場体制が導入された。資本家は、これが彼らにとっていかに利点のあるものであるかを知り、ますます多くの労働部門にそれを拡げた。彼らは労働をますます多くの労働者に分割し、以前は全労働を行っていた労働者が、今ではこの労働の一部分しか行わないようになった。こうした単純化された労働はより安く、より速く生産物を生産し、今日では、そこここで機械が利用されるというように、どんな生産部門でも機械が存在するようになった。今労働部門が工場のように運営されるにしたがって、紡績業、機織業が少数の資本家の手に落ち、労働者がその最終的な独立を失うようになっていった。

こうして次第に、ほぼ**すべて**の労働部門が工場のように運営されるようになった。これによって従来の中産階級、とりわけ小さな手工業の親方はどんどん破滅し、労働者の以前の状態を変え、次第に二つの新しい、それ以外のすべての従来の階級を消滅させる階級ができあがる。

Ⅰ　あらゆる発展した地域では、ほぼ生活手段とそれをつくる手段（機械、工場、設備など）を所有している大資本家階級。これは**ブルジョワ**であり、あるいは**ブルジョワジー**である。

Ⅱ　最初の階級、ブルジョワにその労働を売って、それによって生活手段を獲得するよう命じられているまったく所有のない階級。この労働の取引において二つの側は**同じ**ではない。ブルジョワ側に利点があるので、所有なきものはブルジョワが出した最悪の条件を飲まざるをえない。ブルジョワに依存するこの階級を、**プロレタリア**、**プロレタリアート**と呼ぶ。

10、問　**プロレタリアと奴隷とはどこが違うのか。**

答　奴隷は**一度**に売られる。プロレタリアは日単位、時間単位で売られる。奴隷は**一人**主人の所有物であり、しかたがって貧しいかもしれないが、生存は保証されている。プロレタリアはいわば**一人**の主人ではなく、全ブルジョワ**階級**の奴隷である。彼の労働が不要で、誰にもその労働が売れなければ、生存手段も保証されていない。奴隷は**もの**として問題になっていて、市民社会の成員ではない。プロレタリは**人間**として問題になっていて、市民社会の成員として認知されている。したがって奴隷はプロレタリア以上にいい生活をもち**える**が、プロレタリアはより高い発展段階に存在しているのだ。奴隷はこうして、**プロレタリアとなる**ことで解放され、とりわけ所有関係によって廃棄されるのは、**奴隷制**の関係**だけ**である。プロレタリアは彼が**所有一般**を廃棄してのみ自らを解放しえるのだ。

11、問　**プロレタリアと農奴とはどう違うのか。**

答　農奴は収穫の大小の一部を与えることで、土地の一部、生産手段の一部の利用権をもつ。プロレタリアは他人の所有である生産手段で労働し、競争によって規定される生産物の一部をその労働から獲得する。農奴の場合、労働者の分け前はその独自の労働、つまり彼自身の労働に規定されている。プロレタリアの場合、競争、つまりブルジョワによって規定されている。農奴は自らの生存を保証されているのだが、プロレタリアの場合そうではない。農奴は彼が封建領主のもとから追放され、自ら所有者になり、競争に参加し、さしあたり所有者階級、特権的階級に入れば、解放される。プロレタリアが解放されるのは、彼が所有、競争、あらゆる階級的差異を廃棄した時だけである。

12、問　**プロレタリアと手工業者はどう違うのか。**

答　プロレタリアと違っていわゆる職人は、前世紀にはほぼ至るところで一般的であったし、今日もあちこちに存在しているが、当面のところ**せいぜい**プロレタリアである。彼の目的は、自らの資本を獲得し、それで他の労働者を搾取することである。彼がその目的に到達できるのは、ツンフトがまだ存在し、営業の自由が手工業を工場制へと促進していないところ、厳しい競争がないところにおいてである。しかし工場制度が手工業に導入され、競争が激しくなるやいなや、こうした状況は変化し、手工業の職人はますますプロレタリアになる。彼が解放されるのは、**一方で**ブルジョワになるか、**あるいは**もっぱら中産階級に移行するか、それとも競争によってプロレタリアになるか（今日多くはこうなっているのだが）であり、今ではプロレタリアの運動、多かれ少なかれ意識的な共産主義者の運動に参加している。

13、問　**諸君は財産の共同体はいつの時代も可能であったと考えないのか。**

答　いや考えない。共産主義は機械やその他の発見が可能になり、社会のすべての成員があらゆる教養、幸福な生存を視野に入れるようになってから初めて生まれたものなのだ。共産主義は奴隷、農奴、職人にとってではなく、プロレタリアにとって可能になる、解放の教義であり、したがって必然的に一九世紀のものであり、それ以前には可能ではなかったのだ。

14、**問**　**第六番目の問に戻ろう。諸君がプロレタリアの団結と啓蒙によって財産の共同体を望む時、諸君たちは革命を考えるのか。**

答　われわれはそれは無駄であり、あらゆる要求にとって損失となると確信する。革命は意志によって、見解によってなされる文句ではなく、個々の党や全階級の指導や意志によらない、その時代、その場所の状況の必然的結果であるということを知っている。しかし次のことも理解している。世界中のほぼすべての地域でのプロレタリア階級の発展は、所有者階級によって暴力的に抑圧されていて、だからこそ共産主義者の敵の手で革命へと暴力的に推し進められているのだということを。こうして抑圧されたプロレタリア階級は最終的には革命へと追い立てられ、言葉と活動によってプロレタリア階級の状況を擁護することになるだろう。

15、**問**　**今日の社会秩序に代わって財産の共同体の実現を一気に望むのか。**

答　そうは考えない。大衆の発展がそれを阻止している。財産の共同体は、大衆の暮らす関係に依存しており次第にそれは進んでいる。

16、**問**　**今日の状態から財産の共同体への移行を実現するにはどんな方法があるとか考えるのか。**

答　財産の共同体導入の最初の基本条件は、民主的国家憲法によるプロレタリア階級の政治的解放である。

17、問　**諸君が民主主義（プロレタリア階級の生活）を貫徹したとすると、その直後に取る最初の手段はどんなものか。**

答　プロレタリアの生活の保証。

18、問　**どのようにそれを実現したいと望むのか。**

答　Ⅰ　社会的所有への変化を次第に用意するように私的所有を制限することで、たとえば国有財産のための相続権の制限、累進課税などを通じて。

Ⅱ　国民工場や作業所、国有財産に労働者を従事させることで。

Ⅲ　全国民の国家費用による教育によって。

19、問　**過渡期においてこの教育をどう行うのか。**

答　子供はすべて母による最初の義務がなくなる時点から、国家の管理のもとで教育され、授業を受ける。

20、問　**女性の共有は、財産の共有と同じように宣言されないのではないか。**

答　そうだ。われわれがとりわけ家族における男と女の私的関係に踏み込むのは、既存の制度を維持することが新しい社会を阻害する場合のみである。さらに言えば、歴史の中で家族関係は

（さまざまな発展段階の後）、所有関係や発展段階という変遷を経ていて、だから私的所有の廃棄は家族関係に重要な変化を与えるだろうということをわれわれは理解している。

21、問　**共産主義において民族性は存続するか。**

答　共同体原則にしたがって相互に結びつく人民の国籍はこうした結合によって混ざりあい、廃棄されることが重要であろう。それはちょうど、さまざまな階層や階級の相違が、その基礎である私的所有が廃棄されることによってなくなるのと同じである。

22、問　**共産主義者は既存の宗教を批判するのか。**

答　従来の宗教はすべて個々の人民の人民大衆の歴史的発展段階の表現であった。しかし共産主義は、すべての既存の宗教を表面的なものと考え廃棄する、そんな発展段階のものである。

大会の名と名前において

書記　ハイデ　　　　議長　カール・シル

ロンドン、六月九日、一八四七年

エンゲルス『共産主義の原理』（一八四七年）

【一八四七年の暮に共産主義者同盟の会議に提出された第二の『宣言』草稿。結局この後問答形式をはじめとして全般的な書き換えが決定され、マルクスに執筆が依頼される】

1、問　**共産主義とは何であるか。**

答　共産主義は、プロレタリア階級を解放する条件についての教義である。

2、問　**プロレタリア階級とは何か。**

答　プロレタリアは、その生命の維持がただ労働の販売にのみ依存していて、何らかの資本の利潤に依存していない社会階級である。その幸不幸、その生と死、その全存在は、労働需要、つまり、事業の景気の良し悪し、規律のない競争の変動に依存しているのだ。プロレタリアートあるいはプロレタリア階級は一言で言えば、一九世紀の労働者階級のことである。

3、問　**だったらいつもプロレタリアがいたわけではないのか。**

答　そうだ。貧民も労働者階級もいつも存在していた。また労働者階級はたいていの場合貧しかった。しかしまさに現在のような状態で生きているこうした貧民、こうした労働者は必ずしもいなかったのだ。それと同じくこんなに完全で規律のない自由競争も存在してはいなかったのだ。

4、問　**プロレタリア階級はどうやって生まれたか。**

答　プロレタリア階級は一八世紀の後半イギリスに起こり、それ以来世界の文明国に広がった産業革命を通じて起こったのだ。この産業革命は、蒸気機関、さまざまな紡績機械、力織機、その他一連の機械装置によって始まったのだ。非常に高価で、だから大資本家によってのみ利用されてきたこれらの機械は、従来の生産様式を変化させ、従来の労働者たちを押しのけたのだ。なぜなら機械が不完全な紡績機や機織機で労働者が生産する以上により安く、よりよい商品を供給したからだ。こうして、これらの機械によって産業は大資本家の手に落ち、労働者による小所有（工具、機織機など）はまったく無価値なものになってしまった。大資本家たちは、たちまちすべてを自らの手に獲得し、労働者には何も残らなくなった。こうして衣類の生産において工場制度が導入された。――機械と工場制度の導入への衝動が一度生まれると、こうした制度はたちまちのうちに、それ以外のすべての産業部門、すなわち捺染、印刷、製陶、金属産業に波及していった。労働は非常に多くの個別的労働に分割されていたので、かつては全労働を行っていた労働者は、今ではその一部だけをつくっているにすぎない。こうした分業によって、生産物はより早く、したがって安く生産することができるようになった。分業によってそれぞれの労働者の活動は非常に簡単な、瞬間瞬間に繰り返される機械的なハンドル操作に還元されるようになった。この操作は機械によってうまくなされるのみならず、さらに完璧となる。こうした次第で、これらの産業部門は、それぞれ蒸気の力、機械、工場制度の支配のもとに組込まれた。それはまさに紡績や機織と同じであった。しかし同時にこれらの産業部門は、完全に大資本家の手に落ち、労働者は、ここでもまた最後の独立性を失うことになった。本来のマニュファクチュアとは別に、手工業は次第にますます多く工場制度の支配へ組み込まれていった。ここでもまた大資本家が多くの費用を節約し、同時に労働を分割する巨大なアトリエを敷設することで、小さな親方をどんどん駆逐していった。今日、文明地域では、ほぼすべての労働部門が工場的に機能し、ほぼすべての労働部門で、手工業やマニュファクチュアが大工業によって駆逐されるに至ったのである。――これによって従来の中流層、とりわけ小さな手工業の親方はどんどん崩壊し、以前の労働者の状態はまったく変化し、新しい、次第にあらゆる残りのものを飲み込む二つの階級が形成されることになった。すなわち

Ⅰ　大資本家階級。彼らは文明国においてほぼすべての生活手段と、生活手段の生産に必要な原料と道具(機械、工場)をほぼ独占的に所有している。これはブルジョワ階級あるいはブルジョワジーである。

Ⅱ　まったく所有しない階級。彼らは、自らの生存に必要な生活手段を得るためにブルジョワ階級にその労働を売らざるをえない。この階級はプロレタリア階級あるいはプロレタリアートと呼ばれる。

5、問　**プロレタリアのブルジョワへのこうした労働の販売は、どういった条件で行われるのか。**

答　労働は他のすべての商品と同じ商品であり、その価格は他の商品の法則と同じ法則によって規

定されている。しかし、大工業あるいは自由競争のもとでの商品の価格は、後に見るようにあることに帰着する。すなわち平均していつもこの商品の生産費用に等しい。だから労働の価格は、同時に労働の生産費用に等しい。労働の生産費用はしかし労働者に労働を可能にし、労働者階級を死滅させないような状態にするために必要な生活手段の量に等しい。労働者はしたがってこうした目的のために必要なもの以上のものを獲得しないだろう。労働の価格あるいは労賃は、だから生活維持に必要な最小限、もっとも低い値となるのだ。しかし景気が悪いか、あるいは良いかによって、それはすぐに上がったり、下がったりする。それは工場主がその商品から景気の変動によって獲得するものと同じである。しかし平均的工場主の収入が、景気の良い時期、悪い時期に、その商品の生産費用を上回ったり、下回ったりするように、平均的労働者もその生活維持以上に得たり、それ以下に得たりする。こうした労賃の経済法則はしかし、大工業があらゆる労働部門に及ぶにつれてより厳しく貫徹することになる。

6、問　**産業革命以前にはどんな労働者階級がいたのか。**

答　労働者階級はさまざまな社会の発展段階にしたがってさまざまな関係の中で暮らしていて、所有階級そして支配階級に対してさまざまな立場をとってきた。古代においては、労働者は所有される奴隷であった。それはちょうど多くの後進的な地域、アメリカ合州国の南部においてさえまだ残っている。中世においては労働者は土地所有貴族の農奴である。それは今日ハンガリー、ポーランド、ロシアなどに残っている。中世から産業革命の時期までとりわけ都市においては手工業の職人がいた。彼らは小市民的親方に仕え、次第にマニュファクチュアの発展とともに、マニュファクチュア労働者となった。そこにはすでに大資本家たちも含まれていた。

7、問　**プロレタリアと奴隷とはどう違うのか。**

答　奴隷は一度に全部売られる。プロレタリアは毎日そして時間で売られねばならない。個々の奴隷は、ある主人の所有物であるが、この主人の利益のために確かな生存を保証されている。もちろん貧しいかもしれないが。個々のプロレタリアはいわゆるブルジョワ階級の所有物であるが、その労働は誰かが必要な場合だけ購入されるだけであり、けっして一人一人の生活は保証されていない。保証されているのは全プロレタリア階級の生活だけである。奴隷は競争の外にいるが、プロレタリアは競争の真っ只中にいて、いつもその変化を感じている。奴隷は、ブルジョワ社会の成員ではなく、たんなる物であるが、プロレタリアはブルジョワ社会の成員として人間として認知されている。奴隷はプロレタリア以上の生活をもちえるが、プロレタリアは社会のより高い発展段階に属していて、奴隷よりもより高い段階にさえいる。奴隷は、あらゆる私的所有関係のうち奴隷関係が廃止され、こうしてまずプロレタリアになった時に解放されるが、プロレタリアは所有一般が廃止されて初めて解放されるのである。

8、問　**プロレタリアと農奴とはどう違うのか。**

答　農奴には所有があり、生産手段、わずかばかりの土地の利用権をもっている。これは収穫物と労働賦役の一部を与えることで得られる。プロレタリアは他人の生産手段でこの他人の利益のために働き、収穫物の一部を獲得する。農奴は与え、プロレタリアは受け取るのだ。農奴には生活の保証があるが、プロレタリアにはない。農奴は競争の外にいるが、プロレタリアはその中にいる。農奴は都市に逃れ、そこで職人となるか、その土地の領主に、生産物や労働の代わりに金を払い、自由な借地人になるか、封建領主を追い払い、自らが土地所有者になれば、もっと簡単に言えば、農奴が何らかの形で所有階級となり、競争に突入すれば、解放されるわけである。プロレタリアが解放されるには、競争、私的所有、あらゆる階級の相違を廃棄するしかない。

9、問　**プロレタリアと職人とはどこが違うのか。**（訳注－この答の部分はエンゲルスの草稿から抜け落ちている）

10、問　**プロレタリアとマニュファクチュア労働者とはどこが違うのか。**

答　一六世紀から一八世紀までのマニュファクチュア労働者は、ほとんどどこでも生産手段、すなわち家族のための機織機、紡績機、暇なときに耕す小さな土地を自らもっていた。プロレタリアはまったく何ももっていないのだ。マニュファクチュア労働者はいつも農村で暮らし、多かれ少なかれ、地主あるいは雇用者と家父長的な関係で結ばれていた。プロレタリアは多くは大都市に暮らし、彼と雇用者との関係は純粋に金だけの関係である。マニュファクチュア労働者は大工業によって家父長的な関係を奪われ、それまでまだもっていた所有を喪失し、そうやって初めてプロレタリアになるのである。

11、問　**産業革命、ブルジョワとプロレタリアへの社会の分離が生み出す最初の結果は何であったのか。**

答　**まず第一**は、世界中のあらゆる地域で、機械労働により産業生産物の価格がますます安くなった結果、マニュファクチュアあるいは手工業による産業の旧いシステムは崩壊した。多少とも歴史の発展から離れたままであり、その産業がまだマニュファクチュアに基づいているような、半野蛮な地域はすべて暴力的に、その閉鎖的世界から排除された。これらの地域はイギリスの安い商品を買い、自らのマニュファクチュア労働者を没落させた。数千年何の進歩もしなかった地域、たとえばインドはどんどん革命化され、中国でさえ今日では革命に遭遇している。今日イギリスで開発されるような新しい機械が一年のうちに数百万人の中国の労働者の職を奪うようになったのである。こうして大工業は地球上のすべての人民を相互に結びつけ、あらゆる地域のローカルな市場を世界市場に結びつけ、至るところで文明と進歩を用意し、文明地域で起こることがすべて他の地域に反映するようになったのである。こうしてイギリスやフランスにおいて労働者が今自らを解放すれば、他のすべての地域でも革命が遂行されねばならないはずだ。遅かれ早かれ、そうした地域の労働者たちも巻き込まれることになる。

第二に産業革命は、マニュファクチュアに代わって大工業が出現したところではどこでも、ブルジョワ階級の富と権力を最高度に発展させ、彼らはその地域の第一階級となった。その結果、こうした事態が起こったところではどこでも、ブルジョワ階級は政治的権力を手中にし、従来の支配階級、貴族階級、ツンフト市民、そしてこの二つが代表する絶対王政を駆逐した。ブルジョワ階級は、彼らが土地所有の長子相続権と売り買い禁止、あらゆる貴族の特権を廃止した点において貴族階級、貴族の権力を駆逐した。ブルジョワ階級は、すべてのツンフトと手工業の特権を廃棄した点において、ツンフト市民の力を破壊した。この二つに取って代わって、ブルジョワ階級は自由競争、すなわちすべてのものが存在するすべての産業部門に参入できるという権利をもち、こうした企業への参加は、そのために必要な資本の不足以外には妨げることができないという社会状況をつくり出した。自由競争の導入は、したがって次のことを公的に表明したことである。それは、このときから、社会の成員は、その資本が不平等ならば、平等ではないということ、資本こそ決定的権利であり、したがって資本家、ブルジョワが、社会の第一の階級となったということである。しかし自由競争は、それが大工業が出現しえる唯一の社会状態であるがゆえに、大工業の始まりにとって必要なのである。ブルジョワ階級は、貴族とツンフトの社会的力をこうして否定した後、その政治的権力も抹殺した。ブルジョワ階級は社会の第一の階級にまで上昇した後、政治的形態の中でも第一の階級であることを表明した。ブルジョワ階級は代表制という体系の導入を画策した。この体系は、自由競争の法的認識、法の前の市民的平等に基づき、ヨーロッパの地域では立憲君主制という形態のもとで導入された。この立憲君主制の中では、ある程度の資本をもっている選挙人は、すなわちブルジョワのみであり、このブルジョワの選挙人は、議員を選び、そしてブルジョワ議員は租税を拒否するという手段を通じてブルジョワ政府を選んだのである。

第三に産業革命はブルジョワ階級を発展させたのと同じ程度にプロレタリア階級を発展させた。ブルジョワが豊かになるのに比例して、プロレタリアの数は増える。なぜなら、プロレタリアは資本に雇用されえる限りにおいて、資本が労働を雇用しえるがゆえに、プロレタリア階級の増大は資本の増大と歩みをひとつにしえるからである。同時に産業革命によってブルジョワもプロレタリアも大都市に集まった。大都市では産業がもっとも効率的に営まれ、こうした大規模な集中を通じて、産業はプロレタリアの**ある**一部に強者の意識を植え付けたのである。さらに言えば、産業革命が発展すればするほど、手工業を駆逐する新しい機械が発明されればされるほど、すでに述べたように大工業は賃金をその最小限に下げ、こうしてプロレタリアの状態をどんどんがまんできないものにしていった。産業革命は一方でプロレタリア階級不満の増大によって、他方でプロレタリア階級の力の増大によって、プロレタリア階級による社会の革命を用意していくのである。

12、問　**産業革命のさらなる結果は何であったのか。**

答　大工業は、蒸気機関やそれ以外の機械の中で、産業生産を短期間にわずかな費用で無限に増大する手段をつくり出した。大工業から必然的に生まれる自由競争によって、こうした生産の気軽さも手伝って、たちまちのうちに明確で、激しい生産の性格が与えられた。たくさんの資本家が産業に向かうことで、短期間のうちに必要以上の生産物が生産された。その結果、工業製品は売れなくなり、いわゆる商業恐慌が起こる。工場は操業を停止し、工場主は倒産し、労働者は路頭に迷った。大きな貧困が至るところに起こった。時を経て、過剰生産物は売り切れ、工場は再び稼動し始め、賃金は上昇し、次第に以前より社会の景気がよくなり始めた。しかしそれも長く続かず、再び多くの生産物が生産され、新しい恐慌が来る。そして以前と同様のことが繰り返された。こうして今世紀の初め以来、産業の状態は、繁栄の時代、恐慌の時代の間を変動し、ほぼ規則的に五年から七年の周期でこうした恐慌が訪れた。恐慌はしかしながら、労働者の大きな貧困、一般的な革命的高揚、既存の全状態に対する大きな危機と結びついた。

13、問　**規則的に繰り返されるこの商業恐慌の結果何が起こるのか。**

答　**第一・**大工業は、最初の発展段階で自由競争をつくり上げたのだが、今では自由競争では充分ではなくなってしまったということ。競争と個々の工業生産企業がとりわけ産業にとって、そこから飛び出さねばならない足かせになってしまったということ。大工業は今日的基礎の上で営まれる限り、七年おきに繰り返される一般的困難に遭遇しなければならないということ。しかしすべての文明はそれを恐れているし、プロレタリアは貧困に陥り、ブルジョワの大部分も崩壊するのだ。したがって大工業を完全に廃棄するということは絶対的に不可能なのだが、そうせざるをえないか、そうでなければ大工業は、もはや相互に競争する工場主ではなく、明確な計画にしたがってすべての産業生産の需要にしたがって全社会を導く、そんな新しい全体的社会組織を必然化していくということだ。

第二　大工業とそれを通じて可能となる無限の生産拡張が次の社会を可能にする。その社会とは、あらゆる生活需要の多くを、社会の各成員が無限の生産を通じて、すべての力と設備を完全な自由の中で発展させ、確実なものとすることのできる社会である。今日の社会では貧困と商業恐慌しかつくり出さない大工業のそうした特性が、別の社会組織のもとでは貧困と不幸な景気循環を否定する社会であるということ。

だから、はっきりと次のことが証明される。

1、今日から、こうしたすべての悪は、もはやこの関係にふさわしくない社会秩序の責任にのみ帰せられるということ

2、新しい社会秩序を通じてこの悪を完全に封じ込める手段は存在するということ

14、問　**新しい社会秩序はどういった種類のものでなければならないか。**

答　新しい社会秩序は、すべての生産部門と企業をとりわけ個々の相互に競争する個人の手から取り上げ、そのためこうした生産部門は、共同の計画、すべての社会成員の参加のもとに、全社会、すなわち共同の会計と通じて運営されねばならない。したがって新しい社会は競争を廃棄

し、それに代わってアソシアシオンをつくるだろう。個々人による産業の経営は、必然的結果として私的所有をもたらし、競争はもはや個々の私的所有者による産業経営の方法にすぎないので、個々の産業経営の私的所有と競争とを分けることはできない。こうして私的所有は廃棄されねばならず、それに代わってすべての共通の一致といわゆる財産の共同体による、生産手段の共同利用、すべての生産物の分配が出現するだろう。私的所有の廃棄は、産業発展から必然的に起こる全社会秩序形成のもっとも簡単で、かつ特徴的な帰結であり、だからこそこれが共産主義者によって主要な要求としてはっきりと掲げられるわけである。

15、問　**したがって私的所有の廃棄はそれ以前には可能ではないのか。**

答　そうだ。社会秩序におけるどんな変化も、私的所有におけるどんな変化も、旧い所有関係にはもはや適合できない、新しい生産力がつくり出す必然的な結果であった。なぜなら、私的所有はいつも存在していたわけではなく、中世の末ごろ、マニュファクチュアにおいて当時の封建的、ツンフト的所有では適合できない新しい生産様式によって生み出されたものであるからだ。それは、旧い私的所有関係では成長できなくなったマニュファクチュアが新しい所有形態、私的所有形態をつくり出したからだ。マニュファクチュアや、大工業の最初の発展段階にとって私的所有以外の別の所有形態、私的所有に基づく社会秩序以外の別の社会秩序は存在不可能であった。すべての人々にとって充分であるのみならず、社会資本の増大と生産力のさらなる拡大のための余剰ができるほど、多くの生産物が生産されない限り、社会の生産力を支配的に処理する階級と、貧しい、抑圧された階級はつねに存在しなければならないのである。これらの階級がどう構成されるかは、生産の発展段階次第である。農耕に依存する中世には、領主と農奴がいた。後期中世の都市は、ツンフトの親方と職人、日雇がいた。一七世紀にはマニュファクチュア手工業者、マニュファクチュア労働者が生まれ、一九世紀には大工業主とプロレタリアが生まれた。明確なことは、これまでの生産力は、すべてのものに充分なほど生産を発展させて来なかったということであり、この生産力にとって私的所有は足かせ、限界となったということである。しかし今日、大工業の発展によって**第一に**まず資本と生産力がこれまで知られなかったほどの規模でものをつくり出しているところでは、短期的に無限に生産力を拡大しえる手段が存在する。**第二に**生産力が少数のブルジョワの手に集中し、一方で多くの人民がどんどんプロレタリアになろうとしていて、ブルジョワの富がどんどん増えるのと同じ割合で、その状態が貧しく、耐えられないものになるようなところで、**第三に**こうした激しく、かつ簡単に上昇する生産力がもはやブルジョワや私的所有にとっても手に負えないものになり、その力が社会秩序にいつも暴力的な破壊を与えるようになるところで、初めて私的所有の廃棄が可能になるばかりか、それがまさに必然的なものとなるのである。

16、問　**私的所有の廃棄は平和的な道で可能なのか。**

答　そうなることを望むべきだろう。共産主義者はそれに対して抵抗しないだろう。共産主義者は、どんな謀反も無駄であるばかりか、損であることを充分承知している。彼らは、革命は意志によって成し遂げられるのではなく、どこでもいつでもそれは、個別の党や全階級の意志と指導からは完全に独立した状況の必然的結果なのだということをよく知っている。しかし共産主義者はまた、ほぼあらゆる文明の地でプロレタリア階級の発展が暴力的に抑圧され、それゆえ共産主義の敵対者によって革命へと全力で誘われるのだということも知っている。こうして抑圧されたプロレタリア階級は革命へと追い立てられ、われわれ共産主義者は言葉だけでなく、行動によってもプロレタリアの問題を擁護することになるのだ。

17、問　**私的所有の廃棄は一撃で可能か。**

答　そうではない。共同体の建設のために充分なほど一挙に既存の生産力を拡大することができないのと同じである。プロレタリアの革命の進行は、おそらく今日の社会をゆっくりとした形でのみ形成していくことになろうし、私的所有の廃棄はそのために必要な量の生産手段がつくられた時にのみ可能となろう。

18、問　**革命はどういう発展過程をとるか。**

答　それはとりわけ**民主的な憲法**、したがって直接あるいは間接的なプロレタリアの支配をつくり出すことになろう。プロレタリアがすでに人民の多数を占めているイギリスでは直接的であろう。人民の多くがプロレタリアだけでなく、小農や小市民からなっているフランスやドイツでは間接的であろう。彼らはプロレタリアへの移行過程を表す存在として初めて理解され、その政治的利益においてますますプロレタリア階級に依存しつつあり、したがってやがてプロレタリア階級の要求に適応していくだろうからである。おそらく革命には第二段階の闘争が必要となり、プロレタリア階級の勝利で終わるだけだろう。

民主主義は、さらなる革命遂行の手段として、すぐに直接私的所有を攻撃し、プロレタリア階級の生存を確保する手段に利用されないなら、プロレタリア階級にとって無駄なものとなろう。こうした手段のうち主要なものは、既存の関係の必然的な結果としてすでに存在しているが、次のものである。

1、累進課税、相続税の強化、傍系（兄弟、いとこ）相続の廃止、強制公債などによって私的所有を制限すること。

2、一部は国営産業を通じた、一部はアッシニア紙幣の減価によって土地所有者、工場主、鉄道所有者、船主を徐々に収奪していくこと。

3、すべての移民や、人民に敵対する反逆者からの財の徴収。

4、労働の組織化、あるいは国民の財産、アトリエ、仕事場にプロレタリアを従事させること。これを通じて労働者間の競争はやみ、まだ残っている工場主は、国家と同じだけの高い賃金を支払わざるをえなくなる。

5、私的所有を完全に廃棄するために、すべての社会の成員に平等の労働を課すこと。産業軍の形成、とりわけ農業への。

6、信用制度と貨幣取り扱い業を国家の資本をもった国立銀行によって国家の手に集中させること、そしてすべての私立銀行と銀行家を抑圧すること。

7、国立工場、アトリエ、鉄道、船舶の拡大、あらゆる領土の開墾、同じレベルでの、すでに耕作可能な土地の改良、これによって国民が自由に使える資本と労働者が増大。

8、すべての子供を、母の手から離れることができた瞬間から、国民の学校で、国民の費用で教育すること。教育と生産との結合。

9、国有財産として大きな宮殿を国家市民の共同体の共同住居として建設すること。そこでは農業だけではなく工業も営まれ、農村生活と都市生活の発展や一面性のみをつくり出すことなく、利点が結びあわさる。

10、不衛生で、安普請の住居や都市区域を取り壊すこと。
11、嫡出子にも非嫡出にも平等な相続。
12、すべての輸送手段を国家の手に集中させること。

こうした手段のすべてを一度に遂行することはできない。しかしひとつをやれば次のものがついてくる。私的所有に対する最初の急進的攻撃がひとたび起これば、プロレタリア階級はたえず先に進み、すべての資本、すべての農耕、すべての産業、すべての輸送、すべての取引を国家の手にますます集中させざるをえなくなる。そのときまでこうした手段はすべて機能していく。そしてこうした手段が正確に同じように導入され、その結果集権化が展開する。それによって地域の生産力はプロレタリア階級の労働を通じて倍加する。すべての資本、すべての生産、すべての取引が国民の手に流れ込んだとき、最終的に私的所有は崩壊する。そして旧い社会の最終的な交通形態が崩壊するほど、貨幣は余剰となり、生産は増大し、人間は変化することになる。

19、問　**革命はひとつの地域だけで起こりえるのか。**

答　いやそうではない。大工業は世界市場をつくり出すことで、地球のすべての人民に、すなわち文明化された人民に、他の地域で起こることに依存するような関係をすでにつくり出した。さらに大工業はすべての文明地域で、社会的発展を等しくつくり上げ、こうした地域ではすべて、ブルジョワ階級とプロレタリア階級が社会の二つの決定的階級となり、二つの階級の闘争が日々の主要な闘争となった。したがって共産主義革命はけっして民族的なものにとどまらない。すべての文明化された地域での革命、少なくともイギリス、アメリカ、フランス、ドイツにおいては同時に革命が進行するだろう。革命はこうしたすべての地域で急速に、あるいはゆっくりと進むであろう。その程度は、それぞれの地域が産業を育成し、巨大な富、驚くほどの生産力をもつ度合いに応じる。だから、ドイツではもっともゆっくりと、もっとも困難に、イギリスではもっとも速く、もっとも楽に進むだろう。革命は世界のそれ以外の地域に大きな反応を引き起こし、従来までの発展様式を根本的に変化させ、さらに促進するだろう。革命はユニヴァーサルなものであり、だからユニヴァーサルな広がりをもつであろう。

20、問　**私的所有が最終的に否定された結果はどうなるのか。**

答　社会がすべての生産力と交通手段を利用し、私的資本家の手から、生産物の交換と分配を奪い取ることで、そこにある手段と全社会の欲求から得られる計画にしたがうことで、今日まで大工業の経営と結びついていた最悪の結果はすべて消滅するだろう。恐慌はなくなる。今日の社会秩序にとって過剰生産と貧困の大きな原因となっている生産の拡大は、一度として充分なものにならなかったので、さらに拡張されることになろう。過剰生産は、貧困を生み出す代わりに、社会の次なる欲求を超えて、新しい、しっかりとしたあらゆる欲求の充足をつくり出し、さらにそれを満足させる手段もつくり出すだろう。過剰生産は新しい進歩の条件であり、きっかけになるだろう。そして従来のように社会秩序を混乱に陥れることなく、こうした進歩を実現するだろう。私的所有の抑圧から解放された大工業は、より拡大し、今日の規模の大工業は、まるでマニュファクチュアと現在の大工業との差のように小さなものに見えることだろう。こうした工業の発展によって、社会は巨大な生産物を自由にできるようになり、すべてのものの欲求を充足することが可能になる。同様に、私的所有と分割地の圧迫によって阻害されていた農業も、すでに述べた改良と科学的発展をわがものとし、新しい飛躍を遂げ、社会は驚くほど豊かな生産物を自由にできるだろう。このようにして社会は生産物を充分に生産し、あらゆる成員の欲求が満たされるような分配をつくり出すことができるだろう。社会のさまざまな相対立する階級への分離はここでは余分なものとなる。それは余分なものというだけでなく、新しい社会秩序では考えられないものとなる。階級の存在は分業から生まれ、これまでの分業は完全に消滅した。工業生産や農業生産を高いレベルに引き上げるには、機械や化学といった補助手段だけでは充分ではない。これらの補助手段を動かす人間の能力がそれに照応して発展しなければならない。前世紀のマニュファクチュア労働者や農民が、大工業の中で引き裂かれることでその生活様式を変化させ、まったく違ったタイプの人間になったのと同じように、全社会による生産に対する共同経営とそこから生まれる新しい生産の発展は、まったく新しい人間を必要とするし、それを生み出す。生産の共同経営は、すべてのものがただひとつの生産部門に従属し、それにつながれ、それに搾取され、すべてが他のすべてのものの犠牲の上で自らの**ひとつ**の才能だけを発展させ、全生産部門のうちのひとつの部門、**ひとつ**の部門だけを知っているような今日の生産経営のもとにいる人間によっては遂行されえない。すでに今日の産業も、今やこんな人間を必要としていないのだ。全社会によって計画的に、共同に経営される工業は、その才能があらゆる分野に発展した、生産の全システムを監視することができる全人的な人間を前提にする。今日すでに機械を通じて損なわれてきた分業、つまりあるものは農民、あるものは靴屋、第三の者は工場労働者、また第四の者は株の投機家といった姿は、完全に消滅するだろう。教育を通じて若い人々は生産の全体系をすぐに理解できるようになり、社会の欲求や社会傾向が彼らを信頼するようになるにつれて、ある生産部門から、ある生産部門へとラインを越えるようになることが可能になるだろう。教育は、今日の分業が個人に押し付けていた一面的性格を取り去ってくれるだろう。こうして共産主義的に組織された社会は、多面的に発展した才能を多面的に実行する機会を与えてくれるだろう。したがってさまざまな階級は必然的に消滅するだろう。こうして共産主義的に組織された社会はある面で階級の存在と折り合わなくなり、他面でこの社会の生産はこうした階級格差を揚棄するような手段を自ら提供することになるのだ。

こうして都市と農村との対立が消滅する。二つの相異なる階級によらない、平等な人間による産業の共産主義経営はまったく物的な理由から、共産主義的アソシアシオンの必然的条件である。産業人口を大都市に集中させ、農村における農耕労働を行う人口を分散させることは、農耕労働と工業の未発達の段階に照応した状況であり、より大きな発展を阻害するものである。それは今日でも感じられる。

生産力を共同に、計画的に利用するための、すべての社会成員による一般的なアソシアシオン、すべての欲求を満たす程度の生産の拡張、他人を犠牲にした欲求の充足を廃棄すること、階級と階級対立の完全な否定、これまでの分業を否定することによって、産業教育を通じて、作業を交換することで、生み出されたすべてのものをすべての人間が享受することを通じて、都市と農村の融合を通じて、すべての社会成員の能力を全面的に発展させること、これらのことは私的所有の廃棄の主要な結果である。

21、問　**家族に対して共産主義的社会秩序はどういった影響を与えるのか。**

答　共産主義的社会秩序は、両性の関係を純粋な私的関係にする。家族はそれに参加しているものだけが問題であり、社会は何も介入しない。それが可能なのは、共産主義的社会秩序が私的所有を廃棄し、子供たちを共通に教育し、それによって従来の結婚の二つの基礎、すなわち女性の男性への従属、私的所有による子供の両親への従属をなくすからである。この点に、俗物的な道徳主義者の共産主義的女性の共有に対する非難への答がある。女性の共有とは、すべてのブルジョワ社会が陥っている関係であり、それは今日売春制度の中に実現されている。しかし売春は私的所有に基づいており、私的所有とともに消えていくものだ。だから共産主義的組織は女性の共有を行うのではなく、それを廃棄するのだ。

22、問　**共産主義的組織は既存の民族性とどう関係するのか？**

答　そのまま残す（訳注－共産主義者同盟の草稿と同じという意味だが、その草稿は残っていない）。

23、問　**共産主義的組織は既存の宗教とどう関係するのか？**

答　そのまま残す（訳注－同じ）。

24、問　**共産主義者と社会主義者とはどう違うのか。**

答　いわゆる社会主義者は三つのグループに分かれる。

最初のグループは封建的、家父長的社会の仲間たちから成っている。これらの社会は、大工業、世界貿易、この二つが生み出したブルジョワ社会によって消滅したものであり、日々消滅しつつあるものである。このグループは今日の社会の悪から、封建的そして家父長的社会が復活するべきだという結論を引き出す。その理由は、復活すればこうした悪がなくなるからというものだ。彼らの提言はすべて、このことを直接、あるいは間接に行うこととしている。この**反動的**社会主義者のグループは、プロレタリア階級の貧困に対して当面は共感を抱き、熱い涙を流すのだが、それにもかかわらず、いつも共産主義者に攻撃されている。なぜなら、

1. まったく不可能なことを行おうとしているから、
2. 絶対君主、封建的君主、官僚、兵士、僧侶とともに貴族、ツンフト、マニュファクチュア主義者の支配を導き出そうするから。この社会は、今日の社会の悪からはなるほど解放されているのだが、しかしそのためにそれだけ多く別の悪をもたらし、共産主義的組織による抑圧された労働者の解放という視点はけっして出て来ないのだ。
3. プロレタリア階級が革命的で、共産主義的である時、現実的視点を失い、プロレタリア階級と敵対して、同時にブルジョワ階級と手を結ぶからだ。

第二のグループは、今日の社会の仲間から成っている。彼らは、必然的に生じる悪を使って、この社会が存続する際危惧を表明してきたのだ。だからこの社会主義者は今日の社会を維持しようと努力し、しかもそれと結びついた悪を拒否するのだ。この目的のために単なる慈善的手段、その他の大きな改良的システムを提言する。社会を再組織するという口実のもと、今日の社会の基礎とともに今日の社会を維持しようとするのだ。こうした**ブルジョワ**社会主義者も同様に、共産主義者から強く攻撃を受けねばならない。なぜならこの社会主義者は共産主義の敵のために働き、共産主義者が直接崩壊させようとする社会を擁護するのだから。

最後の第三のグループは民主的社会主義者であり、共産主義者と同じ方法で問18の提言の一部にある手段を望むのだが、それは共産主義への過渡期としてではなく、貧困をなくし、今日の社会の悪を消滅させるのに必要な手段としてにすぎない。**民主的社会主義者**は、プロレタリ

アの解放の条件についていまだ充分明確にしていないプロレタリア、あるいは民主主義とそこから生じる社会主義的手段の獲得において、多くの点で、プロレタリアと同じ利益を受ける階級、小市民階級の代表である。したがって共産主義者は、活動の際、民主的社会主義者と協力し、とりわけ彼らとともに当面できるだけ可能な共通の政策を追求するだろう。とはいえ、これらの社会主義者が支配的ブルジョワ階級の役に立たない限り、そして共産主義者を攻撃しない限りにおいてだが。明白なことだが、この共同の活動によって、彼らとの相違についての議論が排除されることはない。

25、問　**共産主義者は現在ある従来のその他の党と、どういう関係にあるのか。**

答　この関係は地域によって異なる。ブルジョワ階級が支配的なイギリス、フランス、ベルギーでは、共産主義者は当面民主的党と共通の利益をもっていて、しかも民主主義者が今日至るところで彼らが主張する社会主義的手段が共産主義者の目的に近ければ、すなわち彼らがプロレタリア階級の利益をはっきりと明確に代表し、プロレタリア階級を支持すればするほど、その共通の利益は大きくなろう。たとえば**イギリス**では、労働者からなるチャーティストは民主的プチブルあるいはいわゆる急進派よりもとてつもなく共産主義者に近い。

民主主義憲法が導入されている**アメリカ**では、共産主義者は、ブルジョワに対してこの憲法を向け、プロレタリア階級の利益のために利用しようとしている党、すなわち農業の国民改革派と協力をしなければならないだろう。

スイスでは、急進派はそれ自体混合した党だが、それでも共産主義者が関係を結びえる唯一の党であり、この急進派のもとでジュネーヴ市民とヴァートランド▼[1]（Waadland）市民はもっとも発展したのである。

最後に**ドイツ**では、ブルジョワ階級と絶対君主制との決定的対立がまず差し迫っている。しかしブルジョワ階級まで支配されている以上、共産主義者は彼ら自身とブルジョワ階級との決定的な対立など、まだ念頭に置くことなどできないので、ブルジョワ階級をできるだけ早く支配階級に付け、できるだけ速やかに彼らを崩壊させることが共産主義者の利益である。共産主義者は、したがって支配のために、たえず自由ブルジョワ党と手を組み、ただブルジョワの自己幻想と分かちあったり、ブルジョワの勝利の栄えある結果から生まれるプロレタリア階級の誘惑的な安泰を信奉することに警戒をするだけである。ブルジョワ階級の勝利が共産主義者にもたらす唯一の利点は、次の点にある。1．さまざまな譲歩。それによって、共産主義者はその基本原理の弁護、討論、普及を楽にし、プロレタリア階級を結合した闘争可能な、しっかりと組織された階級に高める。2．絶対権力が崩壊した日から、ブルジョワ階級とプロレタリア階級との闘争がそれに代わって出てくることへの確信。この日から、共産主義者の党政策はブルジョワ階級が支配的な地域と同じものとなるだろう。

▼1　ヴァートランド　スイスのジェネーヴの北の地区（カントン）

『共産主義者同盟規約』（一八四七年六月に起草された共産主義者同盟の規約）

あらゆる地域のプロレタリアよ、団結せよ！

1節　同盟

1条　同盟の目的は、財産の共同体という理論を普及させ、その理論のすぐに実現可能な実践的導入を図ることで、人間を奴隷から解放することである。

2条　同盟は、**地区**と**郡**に分かれ、その頂点に権力の執行のための**中央局**が置かれる。

3条　同盟に入会するものすべてに次のことが要求される。

a　男性的振る舞い
b　不名誉な活動を行わないこと
c　同盟の基本規則を理解すること

d　生活費を熟知すること
e　どんな政治的、民族的組織にも属さないこと
f　地区において満場一致での入会許可
g　誠実に活動し、沈黙を守るという男の一言

4条　同盟会員はすべて平等であり、兄弟である、そうしたものとしてそれぞれを援助する義務をもつ。
5条　会員はすべて会員名をもつ。

2節　地区

6条　地区は少なくとも三人、多くとも一二人の会員からなる。この数を越えると、分割される。
7条　地区はすべて代表と副代表を選ぶ。代表は会議を指導し、副代表は会員の会費でまかなわれる会計を担う。
8条　地区の会員は有能な会員を入れることで同盟を増大させ、あれやこれやの人間を模範にするのではなく、原則を模範とするためたえず熱心に努力しなければならない。
9条　新会員の入会は、地区の長と入会者を同盟に紹介した会員が諮る。
10条　地区は相互には知ることはなく、それぞれ地区は自身によって選ばれる相異なる名称をもつ。

3節　郡

11条　郡は少なくとも二つ、多くとも一〇の地区を含む。
12条　地区の代表や副代表は郡組織を形成する。彼らはその中から一人の代表を選ぶ。
13条　郡組織は郡に含まれるすべての地区の執行権力となる。

14条　個々の地区はそれぞれすでにある郡の中に入るか、別の個々の地区を使って新しい郡をつくらねばならない。

4節　中央組織

15条　中央組織は全同盟の執行権力である。
16条　中央組織は少なくとも五人の会員からなり、本部をもつその地域の郡組織から選ばれる。

5節　会議

17条　会議は同盟の立法組織である。
18条　各郡は一人の議員を送る。
19条　毎年八月に会議が開催される。中央組織は、重要な場合特別会議を召集する権利をもつ。
20条　それぞれの会議は、その年の中央組織の本部の場所を決める。
21条　会議の決議によって決められる法を採用するか拒否するかは、地区に委ねられる。
22条　同盟の執行権力として中央組織は、その職務執行についての弁明の責任を会議に負い、同本部は執行について決定的な発言権をもたない。

6節　一般的規定

23条　同盟の原理あるいは会員以外のことで敵対的行為をなしたものは、状況によって同盟から遠ざけられるか、追放される。追放の場合再入会はない。
24条　罪を犯した会員について郡は報告し、判決執行の世話をする。

25条 どの地区も遠ざけられたもの、排除されたものについて厳しく監視しなければならない。さらに、その地域にいる疑わしい人物を監視し、同盟に対し不利益を生むものはすべて、郡に通告され、同盟の安全のために必要な処置をやがて受けねばならない。

26条 地区、郡、および中央組織は少なくとも一五日に一度集まらねばならない。

27条 地区は週会費、あるいは月会費を支払う。その額については当該の群組織が決める。——この費用は、財産の共同体の基本原理普及と郵送料のために利用される。

28条 郡組織は六ヶ月おきに収支についての決算報告をその地区にしなければならない。

29条 郡組織の（代表）会員は一年おきに選出され、新たに事務局で承認され、別の人物に代わらねばならない。

30条 選挙は九月に行われる。選挙人は、さらに指導に不満がある場合、その委員をリコールすることができる。

31条 郡組織は、その区において必要で、かつ重要な議論をするための資料を備える義務をもつ。それに対して、中央組織は原理上議論する価値があるような問題を、すべての郡組織に送る義務を執行しなければならない。

32条 すべての郡組織、郡組織がない場合は区、そして孤立している場合、すべての同盟の会員は、中央組織あるいは郡組織と規則的に通信を行わねばならない。

33条 居住区を変える会員はすべて、まずその長にそのことを知らせねばならない。

34条 すべての郡組織には、郡の安全と影響力にとって意味があると思われる手段をとることが委ねられている。

35条 規約変更の申し出はすべて中央組織に送られ、中央組織によって大会に委ねられる。

7節　入会

36条　規約を読み上げた後、入会者には9条にある二人の同盟員によって次の五つの問いかけが行われる。それに対して「はい」と答えた場合、誓いの言葉が要求され、同盟員であることが表明される。

この五つの問いとは

a　君は財産の共同体の基本原理が正しいことを確信するか

b　この原理をできるだけ早く実現するには、同盟の力が必要だと君は考え、だからその組織に入会したいのだと考えるか

c　君は財産の共同体の原理の拡大と実践的な導入を、言葉と活動によって誓うか

d　同盟の存在とあらゆる業務について沈黙を誓うか

e　同盟の決議に従うことを誓うか

その担保として男の誓いを述べよ。

大会の名と命において

書記　ハイデ（ヴィルヘルム・ヴォルフ－訳注）

議長　カール・シル（カール・シャパー－訳注）

ロンドン、六月九日、一八四七年

イェートレック『プロレタリア階級と真の共産主義による彼らの解放について』(一八四七年)

【スウェーデンのイェートレックが書いたもの。彼はこの冊子で『宣言』に対してスウェーデンから要求を突き付けている】

序

この冊子を編集した理由は、共産主義についての一般的な誤解と人々の完全な無知によるところが大である。これまで例外なく、真の共産主義、その教義、その目的に関する演説、パンフレット、新聞記事は至るところでそうした間違いを広めてきた。

共産主義は、本源的にはキリスト教にまで遡るプロレタリアの福音であるが、この二つが共通してもっているものは、その教義が大学のような場所ではなく、貧しいものの仕事場や住居で普及されねばならないということである。ユダヤ人にとっては怒りであり、ギリシア人にとっては愚かなことでもあったキリスト教の福音と同じように、共産主義は、特権階級にとって怒りであり、世界の賢人にとっては愚かなことであるといった性格をもつ。

スウェーデンの共産主義者は、外国にいる共産主義者とその信仰の同志に、将来この小冊子に含まれている教義や原理だけを与えて欲しい。そしてこの教義と原理こそ、すべての共産主義者の個人的反省の対象となるだけでなく、できるだけ一般的、公的な議論の対象となることをとりわけ切望する。

そして今スウェーデンの共産主義者は、その信仰の告白を公にするわけであり、彼らの希望とは、将来次のことを聞く必要がなくなることである。つまり、社会や王位の崩壊、所有を社会の成員に分配すること、今日の所有者から暴力的に所有を収奪すること、家族生活や結婚の廃止などを実現するということ。なぜなら、この冊子を読み通したものは、望まれていることは、民族の意志による普及と法的な手段による改革以上のものではないということが理解できるだろうからである。共産主義者とは、すべての人間的秩序に忠実なもののことであり、その秩序を主人とその所有物にも希望するもののことであるのである。

プロレタリア階級

プロレタリア階級とは、資本の利益ではなく、その労働にのみ依存するそんな階級であり、したがってその幸不幸、その生死が景気の良し悪し、一言で言えば景気の上昇と下降に依存するそんな階級のことである。
古代ローマでは、その市民はプロレタリアと呼ばれ、非常に低い所得をもち、あらゆる税を国家から免除され、彼が国家に与えるものと言えば、彼らが生む子供（プロレス）だけであった。とりわけ落札者のために、あらゆる革命運動に参加するローマ市民としてのプロレタリアは、平和的労働などはまったく彼らにふさわしくないものだと考えていた。だから、彼らは労働者階級に属する現代のプロレタリアの大部分とほとんど似ても似つかないものであった。

貧しい労働者階級はいつの時代にもいた。働くものは、ほぼいつも貧しいものであったが、プロレタリアはいつも存在していたわけではないし、同様に競争もいつも自由であったわけではなかった。一八世紀の半ば以来発明され、やがてもっとも重要なものになる機械、蒸気機関、紡績機、力織機の導入によってプロレタリアは生まれた。これらの機械はかなり高額であったので、豊かなものだけが使用することができたのだが、これらによって当時の労働者は駆逐された。その理由は、これまで労働者がその不完全な機織や紡績機でつくっていたものよりも、より安く、より速いスピードで機械が商品を供給することができたからである。こうして機械は、産業の重要な部門を大資本家の手に移し、主として道具や機織やそれと同様のもので仕事をしていた労働者を完全に無価値なものにし、資本家がすべてをもち、労働者には何も与えられないようになったのだ。

こうして工場制度が導入された。

資本家はこのシステムが彼らにとっていかに利点があるかを見抜いたので、さらに広い労働部門へとそれを拡張しようとした。資本家は、労働をますます多くの労働者に分割し、以前は全過程を一人で行っていた労働者が、今ではその過程のほんの一部を行うだけとなった。それによって労働者自ら機械のように使われ、分割され、単純化された労働を通じて、生産物を以前よりもより速く、より安く生産することが可能になった。結果として、多くの場合、有機的機械つまり労働者は、機械的機械と交換され、ほぼどんな労働部門でも機械が利用されるようになった。労働部門が機械的に運営されるようになると、まったく以前の機織業や紡績業のように、その労働部門は大資本家の手に移り、その労働者は最後の独立性までも奪われてしまった。こうして、ほとんどすべての労働部門が、とりわけイギリス、フランス、ドイツ、アメリカでは、工場的に運営されるようになった。こうして従来の中産階級は、とりわけ小手工業親方は、どんどん破産し、昔の労働者の状態に落ち、それ以外のすべてを次第に消滅させる、二つの新しい階級が成立した。

すなわち

1．彼らは産業がもっとも発展しているすべての地域で、生活維持に利用される生活必需品をすべて所有し、その生活必需品に利用される生産手段（機械、工場、仕事場）も所有している大資本家階級である。これが**ブルジョワ**あるいは**ブルジョワジー**である。

2．彼らは、かろうじて生活に必要なものを得るべく、その労働力をブルジョワ階級に売らざるをえない、まったく所有のない階級である。しかし二つの党派はこの取引において同じ立場にはない。利点はいつもブルジョワ階級の側にあり、所有なきものはブルジョワ階級によって獲得された最悪の条件に適合しなければならない。ブルジョワ階級に依存する階級は**プロレタリア階級**、あるいは**プロレタリアート**とも呼ばれる。

今、プロレタリア階級を次の分類の階級と比較してみよう。すなわち、奴隷、農奴、職人と。

奴隷は、一度に売られる。プロレタリアは毎日、毎時間売られねばならない。奴隷はたった一人の主人の所有である。したがって奴隷は、たとえ貧しくとも生存が保証されている。プロレタリアはいわゆる全ブルジョワ階級の奴隷であり、たった一人の所有物でないことにより、生存を保証されていない。その理由は、必要のない労働力は誰も買わないからだ。奴隷は物として意味があるので、市民社会の成員ではない。だから奴隷はプロレタリアよりも良い生活条件をもちえるが、プロレタリアは社会的に見て、より高い段階にある。奴隷はプロレタリアになることで自らを解放し、あらゆる所有権のうち廃棄されるのは、奴隷という関係だけである。プロレタリアは所有権一般が廃棄されることでしか解放されえない。

農奴は収穫の一部を取り除いた多少の税さえ出せば、ある程度の土地の所有権、したがって生産手段をもつことができる。プロレタリアも生産手段で仕事をするのだが、それは他人に属していて、その他人は競争を通じて規定される生産物の多少の部分を彼の労働から差し引く。二つの場合、労働者の分け前はその労働によって規定されている。農奴は自らの労働に規定されるのだが、プロレタリアの場合はとりわけ競争、したがってまずブルジョワ階級によって規定されている。農奴は、生活を保証されているが、プロレタリアはそうではない。農奴は封建領主から解放されるか、そこから追い出されてまずプロレタリアになるか、最終的には自ら所有者になり、競争に突入し所有をもつか、特権階級に縛り付けられることで解放される。プロレタリアが解放されるのはすべての所有権、すべての競争、すべての階級格差が廃棄されることによってである。

以前から労働技術と労働能力以上の資本をもたない**職人**は、それゆえ現実にはプロレタリア階級に属している。しかし彼らは、通常はある場合にのみプロレタリア階級である。彼の目的は資本それ自体を得ること。こうしていつか他人の労働力を自ら自身に仕えさせることができるのだ。ツンフト制度がまだ残っているか、営業の自由が手工業を工場制的運営に導き活気ある競争を生み出していない場所では、彼の目的はしばしば早く実現される。しかし工場制度が手工業にも導入され、競争が激しくなるやいなや、こうした展望は暗くなり、職人はプロレタリア同様深みに落ちていく。職人が解放されるのは、景気が良くてブルジョワあるいは中産階級になるか、(多くの場合こうなのだが)景気の悪化で自らプロレタリア階級、すなわち多かれ少なかれ無意識のうちに共産主義的な前進運動に近づくことによってである。

これまで現代のプロレタリア階級を、その生成過程と抑圧された過去の社会階級と比較して検討してきた。プロレタリア階級が成立して以来、わずか一世紀も遡れない。現代の社会関係を詳細に見ればプロレタリアがすでに成長し、それによって社会の建築物は恐ろしく脅威を受けているということがわかる。政治家および博愛主義者の双方とも、危機をどのように避けられるかという大きな困難の中にいる。彼らは、自由な憲法の発展と啓蒙に努力してきたような国々で、プロレタリアの数が増えていることをたいてい驚きをもって見ている。もっとも自由な憲法をもっている国である北アメリカ合州国でさえ、大衆の危機が進み、ヨーロッパと同様、他の地域以上に急速に（成長した）共産主義運動が民主的指導と連係していて、革命家が掲げている平和的改革を行わない限り、プロレタリア革命が避けられなくなっている。個人主義が依然として特権を守る法をなしている国でそれは始まらねばなるまい。一国の富の進歩は特権階級にのみ利していて、啓蒙の増大によって、抑圧された大衆が人権、市民権、そして不公平を、法の拒否という形で知るようになっている。政治家と博愛主義者も、法的に保護された所有権という個人主義にしっかりとしがみついている限り（最悪の場合いわゆる公平な分配をする用意はしているのだが）、法を改正して対立から共産主義、財の共同体の要求へと進まない限り、この危機を避けることはできないかもしれない。ブルジョワ階級とプロレタリア階級といった二つの大きな社会階級は、その異なる社会的立場とその異なる利益から見て、遅かれ早かれ二つの敵対的階級として対立するだろう。闘争を避けることはできない。ここで問題なのは社会であり、人間とその未来である。時間があれば解決されることもあろう。暴力的な崩壊、革命は、平和的な道で改革が導入されない限り、必然的なものであろう。こうした状況では、わが時代の政治家は二つの党派に分かれざるをえないだろう。ひとつは改革の仲間であり、もうひとつは革命家である。理由なくして蟷螂の斧を振るものがいないように、他のもの以上にこの状態を批判する保守派こそ、革命家の仲間だと考えざるをえなくなったのである。これまで述べた改革の仲間に属するのは、その教義がここ一〇年、とりわけ世界中の労働者の間で、旧世界でも新世界でも、驚くべきスピードで広まり共感を呼んだ政治学派の仲間である。しかしそれにもかかわらず、彼らは、いわゆる賢い政治家や世俗的、宗教的思想家たちによって、愚かものあるいは無神論者と言われている。しかし危険が迫れば迫るほど、この危険がますます進むほど、おそらくこの教義は素晴らしいもので、適合したものだと見られるようになるだろう。この改革の仲間を共産主義者という。彼らが特別だというのは、教育や社会制度によって鋳型にはめられた所有権という考えによってわが時代の個人主義から逃れられない人々すべてを、共産主義はその財産の共同体という考えで、まったく無意味で、間違った、不可能なものとしてしまうからだ。この所有に対する権利を守ることは、最終的には、ますます増大し、抑圧されつつあるプロレタリア階級の場合、法律をもってしても不可能だからだ。

共産主義には、別の体系同様、相異なるセクトがいる——。

スカンジナビアの共産主義者もそこに含まれるドイツの共産主義者が、先に述べたイカリー的共産主義者と異なるのは、ほんのわずかな点だけであり、けっして基本原則においてではない。とりわけドイツの共産主義者はイカリー的共産主義者の移民計画に同意している。

フランスの共産主義者もドイツの共産主義者も、フーリエ主義とはまったく共通点をもたない。彼らは人間のキリスト教的平等を承認しておらず、資本家が安全にそこから利益を得られるよう労働を組織しようと努力しているからだ。とりわけ彼らは、その非宗教的、非道徳的原則を通じて、あらゆる宗教的、倫理的見解から離れている。

真正の共産主義によるプロレタリアの解放を主張するのが、われわれの見解だ。したがってわれわれはまず現代に社会秩序において平和的改革、過渡期のある共産主義を実現するような、先に述べた共産主義的前進運動に進みたい。それにしたがって、われわれは共産主義を現在の社会組織と比べてまったく完全な社会組織として考察したいのだ。

過渡期における共産主義

共産主義者は、そのすべての成員が例外なく完全な自由をもち、けっして他人の権利を損なうことなく、そのすべての才能と能力を発展させ、利用することができるような社会をつくることに努力する。こうした目的を私的所有の廃棄を通じて、その代わりに財産の共同体を出現させることで実現したいと考えている。

これに到達するには、共産主義は完全な民主的原理で行われる選挙改革、およびキリスト教的平等と友愛といった聖なる原理の利用を要求する。

さらに共産主義者たちは、民主主義の完全な導入を要求し、しかし誰もが暴力的に私的所有を奪われることは許さない。したがって共同体へ移行していくのだ。彼らが要求するのは、人民代表制が、市民の不平等を減少させ、平等を増大させる過渡的体制を許し、とりわけすべてものに共同体に入ることを望ませるような良い条件をそろえることだけである。

共産主義者は、市民がそれぞれ意識や感情においてしっかりとした、議論の余地のない原理をもつ財産の共同体へ入りたいと望むだろうと、期待する。これは歴史的発展の結果であり、そこには証明も必要ないだろう。こうした原理は次の言葉で表現される。「誰もが幸せになるべく努力する」と。同様に次の言葉でも表現される。「個々人の幸福はすべての人間の幸福と結びついている」など。

たとえ人口が増え、さまざまな分野が発展したとしても、この財の共同体こそすべての利用に資することになろうというその確信は、産業、農業、商業、植民といったものの発展を通じてもたらされる大量の生産力と生活手段と、無限なほどの機械、化学やその他の補助手段による生産上昇の可能性に基づいている。

共産主義者はこうした財産の共同体への移行を、プロレタリア階級の啓蒙的、道徳的改善と団結によって実現することを望む。

歴史はこう示してくれる。過去の人々にとってもまた共産主義的理念は重要であり、それは過去の時代の純粋で、賢い人々によって擁護されたのだということを。しかしこの教義がこれほど重要であるにもかかわらず、すぐにかき消されてきたのは、エゴイズムや権力欲と共産主義が対立してきたからだ。初期キリスト教の時代、明確な思想をもっていたキリスト教もまた、時代の中で、個人主義による共産主義に対する勝利によってその理念を淘汰されていった。共産主義者が初めて完全な期待をもつことができたのは、すべての社会成員にあらゆる面で教養、幸福な生活を与えることを機械の発明とその他の発明が可能にした時であった。共産主義は奴隷や、農奴や、職人ではなくプロレタリアによって初めて可能な解放の教義であり、したがって共産主義は必然的に一九世紀のものであり、今日ほど切なる欲求によって要求されている時代は過去にはないのである。

共産主義者は、すでに述べたように、啓蒙、プロレタリアの道徳的改善と団結によって財産の共同体を広めたいと望むのであり、けっして暴力的な転覆、革命を望んではいない。だから革命は無駄なものであるばかりか、すべての要求にとって損失であることも確信している。同様に彼らは、革命は一定の条件なく、恣意的になされるものではなく、どこでもいつも必然的な状況から生まれるものであるということだ。この状況は個々の党派あるいは全階級の指導や意志に基づくものではない。しかし共産主義者は、プロレタリアの市民権が地球上のすべての地域で所有階級によって暴力的に抑圧されていること、だから革命にとって所有階級は共産主義の敵であることを理解している。こうして抑圧されたプロレタリア階級は革命へと追い立てられる。そしてその場合、共産主義者が、以前と同様、言葉および行動によって、プロレタリアの実態を守っていけば、まったく秩序が維持されるはずだ。多くの大衆がこうしたカタストロフに際して、共産主義の平和的、人間愛的な原則を熟知するようになればなるほど、通常革命によってもたらされる復讐、残忍さ、恐怖を恐れる必要はますますなくなるだろう。

財産の共同体をすぐさま導入しようなどとは、共産主義者は思っていない。なぜなら、大衆の発展の時期は予測できないし、それはこうした大衆の生活条件の発展に依存していて、少しずつ進むことが可能だからだ。

財産の共同体導入の最初の主要条件は、プロレタリアの民主的憲法による政治的解放である。こうしたことによってのみ、プロレタリアの生存は保証されるからであり、それは次のことから生まれる。

1. 法律によってもたらされる私的所有権の制限。結果として、国家による累進課税、相続権の制限などを通じて、次第に私的所有を社会的所有に移行させる用意をすること。
2. 国立工場、国立作業場、国有財産に労働者を雇用させること。
3. 国費によるすべての児童の教育。初めて母の下から巣立つ時、国家によってつくられた施設で教育され、育てられ、授業を受ける。

夫と妻の私的関係、一般的に言えば家族生活だが、共産主義者は、存在する制度が新しい社会秩序を破壊しない限り介入することは望まない。さらにさまざまな歴史時代において所有関係と一致している家族関係は、さまざまな発展段階の中で変容をこうむっており、だからまた私的所有の廃棄は家族関係に重要な結果をもたらすであろうことも理解される。そのもっとも重要な成果は**女性の解放**となろう。

民族性に関しては、共同体の原理によって統一され、この統一を通じて、ますます混合し、消滅するだろう。それはさまざまな階層や階層の相違が、その原因を除去することで消滅するのと同じである。

共産主義における**宗教**の状態について言及し、共産主義者が既存の宗教をどれほど非難するかという問題に答えることが最後に残っている。こう答えよう。これまですべての宗教は個々の人民の、人民大衆の歴史的発展の表現にすぎなかったがゆえに、共同体の原理にも溶けあっていくだろう。なぜなら共産主義こそ、まさにその社会建設に完全な宗教的性格が与えられている、歴史的発展段階そのものだからだ。社会建設の統一と共同体から、必然的に宗教精神と愛の一般性との統一が生まれる。共産主義の教義は、すべての市民に、お互いを同じ家族に属する兄弟と見なし、父のすべての子供であり、これによって同時に政治的であり、宗教的であるという視点をもつのだ。共産主義者は宗教のドグマに関する闘争を慎重に避ける。なぜなら、これらがいつも人間の間に対立と分裂をもたらしてきたことを知っているからだ。最初の真のキリスト教徒が真の原理をもっていたということは、パウロのテモテへの手紙からわかる。そこではこう語られる。「俗悪で愚にもつかないつくり話は退けなさい。信心のために自分を鍛えなさい」(訳注－新共同訳、4：7．第一の手紙では、1：3－6，4：3，6，3－6および第二の手紙では2：23，4：3，4などと比較せよ)。

『共産主義者雑誌』1号（一八四七年）

【『共産主義者雑誌』の第一号、これはやがて刊行される雑誌の試作版として一八四七年九月に発行された。この雑誌の巻頭にも「あらゆる地域のプロレタリアよ、団結せよ」と書かれてある】

試作版

「あらゆる地域のプロレタリアよ、団結せよ」

ロンドン、一八四七年九月　　価格二ペンス

序文

数千の新聞と雑誌が印刷され、あらゆる政党、あらゆる宗教セクトがその代弁者を見つけているのだが、非所有者の巨大な大衆であるプロレタリアだけが、今日なおその利害を分かつことなく弁護する長期的組織、とりわけ労働者にとっての導きの手として教育に役立つ組織を見つけるところまで至ってない。もち

ろん、プロレタリアの間でこうした雑誌の必要性がすでにしばしば何度も語られてきた。多くの場所で、こうした組織をつくろうという試みもなされてきた。しかし残念ながら、いつもいい結果が得られなかったのだ。要するにスイスでは、『青年世代』（*Die Junge Generation*）、『喜ばしき使命』（*Die Fröhliche Botschaft*）、『現代誌』（*Blätter der Gegenwart*）、フランスでは『フォアヴェルツ』（*Vorwärts*）、『未来誌』（*Blätter der Zukunft*）、ラインプロイセンでは『ゲゼルシャフツシュピーゲル』（*Gesellschaftsspiegel*）など。しかしすべてあっという間に消えていった。警察が出てきて、編集者が追放されたり、あるいは継続に必要な貨幣が不足していたり、プロレタリアも援助できず、ブルジョワも援助を望まなかったのだ。こうした不幸な企画の後、すでに長い間多方面から、英国では出版の自由が完全に存在し、結果として警察の追及を恐れる必要がないので、そこで新しい雑誌をつくろうという要求がなされてきた。

学者や労働者はその協力を約束したのだが、われわれは躊躇していた。その理由は、われわれの場合もまたたくまに雑誌の継続に必要な貨幣が不足するのではないかという恐れがあったからだ。最終的に、独自の印刷所をつくり、こうして基本的な雑誌を確保しようという提言がなされた。予約は開始され、ロンドンにある二つの労働者教育協会会員が活動し、その力以上の力を出してくれた。短期間で二五ポンドが集められた。この金で、ドイツから必要な活字を手に入れ、わが同盟員の活字工が無報酬で活字を組み、今わが雑誌の最初の号が出版され、その存在は大陸のいくらかの援助によっても助けられている。われわれに不足しているのは印刷機であり、その購入に必要な手段をもてば、わが印刷工はこの雑誌以外のプロレタリアを擁護する冊子を印刷することが完全にできるようになるだろう。完全なものにしようと考えたので、まず試作版を送り、印刷に廻す前にどれほどの資金がそこから得られるか期待することにした。今年の末頃までに、必要な回答が得られることを期待する。雑誌は一四日に一度か、八日に一度刊行するかを決める必要がある。各号の値段は当面二ペンス、四スー、二シルバーあるいは六クロイツァーに設定した。しかし購読者数が二〇〇〇人に増大すると、価格を下げることができよう。

そして、プロレタリア諸君、諸君に影響を与えるのだ。少しでも力がある限り、原稿を送ってくれ、購読契約をしてくれ。何かの機会があれば、雑誌を拡げてくれ。ここで重要なことは、聖なる、正しい権利ということだ。不正に対する正義という問題、被抑圧者に対する抑圧者の問題だ。われわれは迷信、嘘に対する真理の闘争の中にいる。われわれがここで述べていることは、けっして褒美を得るためや、金を得るためではない。ただ義務を遂行しているだけなのだ。プロレタリアよ。自由でありたいと望んでくれ。眠りから目を覚まし、しっかりと諸君の位置を確保せよ。人間性はどのような人間にも、義務を遂行すべきことを要求する。

プロレタリアよ。

諸君に述べるこの言葉の由来と意味を、諸君の多くは知らないかもしれないが、ここで簡単な説明を前もってしたいと思う。

ローマ国家がかつて力をもっていたとき、その文明が最高に達したとき、市民は二つの階級に分かれた。所有者と非所有者に。所有者は国家に直接税を支払い、非所有者は帝国を守るべく、国家にその子供を渡した。そして、所有階級の所有と力を増大させるために給与も得られない戦場でその血を流さねばならなかった。プロレスはラテン語で子供、後継者という意味であり、プロレタリアはこうしてその手と子供以外何ももたない市民階級を形成していた。

今日の社会が文明の最高度の段階に到達して以来、機械が発明され工場が設立されて以来、所有がますます個々人の手に移って以来、プロレタリア階級はより大きく発展した。わずかな数の特権者がすべてを所有し、人民の大多数がその武器と子供以外何ももっていない。――まさにローマ時代のように、われわれはプロレタリアになり、わが子供たちは兵士の上着を着て、機械の前で苦しみ、自らの抑圧者を支え、目配せによって血を流さねばならない。当時と同様、わが姉妹や娘たちは、豊かな好色家の動物のような欲望を満足させるために、仕えねばならない。当時と同様、抑圧された貧民は豊かな抑圧者に憎悪を抱いている。しかしわが社会のプロレタリア階級は、ローマの社会とは違う、より良い状態にいる。ローマのプロレタリアは自らを解放する手段も、必要な教養ももっていなかった。彼らに残されたものは、報復すること報復闘争を行うことだけであった。今日のプロレタリアの多くはすでに、書物の印刷技術のおかげで高いレベルの教養をもち、それ以外のものは毎日団結のための努力を通じて立ち上がっている。プロレタリアが立ち上がり、しっかりと結びついている一方で、特権階級の方は、恐るべきエゴイズム、恥ずべき不道徳の様相を示しているのだ。——今日の文明は人間社会すべてを幸福にするのに充分な手段をもっている。今日のプロレタリアの目的は、だからたんに破壊することでも、復讐することでも、死の中に解放を見つけることでもなく、すべての人間が自由で幸福な人間として生きられるような社会を築き上げることである。今日の社会は、資本で生きられない人ばかりである。たとえば、労働者、学者、芸術家、小市民。はっきりと言えば、たとえ小市民がわずかな財産をもっていたとしても、資本が生み出す恐ろしいほどの進歩によって、プロレタリアとまったく等しい状態へと一挙に進んでいく。今日では彼らはわれわれの仲間である。その理由は、彼らはわれわれが思っている以上に、まったく所有のない状態を恐れるという点で同じ利益をもっているからだ。だから団結しよう、そうすれば、両者とも助かるだろう。

プロレタリの解放のために影響を与えること、できるだけ早くすべての被抑圧者を団結させること、これがこの雑誌の課題である。

この雑誌を『共産主義者雑誌』と呼ぶ。その理由は、こうした解放は、今日存在する所有関係を完全に変革してのみ実現すると確信しているからだ。一言で言えば、共同体に基礎付けられた社会においてのみ解放は実現しえるということだ。われわれの課題とは、この雑誌で、とりわけ簡単に理解できる共産主義の『信仰告白』を掲載することである。この草稿はすでに書かれている。この『信仰告白』は、われわれの将来のプロパガンダであり、将来の方針として役立つはずで、結果としてその草稿を大陸の友人にまず送り、それについての見解を受けることが、われわれの義務である。友人からの回答を受けるやいなや、必要な変更と付加を行い、次の号で掲載することになるだろう。

共産主義運動は多くの人に間違って理解され、その他の人からは故意に非難され、歪められているので、われわれが知る限り、それに賛同する限り、共産主義運動についてここでいくつか述べざるをえない。ここでは主として共産主義を否定的にとらえるような問題についての弁明に限定したい。つまりわれわれに対して向けられる、予測される中傷を予防するために。

われわれは体系家ではない、将来の社会の中で遭遇する組織について議論したり、思い悩んだりするだけで、そこに至る手段を考慮しないのは、意味がないことだと経験的に知っている。哲学者や学者は将来の社会組織を思い描くことができるだろう。われわれもそれは良いことであり、必要なことであると考えている。しかし、われわれプロレタリアが将来の財産の共同体における工場の組織や管理形態をまじめに議論するとすれば、それは洋服の裁断や便所掃除の最良の方法などをめぐる議論になってしまうだろう。だからそれは物笑いの種になるだけであり、しばしばわれわれに対して言われてきた非現実的で、夢想家であるという批判に利するだけであろう。わが世代の課題は、新しい組織の建設に必要な建築資料を見つけ、提案することである。それを建設するのは次の世代の課題であり、その時は建築の親方に不足することはないだろうと確信する。

われわれはすべてを愛で指導するような共産主義者ではない。人間の貧困について月光の脇でさめざめと泣くわけではないし、むしろそれと違い、黄金の未来への信仰によって最高の恍惚へと向かうことを拒否するのだ。わが時代は深刻であり、すべての人の努力を必要としていて、この愛の陶酔は一種の精神的自己衰弱そのものであるということを知っている。それに身を委ねるものは、すべて力を不能にされるのだ。

われわれは永遠の平和を守る共産主義者ではない。われわれの敵はあらゆる場所で闘争の準備をしているのだ。われわれが知っていることは、イギリスと北アメリカ合州国を除けば、暴力をもってわが政治的権利のために戦わねば、よりよい世界に入ることはできないということだ。ここでわれわれを革命家だと非難し、それを大声で叫ぶものがいるかもしれないが、われわれはそうではない。少なくともわれわれは人民の眼の中に砂を入れるようなことはしたくはない。彼らに真理を述べ、それに備えるために、近づく嵐を警告したいのだ。——ある決められた日に革命を開始し、君主を殺そうなどと思っているわけでもない。だからといって、われわれは何も言わずに、十字軍に参加するような忍耐強い、お人よしでもない。はっきりと理解していることは、ヨーロッパ大陸では、貴族と民主主義者との間に闘争が行われねばならないということだ。——わが敵もそれを知っていて、準備している。用意することがすべてのものの義務であり、だから突然攻撃され、滅亡することはない。——最後の、深刻な闘争を勝ち抜かねばならない。わが党派が勝利すれば、その時初めて、その武器を期待通りに捨てる時が来るだろう。

それと同じように、勝利の闘争の後、財の共同体が魔法のようにすぐにでき上がるなどと信じるような共産主義者ではない。われわれが知っているのは、人間は飛べないということ、少し前へ進むだけだということだ。一晩で非調和的な社会から調和的な社会へと進むことはできない。状況によって長いか短いかが決まる、長い過渡期が必要だ。私的所有は、少しずつ社会的所有に変化することができよう。

われわれは個人的自由を否定し、世界を巨大な兵営あるいは労働者の家に仕立てたいと考えるような共産主義者ではない。もちろん、その見解によって調和を乱す個人的自由は否定するし、廃棄することは当然だ。しかし、自由を平等で買う気持ちなどはない。われわれは、次の号で、共同体の上に築かれる個人的自由以上のものは他の社会ではありえないことを証明するだろう。

　これまではわが共産主義はこうではないという否定的見解を説明してきた。われわれの『信仰告白』の中では、肯定的な面、未来について説明するだろう。ほかの政治的党派、社会的党派に属しているプロレタリアに対して、いくつかの言葉を述べることがまだ残されている。われわれは、われわれを抑圧し貧困に辱める今日の社会に対して闘う。しかしわれわれは、このことを思案し、団結する代わりに、今は残念ながらわれわれ相互で戦いあっている。それはわが抑圧者の喜びとするところだ。あらゆるものが団結し民主的国家建設（そこではどの党派も、文書や演説によって多数派になろうとする）という仕事を始めることが重要であり、一度勝利すればどんなことが起こるだろうなどといったことにかかわりあうことはどうでもいいことである。ここで心ならずも、「熊狩りが熊を見る前に、熊の皮でなぐりあう」という熊狩りの話が思い出される。今はまさに憎しみを捨て、共通の防衛のためにすべてを結集する時である。これを可能にするには、さまざまな党派の執筆者が、他人の意見を厳しく攻撃することをやめ、何も知らないものに罵詈雑言を投げつけることをやめねばならない。われわれは、ある見解、同じ見解をもっている貴族や敬虔主義者、あらゆる人物が、彼らが決意と忍耐でそれを主張するなら認めている。ただ、何らかの政治的、社会的党派の仮面を被って、自らの汚い自我にのみ固執するものは容赦はしない。こうした偽善者とできる限り早く手を切り、こうした恐ろしさを暴露することこそ、それぞれ紳士の義務である。誰でも間違った意見を擁護することはある。長い間それが正しくその旗に忠実であることを軽蔑するべきことではない。こうした視点から見て、たとえば**カール・ハインツェンのように、『ドイツ・トリビューン』（*Deutsches Tribune*）の第二号で書いたようなやり方で、共産主義を攻撃する権利は誰ももっていない。**カール・ハインツェンは、共産主義をまったく知らないようだし、彼は、彼と多くの共産主義者との間にある個人的憎悪だけで、民主的軍隊の最前線にいる大きな党派を誹謗することに心を奪われているのだ。彼の共産主義への攻撃を読むと、非常に驚く。なぜなら彼の無礼はわれわれにはまったく当てはまらないからだ。彼が書いているような共産主義者など存在などしないし、おそらくそれは彼のうぬぼれが生み出したものであり、結局その幻想を抹殺することになるだけなのだ。われわれが彼に驚くのは、一人の民主主義者が、自らの仲間の列に向かって不和の種をばらまくことなどできないと考えるからである。われわれの驚きがさらに高まったのは、彼が論文の最後に新しい視点をもち出し、それがわが共産主義者が望んでいることと瓜二つだということがわかったからである。われわれの間の唯一の相違は、市民**カール・ハインツェン**が彼の新しい視点を新しい社会の基礎と考えているということだ。一方われわれにとって、その新しい視点は未来の完全な共同体へと至る過渡期の段階にすぎないということだ。だから**カール・ハインツェン**の要求に達するには団結すればいいということだ。団結が生まれ、人民が満足し、立ち止まるなら、われわれは彼の意志に委ねてもいい。しかしわれわれ共産主義者はさらに進むのだが、おそらくそのとき市民**ハインツェン**に用はないだろう。市民**ハインツェン**がわが抑圧者からあらゆる形で非難され、中傷され、追及されていて、気が立った状態にいることは、われわれも知らないわけではない。われわれも彼を攻撃したいわけではない。逆に団結への手を拒絶してはいない。統一は力だ。目的のためにのみ統一はある。

だから、あらゆる地域のプロレタリアよ、われわれは団結しよう。法が許す場所では公に団結するべきだ。われわれの活動が、光を恐れる必要はないからだ。独裁者が運動を禁止しているところでは**秘密**であるべきだ。――時論について論議し、その権利を要求すべく集会をもつことを禁じるいわゆる法というものは、独裁者の権力の言葉だ。こんな法にとらわれ、遵守することなど臆病なことであり、尊敬に値しない。しかしそれを無視し、破るものこそ、男らしいことであり、尊敬に値することだ。

最後に述べるべきは、ただ個人的論争に決着を付けるためにだけ、ただ義務を果たしているにすぎない人を褒めるだけのために、この雑誌を分裂させるようなことは許されていないということである。しかしプロレタリアが抑圧され、ひどい状態にいる場合、彼らはわれわれを利用し、われわれもひるまずプロレタリアのために闘うだろう。その抑圧者の名前は公論の呪詛に委ねられ、その前で、すでに冷酷な独裁者は震え始めているのだ。

「市民カベーの移民計画」（一八四七年）

【カベーの移民計画の誘いに対して気をつけるよう勧告する、一八四七年『共産主義者雑誌』一号掲載の論文】

パリの市民、**カベー**はフランスの共同体にひとつの呼びかけを行い、こう述べている。われわれはこの地で、政府、僧侶、ブルジョワ階級、いわゆる革命的共和主義者たちの追及を受け、中傷され、非難されているので、生存を奪われ、物的、道徳的に衰退しつつあるので、フランスを去り、イカリーへ行こうと。世界の別の大地で共産主義的コロニーをつくるべく二万人から三万人の共産主義者が彼の後について行くことを期待していると。カベーがどこへ[1]移住しようとしているかははっきりしない。しかしおそらく北アメリカ合州国かテキサス、あるいは最近アメリカ人が開拓したカリフォルニアであろう。そこでイカリーを彼はつくろうというのだ。

確かに全共産主義者同様、われわれもまた**カベー**がたえまない熱意で、すばらしい忍耐で、苦しむ人々のために闘い、あらゆる謀略に対する警告を通じて、プロレタリアのために計り知れない貢献をなしてきたことを認める。しかし、われわれの見解ではカベーがさらに進もうという間違った道を打ち出したがゆえに、われわれはこれらのことに動かされることはない。――われわれは市民**カベー**という人物を尊敬していたのだが、彼が提唱する移住が実現されれば、共産主義の原理は大損失をこうむり、政府が勝利を得ることになり、最終的に**カベー**の計画を苦い絶望で曇ってしまうことになることは確かだ。

われわれの見解の基本はこうである。

1　ある国ではなはだしい賄賂が問題になっている場合、人民が共通に抑圧され、搾取されている場合、権利や正義がもはや有効でない場合、社会がアナーキーな状態にある場合（これは現在のフランスのことであるが）、正義と真理のために闘うものはすべてそこにとどまり、人民を啓蒙し、沈みゆくものに新しい勇気を吹き込み、新しい社会組織の基礎をつくり、詐欺に対して思い切って抵抗しなければならないと考えるからである。――誠実な人、闘争家がよりよき未来だけを考え、詐欺師やいかがわしい人間にそれ以外を任せるなら、ヨーロッパは崩壊するだろうし、崩壊せざるをえないだろう。ヨーロッパこそ、統計的、経済的理由から見て、財産の共同体を最初に、もっとも楽に導入できるそんな世界である――そして、貧しい人間はなお一世紀、貧困と情熱の証人に甘んじることを命ぜられるのだ。

2　**カベー**のアメリカでの計画、イカリー、すなわち財産の共同体の原理を基礎にして打ち立てられるコロニーをつくろうという計画は、今では導入されえない。しかも

a　**カベー**とともに移住したいというすべてのものは、気の早い共産主義者であり、その教育によってなお、今日の社会の欠点と利点にとらわれているだけである。イカリーに行ってそれを棄てるというだけだからだ。

b　こうしてコロニーにおいても以前同様、必然的に摩擦や衝突が生じなければならず、外の力ある

敵対的社会によって、またスパイによって共産主義社会が完全に崩壊に至るまで問題が起こるだろう

c 多くの移民が職人であるがゆえに。しかも彼の地での耕作や開墾のためにはまず能力のある農民が必要であり、労働者では想像以上に簡単に農民に変わることができないからだ。

d 気候の変化がもたらす病気や欠乏によって、多くのものが力を失い、脱落していくからだ。――今日美しい側面だけを見ている多くのものにとって、この計画は熱狂的なものとなっている。しかし、ひどい現実に直面するとき、あらゆる種類の欠乏が生じるとき、もっとも貧しい労働者でさえなおヨーロッパにいる限り享受できる文明をすべてのものが、ほとんど享受できない時、その時多くのものが熱狂を大きな失望に変えるだろう。

e 個人的自由を知る共産主義者にとって、個人的所有が次第に社会的所有に変化していく過渡期、すなわち民主的過渡期のない財産の共同体であるイカリーは不可能であろう。それは農民にとって撒かぬ種は生えぬということと同じことだ。

3 **カベー**が目論むような試みが間違っているからといって、共産主義的原理は抑圧されないし、その現実的な実現も阻害されることはない。しかし数千人の共産主義者は勇気を失い、わが隊列から離れるだろう。おそらく意気消沈したプロレタリア階級はなお数世代の永きにわたって、貧困の中でやつれねばならないだろう。そして最後に

4 数百人、数千人の人々では財産の共同体をつくることも、維持することもできないがゆえに。たとえばアメリカの**ラップ**▼2のセクトのような、まったく排他的なセクト的性格をとるだけである。こうし

た財の共同体を建設することは、期待されるようにわれわれの考えではなく、またイカリーの目的でもないだろう。

われわれは、とりわけアメリカのイカリーが外部社会と接近すればおそらく起こるだろうと思われる訴訟問題については語らなかった。――カベーとともにアメリカに行こうとするものは、まず宗教的共産主義共同体であるモルモン教が後に非難された、今なお非難され続けている訴訟についての報告を読むことができよう。

これが、われわれがなぜカベーの提言を排除し、それが無駄なものであり、すべての地域での共産主義を主張しているかという、その理由である。兄弟よ。危険を冒して古いヨーロッパにとどまり、ここで活動し、闘ってくれ。なぜなら、今日、財の共同体のためのすべての条件が備わっているのはヨーロッパだけであり、同じものはここ以外ではまず建設できないのだから。

▼1　「新エルサレム運動」のことである。

▼2　ラップについては『宣言』第三章の二．保守的あるいはブルジョワ社会主義のラップについての解説参照。

ヴィクトル・テデスコ『プロレタリアのカテキズム』（一八四九年）

【テデスコが一八四九年に著したもの。『宣言』の直後に書かれた文書】

1. 問　**あなたは何であるか。**
答　私はプロレタリアである。あるいは、そう呼びたければ、労働者である。

2. 問　**プロレタリアとは何か。**
答　何とかその日暮らしで生きているプロレタリアとは、今日充分なものももたず明日に何かをもてるかどうかも確かではないもののことだ。自らの労働で豊かになるはずのこの社会で、すべてを奪われ、主人がいなければパンすらもてないものだ。

3. 問　**ではあなたは主人をもつ奴隷だというか。**
答　その言葉の通常の意味では、そうではない。

プロレタリアも黒人も、生きるためにそれぞれ主人に依存している。黒人と違ってプロレタリアは、雇われている主人のもとを自由に離れることができる。もちろん、彼を雇ってくれる別の主人が見つからないと、乞食をするか、盗みを働くしかないのだが。

プロレタリアも黒人も、主人を代えたからといって運命を変えるわけではない。彼らが仕える側にいくら博愛主義やホスピタリティーがあっても同じことである。黒人が奴隷であることは変わらないし、プロレタリアがプロレタリアであることも変わらない。

黒人は人間の奴隷である。

プロレタリアは資本の奴隷である。

4．

問　プロレタリアという奴隷について話してもらえるか。

答　プロレタリアは、労働しなければパンを得ることもできず、労働用具がなければ労働もできない。ところで、現在の社会組織では、労働用具はそれ自身、それを利用するのに必要な資本と同様、労働者にとっては近寄りがたい価値をもつ。

今日なお労働者が獲得できるような労働用具があるとしても、人間の手工労働を機械労働に代替する産業進歩は、やがて近寄りがたい価値を証明するだろう。

資本は生産を支配し、資本をもつものに力、すなわち少数者である富者に力を与える。

多数派であるプロレタリアは、こうして労働だけを望まれるのだ。

はっきり言えば、富者が労働を買う条件は労働者の生存条件である。

だから労働者の命は資本家である主人に依存するわけだ。

労働を買う主人と、それを売るプロレタリアとの間では強制的な交換が行われる。それは賃金で、これは結果的にはプロレタリアの生命の条件を表している。

5. 問 **なぜこの交換は強制的なのか。**

答 その理由は主人が提供する条件を拒否すれば、労働者はパンを失い、飢えるからである。

6. 問 **賃金の条件を規制する法則とはどんなものか。**

答 競争だ。

1. 民族相互の
2. 同じ地域の生産者相互の
3. 労働者相互の

問 **こうした競争によって賃金はどうなるのか。**

答 売り買いされる労働は商品で、その価格が賃金である。

すべての商品の価格は、それを生産するのに必要な費用に基づく。

賃金あるいは労働商品の価格は、労働を生産するのに必要な費用に基づいている。すなわち労働者という人種の生活費に必要な費用である。

商品の価格は、それを生産する費用が下がれば下がるが、同様に労働商品の価格も、労働者の生活を支える費用が少なくなると下がる。

パンやじゃがいもよりも安い食料が見出されると、賃金はたちまちそれに応じて下がる。

7. 問　**要するに労働者の生活条件とはどんなものか。**
答　すでに述べたように、いつもできるだけ少ない賃金によって規定されているということだ。

生活条件とは、衣類、住まい、食糧である。

したがって、もっとも少ない賃金とはこうなる。

恥ずかしながら裸を覆うに足るだけの衣類。

野外で寝ない程度に必要な程度の住まい。

飢えて死なない程度の食糧。

8. 問　**あなたの仕事は保証されているのか。**
答　とんでもない。競争が止むわけはない。競争が生み出す、周期的でたえざる無秩序によってわれわれの賃金は、しばしば悲惨な水準まで落ちる。
われわれの生存は、ひとつの需要に依存している。その需要は工場の閉鎖、遠くで起こった破産、機械の発明、産業恐慌、商業恐慌によって消える。

9. 問　**ではあなたの運命はかなり悲惨だというわけか。**
答　苦しみによって私の寿命は短くなり、私の生活は生気を失う。
やっと八歳になった子供の時分から、私は働いてきたのだが、それは私のために父が稼いでくれるパンにいくらばかりかを足すためであった。労働日は非常に長く、あまり喜びのあるものではなかった。あまりにも疲れた体を癒すには夜は余りにも短いものだった。

家族の父である私は、妻が疲れ果て、子供たちが衰弱するのを見る。

子供たちを飢餓という差し迫った要求の犠牲にすることで、私は子供たちを機械の奴隷とし、彼らの運命と私の運命を呪い、子供たちへの私の愛は、私の苦しみとなる。

父同様、年齢より老け、公的慈善に助けを求め、刑務所に入るか、物乞いとなり堕落するしか救いの道がない。

労働から逃げ出したものは、物乞いの収容所、徒刑場行きだ。

飢えにせき立てられた娘は売春婦だ。

豊かさとはほど遠いこの地域を歩いて見てくれ。狭くて、曲がりくねったこの通りには、太陽も、青空もない。――非常に多くの生き物たちの集積、溜まった水や汚物などによって汚染された、厚く、暗い環境は、貧困を免れている幸福なものたちには近寄りがたい場所だ。――これらの住宅、まさに土人の集落に入って見てくれ。――湿った、じめじめした穴倉から、どんな悪天候でも開いている屋根裏まで、そこがすべてわたしたち貧乏人の逃げ場所というわけだ。ここでは、文明と呼ばれる人間の知性と力のすばらしい啓示などかけらも見つけられない。――このむかつく、むき出しの壁、傷ついた家族、粗末なベッドの藁から、おおなんと豊かな、あなたの富をつくり出す職人の住まいの実態がわかるだろうか。われわれの貧困こそあなたの豊かさを物語っているのだ。

わが産業の奇跡は、われわれの苦しみに向かうことはないのだ。

なるほど、われわれは自らの力を使うことで未来を期待している。しかし、非常にしばしば明日の不安がわれわれの眼を曇らし、未来の無力さがわれわれから生きる気持ちも奪ってしまうのだ。

だから失うものも、悔やむものも何もないので、均衡を打ち立てるべく、生活を社会的調和に向かって進めることができるだろう。

10. 問　**教育については何も語っていないが。**

答　われわれにとって、貧困以外の他の教育などない。

飢えは、わずかな給与のために子供たちを工場で枯渇させ、学校から追い払うのだ。過労と食糧不足は若者たちを疲弊させ、すべての知的労働に不適合にさせてしまう。夜間学校では何もできない。知性に対する憧れもなく、確信も、力も、生き生きとした思想もない、ただ読み書きの機械にするようなこうした教育など何が重要だというのか。こんな学校でいったい誰が私の子供の知性を発展させられると考えるのか。いったい誰が、子供の心にさまざまな高尚な感情を啓いてやれるというのか。いったい誰が、社会の慈善など必要としたくないという平民の気高いこの誇りを、手なづけてしまうのか。

おお、それこそ賃金であり、教育であり、まだ充分ではないのだ。

11. 問　**司祭については何も説明しないが。**

答　司祭は過去の人物だ。私は未来の人間だ。——私と司祭との間に何があるというのか。

時代遅れの制度の使者である司祭は、金ピカの衣装を人々の間でまとうが、信仰はもはやそんなものにくらまされない。

昔の偏見を受け継いだ司祭は、特権者の影で太ったのだ。

司祭は、王や、貴族、富者の共犯者として、権力を失った後、彼らのおべっか使いとなった。

道徳、宗教の警察として司祭はわれわれに手錠をかける。だから、貧困を正当化すべく、苦しみを罰するような司祭などまっぴらごめんだ。すばらしい世界について司祭は何を語るというのか。

われわれの子供たちはパンが欲しいのであり、司祭はわれわれに最後の審判を加えるのだ。

12．問　**これまであなたが述べたことによると、社会において真の階級を構成するものこそプロレタリアだということなのか。**

答　そうだ。二つの階級が相互に存在している。それは富者とプロレタリアだ。その間には、対立がある。なぜなら利益、慣習、思想の対立があるからだ。

13．問　**支配的な階級はどちらか。**

答　富者の階級だ。

14．問　**この権力の理由は何だ。**

答　それは資本と労働用具の所有だ。――労働の分配者は、社会のあらゆる財、力をその所有によって処理している。

15．問　**この富者の支配は労働への抑圧だけに留まるのか。**

答　そうではない。それは人間、たとえば労働者としてであろうと、市民としてであろうと、彼らに属するものすべてに拡がっている。

16．問　**なぜか。**

答　富者が抑圧しているからだ。われわれがもし政治権力に参加（associé）できれば、共通の解放のためにこの合法的な影響を利用するだろう。

市民が労働者を解放することになるのだ。

こうした危険を防止すべく、彼らはわれわれが政治問題に参加することをすべて排除してきた。

17．問　**ではどうやって政治に参加するのか。**

答　社会の統治、政治権力を奪うことで。

18．問　**政治権力とは何か。**

答　それは人民に法を与え、それによって処刑を執行する力だ。

法律によって、一般的な利益、あるいは一般的利益と結びついたものすべてが規制される。こうした法律の命令は人間に関すること、結婚、家族、所有、人間形成、教育、民族の防衛、産業、商業、農業、公共事業、罪と罰などすべてに関係する。

19．問　**この恐るべき権力を遂行するのは誰か。**

答　立法議会そして王だ。

立法議会が法を作成し、王がそれを批准し、遂行させる。

20. 問　**この議会はどうやってつくられるのか。**

答　選挙だ。

その利益が富者の利益につながるために、充分な所有をもつものしか選挙人でない。つまり、立法議会を構成する議会の成員を選ぶ権利を彼らがもっているということだ。

21. 問　**ではこの議会が代表しているのは何か。**

答　議会は彼らを選んだ特権者を代表している。

特権者自身、議会を構成する代議士だが、彼らは彼らを選んだものたちの欲求、利益、原理をもっていて、必然的に選挙人の利益を国家の利益であると考え、自らが作成する法律の中で、驚くべき調和をもってその利益を擁護するのだ。

一言で言えば、彼らはわれわれを抑圧するものたちの事業の代理人だ。

そのことによって、彼らは全国民の代表であると主張せざるをえないのだ。これはまるで、まったくわれわれの欲求や利益に対立する人々、あるいは外国人が、われわれの選挙の外で選ばれたかのようなものなのだ。

22. 問　**王とは何だ。**

答　前世紀、王は全ての権力の源泉であった。王は、すべての主権を自らに課することで国民に命令していた。法、税、一般的利益、社会にあるすべては王のものであった。

その権力は神の委託を受けたものだと主張するほどのものであった。貴族や聖職者の支持を受け、国王は時代と革命に挑んだのだ。

しかし労働の世界に巨大な力が発展し、ブルジョワ階級が産業と商業によって暗黙のうちに力を付けるに至った。科学と哲学に照らし出されたブルジョワ階級はあらゆる偏見から解放され、王位とその祭壇に対する尊敬ももっていない。

国王に認可されていた経済的な特権者（たとえばギルドなど）は、長期にわたってその生まれいずる力を保護されてきた。――しかしその事業が強く、大胆になったため、もはや子供のおしめのように、破らなければ息苦しいものとなっていったのである。交換を阻止していたあらゆる税によって、産業や農業は破壊されてしまった。王の名のもと、その利益のために打ち立てられ、美化されたものを、真正な王権を損なうことなくどうやって廃止し、改革するか。ブルジョワ階級はそれを理解し、あらゆるものの中でもっとも根の張った王の専制支配を侵食することで、そうした悪用を攻撃した。――ブルジョワ階級は聖なる権利に対して、人民の主権を対峙させた。――法を課すことができるのは人民だけでなければならず、人民のみがその固有の利益に最高の判断を下さねばならない。君主制の原理は闘争の中で敗北し、それとともに古い社会が崩壊したのだ。ブルジョワ階級によって企てられ、指導された革命は、人民の革命的大胆さとエネルギー、その忠誠によって、特権者の絶望的抵抗に勝利を収めたわけだ。

勝利の後、富と輝きをもったブルジョワ階級は権力を掌握すると、自らがしばしば唆し、あるときは助けてもらった人民主権を捻じ曲げ、よき所有者、産業家、商人、一言で言えば所有者の主権を確立する。ブルジョワ階級は産業と商業の自由を獲得し、政治権力を掌握した。――それ以上何が必要だったのか。人民は、自由競争が与える未来の結果を知ることなく、放っておかれたのだ。

こうした社会の進展の中で、王政の運命やいかに。人民によって転覆された後、ブルジョワ階級は王政を立憲王政という名前で復活させた。――法作成に参加したブルジョワ階級は、餌として行政権力をもらった。昔のように、軍、行政、教育は直接王に委ねられた。王政の任務遂行のサービスの代償として、ブルジョワ階級には巨大な収入が確保され、名誉、富、権力で豊かになった。

23.

問　**それではなぜ王政は復活したのか。**

答　ブルジョワ階級は支配を確立した後、そこから安定を得ることを考えた。革命を終わらせ、制度を変更できないよう固定し、危険な変貌から身を守ろうと考えたのだ。もっともブルジョワ階級はしっかりとした統一体ではなかったし、まだそこまでになってはいなかった。ブルジョワ階級の中には、革命のよき結果に参画できたが、資本主義的金融貴族による排他的支配を快く思わないものも多くいた。――こうした利益の相違から、彼らはゆっくりとした、しかし進歩的な改革の必要性を感じることができたし、そう感じざるをえなかった。ある程度まで彼らの影響力のもとにあった立法議会はこうした改革の必要性を認識し、改革を別の人々に呼びかけながら、危険な運動へと進んでいった。すべてに終わりは必要であり、進歩にも限度というものがあった。その限度としての王政は、それに答える過去をもっていた。――それが思い出され、王政は復活した。国王に拒否権による議会の進歩的行動を否定する権利が与えられた。

そもそも人民の影響力の上にある、その存在と行動において、選挙的行動から独立した執行権力の長を必要とした。この上に立つのは依然として王政であった。――王政を称えて、王政にその使命を全うさせ、資本家の満足のために動いてもらうことを付加する必要があった。王政は復古主義者の情熱と協力することで、その役割を完璧にすることができたことは、依然として真実である。復古主義者と同様、王政は公的資金に投機し、株式市場や、投機的売買によって金を増やす才能ももっていた。この最後の特徴は王政にはまだ不足していたものであった。――今日ではそれを否定することはできないが。

ユダヤ人は現代の王である。――王は現代のユダヤ人である。

24.

問　**王政や代表制議会の本質と機能について説明してもらったが、彼らはプロレタリア階級の利益を排除することでしか支配できないのだということを証明してくれ。**

答　ここに証明があるではないか。

a　彼らはわれわれが消費するパンの価格を小麦の関税権を使って引き上げる。プロレタリアはそれをしない。

b　肉はもはや貴重なものではないかのように、彼らは肉に関税と入市税をかける。プロレタリアはそれをしない。

c　彼らは、貧民の食料であるバター、チーズ、コーヒーに税をかける。プロレタリアはそれをしない。

d　われわれの唯一のぜいたく品であるタバコ、われわれの食糧を長もちさせる塩に彼らは税金をかける。

e　プロレタリアはそれをしない。貧民の飲み物を妬み、彼らは税をかける。プロレタリアはそれをしない。

f　つらい小市民の労働に彼らは営業税をかける。
　プロレタリアはそれをしない。

g　いくつかの大工業を保護することで、彼らは消費者を犠牲にする。
　プロレタリアはそれをしない。

h　貧民の穀物を消費税で彼らはだましとる。
　プロレタリアはそれをしない。

i　富者の専有物である公職に賃金を払う。
　プロレタリアはそれをしない。

j　小市民に富者の軽蔑が向くように、彼らは恥ずかしげもなく労働者の給与を減らす。
　プロレタリアはそれを認めない。

k　豊かな地区を褒めて、ひけらかす。われわれの地区の不健康と老朽化には彼らは関心がない。
　プロレタリアはそれをしない。

l　労働強化で労働者の健康を損ねることを彼らは許す。
　プロレタリアはそれを認めない。

m　守るべき家族も、守るべき所有もない不幸な人の血から税をとる。
　そして貨幣と引き換えに、彼らは豊かな富者の子供の兵役を免除する。
　プロレタリアはそれを認めない。

n　資本家の投機のために、彼らは国家のあらゆる富を差し出す。
　プロレタリアはそれをしない。

○ 株式市場といういかがわしい場所に、彼らは小市民の貯蓄を出させることを銀行家に認めさせる。

プロレタリアはそれを許さない。

25.

問　**余りにも現実的な諸悪をどう退治するのか。**

答　政治的憲法は、ある階級が他の階級に対して、その経済的支配を確保し、守る、保証と制度の大枠にすぎない。

だからもし今の社会条件を変えたいと考えれば、とりわけわれわれの抑圧手段であるこうした憲法を変えねばならない。言い換えれば、われわれを抑圧させないためには、政治権力を掌握しなければならないのだ。

26.

問　**所有の主権者に代わって何を置きたいのか。**

答　人民主権だ。

27.

問　**どうやってそれを実現するのか。**

答　普通選挙によって。つまり直接的、間接的な投票によって、すべての人を国家の政治、社会組織に参加させる方法として知られている権利によって。こうした参加が重要なものとなるには、すべての市民が、政治というものが人間の幸福に及ぼす基本的な運動を理解し、現実の社会のはっきりとした悪とそれを排除する固有の方法を意識する必要がある。

そうした権利を遂行するにあたって、プロレタリア階級の利益にたえず関心を払うことも必要だ。――闘争の苦難に負けてはいけない。貨幣貴族はあまりにも強く、一度の失敗なんかでめげはしない。旧い権力者として、貴族は長く抵抗するだろう。絶望的力をふりしぼって抵抗を長く続けるだろう。もしプロレタリアの変わることのない意志が旧い権力者である貴族のようなものであれば、貴族は敗北するだろう。

28. 問 **普通選挙によって立法議会をわがものとすることはできるが、すべての混乱の生きた表現でもある王政はどうなるのか。**

答 それを転覆することはないだろう。

その場所に責任ある執行権を打ち立て、人民権力によっていつでも罷免できるようにする。

29. 問 **人民によって選ばれたものの課題が何であるか、たとえ問いかけても無駄であるがゆえに、多くの乱用について語ってきたわけだ。しかし普通選挙の後、主張すべきもっとも重要なものは何であるのか。**

答 労働権だ。

労働することで生きることができるのだということを確信する必要がある。

30. 問 **誰がこの権利を保証するのか。**

答 この権利を保証する使命を与えるのは国家だ。

31. 問　**なぜ国家なのか。**

答　われわれは労働用具をもたない。労働用具を獲得するために金を借りることもできない。なぜなら富者から金を借りられないからだ。

国家のみがプロレタリアの銀行となりえるし、ならねばならない。競争を深める深い苦しみから社会を救うために、国家の手段、資源が多すぎるなどということはないのだ。

32. 問　**すべての期待を含み、やがて実現されねばならないこの社会組織の名前とは何か。**

答　社会・民主共和制だ。

33. 問　**そうした時が来たということをどうやって知るのか。**

答　社会を捻じ曲げる暴力的な混乱によって。

34. 問　**社会・民主共和制の標語は何であるか。**

答　自由、平等、博愛。

自由、それはすべての人間がその肉体的、知的能力を完全に発展させ、その発展に応じて能力を遂行することを可能にする保証であり、可能性だ。

平等は、自由を実現し、あらゆる特権を追放し、階級をつくらない、社会における人間の条件である。

友愛は、すべての人間にいつか完全な自由と平等を実現させるための連帯の気持ちのことである。

一日の仕事が終わると、人々は疲れ、子供は飢えに泣き、妻は涙する。
おお、プロレタリアよ。どう考えるのか。
競争によって倒産した諸君の主人は賃金をカットし、諸君にはもはや労働はない。
おお、プロレタリアよ。どう考えるのか。
職人の兄弟も諸君と同じように苦しみ、奴隷制の中で悲鳴を上げている。
おおプロレタリアよ、どう考えるのか。
私は飢えに泣く子供のこと、涙する妻のこと、苦しむ兄弟のことを考える。
私は豊かさ、権力あるものの、軽蔑すべきエゴイズムについて考える。
私は私たちの弱さ、間違い、偏見を考える。
王、僧侶、富者から目覚め、今では彼らのことがよくわかる。
私の貧困の原因が彼らにあるとすれば、私の心は彼らを許すことができない。
不幸の職人たちよ、プロレタリアに次の正義を実現してくれ。

自由、平等、博愛。

封建社会を破壊すべく進んだわが祖先の旗である、このプロレタリアの祈りを受けてくれ。
新しい貴族主義に対する熾烈な闘争において、その心を衰退から救ってくれ。未来の予言者よ、知性を明らかにし、その敵の約束の裏切りから救ってくれ。

そしてプロレタリア諸君、わが兄弟、あらゆる苦痛に苦しむ子供たちよ。諸君の労働者としてのたえざるプロパガンダが、最終的に諸君の苦しみに答えるように、主人のために枯渇するこの労働の力が、諸君プロレタリアの兄弟の力の助けとなるように。

この聖なる同盟から、ひとつの分かちがたい、**社会・民主共和制**が生まれるだろう。

第五編

研究編

STOP THE WAR
Campaign for Nuclear Dis
"Workers Unite! You have nothing to lose but your chains!"

『共産党宣言』初版成立史年表

1834 年	パリで追放者同盟の結成
1836 年	義人同盟の結成
1839 年 5 月	ブランキの「季節協会」の武装蜂起に関連して義人同盟幹部追放され、イギリスとスイスに分かれる ヴァイトリンクはスイス シャパーはイギリスへ
1840 年	(カベー『イカリーへの冒険』) (ブラン『労働の組織』)
1843 年	ヴァイトリンク、スイスから追放される (フローラ・トリスタン『労働者連合』) (デザミ『共同体のコード』)
1844 年 8 月	ヴァイトリンク、ロンドンに合流
1845 年 2 月以後	シャパーとヴァイトリンクとの対立
1846 年 2 月	共産主義通信委員会をマルクスとエンゲルス設立
3 月	ヴァイトリンク、ブリュッセルへ マルクスとの対立
7 月	シャパーと共産主義通信委員会との提携
	(ヘス「共産主義の信条」『ライン年誌』)
1847 年 1 月	マルクス、エンゲルスへの義人同盟の加盟呼びかけ
6 月	共産主義者同盟の第一回結成会議 最初の規約の採択 『共産主義者の信仰告白』
9 月	『共産主義者雑誌』
10 − 11 月	イエートレック『プロレタリア階級と真の共産主義による彼らの解放について』 エンゲルス『共産主義の原理』
11 − 12 月	共産主義者同盟第二回会議−マルクスに『宣言』の執筆依頼 (コンシデラン『社会主義の原理− 19 世紀における民主主義宣言』)
1848 年 1 月	マルクスの執筆への催促
2 月	『宣言』の完成と印刷 二月革命の勃発 コンシデラン、ベルギー来訪
2 − 3 月	初版の出版

第一章　フランス社会主義と『共産党宣言』

――コンシデランの『社会主義の原理』――一九世紀における民主主義宣言』をめぐって

はじめに

『共産党宣言』をめぐって、ほぼ百年前、盗作問題がもち上がったことがある。事の発端は、チェルケゾフが「共産党宣言の種本」〔8〕という論文を書き、[▼1]『共産党宣言』がコンシデランの『社会主義の原理――一九世紀における民主主義宣言』〔3〕（以下『民主主義宣言』と略す）の焼き直しに他ならないと断言したことであった。これに対し、ラブリオーラ〔5〕がチェルケゾフの主張を支援し、カウツキー〔4〕がそれに反論する形で、ロシア革命の頃には、大方こうした見解は聞かれなくなっていく。

本章が問題とするのは、剽窃問題ではない。むしろ、『共産党宣言』の中にある当時のさまざまな思想の微妙な影響関係とそれに対する牽制、闘争関係である。コンデシランの『民主主義宣言』を『共産党宣言』が剽窃したという表現は、カウツキーの指摘するとおり間違いであると思われるが、『共産党宣言』を執筆する上で、この書物が格闘せざるを得ないものであったことを否定することはできないであろう。それはなぜか。ベルギーを頻繁に訪れていたコンシデランになびく人々が、ベルギー人のみならず、共産主義者同盟にもかなりいたからだ。共産主義者同盟が思想を練り上げていくときに、少なくとも格闘せざるをえなかった党派が、『共産党宣言』の第三章に挙げられている。その第三章の最後の部分、すなわちロバート・オーウェン、サン゠シモン、フーリエを空想的社会主義者と批判した部分の最後に「イギリスのオーウェン主義者たち、フランスのフーリエ主義者たちは、一方ではチャーティストたちに、他方では改革派たちに反対している」〔6, p.84〕と述べられているが、そこで語られているフーリエ主義者とは具体的にはコンシデランのことであり、改革派たちとはフランスの民主協会のルイ・ブランのことであった。当時、共産主義者同盟は、民主協会やチャーティストにきわめて近い位置にいた。そこに接近してきたカベーやコンシデランは、思想的に論破しなければならない相手であり、『共産党宣言』の主たる批判のひとつもそこに向けられねばならなかったのである。

そうした意味で、『共産党宣言』第三章でも批判されている長い研究実績のあるプルードン、真正社会主義のみが具体的な批判の相手であったわけではない。封建的社会主義の中のキリスト教的禁欲主義は、当時共産主義者同盟に影響力をもっていた。だから『宣言』は「光の友協会」や「ドイツカトリック教会」への批判の書であったし、小市民的社会主義の中のシスモンディは、ベルギー民主派の中にいたデュクペクシオーなどの、貧困調査、社会改良を目指したグループなどを意味しており、これらすべてが具体的な批判対象として取り扱われていた。

本章では、その中でも今まであまり取り扱われなかったコンシデランとフーリエ主義者に的を絞り、なぜ彼らが批判の対象となったのか、またその内容とはどんなものであったかを述べることにする。

1．コンシデランの『民主主義宣言』

（1）コンシデランとベルギー民主主義者

フーリエ〔1772-1837〕死後一年の一八三八年、ファランステールの信奉者たちは、その始祖の思想を普及させるためにヨーロッパ行脚に出る。そのフーリエ派の代表がコンシデランであり、彼は一八三八年（あるいは一八三九年か）にベルギーに滞在する。一八三一年にベルギーを訪れたサン＝シモニアンたちと違って、大衆に訴えるのではなく、小さなクラブを中心にブルジョワ上層に訴えていく［2, p.189］。

コンシデランは一八四五年一〇月に戻ってきて、そこで「社会学派の宣言」（Manifeste de l'Ecole sociétaire）と彼らの雑誌『ラ・デモクラシー・パシフィック』（*La démocratie pacifique*）を配り、多くの購読者を得た。彼の開いた講演会には、有力な自由派の政治家シャルル・ロジエ、社会調査を行っていたデュクペクシオー、民主協会の議長となるジョトラン、マルクスの友人のドイツ人大学教授マインツ、ブオナロッティを支持していたデルアス兄弟などが参加した。そこで暴力革命を否定し、豊かな階級の改善を訴えた［2, p.191］。こうした講演は大成功で、彼の思想、友愛と連帯、ファランステールによる連合は、ブリュッセルの民主派に大きな影響力を及ぼすことになる。

その後、一八四七年一一月には『ラ・デモクラシー・パシフィック』の編集者エヌカンがやって来て講演したりしたため、ベルギー各地でのフーリエ主義者の力はどんどん拡がっていた。まさに『共産党宣言』が書かれる頃（一八四八年二月初め）、再度コンシデランがベルギーに来る［2, p.195］。この直前に再版された著書が、『民主主義宣言』（一八四七年）であった（初版は一八四三年に出版されていた）。コンシデランがブリュッセルに到着したのは革命直後の二月二五日であった。

革命直前の二月二〇日のドイツ人コロニーの新聞『ブリュッセル・ドイツ人新聞』に、リエージュのコンシデランについての記事が掲載され、そこで、コンシデランの思想にはフーリエのようなファンタジックな構想力がないと批判される。フーリエの情念引力を欠いたコンシデランの思想は、現状をただ美化するだけの思想にすぎないというわけだ。まさにこの点こそ、『民主主義宣言』が、ブルジョワ上層へ擂り寄っていくポイントでもあるわけだが、この点では『ブルジョワ宣言』と言っていいほどである。それはちょうど『共産党宣言』がむしろ「民主主義宣言」と言った方が良いほど、民主派との糾合を意図していることと比べて奇妙な対象をなしている。

1　『民主主義宣言』

コンシデランの『民主主義宣言』は、いわゆるファランステールを中心とした共同体思想ではない。その意味ではフーリエ主義は、本来のフーリエ思想を離れ、一八三〇年代以降の思想の変化に敏感に対応していた。つまり、議会主義を通じた改革路線を主張したからである。さらに言えば、当時の民主主義思想の中心であった急進的改革路線をもっていたかというとそうでもなく、当時のブルジョワ的自由主義思想にやや近かったとも言える。しかし、こうした思想こそ共産主義者同盟にとって、もっとも厄介な思想であった。

共産主義者同盟が当時直面した問題は、カベーを中心とした、アメリカで財産共同体を建設しようという共同体思想、すなわち「社会主義」（こうした粗野な共産主義をむしろ社会主義と呼んでいる）との理論闘争であった。九月、ロンドンに現れたカベーはしきりに共同体建設をもちかける。共産主義者同盟はこうした動きに対して、財産共同体といったユートピア的計画を批判することになる。具体的にはヴァイトリンク派、フーリエ派が批判対象であった。[2]

コンシデランもそうした系譜に属する。しかし、コンシデラン派のフーリエ主義者は、テキサスでの財産共同体の実現という実験を除けば、一方では共産主義者同盟が協力していた民主協会の思想ときわめて類似していた。だから、コンシデランの『民主主義宣言』を『共産党宣言』がもし盗んだとすれば、皮肉な話、プロレタリアートとブルジョワとの階級闘争といった問題よりも、民主主義者と共産主義者の関係の問題であっただろう。ここには一種の「捻れ」があるのだ。[3]

『民主主義宣言』の内容を見てみよう。一八四七年版は第二版であるが、一八四七年九月の「平和民主主義の裁判」記録が合本されて五〇サンチームで売られていた。チェルケゾフは、第二版は売れ行きがよかった〔9, p.126〕と書いているが、その理由は、フーリエ主義者の雑誌『ラ・デモクラシー・パシフィック』の裁判が注目を集めていたため、合本されているこの二版は好評だったわけである。合本されていた内容構成は、（1）社会の状況、（2）諸見解という二部構成である。（1）では現在の社会状況の説明とそれをいかに克服するかが述べられ、（2）ではさまざまな民主主義諸派の理論が検討され、批判されている。構成も『共産党宣言』にきわめて似ていて、（1）は『共産党宣言』で言えば一章、二章、（2）は三章、四章ということになると思われる。

（a）社会の状況

コンシデランは古代社会の典型として、人間による人間の搾取を行う古代奴隷制社会を挙げ、新しい社会は民主主義精神に基づく社会であると述べる［3, p.1f.］。一七八九年から始まる新しい社会も実際には完成にほど遠く、無政府的自由と富の集中の中で貴族制を残存させている［3, p.4f.］。このことを「新しい封建制」「産業の封建制」（feodalité industrielle）と定義する［3, p.6］。こうした封建制の下では、自由競争によって疲弊し、農民や中産階級はプロレタリアートへと没落する［3, p.9］。「社会はどんどん二つの階級に分化する傾向をもつ」［3, p.11］という状態は、イギリスのみならずフランス、ベルギーといった産業国も避けられない普遍的な運命である。こうして、ヨーロッパに社会革命の芽が芽生える。

こうした問題の解決には二つの方法がある。第一の方法は、きわめて暴力的な方法であるが、個人的所有を攻撃し、財の共同体（La communauté des biens）を実現する方法である［3, p.18］。しかし、コンシデランが主張するのはこの方法ではなく第二の方法である。

「それは、産業国で競争を調和へ、相異を一致へ、闘争を協同へと変える能力をもつ原理である。つまり、アソシアシオン（Association）である」［3, p.21］。アソシアシオンによって何が実現するかというと、生産力である。その生産力を使って、所有の収奪を行わなくとも貧困を救うことができることになる。「社会的アトリエという賢明なる組織、アソシアシオンの原理を徐々に適用することによって、公的な富の多くを成長させ、もてるものから何も取らないでも、大量の労働を豊富に再分配することが明らかに可能である」［3, p.24］。コンシデランの思想のポイントは、生産力の上昇による豊かな社会の実現という点において資本主義社会をいささかも変えるものではないということである。だから、そこから、財の共同体や機械に対する打ち壊しなどは出てこない。生産力は労働者が積極的に参加した時にのみ、もっとも増大するという前提がそこにはある。こうして組織された産業が、古代の野蛮な軍事、及び革命以後の新しい世界の産業の封建主義に取って代わる［3, p.26］。新しい革命を遂行するには、手段はひとつである。それは労働権を再認識し資本、労働、才能のアソシアシオン（結合）の上で産業を組織することである。彼の言うアソシアシオンが資本と労働の結合であることは間違いない。しかし、こうした結合の原理こそ平等の原則を含む民主主義であるのだ。

（b）諸見解

コンシデランは、民主主義諸派の考え方を批判して、最後に自らの思想の正しさを示そうとする。民主主義には、次の三つがあると言う。「退歩的民主主義－革命的見解、事大主義的民主主義－教養的見解、進歩的民主主義－平和的、組織的見解」［3, p.28］。この中で、コンシデランがとりわけ批判の対象を向けているのが退歩的民主主義である。

退歩的民主主義には政治的民主主義と社会主義的民主主義の二つがあると言う［3, p.41］。これにはルイ・ブランなどの民主協会の人々が含まれている。コンシデランが退歩的民主主義をとりわけ批判する理由がそこにはある。つまり、労働の組織と平和的解放という点でコンシデランの思想と類似していたからである。ただ、権力の掌握への執念という点［3, p.42］と、普通選挙の実現という点［3, p.43］で、彼の思想とは異なっていた。

社会主義的民主主義には、カベーなどの財の共同体を主張する論者が含まれる。「彼らは所有権を否定する。所有を盗みだと定義し、その廃棄を追求する」[3, p.45]。この中には一方にカベーのイカリー主義者と他方にチャーティストやバブーフ主義者がいた。コンシデランの思想は社会主義的民主主義からはかなり遠い内容をもっているが、戦略的にはカベー主義者のアメリカ・コロニーの実践のように一致するものがあった。

こうしてコンシデランは最後に、自らの平和的民主主義者について語る。彼らは平和を望むため、革命的精神は望まない [3, p.52]。専制を嫌い、友愛と統一をスローガンとする。コンシデランは、「日々明確に意識している近代精神のこの大きな運動の特徴は、民主主義という言葉によって時代の言語に翻訳される」[3, p.60] と語るが、民主主義精神こそ時代の精神であることを特徴付けている。すなわち、当時民主主義と言われていたものに、社会主義が含まれていたのは、民主主義がその時代の言葉だったからである。この組織の特徴は友愛、統一 [3, p.63]、平和 [3, p.67] であり、政府を使って社会改革を遂行することが目的となる。ここで特徴的なことは、政府は普通選挙による民主主義であるがゆえに民主的なのではないということだ。君主制こそ民主主義であるという議論を展開するのだ。民主的要素を育んだのはむしろ君主制であり [3, p.72]、封建制に対する勝利に至ったのは王政派との連合があったからだと言う。こうして直接普通選挙を拒否して、間接選挙を望むことになる [3, p.74]。その意味で、コンシデランの民主主義は、きわめて君主制に近いものと言える。

このようにコンシデランの民主主義は、ブランと提携していた民主協会、及び共産主義者同盟にとって批判すべき組織となる。それはなぜか。それは、コンシデランの『民主主義宣言』が、実は君主制に近いものであったことによる。

2.『民主主義宣言』と『共産党宣言』

(1) 共産主義者同盟とベルギーの民主主義者▼4

ベルギーの民主派にコンシデランが接近したとき、ベルギー民主派は民主協会という組織に集合していた。民主協会には、マルクスを初めとしたブリュッセル労働者協会の面々が参加していたが、とりわけ、マルクスはそこで副議長の要職に就いていた。労働者協会の会員の多くはロンドンに本部を置く共産主義者同盟の会員であったため、民主協会は共産主義者同盟とも深い関係にあった。ブリュッセルの民主協会はロンドンの友愛会、パリの民主協会などとも深い関係をもっていたが。それは一方で各地の共産主義者同盟の会員との関係の深さを意味していた。

共産主義者同盟が民主協会のもつ制限選挙下における力であった。ケルンの選挙で民主派を支援したのをきっかけとして、共産主義者同盟は民主派との協力によってやがて普通選挙が実現し、民主派と協力した議論闘争を考えていた。そのため、民主派の思想が、ブルジョワ上層を中心としたコンシデランのフーリエ主義のような君主制的思想に変わることをもっとも恐れたのが、共産主義者同盟であり、そうした党派を排除することが民主協会での彼らの使命となる。『共産党宣言』は、そのためコンシデランの思想を批判しなければならなかった。しかし、『共産党宣言』は、コンシデランが主張した階級闘争の激化という点では同じ歩幅を取りながら、他方で彼らの思想を空想的社会主義の中に葬り去ることによって、民主主義者を社会主義者に仕立て上げるという転倒によって批判するという「捻れた」批判方法を使うことになる。

階級闘争の激化とその解決が、議会による政治的解決であるということは、ユートピアというよりはかなり現実味をもった政策なのだが、それをあえてユートピアにしたのは、『共産党宣言』自体が、遠い将来にプロレタリアートのアソシアシオンを実現すると言いながら、他面で短期的には議会で民主派との連合や、ブルジョワを支援するというあまりにもフーリエ主義者に類似した政策をもっていたからである。そこで『共産党宣言』はルイ・ブランやチャーティストにはエールを送りながら、よく似ているコンシデランにはあえてユートピアという罵倒を投げつける手を選んだ。本来ならば、『共産党宣言』はコンシデランの政策との類似性を指摘し、普通選挙と、ブルジョワ中産階級への支援という点が彼らと違うということを指摘するだけでよかったのだが、あえてこうした方法を採ったのは、階級闘争のもつ『共産党宣言』の中の経済的分析などは別として、『共産党宣言』が、チェルケゾフが主張するように『民主主義宣言』ときわめて類似した宣言になってしまう恐れがあったからであろう。そのため、コンシデランをあえてブルジョワ的だと批判せず、いったん社会主義へと「捻って」批判することになる。

(2)『民主主義宣言』と『共産党宣言』

共産主義者同盟や民主協会での覇権闘争の中、まず初めにカベーなどの財の共同体の支持者への批判が急務となったが、彼らに対しては、比較的簡単に批判することができた。それは、財の共同体が現実からかなり乖離したユートピア的夢物語であるという点だけでなく、経済的分析から言って、生産力との関係が充分考慮されていないこと、政治権力についての分析がないことなどによってその思想が脆弱であったからである。しかし、コンシデランの場合そう簡単にはいかなかった。

まず、民主主義という思想が、普通選挙と同等であるかどうかを別とすれば基本的には同じであるということ、アソシアシオンといった生産力を支える構想も基本的には同じであったことである。おまけに、プロレタリアートとブルジョワとの階級分化も同じであり、プロレタリアートによる最終的な解決という点での違いは別として、それに至る階級対立と生産力の増大という視点についても、細かい議論は別としてよく似てはいた。そのため、剽窃問題が起こったのである。

ピエール・ラミュは「『共産党宣言』は、けっしてマルクスとエンゲルスのオリジナルな仕事ではないということを何と言ってもここで言っておかなければなるまい。これはむしろフランスのフーリエ主義者コンシデランの剽窃なのだ」[7, S. 66]▼5と述べているが、この問題は、『共産党宣言』の批判が「捻れ」ているがゆえに、微妙な問題をはらんでいたのだ。確かにチェルケゾフが述べたような『民主主義宣言』の前半部分の階級対立の問題が、『共産党宣言』の最初の部分に影響していることは間違いないとしても、そうした部分だけでは、当時の他の論者の見解とたいして違うところはない。それこそ、カウツキーが述べるように、当時の社会主義者一般の見解であり、『共産党宣言』によって初めて社会主義が始まるというのなら剽窃という汚名が着せられてもいいが、そうでないのだからこのことでとやかく言われる筋合いはないということになろう。

チェルケゾフもなぜか、階級闘争の問題に焦点を絞って剽窃問題を論及しているが、その後を受けたラブリオーラ（アントニオ・ラブリオーラではない）も、この部分を取り上げ、「貧窮増大説と資本集中説はマルクス以前の社会主義的批判の常套句であったのである」として、「民主主義宣言は未来のマルクス、エンゲルスの共産党宣言のほとんど全思想を包括していたと言うことができる」［5, p.137］と述べる。

しかし、むしろ重要な問題は、『共産党宣言』の性格をめぐる問題である。『共産党宣言』が民主協会と共産主義者同盟を糾合する宣言、つまり、コンシデランの言葉で言えば、ルイ・ブランの属する退歩的民主主義の中の政治的民主主義に近い宣言であるとすれば、むしろコンシデランへの類似性よりも、その批判点の方が強く出てくるからだ。カウツキーはコンシデランの影響だけでなく、ルイ・ブランの影響もあるということを、こうした脈絡も知らずに述べているが、この点は彼の慧眼と見るべきであろう。

それはこうである。ルイ・ブランは一八四〇年に、『労働の組織』を出版したが、そこで展開されていた無制限の競争による賃金の低下、その結果としての家族の破壊といった説明は、コンシデランの階級闘争論以前に展開されており、コンシデランにその先駆性があるのではないということ。もちろん、こうした展開はルイ・ブラン以外にも見られることで、カウツキーはこのことをもってコンシデランの先駆性は崩れたと言っているが、階級闘争に関する部分はカウツキーの述べる通りである。しかし、問題は『共産党宣言』の性格である。

ラブリオーラは「共産党宣言の真実の父が、民主主義宣言であったことを否認することは、困難な仕事であると言わなければならない」［5, p.137ff］と述べているが、それはラブリオーラが言うように、

『共産党宣言』が剽窃であるという点では間違いだとしても、当時の民主主義者に対して民主主義者の発展のためには労働者との団結が必要であると訴え、彼らを抱き込んだ点においてはむしろ『共産党宣言』は真の「民主主義宣言」であったとも言えよう。[6] 問題は『民主主義宣言』の階級闘争の分析ではなく、社会改革の方法の方である。

　コンシデランは、先に見たように議会制民主主義（制限選挙による上層階級の政治）とアソシアシオン（結合労働）による産業社会の民主化を意図し、暴力革命や政治権力の専制などを否定した。これを彼は民主主義宣言と言ったのであるが、この思想は普通選挙を除けば民主協会ときわめて近い立場にあった。そのため、彼らの思想が民主派を抱き込む可能性は高く、共産主義者同盟はそうした誘惑との闘いを強いられることになる。そこに『共産党宣言』が微妙に形を変えた民主主義宣言でもある理由があった。『共産党宣言』によって謳われたのは、政治的に共産党が出現して来ることではない。むしろ、普通選挙実現のための民主勢力の鍵を握る後方勢力としての党の存在であった。その意味でも、労働者党の成立は最初から考えておらず、国別の戦略上の違いはあるものの、民主勢力との連合がその中心テーマであった。

　しかし、どの党派と結合するかと言えば、民主派上層に力をもつコンシデランではなく、むしろルイ・ブランのような勢力であった。そこで『共産党宣言』は、次のような形でこうした党派にラブコールを送る。まず、『共産党宣言』は、コンシデランの民主主義はフーリエのファランステールの焼き直しであり、カベーのイカリーと変わるところがないと批判する。すでに見たようにこれは明らかに間違いであるが、コンシデランの思想がユートピア的であれば、ブランの民主主義にラブコールを送ることは簡単である。共産主義者同盟の戦略として、こうした解釈に納得できるが、しかし、フーリエ主義者と『共産党宣言』の内容にあまり違いがないとすれば、現在のわれわれはそのことを剽窃という問題としてではなく、『共産党宣言』解釈の重要な問題として取り上げなければならない。

結語

本章は、コンシデランの思想が実は、『共産党宣言』の思想とそう遠くにはないということを指摘することによって、当時の共産主義者同盟の戦略における問題を分析した。階級闘争の存在についての指摘という点では、『共産党宣言』はコンシデランの『民主主義宣言』の剽窃ではない。しかし、その民主主義思想に関して言えば、よく似てはいるのだ。よく似たものはなじまないというのが真実であるとすれば、あえてコンシデランをユートピア主義思想に押し込んだのは、やはり戦略だったのだろうか。

▼1 チェルケゾフは一八九六年の彼の著作（*Pages d'histoire socialiste. Doctrines et actes de la social-démocratie*）の中で初めて、コンシデランの盗作問題を論じたようである［9, p.92］。

▼2『共産党宣言』の成立過程については［10］を参照。とりわけ『共産主義者雑誌』一号に詳細にヴァイトリンク派やカベー派批判が掲載される。

▼3 こうした『共産党宣言』との相関を最初に問題にしたのは、ラブリオーラである［5, p.133f］。

▼4 ベルギーの民主派と共産主義者同盟との関係については［11］を参照。

▼5『共産党宣言』のフランスからの影響について詳細に分析した最初の本はアンドレアの著作［1］である。ただ、この中でもコンシデランは言及されてはいない。しかし、バザール、プルードン、ペクールなどが取り上げられている点では注目すべきである。

▼6 民主主義という言葉がいかに当時の人々にとってキーワードであったかについては［12］を参照。

引用文献（引用は次のように表記する。［1, p.1］は文献の［1］の1頁を意味する）

［1］Andler, CH., *Le Manifeste communiste de Karl Marx et F. Engels, Introduction historique et commentaire*, Paris.
［2］Bertrand, L., *Histoire de la démocratie et du socialisme en Bel-*

gique depuis 1830, Bruxelles, 1906.

[3] Considérant, V., *Principes du socialisme. Manifeste de la démocratie au XIX siècle*, Paris, 1847.

[4] Kautsky, K., Das kommunistiche Manifest, ein Plagiat, *Die Neue Zeit*, 24 jg., 2, 1905-06.

[5] Labriola, Arturo, Das demokratische Manifest in die Urheberschaft des Kommunistischen Manifestes, *Avanti*, no. 1901, 1902.

[6] *Manifest der Kommunistischen Partei*, 1848.『共産党宣言』、大内、向坂訳、岩波文庫。

[7] Ramus, P., *Die Irrelehre und Wissenschaftslosigkeit des Marxismus im Bereich des Sozialismus*, Wien, 1918.

[8] Tscherkessoff, *Die Urheberschaft des Kommunistischen Manifestes*, Berlin, 1906.（チェルケゾフ「共産党宣言の種本」『社会思想全集』28巻、平凡社、一九三〇年）

[9] 平井新「『共産党宣言』剽窃問題」『三田学会雑誌』一九巻六号、一九二五年

[10] 的場昭弘「『共産党宣言』とは何であったのか」『経済と社会』時潮社、一二号、一九九八年（本書研究編第二章）

[11] 的場昭弘「『共産党宣言』とブリュッセル――ベルギーの民主主義者との関係」篠原、石塚編『共産党宣言――解釈の革新』御茶の水書房、一九九八年（本書研究編第三章）

[12] 的場昭弘「一八四八年革命の精神と革命家――アメリカとイギリスのドイツ人コロニーを中心として」的場、高草木編『一八四八年革命の射程』、御茶の水書房、一九九八年

第二章　『共産党宣言』とは何であったのか

はじめに

マルクスの著作の中で『共産党宣言』ほど、謎に包まれた書物はない。『共産党宣言』の最終執筆者がマルクスであることは、後になってわかったことであり、出版当時『共産党宣言』は、たとえほとんど読まれずあまり認知されていなかったとしても、共産主義者同盟が執筆した網領として理解されていた。マルクスとエンゲルスが自分達の著作として出版したのはその二四年後である。何種類かある『共産党宣言』の初版についても、いったいどれが本当の初版であるのかについても今までずいぶん議論されてきたし[1]、初版の確定の問題と並んで、さらにいつそれが出版されたのか、いつ原稿が完成していたのかについてもつねに議論の的であった[2]。

このように謎が多い理由としてまず第一に出版時一八四八年革命がほぼ同時に起こり、混乱が生じたということが挙げられよう。『共産党宣言』の発行者である共産主義者同盟が革命後ロンドンからブリュッセル、パリ、ケルンへと移動したことにより、『共産党宣言』自体が忘れられたことがそれである。しかし、もっと重要な第二の理由は、『共産党宣言』の執筆に至るまでの共産主義者同盟内での確執にある。『共産党宣言』自体は、本来マルクスとエンゲルスが自らの思想をまとめるために自主的に書いたものではなく、あくまでも共産主義者同盟が公の組織となるための党綱領であり、一八四七年六月の会議以来何度も議論されてきたもので、したがってマルクスに最終執筆が依頼されたとしても、かなり制限された範囲で執筆せざるをえなかったことである。したがって、マルクスにとって、その後の状況の変化は別として、当時としてはとりわけ関心を払うべきものではなかったし、また共産主義者同盟にとっても革命という状況の変化の中で、とりわけその内容を流布する必要を感じなかった可能性がある。そのため、『共産党宣言』はマルクスとエンゲルスからも、共産主義者同盟員の関心からも当面遠のいてしまったのである。『共産党宣言』の謎とは、『共産党宣言』とはいったい誰のための宣言であったのかということである。初版も不明、執筆者も当時不明、当事者の関心も長い間薄れていたという『共産党宣言』とは、今から一五〇年前の人々にとっていったいどういう意味をもっていたのか。このことを問いかけることなく、『共産党宣言』の内容を把握することは、共産主義社会への希望が減少している今日においては無駄なことになろう。わが国で明治以来翻訳され、それぞれの思惑の中でさまざまに理解されてきた『共産党宣言』の中の、共産主義社会像、革命理論、ブルジョワ像、プロレタリアート像を今一度正確に把握するためには、『共産党宣言』とは一八四八年においていったいどういう意図で書かれたものであったのかを把握することが必要であろう。

ここで、そうした謎を解くために、当時『共産党宣言』とは何であったのかを、共産主義者同盟の性格、『共産党宣言』に至る綱領の比較を通じて分析することにしたい。

1.『共産党宣言』と組織

(1) 共産主義労働者教育協会

ここで共産主義者同盟の組織について言及するとしても、一八三〇年代パリでの追放者同盟の活動にまで遡及する余裕はないので、[3] 共産主義者同盟の母胎となるロンドンの義人同盟に限定することにする。

当時の秘密結社を見る場合、つねに公的に存在する組織と重ねて見る必要がある。[4]「ドイツ人労働者教育協会は、義人同盟にとっての予備校であり、会員募集の手段であっただけでなく、しばしば活動が重なっていた。しかも、パリほど公的な結社と秘密結社の間の垣根は高くなかった」［5, S. 10f］と言われるように、義人同盟を知るためには、何度も名称を変え、二〇世紀まで存続するこの共産主義労働者教育協会から出発すべきであろう。パリからロンドンへやって来たシャパー（Schapper, K., 1812-1870）は、一八三九年すぐに二つの結社に接触することになる。それは彼の住居ともなるハイマーケット（Haymarket）のグレート・ウィンドミル（Great Windmil）街二〇番のレッドライオン（Red Lion）に本部をもつ労働者組織（一八三五年頃から活動していた）とフランス民主協会（Société démocratique française）であった［10, S. 7］。まずここで確認すべきことは、シャパーが接触した組織は、労働者の相互扶助を中心とする互助会組織と民主主義勢力であったことである。これは、その後の義人同盟の発展にとって大きな意味をもつ。

こうしてシャパーは「ドイツ民主協会」（Deutsche Demokratische Gesellschaft）という名の結社をつくり、それが、やがて共産主義労働者教育協会（Communistischen Arbeiter-Bildungsverein）となる［10, S.7］。共産主義労働者教育協会という場合の共産主義という言葉の意味は、貧しい時の相互扶助の意味が強いことを理解しておく必要がある。このことは財産共同体（Gütergemeinschaft）という言葉を使う場合にも使われているので、[5] 財産共同体を、厳密な意味での communauté、財産の共同体といった風に大きく解釈しない方がいいと思われる。

このシャパーによって一八四〇年に創設されたドイツ（連合）協会（Réunion allemande）の規約を見ると、一条に「ドイツ協会はドイツ人の間にドイツ精神とドイツ教育を拡め、維持することを目的とする」［10, S. 23］とあり、協会は単純な意味では労働者の再教育、啓蒙を中心とする組織であった。「労働者教育協会という名前は「第四階級の教育を行う」組織のことであった」［2, S. 6］とドイツ人労働者教育協会の研究家ビルカーが述べているように、基本的には労働者の教育（Bildung）が重要で、そのための図書館[6]をもち、労働者相互の民主的選挙原理で運営されていた［10, S. 23］。しかも、一八四五年のロンドンの労働者教育、相互援助協会（Bildungs-und Gegenseitige Unterstützungs-Gesellschaft für Arbeiter in London）の規約四条に、「会員は毎週三回定例会に集まる。日曜、火曜、土曜。日曜日は勉強日。火曜日は、政治的話題や本の紹介や会員の質問、土曜日には歌と演説」［10, S.29ff］とあるように、毎週夜三回の勉強会が義務付けられていた。ここで教師となるのはマルクスのような大学出の人物であった。

教育と並んで当然、扶助組織としての側面があったが、そのことがとりわけ次第に明確になっていく。一八四五年の協会はその名も「ロンドンの労働者教育、相互援助協会」となり、「一条、結社の目的は、会員に芸術と学問を教育することであり、病気で危機のある会員への扶助である」［10, S. 29］とあるように、病気の場合の援助が掲げられる。[7]こうした相互援助組織には、パリで一八四四年に設立された「ドイツ人救済協会」（Hülf-und Unterstützungsverein für Nothliche Deutschen）のように上層階級とドイツの当該政府による援助を仰いだ組織［13, p.98f］があったが、ロンドンの場合は労働者独自の組織であった。

協会の政治的な特徴として、第一に国際的結びつきが挙げられる。協会は、最初から国際的団体であり、フランスの民主協会、ポーランド、イタリアの亡命者、チャーティストとの関係をもっていた［10, S. 7］。このことが、義人同盟の国際的連携にも大いに影響していた。次にブルジョア左派とも言われる民主協会のような組織や、イギリスでの長い伝統をもつ友愛会組織[8]との関係が挙げられる。当時は、共産主義者、社会主義者、民主主義者にあまり顕著な差はなかった［2, S. 48f］と考えるべきであろう。マルクスがブリュッセルで「民主協会」（Association démocratique）の副議長をやっていたという事実は、マルクスとエンゲルスの戦略上のやむをえない譲歩であったと考えるより、当時、民主協会と共産主義者たちには名称が意味しているほど明確な区別がなかったから、積極的に参加したのだと考えるべきなのである。

しかしながら、民主派と労働運動との間の密月はそう長く続いたわけではない。もちろん、こうした分裂は今問題にしている一八四〇年代ではなく、一八四八年革命以降とりわけ一八六〇年代に起こることであるが。[▼9]

（2）義人同盟（Bund der Gerechten）から共産主義者同盟（Bund der Kommunisten）への変化

秘密結社としての共産主義者同盟の歴史を考える場合、当然表に現れない秘密結社としての歴史に言及する必要がある。共産主義者同盟が単純に義人同盟から発展したのではないとしても、少なくともロンドンの義人同盟の後継の結社であることは間違いないことであろう。

共産主義者同盟のもっとも重要な特徴は、その民主的組織形態と開かれた組織にある。それに比べると一八三八年の義人同盟は、全人類の奴隷状態からの解放という大きな開かれたテーマを掲げながら、その実際の組織の形態はきわめて閉じていた。参加資格はドイツの言語と習俗に服するもの、つまりドイツ人に限られており、運営形態は多数決原理で決定されると言いながら実際には中央委員会である人民会議（Volkshalle）の決定権が優先する組織であった［3, S. 96］。

共産主義者同盟の規約（一八四七年一二月八日）を見ると、もはや参加資格は問題にされておらず、「この同盟の目的はブルジョワジーの転覆、プロレタリアートの支配、階級対立に基づく古いブルジョワ社会の創設にある」（一条［3, S. 626］）とあるように、プロレタリアートの支配のためならば国籍も問わない組織でもあった。しかもその運営形態も、中央委員会（Zentralbehörde）に決定権を預けず、決定権を大会に委ねるというきわめて民主的形態へと発展していた［2, S. 629］。

ロンドンの共産主義者同盟へと発展する過程の中で国際的民主的組織との連携と国際化が深まったのは、こうした組織の民主化と開放性とが関係している。そうした意味で共産主義通信委員会（Kommunistische Korrespondenzkommitee）との関係は重要である。一八四七年六月時点での同盟の海外拠点はアルトナ（Altona）、ブレーメン、マインツ、ミュンヘン、ライプチヒ、ケーニヒスベルク、ケルン、キール、マグデブルク、シュトゥットガルト、マンハイム、バーデン－バーデン、ストックホルム［5, S. 37］となっているが、これは一八四六年七月一七日のロンドンの共産主義者通信委員会の海外拠点の設置計画（ハンブルク、アルトナ、マグデブルク、ライプチヒ、ベルリン、ケーニヒスベルク、ゴッテンブルク、コペンハーゲン、ルアーヴル）と似ている［3, p.378］。もともともっとも多くの海外拠点をもっていたのは義人同盟であったが［13, p. 303］、これにマルクス・エンゲルスの共産主義通信委員会の海外拠点が加わることで、組織は一層拡大することになる。

さらに、民主組織へとロンドンの義人同盟は触手を伸ばすことによって、民主協会、青年ドイツの海外拠点の吸収へと計画は進む。シャパーの一八四六年九月の次の発言は、共産主義者同盟がすべての共産主義組織（急進的民主主義者を含む）を糾合することによって成立する新しい組織であることを示している。「ヨーロッパの共産主義者にはほとんど統一はない。立憲主義者、共和主義者は数においてわれわれより少ないが、強く、しっかりとした組織を形成している――したがって、来年初め、このロンドンでほぼあらゆるヨーロッパやアメリカ出身者からなる大規模の共産主義者会議を開催するつもりである」［3, S. 405］。もちろんシャパーは、この新たなる共産主義者組織（共産主義者同盟）がドイツ人だけの組織ではなく、スカンジナビア人を含む組織であることも強調していて、共産主義者同盟はあらゆる共産主義者を糾合するだけでなく、あらゆる民族の共産主義者をも糾合することを意図することになる。▼10

共産主義者同盟のもうひとつの重要な視点、開放性という視点は、言い換えれば秘密結社から公の組織へ変わるということを意味していた。マルクスとエンゲルスは、一八四七年末に開催された共産主義者同盟の第二回会議で、党の綱領すなわち『共産党宣言』についてこう語っている。「今までの関係上秘密結社としてのみ存在しえた共産主義者同盟、国際労働者連合が、一八四七年一一月ロンドンで開催された会議で、われわれ（マルクスとエンゲルス）に公のための詳細な理論的、実践的党綱領の作成を委ねた」［3, S. 624］。

この言葉の意味は、共産主義者同盟が、あらゆる民族、あらゆる共産主義組織をも包括する国際的な組織として公に活動するというものであり、このことをもって党と呼ぶことにしたのである。『共産党宣言』はその意味で「党」の綱領であったわけであるが、これは政治的結社としての党という概念ではなく、あらゆる共産主義の団結した組織という概念であった。共産主義者同盟の第二回大会に参加し、党の綱領（『共産党宣言』）を委任されることになるマルクスが、同時にロンドンの友愛民主主義協会（Fraternal Democrats）で、ブリュッセルの民主協会の副議長としてブリュッセル民主協会の会議の模様を報告したのも偶然ではない。この会議は共産主義者同盟とほぼ同じ時期に開催されたが、そこでは「あらゆる民主主義者たちには二つの同意項目がある。すなわち人民主権と民族の友愛」であり、「プロレタリアートこそ真の人民である」［3, S. 632］という宣言が確認されたが、その署名人には共産主義者同盟の議長シャパーなどが名を連ねていた[11]。共産主義者同盟がそうした連携を意図していた以上、『共産党宣言』にそうした配慮が挿入されるのは当然であった。

（3）義人同盟内部での分裂

ロンドンの義人同盟が共産主義者同盟へと変貌し、それまでの閉鎖的組織、中央集権的組織を変化させるにつれて、他の地域とりわけロンドン以上に勢力をもったスイス、パリの義人同盟組織との間に亀裂が入るようになる。この対立こそ、マルクスとエンゲルスの同盟内での勢力拡大の原因となるのである。『共産党宣言』に関するもっとも精力的な研究者フントは、マルクスとエンゲルスの義人同盟への思想的影響は、すでに一八四五年時点にあると主張している［7, S.41］[12]。それは、彼が一八四四年パリでマルクスは義人同盟に参加し［7, S.50］、すでにその頃から同盟に思想的な影響を与え始めたと考える［7,

S.54] からである。したがって、彼の説をとるとマルクスとエンゲルスの設立した共産主義通信委員会が共産主義者同盟と協力関係に入るやいなや、共産主義者同盟の思想はマルクスとエンゲルスに強く影響されることになる。[13] その基本的前提はドイツでブルジョワ革命がまず必要であるという視点がマルクスとエンゲルスのものであったということである。しかし、まずブルジョワ革命そしてプロレタリアート革命といった明確な二段階革命の論理にマルクスとエンゲルスの優先権を認めるとしても、民主勢力を結成し、来るべき民主革命を実現するという点はロンドンの義人同盟の延長線上にあり、けっしてマルクスとエンゲルス独自の思想ではない。また、だからこそ義人同盟内部でのヴァイトリンク派との対立は、マルクスとエンゲルスが入る以前からの問題でもあった。

　義人同盟の本来の主力は、当時もっとも多くドイツ人亡命者がいたヴァイトリンク派の中心パリとスイスにあった。その意味でも本来ロンドンは主力ではなかった。シャパーがパリを離れた一八三九年以後もパリは義人同盟の主要舞台であった。パリの義人同盟はロンドンの義人同盟と異なり、さまざまな民主組織や国際組織への接近を図ってはいなかった。フランスにおける法的な規制もあり追放者同盟以来の秘密結社が貫徹していた。パリの義人同盟はフランスの秘密結社と直接つながることはなかったが、組織的形態は彼らから学んでいたし、カテキズムといった問答形式の採用についてもフランス社会主義の影響を強く受けていた [7, S.19]。ロンドンの義人同盟はこうした秘密主義からの脱却と国際的連携、民主組織の糾合を図ることでパリやスイスの義人同盟と対立していく。義人同盟が共産主義者同盟へと脱皮する過程は、パリとスイスの義人同盟との闘争となる。ヴァイトリンクを中心とするスイス、パリの義人同盟員は、とりわけ靴職人、仕立て職人、家具職人といった組織に拘束されており、彼らがそれぞれの利害を代表していたため、共産主義者同盟の組織の拡大に批判的であった。一八四五年から一八四七年にかけてのヴァイトリンクとの論争、クリーゲ（Kriege, H., 1820-50）との論争はすべてこの問題と関係している。一八四七年六月七日の会議では、「パリでは同盟は最近非常に衰退している」[5, S.34]と報告がなされているが、それはパリの義人同盟から多くのヴァイトリンク派が離れ、同盟の人数は三分の一ほど減少した [5, S.35] からである。

ヴァイトリンク派との闘争と並んで、プルードン派（つまりグリュン派）の一掃も計画された。こうして、パリ、スイスの地域で多くのグリュン派は脱退していき、「プルードンやグリュンのシステムを庇護するものは二、三人にすぎないことが証明された」[5, S.35] と述べられるほど減少する。

こうして、ロンドンの義人同盟は会員を減らしながらも、独自の路線を進んでいく。義人同盟から離れていった組織は光の友協会や、ドイツカトリック教会などの宗教党 [6, S. 268f] や、カベー派などの共産主義組織であった。▼[14] 民主派の結合を支持するマルクスとエンゲルスなどのブリュッセル通信委員会とシャパーのロンドン義人同盟が残り、それを核として共産主義者同盟の設立へと進んでいく。その意味で中心は、パリやスイスではなく、ロンドン、ブリュッセル、ハンブルク、ケルンとなっていく。こうして一八四七年末には四〇〇名から五〇〇名の実働会員をもつことになる [6, S.341]。

2.『共産党宣言』の成立

一八四七年二月ロンドンにあった義人同盟の「フォルクスハレ」（中央委員会）は、義人同盟の解体と新しい公の団体の設立に向けて、会議を五月か六月に開くことにする。そして「どんな党も公的な組織をもたないと存在できない」[3, S. 453] として、新しい組織は「共産主義者の簡略な信仰を発表し」、それを「あらゆるヨーロッパの言語に印刷し、世界中に普及させなければならない」[3, S.453] という案を提出する。これはやがて『共産党宣言』になるはずのものであった。その際、会員に次の三点について論議してもらうことになる。「（1）共産主義者とは何であり、共産主義者は何を望むのか。（2）社会主義とは何であり、何を望むのか。（3）どのように、財産共同体はもっとも早く簡単に実現するのか」[3, S.456]。そして共産主義者同盟は会議のメンバーとして義人同盟だけでなく、労働者教育協会会員を中心として、民主主義者やフランス共産主義者[5, S.33]をも射程に入れることを考える。

　共産主義者同盟の第一回会議は一八四七年六月二日から九日にかけてロンドンで開催される。ここで義人同盟から共産主義者同盟[5, S.38]への名称変更が決定され、次の会議（八月）で新しい規約を決定することになる。この時、同盟規約の草稿（*Statutenentwurf*）とエンゲルスが筆写した同盟の宣言草稿（『共産主義者の信仰告白草稿』〔*Entwurf des Kommunistischen Glaubekenntnisses*〕以下『草稿』[15]）が執筆されていた。これらの草稿[16]は、次の会議のための議論の材料として各地区に配布された。もちろん、二つの草稿とも末尾に会議の議長のカール・シル（Schil, C.、シャパー）と書記のハイデ（Heide、ヴィルヘルム・ヴォルフ）のサインが入っている。この宣言草稿に特徴的なことは問答形式で書かれていることである。こうした形式は、一一月の会議での『共産主義の原理』（*Grundsätze des Kommunismus*、以下『原理』）まで続くことになる。

　この一八四七年六月九日『共産主義者の信仰告白草稿』は、エンゲルスが筆写したものであるが、それはけっしてエンゲルス独自の草稿というわけではなく、共産主義者同盟の草稿と考えるべきである。ここで共産主義者の目的は社会を秩序づけることであり、そのためには私的所有を廃止し、財産共同体をつくることだと書かれている。しかも、そのためには生産力の発展だけでなく、意識の変化が必要であると書かれてあった[5, S.53]。共産主義社会の実現には、政治的解放、民主主義の実現が不可欠であり、精神的変革の方が強調される。やがて一八四七年末にエンゲルス自身によって書かれる『共産主義の原理』は、同じ問答形式である。それはプロレタリアートの解放の諸条件に関する学説こそ共産主義であるともっとも明確な主張を出し、プロレタリアートの歴史が中心に据えられ、私的所有の廃止と財産共同体は、産業の発展の当然の帰結であると述べ、生産力的視点を前面に出す。さて問題は、この『草稿』から『原理』への六ヶ月の変化が、誰によってどのように行われたかということにある。

この六ヶ月の『草稿』から『原理』までの間の変化を知るには、九月に発刊された『共産主義者雑誌』（*Kommunistische Zeitschrift*）の創刊号の論説と一八四七年に出版されたスウェーデンのイェートレックの『プロレタリア階級と真の共産主義による彼らの解放について』（*Über das Proletariat und seine Befreiung durch den wahren Kommunismus*）の内容が参考になる。六月の会議の後、一八四七年六月二四日に義人同盟の各地区に対して、会議で議論された問題について各地区で議論するように資料が配布される。その骨子は、「1．諸君が会議の主張に満足するか、会議の決議に賛成するかどうか」、「2．新しい規約を採用するか、否定するか」、「6．社会、共産主義思想を人民に普及させるか、どうやってそれを実現するか」［5, S.61］ということであった。ところが、実際に各地区からの反応は充分でなかった。三ヶ月後の一八四七年九月の同盟最初の報告では、返答を出したのはブリュッセルだけである［5, S.60］と記されている。各地区委員会は、規約や草稿に対する議論のみならず、金銭的援助もしていなかった。そのため、『共産主義者雑誌』は出版と同時に資金不足に陥る［5, S.66］。しかし、ハンブルクからは義人同盟から共産主義者同盟への名称変更を非難する声があがったし［5, S.68］、『共産主義者の信仰告白草稿』に関しては多くの重要な変更が提示されていた［5, S.76］。これらはやがて一二月の会議にかけられることになる。

一八四七年九月に『共産主義者雑誌』が発刊され、そこで共産主義者同盟の思想がかなり詳しく検討されていた。「あらゆる地域のプロレタリアよ、団結せよ」という有名な言説が掲げられたこの雑誌は、共産主義者同盟の機関誌として機能する予定であった。まず、プロレタリアートの起源について、プロレス（Proles）という言葉の意味が、ラテン語の子供たちを意味していることを述べ、その言葉が市民の子供たちという意味［3, S.503］であることを説明する。そして『共産主義者の信仰告白草稿』がすでにできていることを明らかにしているが［3, S.504］、これは六月のエンゲルスの筆写による『草稿』のことを意味している。その後、こうした信仰告白は指針として将来のプロパガンダとして役立ち、したがって重要な意味をもつと思われるので、それについて納得してもらえるようにあらゆる地域の同志にまずはこの草稿を送ることが義務であると考えた〔3, S.504〕と書かれてあるので、この『草稿』が共産主義者同盟にとってもっとも重要な意味をもつものであったことがわかる。

この論説のもっとも重要な点は、共産主義者に対する態度にある。「われわれは勝利に終わる戦いの後、魔法のように財産共同体がすぐにできるであろうと信じるような共産主義者ではない。人間は一足飛びに進むことはできず、少しずつ前進する動物であることをわれわれはよく知っている」〔3, S.506〕と述べ、共産主義の達成は長い「過渡期」（Übergangsperiode）が必要であることを強調する。「われわれは、個人的自由を否定し、この世界を巨大な兵営あるいは労働者の家を建てたいと考えるような共産主義ではない」〔3, S.506〕という文章は共産主義が長い個人の自立と民主主義の期間を経た後に達成されるものであることを意味している。

こうした観点から、ハインツェン（Heinzen, K., 1809-80）、カベー（Cabet, E., 1788-1856）、ヴァイトリンク、アメリカ移民政策が批判される。ハインツェン批判で強調されているのは、彼が具体的な未来社会を描くのに、共産主義に至る原理だけを説明する〔3, S. 507〕という点である。ここでの原理とは、共産主義が生産力の発展の結果必然的に実現しなければならないという論理のことであり、共産主義の理想像をただ描く一部の共産主義者が批判の対象に晒されている。当然カベーのコロニーについても、それが共産主義を一挙に実現する試みであり、過渡期のない財産の共同体は存在しない〔3, S.509f〕と批判される。それはアメリカ移民政策の言説にも適用される。

『共産主義者雑誌』の直後に出版されたスウェーデンのイェートレックの『プロレタリア階級と真の共産主義による彼らの解放について』は、この雑誌の内容と『共産主義者の信仰告白草稿』を受けている。プロレタリアートの起源として古代ローマの話が語られるのは同じである〔3, S.567〕。しかし、「プロレタリアートは、何らかの資本の利益ではなく、その労働によってのみ生活する階級である」という表現や、「貧民と労働者階級はいつの時代にもいて、労働者たちもいつの時代にもいて、労働者たちはいつも貧しかった。しかし、プロレタリアートは自由競争がいつも自由競争でないのと同様にいつもいたわけではなかった」〔2, S.568〕という表現は、『草稿』とエンゲルスの『共産主義の原理』と酷似している。もちろん『草稿』や『原理』と違って問答形式ではないが、「プロレタリアートは機械の導入によって発生した」〔3, S.568〕という表現、「ブルジョワジーに依存する階級をプロレタリア階級と呼ぶ。あるいはプロレタリアートと呼ぶ」〔3, S.569〕という表現、産業革命前の労働者階級の説明として奴隷、農奴、職人が挙げられていることなどは、その類似性を示している。[17]

しかし、エンゲルスの『原理』との決定的相異は、イェートレックの冊子、『共産主義者雑誌』の論説、『草稿』には、産業革命や商業恐慌などの経済分析が欠如しているということである。だから、その分だけ共産主義を達成するための原理として、たとえばイェートレックは民主的原理、キリスト教的平等と友愛に基づく選挙改革が必要である〔2, S.573〕とか「共産主義者は完全な民主主義を必要とし、したがって、私的所有を剥奪することによって財の共同体に移るといったことは認めてはいない。彼らが要求しているのは、ただ人民代表制が、市民の不平等を必ず減少させ、平等を実現する過渡期の制度を認めることであり、とりわけ財の共同体にすべての人が入れる都合のよい過渡期を認めることである」〔3, S.572〕とか、プロレタリアートを啓蒙し、道徳的に高め、手を結ぶことによって移行する〔3, S.573〕とかといった、政治的、精神的側面が強調されることになる。

具体的な政策として、イェートレックは「財の共同体への最初の条件は、プロレタリアートの民主憲法による政治的解放である」〔3, S.574〕とし、政治的解放を第一と考え、国家による累進課税、所有権の制限などを提案する〔3, S.574〕。もちろんこの点は、『草稿』、『共産主義者雑誌』だけでなく、エンゲルスの『原理』にも共通する立場である。しかし、『原理』との決定的相異は、共産主義に至る過渡期の過程として政治的、精神的な側面の強調である。フントは、こうした側面をもつイェートレックについて、カベーとの妥協を考えていた人物であると批判しているが［6, S.348］、カベーとの政治的つながりの問題は別として、彼が思想的に共産主義者同盟の思想と違っていたとは思えない。

3.『共産党宣言』とは何か

一八四七年の一二月会議で、六月に提出された『共産主義者同盟の規約草稿』と『共産主義者の信仰告白草稿』と、それに対する各地区からの疑問が、議論の素材となった。当然、『共産主義者雑誌』の論説や、イェートレックの冊子やエンゲルスの『原理』なども議論の的になったかもしれない。しかしながら、結局一二月の会議でもまとまらず、最終原稿の執筆はマルクスに任される。もちろんマルクスは自由に執筆することになったのではなく、こうした資料を考慮して執筆することになる。一月末の締め切りに間に合わない場合、この資料をすべて送り返さなければならなかったことによって[18]、マルクスがそうした資料を所有していたことがわかる。

マルクスの『共産党宣言』は、こうした経緯でわかるように、共産主義者同盟での議論のまとめとして成立した。当然、一八四六年段階からマルクスとエンゲルスが共産主義者同盟を牛耳っていたというフントの考えに立てば、つねに思想的にリードしていたのはマルクスとエンゲルスで、『共産党宣言』はその意味でマルクスとエンゲルスの思想的結実ということになる。しかし、共産主義者同盟での議論がかなり活発に行われていることは、当然のことながら、マルクスとエンゲルスの思想的結実という側面よりは、共産主義者同盟全体の思想的結実と考えるべきであろう。『共産党宣言』に織り込まれたそれまでの議論の処理の仕方にマルクスの優先性があるとしても、議論の主題は共産主義者同盟で議論し尽くされていた問題であった。

確かにアンドレアのようにマルクスの内在的執筆経過を共産主義者同盟の議論と別にとらえていると、『共産党宣言』の一章、二章は主として『貧困の哲学』とブリュッセルでの「経済学ノート」をもとに書かれ、一章、二章、三章は『ドイツ・イデオロギー』[1, P.2]、構造としてはエンゲルスの『原理』の踏襲であるというような主張が提出されるかもしれない。しかし、「あらゆる地域のプロレタリアよ、団結せよ」といったフレーズにしても、すでに『共産主義者雑誌』から来ており、さらにそれは、「すべての人民は兄弟である」(Alle Menschen sind Brüder) という友愛会の言葉が起源であったし、『共産党宣言』の一章に描かれている議論の多くに、『草稿』、『原理』、『共産主義者雑誌』、イェートレックの冊子に見られる議論が繰り返されていることを見ると、マルクス自身の論理行動よりも、共産主義者同盟の議論から、『共産党宣言』を見る方が重要であろう。もちろん、『共産党宣言』では、そうした議論はより広い例証を挙げて展開され、論理も生産力との生産諸関係の歴史という点で展開されている。それはエンゲルスの『原理』の内容に近い。とすると、マルクスとエンゲルスの思想的な意味での権力の掌握がなされたとすれば、それは一八四七年暮かもしれない。しかし、それにもかかわらず、たとえば共産主義者という概念が、プロレタリアートのための民族を越えた利益の代表者であり、かつブルジョワと戦う全党派の代表であるという意味(二章冒頭)であり、それはそのまま一八四〇年代の義人同盟の戦略、国際化とあらゆる民主主義者の結集という概念をそのまま提出しているにすぎない以上、マルクス、エンゲルスの思想的な権力掌握と主張するのは早計であろう。

だからこそ共産主義者同盟の共産主義者は、民族を越えた世界革命のためのすべての勢力と結集し、具体的な共産主義の未来像を描くよりも、そこに至る必然性(ここにはマルクスとエンゲルスの貢献がある)と過渡期の状態を描くことによって、他の党派と区別されることになる。『共産党宣言』の三章でのこれまでの社会主義、共産主義への批判は、そうした意味で展開されている。そして四章の具体的なレベルでの共産主義者同盟の立場についても、現実の闘争を戦うために、民主的諸党派と連携する必然性が書かれている。それは、共産主義者同盟が、秘密結社的色彩から出ることのできなかったそれまでの社会主義者、共産党主義者と違って、組織の形態を大幅に民主化し、理論的にも財産共同体を一挙に実現することをやめ、生産力の成熟の中で民主闘争を行うという説を展開することによって、公の党としての意識をもったからである。そのための教義こそ『共産党宣言』であった。

注

▼1　トマス・クチンスキーは、初版と言われるものをA版、B版、C版、X版と分け、それをさらにA1版、A2版、A3版、B4版、B5版、B6版、C7版、そして謎の、存在が証明されていないX版という具合に、正確には七つ、可能性として八つの初版を列挙する［8, SS. 78-92.］。

▼2　『共産党宣言』の執筆時期はどんなに早くても一月末、どんなに遅くとも二月末であると思われる。したがってその出版時期に関しては、二月初めから、三月初めまでのかなり幅広い可能性があることになる［12, p.297］。

▼3　一八三〇年代からフランス・スイスにおけるドイツ人亡命者の運動については［13］の四章を参照。

▼4　当時の表の組織と裏の組織との関係については拙者［13］の五章を参照。こうした表の協会組織については、村上論文［14］参照のこと。

▼5　たとえば次のような文章がある。「今年は最悪の年で、多くの会員、とりわけ靴職人は旅行費用がなくてロンドンに留まらなければならなかった。彼らの危機をできるだけ救うため、彼らのところに小さな財産共同体を組織し始めた」［3, S.376］（一八四六年七月一七日のロンドンの共産主義者通信委員会からブリュッセルの同委員会への手紙）。ここで言われている財産共同体とは、互助的組織のことである。

▼6　共産主義労働者教育協会の文庫はアムステルダムのIISG（社会史国際研究所）にある［10, S.376］。

▼7　「会員が病気であれば、毎週五シリング受け取る」

［10, S.33］という規定は、労働者にとっては魅力的であったと思われるが、財政的に維持できるものであったかどうかは疑問である。

▼8　友愛会組織については、イギリスでは一八世紀からの伝統があった。詳しくはゴスデンの著書［4］を参照。

▼9　「六〇年代末の自由派と社会主義派との同盟の分裂が、労働運動とブルジョワ民主主義の亀裂を生み出した。それは、その後のドイツ国内の政治、文化の状況の中で非常に長く続いた。この分裂から、労働者の中での文化的、精神的問題の多くの停止状況を理解することができる」（［2］の序）。社会民主主義とアナキストとの闘争が、協会に分裂をつくる［10, S.8］。モストを中心としたグループが第一のグレート・ウィンドミル通り二〇番の西部地区と第三のプレスコット（Prescott）通り角、レーマン（Lehman）通り五二番のホワイトチャペル（Whitechapel）地区を支配することになる。そして従来の組織は二番のサリスベリー（Salisbury）、ドーゼット（Doset）通り五五番のシティー（City）地区だけしか支配が及ばなくなる［10, S.43］。

▼10　共産主義者同盟はその表の組織、教育協会を使っても、さまざまな組織とのつながりをもった。「わが教育協会は多くのドイツ人、スカンジナビア人の労働者を受け入れている。『ノーザン・スター』（*Northern Star*）の編集者、ジュリアン・ハーニーのもとにあるチャーティスト（Chartist）は以前よりもわれわれに近い。基本的に彼らとわれわれの目的は同じである」［3, S.404］。

▼11　署名人名簿には次のような名前がある。ジョーンズ（Jones, E. 1819-1869）、キーン（Keen, Ch.）、クラーク（Clark, Th., ?-1857）、ハーニー（Harney, 1792-?）〔英〕、ミシュロ（Michelot, J. A., 1792-?）、ベルナール（Bernard, H.）〔仏〕、シャパー、モル（Moll, J., 1812-1849）〔独〕、オボルスキー（Oborski, L., 1787-1873）〔ポーランド〕、シャベリッツ（Schabelits, J., 1827-1899）、クレル（Krell, H.）〔スイス〕、ホルム（Holm, P.）、ルントベルク（Luntberg, P.）〔スカンジナヴィア〕、ボーゼ（Bose, K.）、ブルム（Blum, J.）〔ロシア〕。

▼12　もっともフントは、最近の著書［6］ではマルクス

とエンゲルスの影響への過去の自説を微妙に濁らしている。しかしこれと対照的なのが、ヴォルフガング・シーダーである。「最初のパリ時代、マルクスは実際真面目に政治に関係しなかった」[9, S.35] という点は正しいが、一八四七年初めに義人同盟へ接近した [9, S.36] というのは間違っている。また、アンドレアの研究は、マルクスと共産主義者同盟自体の自己展開に比重を置いている [1]。

▼13 「全体として、義人同盟、とりわけロンドンの組織は一八四六年初めにすでにマルクス主義に近かった」[7, S.36] という言い方がそれをはっきりと示している。

▼14 光の友協会やドイツカトリック教会については、石塚の著書 [11] を参照。

▼15 フントは『共産主義者の信仰告白草稿』は科学的共産主義と労働運動を結び付けるもっとも初期のものであると述べている [6, S.244]。

▼16 『草稿』にはほぼ次のような内容が書かれていた。

2. 共産主義者の目的とは何か。

すべての成員が自ら、この社会の基本条件に手を触れないで、全体の機構と力を完全に自由に発展させ、確実なものにできるように社会を秩序づけること。

3. どうやってその目的に達するか。

私的所有を廃止すること、その代わりに財の共同体が出現する。

4. 諸君の財の共同体はどうやって基礎付けられるか。

まず、産業、農業、商業、植民化の発展を通じてつくられる生産力と生活手段の量に基づいて、また機械、科学、その他の援助手段がつくり出すその無限の増大の可能性を通じて、次にあらゆる人間の感情と意識の中にあるある種の原理が必然的な原則として存在することを通じて(……)。

5. その原理とは何か。

すべてのものが幸せになろうと努力すること。個々人の幸福は全体の幸福と切り離すことはできない。

8. したがってつねにプロレタリアは存在しなかったのか。

そうである。貧困と労働者階級はいつも存在した。労働者はつねに貧しかった。プロレタリアートは、しかしつねに存在したわけではない。それは競争がつねに自由ではなかったのと同じように存在しなかった［5, S.53］（資料編参照）。

▼17　たとえば、奴隷、農奴、職人については次のように書かれている。「奴隷はすべてを売るが、プロレタリアートは時間によって売る。奴隷は主人の所有であり、生計は保証によっているが、プロレタリアートは全ブルジョアの奴隷であり、生計は保証されていない」［3, S.569］。「農奴は一部の土地所有権、したがって生産手段をもっている。――プロレタリアートは他人のものである生産手段によって仕事をする」［3, S.569］。「以前からその労働能力とその労働力以外の資本をもたない職人は、したがって実際プロレタリアートに属している。しかし、通常ある一定の時期だけプロレタリアートであるにすぎない。彼の目的は――資本を獲得することである」。「この目的が早急に達成されれば、ツンフトとなる。しかし、機械工業の導入によって職人はプロレタリアートになってしまった」［3, S.570］（資料編参照）。

こうした言説は、『草稿』で言えば問10、問11、問12、エンゲルスの『原理』では問7、問8、問9に相当する。

▼18　一八四八年一月二四日付けの共産主義者同盟中央委員会の決議は次のように書かれている。「中央委員会はここに、カール・マルクス氏に次のことを通知するよう、ブリュッセル地区委員会に要請する。もし、最後の会議でマルクスがまとめることになった『共産党宣言』が、今年の二月一日までにロンドンに届かなかった場合、彼に対して次の処置が取られることを。マルクスが、『共産党宣言』をまとめなかった場合、中央委員会は会議が彼に与えた資料をすぐに返却することを要求する」［3, S.198］。このように、マルクスの執筆にはこれまでの資料がすべて使われていた。

引用文献（引用は以下の文献番号によって行われる。例［1, p.1］は文献（1）の1頁を意味する）

（1）Andreas, B., *Le Manifeste communiste de Marx et Engels, Histoire et Bibliographie 1848-1918*, Milano, 1963.

（2）Birker, K., *Die Deutschen Arbeiter-Bildungsvereine 1840-*

1870, Berln, 1973.

（3）*Die Bund der Kommunisten, Dokumente und Materialien*, Bd.1, 1836-1849, Berlin, 1983.

（4）Gosden, P., *The Friendly society in England 1815-1875*, Manchester, 1961.

（5）*Grundungsdokumente des Bundes der Kommunisten*, Hamburg, 1969.

（6）Hundt, Martin, *Geschichte des Bundes der Kommunisten 1836-1852*, Frankfurt a M., 1993.

（7）Hundt, M., *Wie das "Manifest" entstand*, Berlin, 1973.（『「共産党宣言」はいかに成立したか』橋本直樹訳、八朔社、二〇〇二年）

（8）*Das Kommunistische Manifest*（*Manifest der Kommunistischen Partei*）*vonKarl Marx und Friedrich Engels*, Schriften aus dem Karl Marx Haus, Trier, 1995.

（9）Schieder, W., *Karl Marx als Politiker*, München, 1991.

（10）*Statuten des "Communistischen Arbeiter-Bildungsvereins"* London 1840-1914, Schriften aus dem Karl Marx Haus, Trier, 1979.

（11）石塚正英『三月前期の急進主義』長崎出版、一九八三年。

（12）的場昭弘『パリの中のマルクス』御茶の水書房、一九九五年。

（13）的場昭弘『フランスの中のドイツ人』御茶の水書房、一九九五年。

（14）村上俊介「揺かご期のドイツ自由主義と協会運動」『専修経済学論集』三一巻二号、一九九六年。

第三章　『共産党宣言』とブリュッセル
――ベルギー民主主義者との関係

はじめに

『共産党宣言』の出版から今年で一六二年になる。これまでの『共産党宣言』に関する研究文献を数え上げると相当の数に上るであろう。それほど、『共産党宣言』は世界で読まれた文献であった。しかも、圧倒的多くの研究文献がマルクスとエンゲルスの思想形成史からの接近であることに驚く。マルクスとエンゲルスの思想究明のために『共産党宣言』を研究するという立場は、マルクスが最終的に『共産党宣言』を執筆したこと、マルクスとエンゲルスがやがて自ら執筆者として第二版『共産主義者宣言』（一八七二年）を出版したことを考慮すれば、それ自体問題ではない。さらに二〇世紀においてマルクスとエンゲルスの思想が与えた大きさを考える時、『共産党宣言』がマルクスとエンゲルスに関連してのみ語られたことも理解できないことはない。

しかし、こうした研究には、マルクスとエンゲルスの思想の意義の方が当時の『共産党宣言』の意義よりも大きいという前提と、『共産党宣言』はマルクスとエンゲルスの書物であるという前提が初めから与件として与えられていた。つまり、マルクスとエンゲルス、そしてレーニンとソ連という枠組によって、次第に大きくなったマルクスとエンゲルスの現代史的意義が、『共産党宣言』を当時の状況と脈絡で考えるよりも、マルクスとエンゲルスに引きつけて考える解釈に比重を置かせていたからである。しかし、二〇世紀において行われたソ連を中心とした社会主義の実験が崩壊してしまった今日、たとえソ連的なマルクス・エンゲルス解釈ではなかったとしても、マルクスとエンゲルスの思想の意義のために『共産党宣言』を読む意味がどれだけあるのであろう。

今、一八四八年出版された当時に戻って考えてみると、意外であるが当然の事実として、『共産党宣言』の執筆者は共産主義者同盟であり、マルクスいわんやエンゲルスではなかったことがわかる。少なくとも『共産党宣言』は共産主義者同盟議長シャパーに委任されてマルクスが書いた共産主義者同盟の執筆による宣言であり、当時の読者は、『共産党宣言』を共産主義者同盟の綱領として、その戦略であった民主主義者と共産主義者との国際的連合の宣言として読んだはずである。ここで私は、ことさらマルクスとエンゲルスが『共産党宣言』の執筆者でないということを強調しているのではない。執筆者なしの共産主義者同盟による初版『共産党宣言』を読むことによって、当時の宣言の内容をよりよく理解できると言っているのである。またそうすることによって、『共産党宣言』に盛り込まれていた民主主義者と共産主義者を含む、一八四八年革命下での戦略の意味と、マルクスの民主主義に対する見解がわかり、新しいマルクス像が提出できると考えるからである。

まず『共産党宣言』を共産主義者同盟の宣言として読むと、共産主義者同盟内のコンテキストの分析が必要であろう。しかし、これは別に書いた本研究編第二章［20］を参照していただくことにして、本章では、主として共産主義者同盟と民主協会との関係、つまりブリュッセルのベルギー人民主主義者との関係を中心に描くことにする。▼1 共産主義者同盟自体の自己発展を別とすれば、共産主義者同盟のもっとも重要な連係団体である友愛会、民主主義団体との関係を分析することが、その綱領である『共産党宣言』を知る手掛かりになるからである。その中でもとりわけベルギーの民主協会は、『共産党宣言』の最終執筆者マルクスが副議長を務め、ブリュッセル在住のドイツ人労働者協会の会員、共産主義者同盟の多くを抱えていた組織であり、しかも、『共産党宣言』の執筆を依頼された一八四七年一二月の共産主義者同盟第一回大会にマルクスが出席したのも、そもそも表向きはこのベルギーの民主協会とイギリスの友愛会との協力というのが名目であったほど、共産主義者同盟との関係に深いものがあったからである。

1　民主協会（Association démocratique）

（1）一八四七年以前のベルギーの民主主義運動

ベルギーが共産主義者同盟の本拠地のひとつになるのは、マルクス、ヘス、エンゲルス、ヴェールトなどの有力メンバーがブリュッセルに住んだからだけではない。なるほど、マルクスやボンシュテットがパリから追放されてブリュッセルにやって来たことが、共産主義通信委員会の創設、労働者協会、『ブリュッセル・ドイツ人新聞』の発行に大きな影響を与え、それが共産主義者同盟での支部の地位を高めたこと、またマルクス、ヘス、エンゲルスが隣同士に住み、さまざまな情報を交換し合い、共産主義者同盟でのハインツェンやヴァイトリンク批判を生み出し、彼らの名声を高めたことも否定できない。

しかし、こうしたドイツ人内部での運動は、それを受け入れ、それを発展させていったベルギー人のテデスコ（Tedesco, V., 1821-1897）、ジゴー（Gigot, Ph., 1820-1860）のような仲間の存在を抜きにしては語れないし、さらに当時のベルギーの民主主義者、ジョトラン（Jottrand, L., 1804-1877）、デ・ポッター（De Potter, L., 1786-1859）、スピルトホールン（Spilthoorn, Ch., 1804-1872）などとの交流を抜きにしては語れないのも事実である。それは、テデスコやジゴーがたんにマルクスやエンゲルスと親しいベルギー人というだけでなく、共産主義者同盟に深く関わり、『共産党宣言』の執筆や普及にも関わっている人物だったからである。また彼らを通じて、マルクスとエンゲルスなどの共産主義者同盟員はベルギー人の民主主義者たちと交流を深めてもいた。ベルギーの民主主義者は、民主協会という組織を一八四七年に結成することになるが、その際マルクスはその副議長になり、多くの共産主義者同盟員がそれに参加していた。民主主義者は、当時のベルギーにおけるカトリックと自由派との統一（Union）が崩壊し、第三勢力として議会政治に立ち向かおうとしていた。

当時マルクスやエンゲルスも、ケルンで行われた地方議会選挙（Gemeinderatswahlen）の支援を行い、民主派候補ハインリッヒ・ビュルガース（Heinrich Bürgers, 1820-1878）、フランツ・ラヴォー（Franz Raveaux, 1810-1851）、カール・デスター（Karl D'Ester, 1811-1859）を支持していたが、[2]所得の高い中産階級以上にしか選挙権がなかった状況において、共産主義者同盟の戦略は中産階級を中心とした民主派を後方支援することであった。この路線において、ブリュッセルの民主協会も共産主義者同盟の関心を引くことになった。

ベルギーは、一八三〇年オランダからの独立を果たすが、これは決して平坦な道ではなく、多くの犠牲を払う革命でもあった。[3]フランスで七月革命が起こるとベルギーでもオランダからの独立を求める運動が起こり、二ヶ月後の九月二六日にブリュッセルからオランダ軍が撤退し、オランダのオラニエ（Oranje）王政は崩壊する。この革命には、ベルギーの共和化を期待する民主派と、ベルギー独立は期待するが君主制の維持と、政権を一部の特権的ブルジョワ階級に限定しようという保守派がそれぞれの思惑の中から参加していた。ただちに形成された臨時政府には民主派のデ・ポッター、ロジエ（Rogier, Ch., 1800-1885）などが参加していた。革命直後、臨時政府にはフランスとの合邦を望むグループと、共和制の独立国を望むグループに分かれた。結局、ベルギー独立と君主制で決着するが、共和制を望むデ・ポッターにとっては受け入れがたいことであった。

一一月立憲君主制の憲法が作成され、新たに国王を探すことになったが、デ・ポッターが「こんなつまらないことのために多くの血を流す必要はなかったのでは」［1, p.39］と批判するほど、革命の際の民主派の希望の芽は摘み取られることになる。こうしてデ・ポッターはフランスへと亡命する。やがて一八三一年六月四日ベルギー国王にはザクセンのコーブルクのレオポルドI世（Léopold, 1799-1865）が即位する。こうして、ベルギー革命は、民主派の敗北となって終わる。

ベルギーの政治は、その後自由派とカトリック派の連合によって展開するが、両者は必ずしも前者がリベラルで後者が保守的であるというわけではない。カトリックは一八三〇年代ラムネー（Lamenais, H. F. R., 1792-1854）の影響下で、自由カトリック派を形成し、それが自由派との連合をつくり出したことも事実であった。ベルギーでは亡命していたブオナロッティ（Buonarotti, Ph., 1761-1837）の影響で、一八二〇年代にすでに社会主義思想が芽生えていた。デルアス（Delhasse）兄弟はその継承者となる。一八三〇年代になるとサン＝シモン主義がベルギーに広まってくる。一八三一年カルノー（Carnot, H.）、ルルー（Leroux, P., 1797-1871）を中心とする使節団がブリュッセルを訪れ、ベルギーへの拡大運動を展開する。ベルギーでそれに呼応したのは、自由派のロジエ、デルアス兄弟、貧困調査を行うデュクペクシオー（Ducpétiaux, Ed., 1804-1868）、ブリュッセルの統計データを作成するケトレ（Quételet, L. A. 1796-1874）などであった［1, p.101］が、影響された人々の多くは自由派の人々であった。カトリック派はそうした動きに反対し、自由派とカトリック派との連合は、財の共同体や女性の共有を主張する自由派の社会主義分子の活動によって敵対的関係をもつことになる。

ベルギーでは憲法によって出版の自由も、結社の自由も保障されていたが、実際には印紙税が高く、新聞は高価であり、結社の自由といってもサン＝シモニアンの集会には、必ず警察の監視がつき妨害活動を行っていた。そのため、当時の制限選挙から排除された下層市民、すなわち労働者たちは、真の結社の自由、直接普通選挙、教育の義務化、累進課税、相続権の制限などを求めて立ち上がることになる［1, p.139］。サン＝シモン主義の影響を受けた自由派の中から、こうした運動に呼応していく動きが出てくる。

一八三三年カッツ（Kats, J. 1804-1886）がブリュッセルで「友愛会」（Verbroedering）という労働者組織を結成する［1, p.146］。この組織の目的は労働者教育と民主主義の実現で、友愛会という名の示すごとく労働者教育協会に類似した組織であった。彼らの要求を見ると、労働者組織という点は別として、内容的には民主派の内容と類似したところがあることがわかる。カテキズム形式で書かれた『一八四四年のベルギー人民のアルマナック』（*Belgische Volksalmanak voor 1844*）には、要求項目として「（1）平等の原則、（2）普通選挙、（3）国家支出は富裕階級からの税金でまかなう、（4）すべての子供たちに国費で教育と生活維持を行う、（5）すべての市民の生存を国家が保証する、（6）労働の組織化、（7）すべての役人の責任明確化、（8）行政権と立法権の分離と行政権の立法権への従属、（9）出版、祭礼、意見、結社、商業の自由、（10）国家の利害を議論すべく、また政治義務と法をすべての市民に教えるための集会と結社の自由、（11）平和時の徴兵の廃止、戦時期の健康な市民の徴兵、（12）死刑や晒し刑の廃止、すべてが無償で行えるような平等な裁判員制度の組織化」［1, p.168］が挙がっていた。普通選挙、結社の自由、教育の義務化などからさらに市民の権利へと要求は拡張されているが、基本的考えは民主主義者と変わってはいない。

自由派の中から出てきた民主派は、自由主義の引き起こす経済的非民主主義である貧困を解決することを主題とするようになったが、その思想の根本にはサン＝シモン主義が強く影響していた。こうして自由派の中から社会主義に近づいた民主派が誕生する。ジョトランとデルアス兄弟が編集していた急進的新聞『ラディカル』（*Le Radical*）に掲載されたアレクサンドル・デルアスの『民主的カテキズム』（一八三八年）の中に、民主主義と自由主義の相違についてこう書かれている。「自由主義は原理的には個人の理性と富を尊重し、いわゆる劣等な階級へのブルジョワジーの支配を打ち立てるため、多数を喜んで支配し、特権的なカーストの支配力に服従させるために、こうした反社会的、曖昧な原理から出発している。言い換えれば、人間による人間の搾取とエゴイズムに到達する個人主義から出発しているのである」[1, p.177]。

こうして生まれた民主－社会主義組織（l'Organe démocratique-socialiste）の中心的な機関誌は、一八四四年から発行された『デバ・ソシアル』（*Le Débat social*）で、バルテルス、ジョトラン、デルアス兄弟、カッツなどによって編集された。この新聞は、一八三八年から一八三九年にベルギーにフーリエ主義を普及しに来たコンシデラン（Considérant, V.）の影響を受けていた。コンシデランは一八四五年再度ブリュッセルを訪れるが、その大会が組織され、そこにはロジエ、デュクペクシオー、ジョトラン、マインツ、デルアス兄弟なども参加していた［1, p.192］。『デバ・ソシアル』の中で、フーリエ大会でのデルアスの「アソシアシオンがエゴイズムやあらゆる闘争に取って代わり、連帯はすべての人々を結び、あらゆる利害を打ち破る。友愛は大地における神の支配である」［1, p.192］という記事が掲載された。

一八四七年までのベルギーの民主主義運動を形づくっていたものは、民主主義と社会主義の連合組織であり、思想的にはサン＝シモン主義、フーリエ主義であった。言い換えれば、自由主義者という表現はベルギーでは、社会主義者とも同義語であり、当然社会主義者という表現も民主主義者という表現と同義語であった。こうした状態は、社会主義者と民主主義者の共同戦線をつくり上げる効果をもっていた。一八四七年に結成される民主協会はまさにそうした混合組織であり、名前から単純に連想されるような中産階級の組織ではなく、労働組織や社会主義者を含む、多元的な組織であった。

(2) 民主協会

i　民主協会[4]

民主協会創設のきっかけは一八四七年九月二七日ブリュッセルで開かれた「労働者宴会」にあった。[5] この宴会の設定は『ブリュッセル・ドイツ人新聞』［2］の編集者でもあるボルンシュテット（Bornstedt, A., 1808-1851）によって、労働者の国際的交流を目的として組織された。一二〇人が参加（マルクスは不参加）したが、メリネ（Melinet, F., 1768-1852）将軍、ジョトラン、アンベール（Imbert, J., 1793-1851）、エンゲルスが中心となって宴会は進められていった［1, p.209］。その意味で、ブリュッセルのドイツ人労働者協会とは最初から深い関係をもっていた。

民主協会は一八四七年一一月七日、ブリュッセルの「メゾン・デ・ムニエ」（Maison des Meuniers）で結成される。組織の基礎はイギリスの友愛会（Fraternal Democrats）であり、世界中の友愛組織との連合を目的としていた。一一月七日演説したスピルトホールンは教会の目的を「あらゆる人民の連合と友愛」に置き、参加者は「地域、職業、身分に関係なく」自由に参加できるとしていた［6, p.41］。協会は秘密結社ではなく、ベルギーの憲法にしたがって保障されている結社であり、ベルギー各地や他の国あるいは同種の結社との提携も射程に入れていた。

民主協会の中心事務局員は、フランス人亡命者メリネ、ヘント（Gent、ガン）の弁護士スピルトホールン、ブリュッセル自由大学の教授マインツであったが、中核はベルギー人の民主派グループのジョトラン、カッツなどであった。会の中心は、議長一人、副議長二人、書記一人、会計一人、通訳四人であった。通訳がいるのは、この組織への参加者が多民族であったことを意味している。一一月七日の会議は、協会の規約の承認▼6をもって終了し、次回の会議は一一月一五日に設定され、そこで役職の選挙を行うことになった。

一一月一五日に開催された会議では役職の選挙が行われたが、議長には四七票を獲得したジョトラン、副議長には三七票のアンベール、三六票のマルクス、書記には三五票のピカール（Picard, A.）、会計には四五票のフンク（Funck）、通訳には三五票のポーランド人レーレウェル（Lelewel, J., 1786-1861）、三五票のドイツ人マインツ（Maynz, ., 1822-1856）、三三票のベルギー人のスピルトホールン、二五票のドイツ人ヴェールト（Weerth, G., 1822-1856）が選ばれた［6, p.46］。本部のメリネ将軍はヴォルフ（Wolff, W., 1809-1864）の提案で名誉議長になった。

民主協会の具体的課題は、フランドル民族運動の支援、スイスの民主運動、ポーランド独立運動であった。一一月二三日の第三回会議では「ブリュッセルで創設された、すべての民の友愛と連合を目的とする民主協会からスイス人へ」というアピールが採択されたが、それにはメリネ、ジョトラン、アンベール、マルクス、ボルンシュテットといった主要メンバーがサインした。さらにこのアピールは翌々日の三〇日にはドイツ人労働者協会で採択され、議長ヴァーラウ（Wallau, 1823-1877）、副議長のヘス、会計リーデル（Riedel, A.）、書記ヴィルヘルム・ヴォルフがサインした [6, 53f]。この点でも、民主協会の政策は、ドイツ人労働者協会の政策にも連動していた。また、他のブリュッセルにあった民主主義者の組織アグネーセンス（Agneessens）協会やアリアンス（Alliance）[7]、トゥルネ、リエージュ、ヘントの民主協会との連携も図ることによって、国内での連合を図り、さらに友愛会、フランスの民主主義者たちに呼びかけて、ブリュッセルで一八四八年民主主義者の国際会議を開こうとまで考えていた [6, p.57]。この意味でもブリュッセルの民主協会は、ヨーロッパの民主勢力の中心になりつつあった。このことは、一八四三年共産主義者同盟の本部がなぜブリュッセルに移ってきたのかという問題と密接に結び付いている。つまり、共産主義者同盟もブリュッセルを革命の当面の基地と考えたからである。しかし、革命後のベルギー政府の厳しい処置でパリへ移動せざるをえなくなる。

　民主協会の会議は、多民族の構成メンバーによって組織されたため、当初から言語上の問題を解決しなければならなかった。スピルトホールンはフランドル語とその他の言語の通訳を行ったが、彼はフランス語、ドイツ語、英語が堪能であったため、会議での言語上の問題はさほど障害にはならなかった [6, p.60]。こうした配慮があったことが、国際的連合が実現された理由であった。マルクスが民主協会で副議長を務めることができたのもそうした通訳がいたおかげである。共産主義者同盟のブリュッセル支部でも語学が堪能なジゴーやテデスコが参加しており、ベルギー人との連合を可能にしていた。

　一八四八年革命後の民主協会の立場は、一貫して平和路線であった。フランス革命への賞賛はしたものの、革命的態度という点では中立を守った。また、フランスのベルギーへの侵入という点に関しても、「フランスの新しい革命はわが国民にとって脅威となるはずはない」［1, p.64］という考えを堅持していた。ベルギーは遅かれ早かれ共和制にならねばならないという確信［1, p.68］が議長ジョトランにあったことが、こうした落ち着いた政策を採らせていた。これは、ブリュッセルに住むドイツ人会員についても言えることである。彼らの多くは革命騒ぎの中で蜂起を起こすといった行動よりも、大陸での革命の進展と民主化のために共産主義者同盟の本部の移動など冷静な処置を行っている。しかし、ベルギー政府の外国人に対する退去処置によって多くはフランスに行かざるをえなくなっていたが。

ただ、こうした民主協会の意図とは裏腹に、ある出来事が起こったことにより、民主協会は危機に立たされる。ある出来事とはリスコン＝トゥ（Risquons-Tout）で起きた事件で、民主協会のスピルトホールンなどが逮捕されたことである。フランスに亡命中のベルギー人ベッカー（Becker, F.）は、国王の追放と共和制の実現のためにベルギーへ侵攻する計画をパリで立てたが、これにスピルトホールンたちが関係していないかというものだった。確かに、革命後ドイツへの革命支援に赴いたボルンシュテットは民主協会の会員であり、そうした武装闘争に関連した会員がいないことはないが、マルクスをはじめ多くの会員はフランスにおいても徹底した民主闘争を支援していた。パリにいた二〇〇〇名のベルギー人が、国境間際で一〇万人に人数を増やし、リールやヴァランシエンヌからベルギー侵略を企てる動きはあったが、これに民主協会の中心的会員スピルトホールンが関係しているかどうかが問題であった。ジョトランが書いた『シャルル・ルイ・スピルトホールン――ベルギーにおける一八四八年の事件』［6］は、彼の無実を訴えた書物であるが、そこで民主協会の本来の活動から言って考えられないことであると説明されている。確かにそれは民主協会やベルギーの民主運動から見ても考えられないことであった。▼8 民主協会はジョトランの思想に見られるように共和制を願ったとしても、平和的に願ったにすぎないからであった。

ii　民主協会の思想とジョトラン

民主協会の方針は、その議長でもあり、ベルギー民主派の中心人物でもあったジョトランの思想にもっともよく体現されていると思われる。フェリックス・デルアスは「ジョトランは自由を人間の生命の原理つまり原則、もっと言うなら、社会の主体と考えていた」[3, p.14] と述べているが、彼は基本的には自由主義者であった。彼にとってベルギーがモデルとする国家はイギリスであり、一八三八年に出版した『ベルギー人民のモデルと考えられる、一八三八年八月六日のイギリスとアイルランドの人民アソシアシオン』[5] の中で、イギリスは平和革命の模範を示していると主張する [5, p.1]。ベルギーがこうした道を歩むには、結社の自由、集会の自由が保証されることが重要であるとし、ロンドンの労働者協会の設立に関心を示し、特権階級に限定された政治から、人民の政治への変革を進めるべきだと主張する [5, p.6f]。すでに彼はこの点で労働者の政治への参加を重要なものと考えていた。

民主主義の実現を労働者階級に求める彼は、労働者の側に立った政府への要求として次のように発言する。「労働者は富の唯一の源泉である。選挙の納税額を廃止せよ。徴兵制を廃止せよ。政治支出はとりわけ富裕階級の負担で行うべし。消費税は改革あるいは廃止せよ。相続は、傍系相続を開始することで相続の継承を禁止する方法で、進歩的な法に報いるべし。直接の相続人をもたない死亡者の財産は国家に帰属する。大土地所有は廃止する。資本と労働は結合する。労働者は工場、アトリエ、職場の管理に関心をもつべし。子供たちには人生の出発点で平等を打ち立て、国家の費用で養育するべし」[1, p.145f]。この主張は、富裕階級がますます太る遺産相続の改革、大土地所有の廃止や、労働者のためのアトリエの設置、国家による子供の養育の義務化など労働者階級の要求そのものを含んでいる。『共産党宣言』に見られる、相続権の廃止、土地所有の収奪、国有工場、子供の無料教育などと類似したものを含んでいる。

ジョトランの政治要求、すなわち民主派の要求が労働者ときわめて近いものがあったとしても、もうひとつの観点、国際的連合という観点はどうであったであろう。彼は、『アントワープからライン諸国を通ってジュネーヴ、スイス、サヴォア、ピエモンテ、マルセーユ、南西フランスを通って帰還』(一八四五年)の中で、ベルギー人、ラインのプロイセン人、バーデン人、スイス人、サヴォア人は、近隣諸国から自治を守る小国であり、自由な憲法をもち、ヨーロッパの未来像を形づくっていると書いている[3, p.158]。彼は、ヨーロッパには、ローマ的中央集権的思想と、ゲルマン的分権的自治思想があるが[3, p.166]、後者こそヨーロッパの本来の姿であると考える。その意味でイギリス、アメリカ合州国こそゲルマン精神の発展した姿であり、こうした国々の連合こそ民主主義の実現だと主張するのである。その意味で、ジョトランにとって国際的連合が意味をもつことになっていた。民主協会の国際的連合路線は、ジョトランの思想でもあった。

(3) 民主協会とマルクス

民主協会のきっかけをつくったのはもともとボルンシュテットであったため、最初からブリュッセルのドイツ人社会は、民主協会に深く関係していた。民主協会のドイツ人には三つの派があった。ひとつはマルクスを中心としたドイツ人労働者協会派であり、そこにはエンゲルス、ヴェールト、ヴィルヘルム・ヴォルフ、フェルディナント・ヴォルフ(Ferdinand, 1812-1895)が含まれていた。第二は、ボルンシュテットを中心としたクリュガー(Crüger, F., 1812-1857)、ルイ・ハイルベルグ(Heilberg, L., 1812-1852)のグループ、マインツ、モーゼス・ヘスなどがそれに当たった[16, p.2f]。労働者協会は一八四七年八月にできた組織であったが、三七人のドイツ人で構成され、ヘスやヴァーラウが議長であった[1, p.208]。

一八四七年九月に開催されたその前身の会議の際、マルクスはオランダのマーストリヒトの姉の家に行っており不在であったが、ドイツ人労働者協会の微妙な政権闘争の中、エンゲルスとボルンシュテットは牽制しあっていた。エンゲルスはマルクス不在の間、ジョトランにマルクスこそドイツ人の民主協会を代表するにふさわしい人物であると手紙に書いていた［17, p.170］。その結果、一一月の民主協会ではマルクスが副議長となる。そのジョトランは、マルクスについて後年次のように書いている。「マルクスに関して言えば、ベルギーの後彼を有名にする経済理論のプロパガンダなどはまったく行わなかった。彼はそこでまだ有名ではなかった。警察による彼の追放に対するベルギー人の弁護も、一般的な視点から見て、民主的意見を述べる亡命者に対するもの以上のものではなかった」［6, p. 48f］。マルクスは、すでに『哲学の貧困』を出版、「賃労働と資本」の講義を労働者協会で開いていたものの、民主協会のベルギー人にとって二五サンチームで販売されていた『自由貿易問題に関する論考』の著者にすぎなかった。しかし、当時の状況に関する限りこれは間違った見解ではない。

この自由貿易論の講演は、民主協会と自由派との関係にとっても重要な役割を果たした。マルクスが主張する論点、すなわち自由貿易の拡大によって資本主義が発展することが、封建制を崩し、そしてやがて真の意味での資本と賃労働との敵対を生み出すという主張は、自由貿易論を支持する自由派と労働者の保護を考える民主派および労働組織の戦略的な融和の可能性を意味していたからである。ラビオー（Labiaux）がマルクスの講演をフランス語、フランドル語で出版しようという提案し、パンフレットとして出版されていた［6, p.59］。

マルクスが民主協会で重要な役割を果たしたのは、一八四七年一一月末のイギリスの友愛会総会への代表を務めたことと、一八四七年暮の自由貿易問題に関する民主協会での講演とそれが民主協会の資金でパンフレットになったことであり、このことはドイツ人に対しても、ベルギー人に対してもかなり強いイメージを与えていたからである[9]。

マルクスは一八四七年一一月二九日にロンドンで開かれる友愛会に出席するよう民主協会の依頼を受ける。同じ日の会議で民主協会は、ディジョンの選挙宴会民主協会にエールを送ったフロコン（Flocon, F. 1800-1866）への感謝を述べていて、民主協会はその設立趣旨である民主主義者の国際的連携を積極的に押し進めていた[6, p.56]。しかしマルクスにとって、この会議への出席は共産主義者同盟第二回大会への出席をも意味していた。

この大会への出席は、共産主義者同盟の綱領作成という重要任務も帯びていたので、マルクスはパリにいたエンゲルスとその周到な準備をするためオーステンデで出会い、そこで何日かホテルに泊まって打ち合わせをする。この時マルクスは、ベルギー人テデスコと一緒にロンドンに向かった可能性がある(一八四七年一一月一四日のエンゲルスの手紙)。三人の落ち合う場所はオーステンデのクローヌ(Courone)ホテル、日取りは一一月二七日に設定された。そこでエンゲルスはカテキズム形式の綱領をやめ、『共産党宣言』という宣言形式にすることを提案する。

ここでベルギー人との関係で注目すべきは、テデスコである。テデスコがロンドンに行ったことは事実であるが、マルクスと一緒であったかどうかは確認されてはいない。しかし、少なくともテデスコがマルクスとエンゲルスにとってかなり親しい人物であったことがわかる。テデスコは、『共産党宣言』が出版されるとその直後に『プロレタリアのカテキズム』をフランス語で出版するが、その内容が『共産党宣言』に類似しているだけでなく、むしろフランス語圏では『共産党宣言』以上に流布することになるからである。もちろん、テデスコは民主協会の会員であった。

ロンドンに着いたマルクスは、一一月二九日の「民主友愛会」の会議に出席している。[10] そこでマルクスは次のように発言する。「諸国民の協調と友愛は、すべての党派、とりわけ自由貿易主義のブルジョワが今日利用している表現である。実際あらゆる国民のブルジョワ階級には一種の友愛が存在する。それは専制者の被搾取者に対抗する友愛である」[17, p.188]。ここでマルクスは、このように世界中のブルジョワ階級が手を結ぶ以上、人民階級もお互いに手を結ぶべきであると主張する。「人民が真に協調するためには、彼らの利害を連帯化する必要がある。彼らの利害を連帯化するためには、現実の所有条件を打ち崩す必要がある。なぜならそれが人民大衆の搾取を意味しているからだ。労働者階級の直接利害もまた現実の所有体制を打ち崩すことにある。労働者階級こそそれを行う手段をもつ唯一の階級である」［17, p.188］。マルクスの意図は、ブルジョワの連帯に対して、世界の人民がすべて連帯化することと、そしてその中心には労働者階級が立っていることを強調することで、彼の所属する労働者協会および共産主義者同盟と民主協会との連帯を主張することであった。

続いてエンゲルスは、「ある民族は他の民族を抑圧すると同時に自らを解放することなど不可能である。ドイツの解放は、ポーランドがドイツのくびきから解放されることなく実現できない。だからドイツとポーランドは共通の利害をもっている。こうしてドイツの民主主義者とポーランドの民主主義者はそれぞれの民族を解放するために力を合わせることができるのである」［17, p.189］と述べたが、彼はここで人民の解放は国際的な意味での相互の解放であることを述べ、国際的な連携を強調していた。マルクスの発言は、ベルギーの『ブリュッセル新聞』［*Le Journal de Bruxelles*］でのアドルフ・バルテルス（Bartels, A., 1802-1862）の批判を生み出した。それは、ベルギーの民主協会の代表としてこともあろうにドイツ人が出席したことへの批判であった［17, p.190］。これはまさに、民主協会の連帯そのものの本質を問いかねない批判であった。ブリュッセルにあるがゆえにベルギー人のための民主協会だというならば、確かにバルテルスの言う通りである。ブリュッセルにはそうしたことを言うフランドル民主主義者などがいたので、彼らを刺激するには充分であった。しかし、マルクスは『ブリュッセル・ドイツ人新聞』ですぐにこれを批判する。それは、民主協会はブリュッセルにあるものの、さまざまな民族の寄せ集めであり、ただブリュッセルにあるだけにすぎないものので、また民主協会の意義はその点にあったはずである［12, Bd. 4, 420］と。ジョトランを中心としたベルギーの民主主義者は、その意味でマルクスを支持していた。しかし、こうしたマルクスの主張は、皮肉なことに一八四八年の革命によって崩壊する。

マルクス等外国人と民主協会の密月のクライマッ

クスは、一八四七年の大晦日のパーティーであった。労働者協会の会合場所であったグラン・プラスの『白鳥亭』(Au Cygne)で開かれたパーティーには民主協会の人々一三〇人が集まった。イェニー・マルクスが詩を読み、オーケストラが演奏した盛大な宴会は、翌年の革命の騒乱がまったく嘘のような平和なものであった。

二 民主協会と共産主義者同盟

(1) ブリュッセル労働者協会

一八四七年三月末に創設されたブリュッセル・ドイツ人労働者協会は、マルクスとエンゲルスの共産主義通信委員会が、共産主義者同盟のブリュッセル支部になり、それを引き継ぐ形で成立した組織であった。この組織は、ブリュッセルでは公の組織であったが、『ブリュッセル・ドイツ人新聞』にも詳しく掲載されているわけではない。民主協会の予定が毎回掲載されているのと比べるとこの違いは特徴的である。労働者協会は週二回の会議をもっていたが、それはロンドンの同種の組織、教育協会と同じように労働者の教育と、家族の交流を目的とした組織であった。毎週日曜日には女性も参加し、詩の朗読会などを行ったが、水曜日にはマルクスが「賃労働と資本」に関する講義を行うなど政治・経済問題の勉強会を行っていた[1, p.208]。

労働者協会の内容については、ヴィルヘルム・ヴォルフが一八四八年二月の革命の余波で逮捕された際、押収された資料から知ることができる。押収された資料には、ブリュッセルのドイツ人労働者協会の名簿があった。これを見ると、マルクス、ベルギー人ジゴー、議長ヴァーラウ(『ブリュッセル・ドイツ人新聞』の印刷者)、W・ヴォルフ、F・ヴォルフ、副議長のヘス、フランス人のアンベール、ボルンシュテット、ボルン(Born, S., 1824-1898)、『哲学の貧困』の出版者フォークラー(Vogler, C., 1820-?)などの名前がある[9, S.105]。総勢九一名である。ここにはパリに滞在していたエンゲルス、テデスコなどの名前はない。労働者協会自身、人目を避ける秘密結社ではなかったが、メンバーが誰であるかについては秘密にされていた。だから労働者協会の機関紙である『ブリュッセル・ドイツ人新聞』にも、詳しく紹介されているわけではない。

労働者協会は一八四七年九月二七日のボルンシュテットの企画になる国際的集会の後、国際的な民主主義の組織を形成するという方向に進む。民主協会への接近は、ロンドンにおいて共産主義者同盟が友愛会や、チャーティストに接近したのを政策的には受けていた。この戦略は、共産主義者同盟のカモフラージュというよりも、共産主義者同盟の戦略がブルジョワ革命実現のための民主主義者の連帯、国際的な連帯であったことによっていた。ブリュッセルには共産主義者同盟と連帯できる民主主義者の組織はなかったが、九月の集会が機縁となって、民主協会ができあがり、それが共産主義者同盟の連帯相手となった。

こうしてブリュッセルの労働者協会と民主協会、ロンドンの共産主義者同盟と友愛会という連帯が、一八四七年一一月末の友愛会と民主協会との連帯を生み出すと同時に、ロンドンの共産主義者同盟による『共産党宣言』の共同執筆をつくり出す。もちろん、『共産党宣言』に関して、ロンドンの本部は各地域の支部からの内容に関するコメントを集めていたが、シャパー、エンゲルス、マルクスというライン、すなわちロンドンとブリュッセルのラインでの執筆方向へと向かった。マルクスは、一二月の共産主義者同盟の中央委員会で執筆依頼を受け、ブリュッセルにすべての資料をもち帰り、こうした戦略を見据えながら、『共産党宣言』の執筆に取りかかる。

労働者協会と民主協会の密月の頂点は、一八四七年一二月三一日の大晦日のパーティーであった。そのパーティーの状況を追っていくと次のようであった。

労働者協会の議長ヴァーラウの演説の後、マルクスが民主協会に乾杯し、ベルギー人の絶対主義批判への努力の評価と自由な議論のできる憲法、結社権をヨーロッパに広めることを主張する（一月六日［2］）。それに対して、民主協会のピカールはブリュッセルのドイツ人が民主社会実現で果たした役割を賞賛し、ドイツ人労働者協会に乾杯する。そして、ポーランド人のレーレウェルが立ち上がり、ドイツの民主化への共感と現在のポーランド抑圧への嫌悪を示す。その後ボルンシュテットが国際的連帯こそ革命をもたらす道であり、ボルンシュテットの『ブリュッセル・ドイツ人新聞』こそ、プロレタリアートの期待を表現する新聞であることを述べ、また、ドイツ人労働者協会と深い関係にあるジゴーが、イギリスの『ノーザン・スター』(*The Northern Star*)、フランスの『レフォルム』について述べる。翌日の一月一日アントワープからアメリカへ旅立とうとするユンゲ(Junge, A., 1817-?)は、ヨーロッパで革命が起きれば、すぐに帰ってくることを誓う。

この記事を書いた『ブリュッセル・ドイツ人新聞』は、「したがって、新年の夜の宴会はさまざまな地域の民主主義の友愛と強化を進歩させた」と述べ、ドイツ人労働者協会と民主協会の密月を高く評価する。宴会は、舞踊と歌唱といった貴族的なスタイルで朝の六時まで続いた。最後にモーゼス・ヘスが参加した女性に礼を述べ、今後こうした運動に女性が増えることを期待するという発言を行う。この夜会から言えることは、民主協会と労働者協会の連帯が強化された反面、一方で労働者協会と言われるものの実態が、ブリュッセルに住むいわゆる労働者の状態からかなり離れたものであったことである。ここには、いわゆるペーベル(Pöbel)と言われる、ルンペン・プロレタリアは参加してはいなかった。『ブリュッセル・ドイツ人新聞』は、彼らが参加したら、階級対立が無くなったことを見ることになるだろうと述べているが、舞踏会とルンペン・プロレタリアが調和するとも思えないし、この運動にそうした人々の本当の意志が貫徹しているとも思えない。しかしながら、マルクスやボルンシュテットが当時展開していた共産主義者同盟の実体に、こうした貴族的な部分があったことは否定できない。しかも、こうした貴族的部分こそ、『共産党宣言』を形づくる、国際的民主連合と、ブルジョワ革命であることも否定できないのである。

マルクスは、そんな中、一月九日に民主協会で国際経済学について講演する。この講演が「自由貿易問題について」であった。これが、民主協会の資金でパンフレットになったことはすでに見たが、ベルギー人の民主主義者との関係は悪化しつつあった。まず、一八四八年の政治状況の変化である。ベルギー政府は、すでにプロイセン政府の働きかけによってドイツ人の追放を模索し始めていた［1, p.209］。『ブリュッセル・ドイツ人新聞』のドイツへの流入の阻止、さらにはドイツ人労働者協会の関係者の追放が企てられていた内容であった。もちろん、ベルギーの憲法では外国人の追放は簡単に行うことはできなかったわけで、ドイツ人への締め付けにすぎなかった。問題はジョトランとマルクスの思想的な対立が明確になり始めたことであった。ジョトランが、『デバ・ソシアル』（一八四八年一月一六日）でジェズイットや絶対王政の支持者に対しても自由を守るべきだと主張したことに対し、マルクスが「一度に二人の主人に使えることはできない」（一月二〇日［2］）と厳しい批判をしたことで亀裂が始まる。ジョトランの発言は、民主協会がベルギーの政治状況を優先して、本来の民主協会の目的である国際的戦略を反古にしているのではないかという印象を外国人に与えることになった。ベルギーの民主主義者がイギリスのような民主化を目指して、国内でのコンセンサスを取ろうという政策への転換を図ったことは、マルクスたち外国人にとっては民主協会への不満となって現れる。一八四八年の二月一七日『ブリュッセル・ドイツ人新聞』は、ロンドンの労働者教育協会が民主協会と労働者協会を同じように扱っていることに抗議する。つまり「ドイツ人労働者協会の個々の会員は協会員としてではなく、個人として民主協会の設立に参加したのであり」［2］、労働者協会が主催した九月のパーティー以前に労働者協会は骨格も会員もできあがっていたと主張するのである。しかも、こうした方針はボルンシュテットの一存で決められており、労働者協会を弱め、解体するために彼が行ったことであるとまで主張していた。

この主張はマルクスとジョトランとの思想的分離以後に起こったことで、一二月三一日の密月のことを考えると、この主張には牽強付会なところがある。民主協会に接近したことは労働者協会にとって本来の趣旨だったはずであり、問題はベルギー問題に限定されていることが不和の原因であったはずであるが、ここでは民主協会との関係自体が誤りであるとされている。マルクスやエンゲルスが民主協会に入ったことは、そもそも共産主義者同盟の戦略だったはずである。

こうした主張の根拠は、確かに民主協会の思想対立が原因であったが、ヨーロッパにおける一八四八年からの事態の変化が亀裂を大きくさせていた。二月二二日、一八四六年二月一六日のクラクフの蜂起二周年で盛り上がる民主主義者の運動に対する政府の警戒感がそれであった。ここで、マルクスは共産主義者とは階級の廃止と階級差別の廃止を望むことであり、その意味では民主主義の実現は階級差別をなくすことである［12, Bd. 4, S.520］と述べる。あらゆる地域でそれぞれの共産主義者がおり（民主主義者のことではあるが）、権力者はそれを怖がっていると。『共産党宣言』の冒頭に出てくる「共産主義者の亡霊」とはまさにこの民主主義運動（共産主義運動）のことである。ベルギー政府もこの動きに警戒感を強め、そうした警戒を避けたい民主協会の動きと労働者協会の動きが対立することになっていた。しかし、内容的には民主協会も労働者協会もともにヨーロッパ全土への共産主義（民主主義）の普及を意図しており、民主主義と国際的連帯という点では、依然として両者は共通していた。

『共産党宣言』には、民主協会と労働者協会の融和を示す内容しか書かれていない。それはマルクスが二月初めに書き終えていたためであるのか、あるいはマルクスはブリュッセル問題を『共産党宣言』の中に入れることを避けたのか、不明である。しかし、もし民主協会が自国の利害に関心をもつ限り、『共産党宣言』四章に書かれている民主諸党との連帯は意味を失うはずである。

二月二四日パリでの革命が起こると、ブリュッセルではドイツ人の追放が画策される。マルクスも結局それから逃れることはなかったし、民主協会もそれを救う手だてがなかった点では、労働者協会と民主協会との関係は終わっていたのかもしれない。しかし、マルクスの追放についてはジョトランたちがマルクスの名誉回復のために骨を折ったことを忘れてはなるまい。

(2) 一八四八年革命と民主主義思想

i　デ・ポッターと一八四八年革命

パリの二月革命の話は、すぐさまブリュッセルに届く。革命に対して、ベルギー人はどう対応するかが問題となるが、一八三〇年のベルギー革命の英雄デ・ポッターは大急ぎで『何をなすべきか。もはやためらわず行動すべし』〔14〕というパンフレットを三月一日出版する。この中で彼は、すでにある程度の自由が達成されているベルギーでは、「立法権力を通じて、憲法で予告されているやり方で、法的に、革命を行わず、基本的な法のあれこれの規定を修正したり、変容したり、廃止したり、別の方に置き換えることができる」〔14, p.3〕と主張する。「わが国の隣の国では暴力的に王朝を倒し、その政府の形態を変えた――われわれにも同じことをする理由があるだろうか」〔14, p.4〕と問を立て、その必要性のないことを証明していく。すでにベルギーは一八三〇年その可能性がありながら、立憲君主国に留まったのであるが、現在そこから出発したとしても、革命には否定的であるべきだと彼は主張する〔14, p.5〕。こうして、憲法が許す、以下の範囲内での改革を行うことを提言する。「二五条、すべての権力は国民のものである。一八条、出版は自由である。一九条、ベルギー人は穏やかな集会をもつ権利がある。二〇条、ベルギー人は結社の権利がある。二一条、それぞれ、一人もしくは何人かのサインによって誓願を当局に出す権利がある」〔14, p.7〕。

こうした思想は、ブリュッセルの民主協会の思想でもあった。ジョトランは、リスコン＝トゥでの事件に関してスピルトホールンの弁護をするが、その中で、民主協会と暴力的革命路線がまったく相反するものであることを主張している。パリの革命の報せを最初にブリュッセルにもってきたのはホンペッシュ（Hompesch）であったが、ジョトランは彼の弁護士であり、第一報を知る。彼は二月二八日に開かれた民主協会でブリュッセルの秩序を警察とともに維持し、憲法に則って改善することを決議する〔6, p.63〕。フランスとイギリスの間で中立的な立場を取ることが民主協会の立場となり、スピルトホールンはその折衝のためにパリに派遣されることになった。もちろん、ジョトランも王が廃位することでベルギーも共和制へと変わるであろうという前提で考えていた。

この点ではマルクスたち労働者協会も暴力革命には否定的であった。ブリュッセル警察は、民主協会の期待を裏切って、マルクスたちドイツ人を武器所持などで不当に逮捕、追放したが、これはマルクスが語り、またジョトランが弁護しているように根も葉もないでっちあげであった。エンゲルスは、一八四八年九月三日の「アントワープの死刑判決」の中で、この時死刑判決を受けた（後に減刑されるが）民主協会の名誉議長メリネ将軍、労働者協会にも関係していたテデスコに対して、民主主義者がそうした武装蜂起を企むはずがないことを主張しているが[12, Bd, 5, S.380]、マルクスとエンゲルス自身、パリでドイツに侵入して武装蜂起を促そうとしていた一団へルヴェークやヴェールトの「ドイツ軍団」の行為と敵対していたわけで、その言葉には一貫性がある。その後、マルクスとエンゲルスがケルンで行った『新ライン新聞』の発刊と労働者協会、共産主義者同盟の活動は、フランクフルト国民議会での選挙への支援だったことを考えると、ベルギー人民主派との類似性がはっきりする。しかも死刑判決を受けたテデスコとはその後も連絡を取り合っているのだ。

ii　テデスコ

テデスコは、『共産党宣言』の成立史の中でなぜか忘れられた重要人物の一人である。[▼11] テデスコがマルクス、エンゲルスとともに一八四七年暮にロンドンに行ったことはすでに述べたが、この三人の関係について詳しく触れているのはベルギーの文献しかない。テデスコはトリーア近郊のルクセンブルグの生まれで、父親はマルクスの父親と同じ弁護士であった。マルクスとテデスコは、『共産党宣言』では奇妙な結び付きをもっている。それは、『共産党宣言』をロンドンに届けたのはテデスコではないかという説もあるからである[4, p.6]。印刷所へ届けたのはフリードリヒ・レスナー（Lessner F., 1825-1910）

であることは彼の回想録からわかるが、[12] ブリュッセルからロンドンまでの『共産党宣言』の輸送経路は今までわかってはいない。

テデスコは、一八四八年三月ブリュッセルに届けられた『共産党宣言』をフランス語へ翻訳する。しかし、三月二九日のリスコン=トゥ事件の容疑で逮捕され、この翻訳は未完に終わる[8, p.415]。彼の『共産党宣言』との関係はこれで終わるのではない。なぜなら彼が獄中にいる一八四八年一二月に彼の手になる『プロレタリアのカテキズム』が出版されるからである。この冊子が書かれたのは、一八四七年一一月マルクスとエンゲルスとともにロンドンへ向かった時であろう。その理由は、その形式がカテキズムであり、これは一二月の共産主義者同盟に提出される『共産党宣言』の草案のひとつであったと考えられるからだ。

『プロレタリアのカテキズム』はリエージュで『人民』の編集委員会の手によって出版された。内容は、三四のカテキズム（問答）で構成されている。形式もエンゲルスの草案ときわめて似ている。たとえば「1．問－諸君の職業は何であるか。答－私はプロレタリアである、もしもっと別の言葉で言いたければ労働者である。2．問－プロレタリアとは何か。答－プロレタリアとは毎日の生活の中で、今日の充分なものをもたず、明日もきっともたないそんな人間である。労働によって豊かになるこの社会で何も受け継ぐこともなく、主人がいなければパンももたない人間である。3．問－諸君は奴隷か。答－黒人は人間奴隷である。プロレタリアは資本の奴隷である。4．問－プロレタリアの奴隷制はいかに説明されるべきか。答－プロレタリアにとっては、労働がなければパンはないし、道具がなければ労働もない。したがって、現実の社会組織の中で、道具は労働に近寄りがたい価値であり、また労働者を搾取するために必要な資本を表している。5．問－豊かな階級の支配は労働の抑圧だけに限られるのか。答－いやそうではない。支配は労働者であろうと、市民であろうと、人間すべてに及んでいる」[4, p.670]。（資料編参照）

こうした資本の支配体制を覆すにはどうしたらい

いのかという点に関しては、デ・ポッターと同じように普通選挙による政治権力の変化しかないということを主張する。もっともこのことは、共産主義者同盟の草稿、『共産主義者の信仰告白』（一八四七年六月）、『共産主義者雑誌』の論稿（一八四七年九月）、イェートレックの『プロレタリア階級と真の共産主義による彼らの解放について』（一八四七年一〇月）と比べて、特段変わっているところはない。方向としても、エンゲルスの『共産主義の原理』（一八四七年一一月）や『共産党宣言』とも変わっているところはない。違うところがあるとすれば、後の二つの文献が経済的な分析によって社会変化を明確に描いていることであろう。その意味で、テデスコのカテキズムは一八四七年一一月以前のものだと思われる。しかも、こうした主張はベルギー人の民主主義者の考え方に非常に近いと考えれば、こうした案はベルギーの民主協会の影響を受けた草案であった可能性もある。

テデスコは最後に、こう結んでいる。「諸君の労働と同じように、やむことのない諸君のプロパガンダは、結局諸君の苦しみを反映しているのだ。主人のために使い尽くすこの労力は、プロレタリア諸君の労力の助けとなるはずだ。主人への労働と解放への労働の聖なる分かちがたい結束によって、「民主的、社会的共和国」が実現されるだろう」[4, p.671]。ここで、テデスコは、労働の搾取を受けながらも、根気強く運動を続けることによって解放される時が来ることを主張しているのだが、遠い将来の「共産主義」というものを射程に入れるならば、こうしたスタンスは『共産党宣言』とそんなに違っているわけではない。

結語

本章は『共産党宣言』に盛り込まれている思想の淵源として、ブリュッセルの民主協会に集まったベルギー人の民主主義者を取り上げてきた。彼らの最大の貢献は『共産党宣言』の中に盛り込まれている、民族を越えた国際的連帯と政治的権利を剥奪されたプロレタリアートの歴史的使命を考察する場を現実的に与えたこと、さらには、思想的にもこうした立場を受け入れ、さらにテデスコやマルクスなどを通じて、『共産党宣言』に盛り込むことを可能にしたことである。もちろん『共産党宣言』はロンドンの共産主義者同盟の、さらにはロンドン友愛会などを含めた広い民主組織の協力の上につくられたものであって、ベルギー人の影響もそのひとつにすぎない。

しかし、ベルギーの首都ブリュッセルに住むマルクスが、『共産党宣言』を執筆することになったことで、ブリュッセルにおけるドイツ人労働者協会と民主協会の影響力を必然的に高めることになったことは事実である。シャパーを中心とするロンドンの共産主義者同盟に対して、マルクス達ブリュッセル支部が、パリやハンブルクなどの大きな支部以上に大きな力をもちえたのは、労働者協会と民主協会の力によるからである。しかも、その中に、ベルギー人、フランス人、ポーランド人、さらには有力者が入ることによって、ブリュッセル支部の力は、共産主義者同盟の中でロンドン支部に迫る勢いであった。

その意味で、『共産党宣言』とベルギー民主主義者との研究がきわめて少ないということは、『共産党宣言』の内容理解に大きなマイナスとなっていると思われる。『共産党宣言』は、圧倒的多くがドイツ人である共産主義者同盟の偏狭な世界にのみ向けられた宣言ではなく、広くヨーロッパ世界の民主的組織に向けられた宣言だったからである。しかも、あえて共産党という名前が書かれている理由はそこにある。一八四八年の革命によって、実際にはこうした組織の実現計画は崩壊せざるをえなくなり、さらには民主的組織と共産主義的組織との連携も不可能になったとしても、少なくとも一八四八年初めの時点では、そういう民主糾合組織として共産党が意義付けられ、『共産党宣言』はそのための綱領であったからである。

注

▼1　ブリュッセルとマルクスとの一般的な関係については拙稿［19］を参照。またマルクスがブリュッセルに来た理由、追放された理由については拙著［18］を参

照。

▼2 ケルンでは一八四六年に、税の納入額によって三つの階級に分かれた選挙が行われた。税の最低額は年四〇〇ターレルで、八万人のケルンの人口のうちそれに該当するのは二三〇四人にすぎなかった［15, p.39］。

▼3 一度撤退したオランダ軍は、再びブリュッセルを占領するが、九月の市街戦で二五七人の労働者が死亡した［1, p.27］。

▼4 民主協会に関する資料は、リスコン＝トゥ事件の裁判についてジョトランが書いた文献［6］の中にある。完全な復元ではないが、規約や会員について詳しく書かれてある。

▼5 九月二七日の宴会については『ブリュッセル・ドイツ人新聞』［2］九月三〇日号に詳しく掲載されている。

▼6 規約にサインした人物は、メリネ将軍、アンベール、スピルトホールン、クリューゲル、マインツ、ボルンシュテット、ハイルベルグ、カッツ、ボルン、マルクス、レーレウェル、ヴェールルト、テデスコ、ヘス、フンク、ジゴーなどであった［6, p.44f］。

▼7 アリアンスは、一八四〇年に創設された自由派のクラブで一〇〇〇人の会員を抱えていた。政策として選挙権を獲得するための税金引き下げ、労働者階級の状態の改善、印紙税の低減などを掲げ、一八四六年に自由会議を主催する［1, p.215f］。

▼8 この裁判の判決は、三二名の被告のうち一七名が死刑というものであった［12, Bd. 5, S. 379］。後に減刑されている。

▼9 マルクスと民主協会との関係については、従来マルクスは民主協会を利用していただけという解釈が主流であるが（たとえばソマーハウセン［17］）、積極的な関与についても検討する必要があるであろう。比較的最近出版されたマエスハルックの文献［11］もソマーハウセンをそのまま受けている。

▼10 ロンドンの友愛会の会議について、『ブリュッセル・ドイツ人新聞』［2］は一二月九日号、一二月一二日号で詳しく書いている。ネトラウの文献［13］はマルクスとエンゲルスのロンドンでの活動を詳細に調べている。

▼11 テデスコと『共産党宣言』の関係について詳しく触

れている文献には、ガスパー［4］とカイペルス［7］の文献がある。

▼12 レスナーは次のように述べている。「『共産党宣言』は一八四八年に印刷所に入った。『共産党宣言』を受け取るやいなや、パリの二月革命の知らせが届いた」［10, p.14］。

文献（引用［1, p.2］は文献1の2頁を意味する。またドイツ語の頁はSである。）

［1］Bertrand, L., *Histoire de la démocratie et du socialisme en Belgique depuis 1830*, Bruxelles, 1906.

［2］*Deutsche-Brüsseler-Zeitung*, 1847-1848, Bruxelles, 1981.

［3］Delhasse, F., *Ecrivains et hommes politiques de la Bélgique*, Bruxelles, 1858.

［4］Gaspar, A., Le Manifeste du parti communiste et le catéchisme des Prolétaires de Victor Tedesco, *Socialisme*, 41, 1960.

［5］Jottrand, L., *L'Association du peuple de la Grande-Bretagne et de L'Irlande, au 6 aôut 1838, proposé pour modele au peuple Bélge*, Bruxelles, 1838.

［6］Jottrand, L., *Charles-Louis Spilthoorn, événements de 1848 en Bélgique*, Bruxelles, 1963.

［7］Kuypers, J., La Condition de Victor Tedesco à l'elaboration du Manifeste communiste de1848, *Socialisme*, 61, 1964.

［8］Kuypers, J., Les Liens d'amitié de Karl Marx en Bélgique (1845-48), *Socialisme*, 58, Bruxelles, 1963.

［9］Kuypers, J., Wihelm Wolff und der Deutsche Arbeiterverein（1847/48）in Brüssel, *Archiv für Sozialgeschichte*, III, 1963.

［10］Lessner, Fr., *Sixty years in the Social-Democratic movement*, London, 1907.

［11］De Maesschalck, *Karl Marx in Brussel (1845-1848)*, BRT, 1983.

［12］*Marx-Engels-Werke*（『マルクス・エンゲルス全集』）

［13］Nettlau, M., Zur Marx' und Engels Aufenthalt in London, Ende 1847, *Archiv für die Geschichte des Sozialismus und der Arbeiterbewegung*, 8, 1919.

［14］De Potter, *Que faut-il faire?, pas plus hesiter que s'agiter, mais agir*, Bruxelles, 1848.

［15］Seyppel, M., *Die Demokratischen Gesellschaft in Köln 1848 /*

49, Köln, 1991.
〔16〕Sartorius, F., L'Association démocratique (1847-1848), *Socialisme*, 135, 136, Bruxelles, 1976.
〔17〕Somerhausen, L., *L'Humanisme agissant de Karl Marx*, Paris, 1946.
〔18〕的場昭弘『パリの中のマルクス』御茶の水書房、一九九五年
〔19〕的場昭弘「ブリュッセルとマルクス」『都市と思想家』I、法政大学出版局、一九九六年
〔20〕的場昭弘「『共産党宣言』とは何であったのか」『経済と社会』時潮社、一二号、一九九八年（本編第二章）

第四章　『共産党宣言』の出版史

執筆時期

『宣言』の出版史は謎に包まれている。その理由は、出版されたちょうどその頃、一八四八年革命が起こったからである。革命の混乱、そしてその敗北の中、『宣言』は忘れ去られ、いつ執筆されたのか、いつ出版されたのか、どれが初版であるのかも不明になってしまった。このことは執筆者であるマルクスとエンゲルスの記憶に関しても同じである。彼らも正確なことは記憶していなかった。

一八四七年の暮までに二つの草案があった。ひとつはエンゲルスの『原理』もうひとつは『信仰告白』である。これを最終的にまとめる作業をマルクス一人が受けた（二人という説もある）のはロンドンでの共産主義者同盟の会議においてであった。マルクスは一一月末ロンドンに来たのだが、公の目的はその少し前にできたブリュッセルの民主協会の副議長としてロンドンの友愛協会で演説をするためであった。

同盟の会議にはブリュッセルからテデスコ、パリからはエンゲルスも参加した。そこでカテキズム形式ではなく『宣言』として一八四八年の一月末までに書き上げることが約束されたようである。

マルクスは家族の金銭的な問題もあり短い滞在でブリュセルに帰った。マルクスの『宣言』につらなる文脈から言えば、マルクスは一八四七年に『哲学の貧困』をフランス語で出版し、ブリュッセルのドイツ人労働者協会に参加し、さらには『ブリュッセル・ドイツ人新聞』の編集にも参加していた。そして民主協会の副議長。しかも、共産主義者同盟の宣言を起草する仕事を受けている。かなり多忙であったはずだ。しかもこの頃二つの講演を行う。ひとつは後に『賃労働と資本』という形でまとまる一連の講演会、もうひとつはブリュッセルで開催された自由貿易に関する講演であった。そのためにいくらか勉強する必要があったと思われる。

マルクスは執筆に当たってこれまでの関連する資料をすべて借り受け、それを基に検討を進めたはずだ。そこにどんな資料があったかは不明だが、やがて執筆の遅れから、二四日共産主義者同盟本部から、執筆できないなら一月までに資料を返すようにという命令が行く。ということは一月半ばにはまだ『宣言』は完成していなかったということがわかる。

ちょうどその頃エンゲルスがフランスから追放されブリュッセルに来る。『宣言』の執筆がまだほとんど進んでいなかったとすれば、二月ブリュッセルに来たエンゲルスと二人で執筆したことになる。もっともエンゲルスは『原理』をすでに執筆していたが、一二月の会議でこの『原理』が否決されたことから、主たる執筆者がマルクスでなければならないことは確かであった。

一月にすでにある程度執筆が進んでいたとすると、二月にはすでに完成していたということになる。研究者の間では大方この頃であろうということで意見は一致するのだが、問題はその原稿がいつロンドンに送られ、いつ印刷されたかということである。これは執筆時期によって大きくずれてくる。二月二二日にパリで革命が起こる。この執筆はこの革命の前か後ろであったかによっても内容の受け取り方が微妙に違ってくる。

内容的に直接革命と関係するところは第四章である。第四章は現在共産主義者がいかなる行動をすべきかという問題を民族別に扱っている。エンゲルスの『原理』にもある部分であるが、一八四八年革命以後の共産主義者同盟の動きを指し示したものであるのかどうか。内容的にはドイツの部分が重要であろう。ここでは二段階革命論が展開されるが、直接二月革命の影響を受けたのかどうかは、はっきりしない。

初版の出版

初版とされているブルクハルト版の扉にはどこで印刷されたかが明記されている。場所はロンドン、印刷所は労働者教育協会のブルクハルトのオフィス、リバプールストリート四六番である。しかしトマス・クチンスキーによるとこの住所にブルクハルトなる印刷所はないということである。当時検閲のない国で印刷所を隠す必要はないのだが、これは『宣言』の初版の不可思議な問題と関係しているのかもしれない。この印刷所は組版だけでどこか他の場所で印刷された可能性もあるからである。

ブルクハルトは『ロンドンのドイツ人新聞』の印刷者でもあり、これはリバプールストリートではなく、別の場所で印刷されていた。とすると組版をこの別の場所で印刷した可能性もある。だからこそ『宣言』は単行本のパンフレットとして出版されると同時に、この新聞に掲載されたとも言えるわけである。一八四八年の『宣言』は二月末から三月初めにかけて印刷されたと思えるが、初版と言われるものは二三頁のものである。しかし、長い間初版と言われてきた三〇頁の版と、この『ロンドンのドイツ人新聞』に三月に掲載されたものが同時に存在しているのである。

『ロンドンのドイツ人新聞』で印刷されたのなら新聞に掲載されたものは同じものを組み直したものだと言うことができる。二三頁のこのブルクハルト版は印刷ミスの多さから初版であると言われている。この版にはそのミスを修正した版もあり、おそらく少しずつ印刷され、少しずつ訂正されていったものと思える。三〇頁の版のタイトル頁にも同じように、印刷所は労働者教育協会、ブルクハルトのオフィス、リバプールストリート四六番と書かれ、しかも一八四八年という年号もある。しかしこの版には刷りの違いを示すバリアントがない。一度しか刷られていないということがわかる。この二つのどちらが初版であるかについては長い間議論されてきた。最近では二三頁のものを初版とすることが多い。しかし完全に決定されたというわけでもない。こうした誤解が生じるのは、これがすべて同じ場所で刷られたことによる。組版を変えながら急いで、大量に刷られた可能性があるからである。

ところで初版と紛らわしいものに、二四頁のヒルシュフェルト版というものがある。これにはフィンズベリーストリート四八番の英語・外国語の印刷所、ヒルシュフェルトで印刷されたとある。これはかつて初版と言われていたものであるが、最近ではこの印刷屋が一八五〇年代以降にできたものだという証拠により、初版からは完全にはずされている。このヒルシュフェルトはマルクスの著作『フォークト氏』（一八六〇年）を出版している。また一八五〇年にはマルクス自身、ロンドンで刊行された自らの編集する『新ライン新聞——政治経済学雑誌』に第三章を転載したこともある（一八五〇年五－一〇月）。

『宣言』はどれだけ印刷されたのか、一〇〇〇部であったという説と数千部であったという説がある。前者は印刷費用にかかった額が五ポンドであまり多くはなかったということが根拠であるが、各地域へかなり大量に送られていたとなると、数千部刷られたという方が正しいのかもしれない。しかしながら、世界に残る残存部数の少なさはある意味異常なほどで、『宣言』はめったに市場に出ない書物と言っていいのである。一〇年以上前の市場では二〇〇〇万円近くの値を付けていた（古書肆雄松堂のカタログ）。世界の主要図書館といえども『宣言』をもっているところは少ない。日本では慶応大学の三田の図書館だけである（これは二三頁ものである）。

初版本の印刷のバリアント

初版と言われるものにはいくつかのバリアントがある。トマス・クチンスキーとヴォルフガンク・マイザーの研究によってその実態が明らかになっている。最初に『宣言』の初版に関する詳細な研究を行ったのはベール・アンドレアで、彼はその浩瀚な書物『マルクスとエンゲルスの共産主義者宣言——歴史と文献一八四八－一九一八年』（一九六三年）においてすでに多くのバリアントがあることを発見している。

　マイザーは「一八四八年二月の『共産党宣言』」という論文を一九九一年の『マルクス・エンゲルス年報』一三号に発表する。彼はまず三つの『宣言』、すなわち二三頁の『宣言』、『ロンドンのドイツ人新聞』の『宣言』（三月三日から七月二八日まで）、そして三〇頁の『宣言』を初版、二版、三版という順序で整理する。そしてその初版である二三頁の『宣言』の印刷ミスから七つのバリアントに分ける。初版と言われる二三頁ものには緑色の表紙の付いているものと、付いていないものがある。しかも表紙にもいくつかの種類がある。この表紙と、タイトル頁、さらに二三頁の印刷に関して比較することでマイザーは七種類のバリアントを見つけた。第一バリアントと言われるものは一七頁のノンブルが二三頁と間違って印刷されていることにまず特徴がある。第二のバリアントではそれがない。第一から第三のバリアントまでには共通して六頁の五三行目、すなわち一番下の部分の herauf beschwor の文字が傷んでいる。そのためバリアント第四ではその部分の活字が改めて組み変えられた。しかし heraus になってしまっている。

　このように、非常に細かい印刷上のミスを探りながら、マイザーは初版と言われるものが、順次時を変えながら、なおかつ徐々に修正を加えながら印刷されたものだと述べるのである。こうした細かい刷り上の差異は、昔はかなり一般的なものであった。アダム・スミスの『国富論』初版にもこうしたバリアントがいくつかある。その理由は、すべて一括して印刷しないで、少し印刷しては修正するという当時の出版方法にあったとも言える。

　トマス・クチンスキーはさらにこれを詳細にしている。二六部の初版コピーを分析し、バリアントをＡ１、Ａ２、Ａ３、Ｂ４、Ｂ５、Ｂ６、Ｂ４－６、Ｃ７、Ｘと九種類に分類する。もっとも基本的にはマイザーの分析をより緻密にしただけで内容的には変わらないと言ってよい。つまりAという分類は、マイザーの第一から第三のバリアントであり、Bはheraus とミスプリントをしたバリアントであり、Cはタイトル頁にある二つの線（「共産党宣言」という文字の下の線と、一八四八年二月出版という文字の下にある線）がないバリアントである。Xはリャザノフが言及した幻のリプリント版である。

各国語版

ドイツ語版

『宣言』の冒頭に、この『宣言』はいくつかの言語にすぐに翻訳されるのだという文章が出てくる。とはいえ当然ながら具体的にどうだったのかということについては、それ以上言及されていない。

すでに言及したドイツ語初版以後、公認の再版は一八七二年にマルクスとエンゲルスの共著という形で、さらにタイトルも『共産主義者宣言』（*Das Kommunistische Manifest*、ライプチヒ版）で出版されたものが重要なものである（もちろんこの前に一八六六年に三〇頁の Siegfried Meyer 版がベルリンで印刷されている。また警察が共産主義に関する資料として出版した版もある Stieber, Wermuth, *Die Communisten-Verschwörungen des neunzehnten Jahrhunderts*, 1853）。この版は、オーストリアの *Arbeiterblatt* に「あらゆる地域のプロレタリアよ、今こそ団結せよ」という表題で、一八六八年六月七日から七月一〇日にかけて掲載された。この後、一八八三年に公認の第三版（チューリヒ版、二四頁）、一八九〇年と一八九一年にそれぞれエンゲルスの新しい序文をもった社会民主党文庫版（ロンドン版三二頁、ベルリン版三二頁）、一八九四年版（ベルリン版、三二頁）がやはり『共産主義者宣言』という名前で刊行されている。こうして見てくると、マルクスとエンゲルスは一八四八年に刊行された『共産党宣言』を完全に『共産主義者宣言』という名前に変えたというのは正しい。一九一二年カウツキーも五六頁の『宣言』を出版するが、これも『共産主義者宣言』である。ではいつから初版のタイトルが復活し、それが一般化するのかと言えば、それはアドラツキーによる旧メガ版からである。一九三三年に出版された第六巻では『共産党宣言——一八四八年二月刊行』となっていて、それ以後MEWもこれを踏襲している。しかし、新メガの編集を行っているトマス・クチンスキーは二つのタイトルを併用し、初版をそのまま転載するときには『共産党宣言』、編集版では『共産主義者宣言』（『共産党宣言』）にしている。マルクスとエンゲルスの意志を汲んだものとしてはこれがもっとも合理的なタイトルかもしれない。

英語版

とはいうものの、マルクスとエンゲルスがこうしたタイトルにこだわっていたのかという問題については、まだ疑問は残る。一八八八年エンゲルスはサムエル・ムーアとともに公認の英語版を出すが、その時の表題は、*Manifesto of the Communist Party* となっているからである。当然著者の公認版とあるので、タイトルを見逃したということでもあるまい。三一頁でロンドンで出版されている。最初の英語版は比較的早く出版された。これはエンゲルスも言及しているが、ヘレン・マクファーレン（実在を疑問視されている人物だが、彼女は実は男性でハワード・モートンだという説がある。岡本充弘「『共産党宣言』とイギリス——最初の英語訳、一八五〇年」『共産党宣言——解釈の革新』所収）訳の『ドイツの共産主義——ドイツ共産党宣言』で、『レッド・リパブリカン』に掲載された（一八五〇年一一月九日から三〇日まで）。この翻訳にはかなり省略が多いが、マルクスとエンゲルスが初めて著者として紹介されている。そこではこう書かれている。「ドイツ共産主義者のあらゆるセクトが採用した次の宣言は、一八四八年一月市民チャールズ・マルクスとフレデリック・エンゲルスがドイツ語で起草したものである」（*Karl Marx-Friedrich Engels, Manifeste du Parti Communiste*, Editions Science Marxiste, 1998の一四六頁）。これを書いたのは二人の友人でもあったジュリアン・ハーニーである。

これ以降イギリスでの本格的な翻訳は存在しないが、『タイムズ』などで言及はされている。一八七一年一〇月二七日の『タイムズ』には「国際労働者協会」という記事が出るが、そこには『宣言』からの引用が数多く掲載されている。

公認訳は先に言及したエンゲルスとムーアによる一八八八年の英訳である。基本的にこれが現在の英訳の定本になっている（しかし最近カーバによる新訳が出ている。Terrell Carver, Manifesto of the Communist Party, *The Communist Manifesto, :New Interpretations*, Edinburgh, 1998.）。この翻訳は一八七二年第二版と一八八三年第三版を定本としている。一九六三年まで Reeves 版のこの翻訳は版を重ねた。

アメリカでの翻訳

実は英語訳としては、アメリカで翻訳された英訳がかなり流布していた。理由はアメリカへの移民と亡命者の増大、そしてアメリカでの労働運動の拡大であった。最初のアメリカでの『宣言』の登場は、ニューヨークのドイツ人のための新聞 *New Yorker Staatszeitung* に一八五〇年八月二四日と九月七日に掲載された部分訳である。編集者コッホは完全な翻訳を出すべく、マルクスからオリジナルとマクファーレンの英訳をもらっている。しかし翻訳は実現していない。

同じくヴァイトリンクの編集していた『労働者の共和国』においても一八五一年一〇月一一日から一一月八日にかけて『宣言』の一、二章が転載されている。またマルクスの友人が編集した『レヴォリュティオン』でも一八五二年一月一三日一部転載されていた。その後一八六六年のマイヤー版が、シカゴで一八七一年に再版された。もちろんアメリカにわたったマイヤーとマルクスは連絡を取り合っていた。

米語訳のおそらく最初は一八七一年一二月三〇日に Woodhull & Caflin's Weekly に転載されたマクファーレン訳である。やがて同じマクファーレン訳は一八八三年マルクス死後のメモリアルのためにニューヨークで出版される。これは『共産主義者宣言』という題名となっている。やがて一八八八年エンゲルスとムーア訳がロンドンで刊行されると、それ以後このアメリカ印刷版（一八九〇年以降）が普及する。

フランス語訳

フランス語版は一八四八年のパリの六月蜂起の頃に出版されていたというが（一八七二年のマルクスとエンゲルスの序文）、この版は見つかってはいない。またベルギーのテデスコが、一八四八年逮捕された際フランス語訳の草稿をもっていたという。しかしこれも出版された形跡がない。また一八四九年にシャルル・パヤの翻訳原稿があったというがこれも見つかってはいない。今までに確認されたところでは、最初のフランス語訳は、フランスで出版されたのではなく、ニューヨークで出版されたようである。一八七二年『社会主義者』*Le Socialiste* に一月二〇日から三月三〇日まで掲載された翻訳が最初のものだと言われる。これは「カール・マルクスの宣言」という表題で掲載されている。マクファーレンの英訳からの翻訳であった。

公認版の仏訳は、ラファルグ夫妻による翻訳である。これは一八八二年にゲードとラファルグが創設した労働党の *Le Socialiste* に八月二九日から一一月七日まで掲載された。さらに翌年一八八六年エンゲルスがこの翻訳を修正して Mermeix から刊行した第二版もある。仏訳を含めたラテン語系の翻訳には、『共産主義者宣言』ではなく、『共産党宣言』というタイトルが多い。

最初の翻訳　オランダ語訳とスウェーデン語訳

オランダにはすぐに『宣言』が一〇〇冊送付された。なるほどこの『宣言』の存在について裁判記録に残っている。しかしながら、オランダ語訳については真相はつかめてない。一八七九年、ケルダイクという人物がマルクス自身に問い合わせて執筆した、初めてのマルクス伝である伝記『マルクス』を出版する（*Mannen van Beteekenis in onze dagen.Levensschetsen en portretten.Karl Marx*, Haalrem, 1879）。これに『宣言』の翻訳が載っているが、しかし完全な訳ではない。完全な訳は一八九二年にコルネリセンの手で翻訳される。これは一八九〇年のドイツ語版からの翻訳であるため、『共産主義者宣言』となっている。

当初の企画どおり、スウェーデン語訳は一八四八年に出版されている。一八四八年一二月のことである。『共産主義者の声——一八四八年出版された共産党の宣言』と題して、イェートレックの書店から出ている。新聞の広告には、この書物は八クローネで、「人民の声は神の声である」というスローガンをもっていると書かれている。「あらゆる地域のプロレタリアよ、団結せよ」という言葉は変更されている。すでに一八四七年秋イェートレックはキリスト教的な思想を述べていた（資料編参照）。初版はかなり早い時期に出たが、第二版と言われるものは意外と遅い。それは一八八六年、一八八三年のドイツ語第三版から翻訳された。この翻訳は『共産主義者宣言』となっている。ノルウェーでもデンマークでも、ほぼこの頃最初の翻訳が出ている（フィンランド語訳は一九〇五年）。

ロシア語訳

歴史的な意味で言えば、ロシア語訳は興味深い。ロシア人はかなり早いうちから『宣言』に興味をもっていた。最初の翻訳は一八六九年ジュネーヴで出版される。これは、タイトル頁も、カバーも、出版社名も、翻訳者の名前もないものであった。印刷の活字は『コロコル』（一八五八年ロンドンでゲルツェンとオガリョフの創刊した雑誌、やがて一八六八年ジュネーヴに移動）のものであった。この翻訳者はバクーニンということになっている。しかしこの翻訳者については疑問も多い。アナキストは、『宣言』をコンシデランの『社会主義宣言』の剽窃だとも主張していた。そのことと関係があるかは不明であるが、ロシア語訳がマルクスと敵対的な派から出たということは興味深い。これはヒルシュフェルト版からの翻訳であり、マルクスとエンゲルスの了承を取ってはいなかった。

マルクスとエンゲルスが同意した公式の翻訳は、一八八二年やはりジュネーヴで出版される。これは一八七二年の第二版からの翻訳で、訳者はプレハーノフであった。しかしタイトルは『共産党宣言』となっている。興味深いところではレーニンも一八八九年に『宣言』を翻訳したと言われていることだ。

その他の一八七〇年代までの翻訳

ハンガリー語では第一節のみが、一八七三年八月一〇日と二四日に『労働者週刊クロニクル』に掲載された。チェコ語では、一八七六年、ハンガリーのレオ・フランケル（マルクスも彼のことをよく知ってい た）が書いた最初のマルクス伝とも言われる「思想家とアジテーターとしてのマルクス」という表題のもと『未来』に掲載された（一月一九日、二月三日、引用の形態で）。

『宣言』四章で取り上げられているポーランドでの出版は実はかなり遅れていた。最初の翻訳が一八八三年である。翻訳者はピエカルスキーである。ポーランド語の翻訳は一八四八年出版後草稿の形ではあれ、すでにあったと思われるが、発見されてはいない。パリにいたエヴェルベックは一八四八年暮ポーランド語の訳が準備されていることを示唆している。一八七二年版の序文でマルクスとエンゲルスも、革命後すぐにポーランド語版が出版されたと語っている。

セルビア語への翻訳は、比較的早い時期であった。セルビアの『パンツェヴァッ』に一八七一年四月八日から五月二三日にかけて翻訳が掲載された。翻訳者と言われるのは、スヴェトザール・マルコヴィッチである。

『宣言』の冒頭で翻訳される国として名前が挙がっている中にイタリアがある。しかしイタリア語への翻訳は遅れに遅れた。その翻訳は実に一八八九年まで待つのである（*L'Eco del Popolo* に八月三〇日から一一月三日まで掲載された）。

ラテン語の中では、ポルトガル語とスペイン語が比較的早く翻訳を出している。ポルトガル語はリスボンの *Pesamento Social* に一八七三年三月二日から一、二章が翻訳、掲載された。これはスペイン語からの翻訳であるが、スペイン語ではマドリードの *La Emancipation* に一八七二年一一月二日から一二月七日までホセ・メサの手で翻訳された。これはニューヨークで出たフランス語版とドイツ語第二版からの翻訳であった。

日本語、中国語訳

各国語での翻訳の流れの波は一九世紀には二回あった。第一は出版直後である。しかしこの時代の混乱のためか、実際にあったとしても現在まで確認されているものは少ない。時代の流れの中で忘却されていったのか、一八七〇年代になるまで翻訳の話はあまりない。

次の翻訳ブームは一八七一年のパリ・コミューン以降である。共産主義という考えが世間の人々の話題にのぼり始める頃から、忘れ去られていたものが再度復活する。『宣言』の最初の翻訳と言われるものがこの時期に集中するのはそうした時代背景があった。マルクスとエンゲルス自身も、そうした要請に応じて自ら第二版を出版した。

その次は、大方日露戦争前後ということになる。これはこの戦争に対して各国の労働者の反対運動が盛り上がった時であった。日本語や中国語での翻訳はまさにこの時期になされたということになる。これはけっして日本と中国に限られたことではない。ベルギーのフランドル語版（一九一〇年）、ギリシア語版（一九〇八年）、スロヴェニア語版（一九〇八年）、クロアチア語版（一九〇四年）、エストニア語版（一九一〇年）、ラトビア語版（一九〇〇年）などがその頃出ている。労働運動の国際的拡大の時期でもあり、労働運動が起こり始めた国々での翻訳が進んだ。

日本での翻訳は一九〇四年『平民新聞』に掲載されたものが最初であるが、それ以前に草稿などの形でなかったかどうかは不明である。『宣言』の邦訳は、何と言っても日露戦争に対する反戦論との関係で翻訳されたと言ってよい。幸徳秋水と堺利彦による邦訳の定本はサムエル・ムーアとエンゲルスの一八八八年の英訳版である。一一月一三日号の『平民新聞』に掲載された。新聞の多くは没収され、翌年の一月二九日の全面赤刷の最終号をもってこの新聞は廃刊される。この一九〇四年の邦訳は初訳だが、完訳ではない。完訳はその二年後一九〇六年三月一六日の『社会主義研究』誌上で達成される。そのタイトルは『共産党宣言』であった。これ以後このタイトルは定着する。それ以降日本では『宣言』を出版することはかなり難しい状況となる。その後、櫛田民蔵が二回ほど三章を翻訳している（『改造』一九

一九、『経済学研究』一九二〇年）。そして堺利彦自身が一九二一年に翻訳している。それは昭和の初めに企画された全集にも入っていない。もっともリャザノフの『共産党宣言注解』が昭和五年に翻訳されているが。

一方中国では、日本に留学した朱執信が『民報』の一九〇五年一一月二六日、一九〇六年四月五日号に「徳意志（ドイツ）社会革命家小伝」を書き、『宣言』の一部を翻訳した。ただし全訳は一九二〇年八月のことである。

日本では一般的に『共産党宣言』と翻訳されてきたが、最近では『共産主義者宣言』という訳もある。太田出版による金塚訳は『共産主義者宣言』、さらには筑摩書房マルクス・コレクションの第二巻では『コミュニスト宣言』となっている。このタイトルの問題については石塚正英による研究もある（「共産党宣言は共産主義者宣言である――『共産党宣言』と政党の廃絶」『共産党宣言――解釈の革新』御茶の水書房、一九九八年）。内容的な解釈は別として、マルクスとエンゲルスによる『共産主義者宣言』への題名の変更以後も、各国語訳ではそのまま『共産党宣言』とするものが多い。著者校閲定本が『共産主義者宣言』であるという意味は確かに大きい。しかし、日本で普及したマルクス・エンゲルス研究所の各版が『共産党宣言』であったこと、また初版を歴史的に位置づけるという発想から言えば、今なお『共産党宣言』というタイトルを維持すべきかもしれない。

参考文献

石塚正英、篠原敏昭編『共産党宣言――解釈の革新』御茶の水書房、一九九八年
大村泉「日中両国における『共産党宣言』の受容＝翻訳史概観」『マルクス・エンゲルス・マルクス主義研究』四九号、二〇〇八年
彰考書院版、幸徳秋水・堺利彦訳『共産党宣言』アルファベータ、二〇〇八年
玉岡敬「日本における『共産党宣言』の翻訳と、訳語の変遷」『マルクス・エンゲルス・マルクス主義研究』四九号、二〇〇八年

橋本直樹「「共産党宣言」の『ドイツ語のロンドン新聞』再録の背景」『マルクス・エンゲルス・マルクス主義研究』四九号、二〇〇八年

橋本直樹「『共産党宣言』一八七二年ドイツ語版の刊行の経緯」『経済学論集』（鹿児島大学）三九号、一九九三年

橋本直樹「『共産党宣言』普及史研究の諸成果」『経済』一九九八年二月号

フント『「共産党宣言」はいかに成立したか』（橋本直樹訳）八朔社、二〇〇二年

的場昭弘「最初の『共産党宣言』セルビア語訳をめぐる謎」『アドリア』三〇号、一九八四年

的場昭弘「スヴェトザル・マルコヴィッチとパリ・コミューン―セルビアへの反響」『東欧史研究』七号、一九八四年

的場昭弘「『共産党宣言』の初訳とその解釈の意味」『フォーラム90』二号、一九九八年

Karl Marx Friedrich Engels, Manifeste du Parti Communiste, En appendice notes sur les premières éditions du manifeste et sur sa diffusion, Science éditions Marxiste, 1998.

Das Kommunistische Manifest (Manifest der kommunistischen Partei) von Karl Marx und Friedrich Engels, Von der Erstausgabe zur Leseausgabe.Mit einem Editionsbericht von Thomas Kuzynski, Schriften aus dem Karl-Marx Haus, Trier, Nr.49, 1995.

Meisser, Wolfgang, Das "Manifest der Kommunistischen Partei" vom Februar 1848, *Marx Engels Jahrbuch*, Nr.13, 1991.

Andreas Bert, *Le Manifeste communiste de Marx et Engels.Histoire et bibiliographie 1848-1918*, Feltrinelli, Milano, 1963.

あとがき——初版『共産党宣言』の意義

最後に初版『共産党宣言』の意義について述べてみたい。

まずこの初版『宣言』の意義は、「共産党」と名乗っているところにある。そしてその共産党という言葉を、共産主義者と同じ意味で扱っていることにも特徴がある。共産主義者が他の党派と比較されていて、その意味で共産党と共産主義者はほぼ同じ意味である。

だからある意味『共産主義者宣言』でも『共産党宣言』でも意味は同じであると言える。しかし、インパクトの強さは『共産党宣言』という方にあることは間違いない。共産主義者という表現を一気に共産党に変えたことは、冒頭にあるように、共産主義者がもはや隠れた存在ではなく、公の存在になっていることへの認識にあった。ヨーロッパを震え上がらせている共産主義者たちが表に出るという意気込みこそ、『共産党宣言』という言葉に込められた意味であったと言える。

もちろん実際に彼らの力が現実に存在する政党に比べてどの程度のものであったかについては問題がある。ここで比較されているのは現実の政党ではない。むしろこの党派の意味は、当時プロレタリアを擁護していたさまざまな党派に対して向けられていると言ってもよい。当時のプロレタリアの党派とは何か。実は『宣言』

の二章で挙げられているのだが、具体的にはその党派はサン＝シモン主義者であり、オーウェン主義者であり、フーリエ主義者であり、プルードン主義者であり、それらはけっして社会主義者や共産主義者という抽象的名詞をもつ名前のものではなかった。一九世紀前半の社会主義、共産主義と言われる党派は、とりわけその思想の首領の名前をもってつけられた集団にすぎなかった。

つまりこうした党派は、ある思想家の思想を信奉する使徒集団に近い。彼らは社会主義や共産主義を実現しようとするよりは、それぞれの思想家のつくり上げた世界を実現しようとすることに力を割いている。その意味で、こうした使徒集団の目指したところは、現実に対する客観的な分析を込めた批判、そしてそれによってでき上がる新世界ではなく、あれやこれやの思想の首領の描く個性の強い社会の実現であったと言ってもいい。

そうした中、コンシデランが『社会主義の原理――一九世紀における民主主義宣言』を著した。これは名前からすればまさに社会主義の宣言である。その意味でコンシデランはその師フーリエの思想をたんに一般化しただけの思想家ではなかったとも言える。コンシデランは社会主義という名称で、フーリエを越えた社会主義一般の原理を宣言として発表したのだから。しかし、名称こそ『社会主義の原理』であるが、その内容はフーリエ主義から脱することはなかった。そこには、師のイマジネーションを越えた分析がなかったからである。

では『宣言』はどこに意味があったか。それは『宣言』にその著者名がないことから明らかである。『宣言』は、誰かの思想の書ではない。つまりある思想の首領の本ではない。これは共産主義を信奉する人々のための書物だということである。いくつかの草稿が書かれ、しかもそれが何度もふるいにかけられ、最終的にマルクスによる執筆になったとしても、そこにはある種匿名性というものが付与されていたのである。いや付与されねばならなかったとも言える。なぜなら、『宣言』はマルクスあるいはエンゲルスという思想の首領の書物ではなく、共産主義者の書物だったからである。いやそうあらねばならなかったわけである。

無論その原理がマルクスの思想であることは間違いない。しかし、あえて名前が書かれないことで、いや共産主義者の著作であることで、この書物は共産主義者全体の聖典として存在することを付託されたのである。『聖書』に一人の著者がいないように、『宣言』にも誰々という固有の著者はいなかった。だからこそ、これは世界中に翻訳され、労働者のための宣言として大きな影響力をもつことになったのである。

『宣言』は著者がいないことで、共産主義思想に興味をもつすべてのものに大きな影響力をもつ。それは具体的な誰かの思想ではなく、共産主義思想そのものを示していたからである。

こうして共産主義者同盟は、シャパーやマルクスといった具体的な人物の思想の党派ではなく、ある意味インターナショナルな、共産主義者そのものの党派となったのである。この点において、それまでのフランスの社会主義者の党派とはまったく違う。あえて言えばそれは、イギリスのチャーティストに近いとも言える。

その意味で言えば、第二版となるマルクスとエンゲルス著『共産主義者宣言』(一八七二年)は、初版の『共産党宣言』とはまったく違った書物であったと言える。前者はマルクスとエンゲルスの著者名を付す(序文の末尾であるが)ことで、一八四〇年代にあったさまざまの思想の首領の書物と同じものになってしまったからである。共産主義者同盟の議長でマルクスやエンゲルス寄りだったシャパーの死を待ち、しかもパリ・コミューンの後になって出された第二版では、二人が序文で述べているように、一八四〇年代における画期的な意味、すなわち共産主義の党派としてのインターナショナルな意味は、その運命を終えたのかもしれない。二人の「『宣言』はすでに歴史的書物である」と述べていることがそれを象徴している。

マルクスとエンゲルスの名前を付せば、それはその当時から勃興しつつあったマルクス主義の書物となり、『共産党宣言』はマルクス主義宣言として読まれる可能性がある。その意味でなるほど「党」という言葉をはずしているとも言える。これは、共産主義者はすなわちマルクス主義者であると言っているかのようである。

しかし初版の『共産党宣言』の共産主義者はマルクス主義者ではなかったはずである。ある意味、誰が書いたのかわからないことで、多くの国の労働者に聖典として親しまれることを意図していたものであった。それは共産主義の科学的原理であり、だからこそそれはすべての地域の労働者に読まれてしかるべきものとなるはずであった。

今回あえて初版を翻訳した意味はまさにそこにある。初版と再版はまったく意味が違うものであったと言ってもよいからである。バクーニンやマクファーレンが翻訳したこの書物は、マルクスとエンゲルスという首領の思想書ではなく、ましてマルクス主義の書物であったのではなく、共産主義者の書物だったのである。

実際今でもマルクス主義とは別に『共産党宣言』が読まれる意味があるのである。つまりマルクス主義ではなく、共産主義の書物として。なるほど、マルクス主義の書物として確かに有名ではあるが、マルクスの思想的オリジナル性において『資本論』『ドイツ・イデオロギー』『経済学・哲学草稿』に比べて劣ると言われる『宣言』であるが、それはまさにこの意味で逆に当然とも言えるかもしれない。それはマルクスらしさが、セーブされているからでもある。

もちろんマルクスやエンゲルスの思想が色濃く出ていることも間違いない。だから本書の解説ではそのことをとりわけ詳しく説明している。しかし一方当時の人々は彼らの思想としてではなく、共産主義思想のある完成された成果のひとつとして読んだはずである。その成果がたとえマルクスとエンゲルスのものであったとしても、その成果は共有されていたわけである。そのことこそ、『宣言』がマルクス主義を越えてさまざまな人々に読まれ続けた理由でもある。

本書はその意味であえて著者名のない初版『共産党宣言』を翻訳した。もちろんマルクス（内容的にはエンゲルス）が著者であることは間違いない。だからマルクスとエンゲルスの思想的文脈の上で解説を施している。そうしそこには当時の共産主義者同盟やさまざまな共産主義、社会主義思想との思想的関連も含まれている。そうしなければ『宣言』を理解することができないからである。その意味で本章にはそのための付録として必要な限りの文献が付け加えられている。

レスナー , フリードリヒ Lessner, Friedrich［1825-1910］437, 442
レオポルドⅠ世 Léopold［1790-1865］420
レボー , ルイ Reybaud, Marie-Roch-Louis［1799-1879］186
レチフ・ド・ラ・ブルトンヌ , ニコラ Rétif de la Bretonne, Nicolas［1734-1806］202

ろ

ロー , ジョン Law, John［1671-1729］100
ロジエ , シャルル Rogier, Charles［1800-1885］385, 419, 420, 422
ロッシ , ペレグリーノ・ルイジ Rossi, Pellegrino Luigi［1787-1848］200

ら

ラヴォー , フランツ Raveaux, Franz ［1810-1851］ 419
ラオティエール , リシャール Lahautiēre, Richard ［1813-1882］ 257
ラサール , フェルディナント Lassalle, Ferdinand ［1825-1864］ 159, 231, 239
ラスキ , ハロルド Laski, Harold ［1893-1950］ 5
ラップ , ゲオルク Rapp, Georg ［1757-1847］ 199, 362
ラファルグ , ポール Lafargue, Paul ［1842-1911］ 12, 150, 452
ラファルグ , ラウラ Lafargue, Laura ［1845-1911］ 12, 452
ラフィット , ジャック Laffite, Jacques ［1766-1844］ 172
ラブリオーラ , アルトゥーロ Labriola, Arturo ［1873-1859］ 383, 392, 394
ラブリオーラ , アントニオ Labriola, Antonio ［1843-1904］ 6, 392
ラポヌレ , アルベール Laponeraye, Albert ［1808-1849］ 257
ラミュ , ピエール Ramus, Pierre ［1882-1942］ 391
ラムネー , フェリシテ＝ロベール Lamennais, Félicité Robert ［1782-1854］ 178, 251, 257, 296

り

リーヴス , ウィリアム Reeves, William ［1827 頃 -1907］ 238
リカード , デーヴィッド Ricardo, Davcid ［1772-1823］ 204
リスト , フリードリヒ List, Friedrich ［1789-1846］ 113
リーデル Riedel, A. ［不明］ 424
リャザノフ , ダーヴィッド Riazanoff, David ［1870-1938］ 5, 13, 171, 172, 174, 178, 449, 456
リュベル , マクシミリアン Rubel, Maximilien ［1905-1996］ 5, 13, 84, 89, 90, 98, 174, 220

る

ルイ＝フィリップ Louis-Philippe ［1773-1850］ 172
ルーゲ , アーノルト Ruge, Arnold ［1802-1880］ 174, 208
ルルー , ピエール Leroux, Pierre ［1797-1871］ 174, 420
ルドリュ＝ロラン , アレクサンドル＝オーギュスト Ledru-Rollin, Alexandre-Auguste［1807-1874］ 214

れ

レーニン , ウラジミール・イーリッチ Lenin, W.I. ［1870-1924］ 416, 453
レーレウェル Lelewel, J. ［1786-1861］ 423, 433, 441

マルクス，カール Marx, Karl［1818-1883］6, 7, 12, 13, 84, 92, 140, 186, 193, 195, 216, 220, 226, 228, 238, 244, 311, 338, 356, 357, 405, 414, 419, 423, 432, 452
マルコヴィッチ，スヴェトザール Marković, Svetozar［1846-1875］454
マルサス，ロバート Malthus, Robert［1776-1834］200

み

ミエロスラフスキ，ルドヴィク Mieroslawaski, Ludwik［1814-1878］215
水田洋［1919-］5, 13, 83, 199, 200

む

ムーア，サムエル Moore, Samuel［1830-1912］12, 235, 238, 450, 451, 455

め

メサ，ホセ Mesa, José［1840-1904］454
メストル，ジョゼフ・ド Maistre, Joseph de［1753-1821］172
メーリンク，フランツ Mehring, Franz［1846-1919］84
メッテルニヒ，クレメンス・ヴェンツェル・ロタール Metternich, Clemens［1773-1859］42, 88, 89
メリネ，フランソワ Melinet, François［1768-1852］422-424, 437, 441

も

モア，トーマス More, Thomas［1478-1535］267
モーガン，ヘンリー・ルイス Morgan, Henry Lewis［1818-1881］94
モートン，ハワード Morton, Howard［不明］450
モル，ヨーゼフ Moll, Joseph［1813-1849］412
モルリイ，エティエンヌ＝ガブリエル Morelly, Etienne-Gabriel［1717-?］202, 203
モンタランベール，シャルル＝フォルブ Montalembert, Charles-Forbes［1810-1870］174

ゆ

ユンゲ，アドルフ Junge, Adolphe［1817-?］433

ブルム，ロベルト Blum, Robert［1807-1848］412
プレハーノフ，ゲオルギー Plekhanov, Georgii［1856-1918］453
プルードン，ピエール＝ジョゼフ Proudhon, Pierre-Joseph［1809-1865］73, 102, 186, 195, 196, 197, 198, 200, 201, 208, 231, 239, 251, 384, 394, 404, 460
フンク Funck［不明］423, 441

へ

ヘス，モーゼス Hess, Moses［1812-1875］93, 249, 250, 254, 418, 424, 427, 431, 433, 441
ペクール，コンスタンタン Pecqueur, Constantin［1801-1887］396
ベッカー，アウクスト Becker, August［1814-1871］249, 425
ベック，カール Beck, Karl［1817-1879］193, 454
ペラギウス Pelagius［不明］283
ペルディギエ，アグリコル Perdiguier, Agricol［1805-1875］292

ほ

ボースウィック，ピーター Borthwick, Peter［1804-1852］175
ボーモン，ボニニエール Beaumont, de la Bonninière［1802-1866］292, 293
ボナール，ルイ＝ガブリエル Bonald, Louis-Gabriel［1754-1840］172
デ・ポッター De Potter, L.［1786-1859］418, 419, 420, 436, 439
ボルン，シュテファン Born, Stephan［1824-1898］431, 441
ボルンシュテット，アダルベルト Bornstedt, Adalbert［1808-1851］422, 424, 425, 427, 431-434, 441
ポンシー，シャルル・ルイ Poncy, Charles Louis［1821-1891］291
ホンペッシュ Hompesch［不明］436

ま

マイザー，ヴォルフガンク Maiser, Wolfgang［不明］447, 448, 449
マインツ，カール・グスタフ Maynz , Karl Gustav［1812-1882］422
マウラー，ゲオルク Maurer, Georg Ludwig［1790-1872］94, 95
マクファーレン，ヘレン Macfarlane, Helen［不明］92, 225, 230, 450, 451, 452, 462
マナーズ卿，ジョン・ロバート Manners, John James Robert［1818-1906］175
マブリ，ガブリエル＝ボノー・ド Mably, Gabriel-Bonnot［1709-1785］203
マルクス，イェニー Marx, Jenny［1814-1881］431

ハインドリー , チャールズ Hindley, Charles［1796-1857］175
ハクストハウゼン , アウクスト Haxthausen, August［1792-1866］94, 95
バウアー , ブルーノ Bauer, Bruno［1809-1882］185, 199
バウアー , エトガー Bauer, Edgar［1820-1886］196
バクーニン , ミハイル Bakunin, Mikhail［1814-1876］227, 232, 236, 239, 453, 462
バザール , サンタ＝マン Bazard, Saint-Amand［1791-1832］251, 287, 394
ハーニー , ジュリアン Harney, Julian［1817-1897］92, 230, 412, 450
バルジモン , ヴィルヌーヴ Bargemont, Villeneuve［1784-1850］174, 199
バルテルス , アドルフ Bartels, Adolphe［1802-1862］422, 430
バンジャ , ヤノーシュ Bangya, Janos［1817-1868］89

ひ

ピウス IX 世 Pius IX［1792-1878］88
ピカール Picard, A.［1796-1865］423, 432
ヒルシュフェルト R. Hirschfeld［不明］447, 453
ビュシェ , フィリップ＝バンジャマン Buchez, Philippe-Benjamin［1796-1865］178
ビュルガース , ハインリヒ Bürgers, Heinrich［1820-1878］419
ビュレ , ウジェーヌ Sue, Eugène［1811-1842］181

ふ

フィールデン , ジョン Fielden, John［1784-1849］175
フェランド , ウィリアム Ferrand, William［1809-1889］175
フランケル , レオ Frankel, Leó［1844-1896］454
フーリエ , シャルル Fourier, Charles［1772-1832］75, 77, 124, 179, 188, 203, 204, 206-211, 232, 240, 251, 254, 292, 293, 294, 296-299, 345, 384-387, 390, 391, 393, 422, 460
フロコン , フェルディナン Flocon, Ferdinand［1800-1866］428
ブオナロッティ , フィリポ Buonarroti, Filippo［1761-1837］202, 385, 420
フクヤマ , フランシス Fukuyama, Francis［1952-］87
ブライト , ジョン Bright, John［1811-1889］128, 129
ブラン , ルイ Blanc, Louis［1811-1882］7, 13, 102, 214, 251, 253, 255, 256, 286, 292, 293, 296, 384, 388, 389, 390, 392, 393
ブランキ , オーギュスト Blanqui, Auguste［1805-1881］292
ブランキ , アドルフ Blanqui, Adolphe［1798-1854］292
ブリスベーン , アルバート Brisbane, Albert［1809-1890］298
ブルクハルト Burghard, J.E.［不明］7, 12, 41, 446

つ

ツァー Tzar（ロシア皇帝）42, 88, 89, 228, 237, 244

て

ティーク , ルードヴィヒ Tieck, Johann Ludwig［1773-1853］84
ティエール , アドルフ Thiers, Adlophe［1797-1877］88, 201
デザミ , テオドア Dézamy, Théodore［1803-1850］7, 12, 101, 154, 178, 179, 208, 209, 253, 254, 255, 257, 298
ディズレリー , ベンジャミン Disraeli, Bnjamin［1804-1881］175
デスター , カール D'Ester, Karl［1811-1859］419
テデスコ , ヴィクトル Tedesco, Victor［1821-1897］13, 93, 252, 363, 418, 424, 429, 431, 437-441, 444, 452
デュクペクシオー , エドウアール Ducpéctiaux, Edouard［1804-1868］384, 385, 420, 422
デリダ , ジャック Derrida, Jacques［1930-2004］87
デルアス兄弟 Delhasse 385, 420, 421, 422

と

トリスタン , フローラ Tristan, Flora［1803-1844］7, 13, 151, 154, 167, 178, 179, 196, 220, 253, 255, 290, 291, 292, 295

な

ナポレオン , ルイ Napoleon, Louis［1808-1873］83, 88, 132, 177, 281

ね

ネトラウ , マックス Nettlau, Max［1865-1944］441

は

ハイネ , ハインリヒ Heine, Heinrich［1797-1856］174
ハイルベルグ , ルイ Heilberg, Louis［1818-1852］427
ハインツェン , カール Heinzen, Karl［1809-1880］140, 195, 216, 356, 357, 407, 418

シャパー，カール Schapper, Karl［1812-1870］92, 188, 252, 338, 398, 401-405, 412, 417, 432, 440, 461
シャルルX世 Charles X［1757-1836］172
シュー，ウジェーヌ Sue, Eugène［1804-1857］176, 199, 200, 292
朱執信［1885-1920］456
シュタイン，ローレンツ Stein, Lorenz von［1815-1890］84, 186, 187, 250
シュルツ，ヴィルヘルム Schulz, Wilhelm［1797-1860］85
シュティルナー，マックス Stirner, Max（Johann Caspar Schmidt）［1806-1856］174, 185
ジャコトー，ジョセフ Jacotot, Joseph［1770-1840］151, 296
ジゴー，フィリップ Gigot, Philippe［1820-1860］418, 424, 431, 433, 441
ジョーンズ，ステッドマン Jones, Stedman［1942-］5, 12, 13, 179, 215
ジョトラン，リュシアン Jottrand, Lucien-Léopold［1804-1877］385, 418, 421-428, 430, 434-437, 441
シル，カール Schill, Karl（シャッパー）［1812-1870］252, 311, 338, 405

す

スミス，アダム Smith, Adam［1723-1790］100, 204, 448

せ

セー，ジャン＝バプティスト Say, Jean-Baptiste［1767-1832］197

た

ダーウィン，チャールズ Darwin, Charles［1809-1882］233
ダリー，ゼザール Dally, Cezare［1811-1895］294
ダンテ，アルギエリ Dante, Alghieri［1265-1321］245

ち

チェルケゾフ，ウラディミール Tscherkesoff, W［不明］383, 386, 391, 392, 394, 395
チャルトルスキ，アダム Czartoryski, Adam Jerzy［1770-1861］215

—兄 ヤーコプ Jacob Ludwig Karl, Grimm［1785-1863］
—弟 ヴィルヘルム Wilhelm Karl, Grimm［1786-1859］
クリュガー Crüger, F.［1812-1857］427
グリュン , カール Grün, Karl［1817-1887］84, 185, 186, 193-195, 404
グリュンベルク , カール Grünberg, Carl［1861-1940］220

け

ゲーテ , ヴォルフガング Goethe, Wolfgang［1749-1832］115, 193, 194
ケトレ , ジャック Quételet, Jacques［1796-1874］420
ケルダイク , アーノルト Kerdijk, Arnold［1846-1905］452
ゲルツェン , アレクサンドル Gerzen, Alexandr Ivanovich［1812-1870］232, 453

こ

幸徳秋水［1871-1911］455, 456
ド・コック , ポール De Kock, Paul［1794-1871］292
コルネリセン Cornelissen, Chr.［1864-1942］452
コールリッジ , サムエル・テイラー Coleridge, Samuel Taylor［1772-1834］172
コンシデラン , ヴィクトル Considérant, Victor［1808-1893］7, 13, 103, 135, 164, 206, 207, 208, 209, 211, 251, 253-255, 292, 293, 297, 298, 299, 301, 303, 383-394, 422, 453, 460
コブデン , リチャード Cobden, Richard［1804-1865］128, 129

さ

堺利彦［1871-1933］455, 456
ザスーリッチ , ヴェラ Zasulich, Vera［1851-1919］232, 235, 236
サンド , ジョルジュ Sand, George［1804-1876］134, 174, 292
サン＝シモニアン Sain-Simonien 195, 206, 298, 385, 420
サン＝シモン , クロード・アンリ Saint-Simon, Claude-Henri［1760-1825］75, 124, 174, 188, 203, 204, 206, 211, 251, 293, 301, 384, 420-422, 460

し

シェークスピア , ウィリアム Shakespeare, William［1564-16161］84, 85, 104, 136, 178
シスモンディ , シモンド Sismondi, Simonde de［1773-1842］69, 181, 182, 384

102-104, 110-112, 114-116, 117, 123, 127, 130, 131, 137, 138, 140, 144, 145, 147, 148, 151, 152, 154, 155, 156, 158, 162, 167, 170, 172, 173, 175, 178, 184, 185, 188-195, 200, 201, 203, 204, 208-218, 220, 225, 226, 228-231, 234, 235, 238, 239, 241, 243, 245, 250, 252, 253, 312, 317, 391, 392, 396, 397, 399, 401-406, 408, 409, 410, 413, 414, 416-419, 423, 427, 429-432, 435, 437-439, 441, 442, 444, 445, 448-457, 460-462

お

オーウェン , ロバート Owen, Robert［1771-1858］75, 77, 124, 203, 204, 206, 210, 211, 232, 240, 251, 253, 384, 460
大内兵衛［1888-1980］5
オガリョフ Ogaryov, N.P.,［1813-1877］453
オーコーネル , ダニエル O'Connell, Daniel［1775-1847］293
オボルスキー Oborski, L.［1787-1873］412
オランプ・ド・グージュ , マリー Olympe de Gouges, Marie［1748-1793］295

か

カウツキー , カール Kautsky, Karl［1854-1938］383, 392, 449
カッツ , ヤコブ Kats, Jacob［1804-1886］421, 422, 423, 441
カベー , エティエンヌ Cabet, Etienne［1788-1856］7, 13, 101, 164, 179, 195, 202, 207-211, 233, 240, 251, 253, 254, 255, 257, 267, 298, 359-362, 384, 386, 388, 389, 391, 393, 394, 404, 407, 409
カルノー , イポリット Carnot, Hyppolyte［1801-1888］420

き

ギゾー , フランソワ Guizot, François［1787-1874］42, 88, 89, 303
ギュリヒ , グスターフ Gülich, Gustav［1791-1847］113

く

櫛田民蔵［1885-1934］455
クチンスキー , トーマス Kuczynski, Thomas［1944-］12, 411, 446, 447, 448, 450
クリーゲ , ヘルマン Kriege, Hermann［1820-1850］213
グリム兄弟 Grimm 98

人名索引（五十音順）

あ

アシュリー卿 Ashely（Shaftsbury）［1801-1885］175
アドラツキー Adorastky, V.V.［1878-1945］12, 449
アルチュセール , ルイ Althusser, Louis［1918-1990］133
アンドレア , ベール Andreas, B.［1914-1984］394, 410, 413, 448
アンドラー , シャルル Andler, Charles［1866-1933］6, 12, 84, 94
アネンコフ , パヴェル Annenkow, Pavel［1812-1887］90
アンファンタン , プロスペル Enfantin, Prosper［1796-1864］251, 290, 293
アンベール Imbert, J.［1793-1871］423, 424, 431, 441

い

イェラティチ , ヨシップ Jelačić, Josip［1801-1859］158
イェートレック , ペール Götrek, Pehl［1799-1876］13, 92, 163, 164, 167, 209, 251, 252, 339, 341, 343, 345, 347, 349, 406, 407, 408, 409, 410, 439, 453

う

ヴァイトリンク , ヴィルヘルム Weitling, Wilhelm［1808-1871］84, 252, 338, 405, 424, 427, 431
ヴァーラウ , カール Wallau, Karl［1823-1877］424, 427, 431, 432
ヴァイデマイヤー , ヨゼフ Weydemeyer, Joseph［1818-1866］94
ヴェーバー , マックス Weber, Max［1864-1920］108
ヴェールト , ゲオルク Weerth, Georg［1822-1856］418, 423, 427, 437, 441
ヴォルフ , ヴィルヘルム Wolff , Wilhelm［1809-1864］252, 338, 405, 424, 427, 431
ヴォルフ , フェルディナント Wolff, Ferdinand［1812-1895］427, 431
ウッドハル , ヴィクトリア・クラフリン Woodhull, Claflin Victoria［1838-1927］235

え

エヴェルベック , アウクスト Ewerbeck, August［1816-1860］454
エルカース , ヘルマン Öelckers, Hermann,［1816-1869］187, 251
エンゲルス , フリードリヒ Engels, Friedrich［1820-1895］7, 11, 12, 13, 83, 84, 88, 90, 94, 95, 97,

マルクス略伝

1818年5月5日	(誕生日をめぐっては諸説がある) プロイセンのラインラント地区、トリーアに生まれる
1835年 秋	ボン大学法学部入学
1836年 秋	ベルリン大学法学部に転学
1841年	ベルリン大学を修了し、イエナ大学から哲学博士の称号を得る
1842－43年	ケルンで『ライン新聞』を編集
1843年6月	イェニー・フォン・ヴェストファーレンと結婚
1844年2月	パリで『独仏年誌』に「ユダヤ人問題に寄せて」「法哲学批判序説」を掲載
4－7月	『経済学・哲学草稿』の執筆
1845年	パリを追放されブリュッセルへ エンゲルスとの共著『聖家族』出版 『ドイツ・イデオロギー』の執筆
1847年	『哲学の貧困』をフランス語で刊行
1848年2月－3月	『共産党宣言』の出版
3月	パリへ
4月	ケルンへ行き、やがて『新ライン新聞』を編集する
1849年5月	『新ライン新聞』の発禁処分、やがてパリへ
8月	ロンドンへ
1850年	「フランスにおける階級闘争」を『新ライン新聞―政治経済評論』に掲載
1851年	経済学研究を大英博物館で開始。『ニューヨーク・デイリー・トリビューン』に寄稿開始
1852年	「ルイ・ボナパルトのブリュメールの一八日」を『レヴォルツィオン』に掲載
1853年	『ケルン共産主義者裁判』の出版
1857－58年	『経済学批判要綱』の執筆
1859年	『経済学批判』の出版
1860年	『フォークト氏』の出版
1864年9月	第一インターナショナルのための「創立宣言」と「暫定規約」を執筆
1867年9月	『資本論』第一巻の出版
1870－71年	第一インターナショナルの宣言を起草、それが後に『フランスの内乱』となる
1872年	『資本論』第二版、『資本論』仏訳 ハーグ大会で事実上インターナショナルを解散
1875年	『ゴータ綱領批判』を執筆
1881年12月	妻イェニー死亡
1883年3月14日	マルクス死亡　ハイゲート墓地に埋葬さる

【訳・著者紹介】

的場昭弘（まとば・あきひろ）

1952年 宮崎県生まれ。マルクス学研究者。
1984年、慶應義塾大学大学院経済学研究科博士課程修了。経済学博士。一橋大学社会科学古典資料センター助手、東京造形大学助教授を経て現在、神奈川大学教授。
マルクス学の提唱者。マルクスの時代を再現し、マルクス理論の真の意味を問い続ける。
原資料を使って書いた作品『トリーアの社会史』（未來社、1986年）、『パリの中のマルクス』（御茶の水書房、1995年）、『フランスの中のドイツ人』（御茶の水書房、1995年）をはじめとして、研究書から啓蒙書などさまざまな書物がある。本書は、訳者による現在までのマルクス学の成果がすべて込められている。
そのほか
『新マルクス学事典』弘文堂、2000年（共編著）
『ポスト現代のマルクス』御茶の水書房、2001年
『未完のマルクス　全集プロジェクトと20世紀』平凡社選書、2002年
『マルクスを再読する』五月書房、2004年（角川ソフィア文庫、2017年）
『マルクスだったらこう考える』光文社新書、2004年
『近代と反近代との相克――社会思想史入門』御茶の水書房、2006年
『マルクスに誘われて――みずみずしい思想を追う』亜紀書房、2006年
『ネオ共産主義論』光文社新書、2006年
『超訳「資本論」』（全三巻）祥伝社新書、2008年～2009年
『とっさのマルクス』幻冬舎、2009年
『もう一つの世界がやってくる』世界書院、2009年
『一週間de資本論』NHK出版、2010年
『21世紀から見る『資本論』マルクスとその時代』NHK出版、2011年
『待ち望む力』晶文社、2013年
『マルクスとともに資本主義の終わりを考える』亜紀書房、2014年
『大学生に語る資本主義の200年』、祥伝社新書、2015年
『革命再考』角川新書、2017年
『最強の思考法「抽象化する力」の講義』日本実業出版社、2018年

［近年の主な翻訳］
『新訳 初期マルクス』作品社、2013年
ジャック・アタリ『世界精神 マルクス　1818-1883』藤原書店、2014年
ジャック・アタリ『ユダヤ人、世界と貨幣』作品社、2015年

【著者】

カール・ハインリヒ・マルクス

Karl Heinrich Marx
1818年5月5日－1883年3月14日
現在のドイツ、トリーアの地において、ユダヤ教ラビの家系に生まれる。経済学者、哲学者、ジャーナリストにして、革命家。19世紀から20世紀において、最も影響力があった思想家の一人。21世紀の今日でもその思想の有効性が語られている。青年時代から哲学を専攻、ヘーゲルに傾倒した。しかし、ジャーナリズムの仕事をしながら次第にヘーゲルへの批判を先鋭化させ、そこから経済学批判へと向かう。1871年のパリ・コミューンが鎮圧されて以降、主著『資本論』（未完）の執筆に情熱を注ぎ、資本主義への最も根源的な批判理論を提起した。
『共産党宣言』の結語「あらゆる地域のプロレタリアよ、団結せよ!」"Proletarier aller Länder, vereinigt Euch!"は、彼の革命思想を端的に表す言葉である。
主要な著作は、国際マルクス＝エンゲルス財団により、現在ドイツ語で、新MEGA（『新マルクス・エンゲルス全集』Zweite Marx-Engels-Gesamtausgabeの略称）として編集・刊行作業が進められている。

新装版

新訳 共産党宣言 初版ブルクハルト版(1848年)

2018年9月 5 日初版第1刷印刷
2018年9月10日初版第1刷発行

著　　者　カール・マルクス
訳・著者　的場昭弘

発行者　和田肇
発行所　株式会社作品社
〒102-0072　東京都千代田区飯田橋 2-7-4
Tel 03-3262-9753 Fax 03-3262-9757
http://www.sakuhinsha.com
振替口座 00160-3-27183

装　幀　コバヤシタケシ
本文組版　有限会社閏月社
印刷・製本　シナノ印刷(株)

Printed in Japan
落丁・乱丁本はお取替えいたします
定価はカバーに表示してあります
ISBN978-4-86182-715-0 C0030

デヴィッド・ハーヴェイの著書

Marx's Capital
〈資本論〉入門

森田成也・中村好孝訳

「現代社会とグローバリズムを読み解くための『資本論』」
（『ダイヤモンド』誌）

「精読に誘う『資本論』読破の友」
（『東洋経済』誌）

世界的なマルクスブームを巻き起こしている、最も世界で読まれている入門書。グローバル経済を読み解く《資本論》の広大な広大な世界へ。

Marx's Capital
〈資本論〉第2巻・第3巻入門

森田成也・中村好孝訳

グローバル経済を読み解く鍵は、《第2巻》の「資本の流通過程」にこそある。難解とされる《第2巻・第3巻》が、こんなに面白く読めるなんて。ハーヴェイだからこそなしえた画期的入門書。